王国平　主编

南宋史研究丛书

马扩研究

姜青青　著

人民出版社

国家"十一五"重点图书出版规划项目
杭州市社会科学院重大课题

浙江省文化研究工程指导委员会

浙江文化研究工程成果文库总序

有人将文化比作一条来自老祖宗而又流向未来的河,这是说文化的传统,通过纵向传承和横向传递,生生不息地影响和引领着人们的生存与发展;有人说文化是人类的思想、智慧、信仰、情感和生活的载体、方式和方法,这是将文化作为人们代代相传的生活方式的整体。我们说,文化为群体生活提供规范、方式与环境,文化通过传承为社会进步发挥基础作用,文化会促进或制约经济乃至整个社会的发展。文化的力量,已经深深熔铸在民族的生命力、创造力和凝聚力之中。

在人类文化演化的进程中,各种文化都在其内部生成众多的元素、层次与类型,由此决定了文化的多样性与复杂性。

中国文化的博大精深,来源于其内部生成的多姿多彩;中国文化的历久弥新,取决于其变迁过程中各种元素、层次、类型在内容和结构上通过碰撞、解构、融合而产生的革故鼎新的强大动力。

中国土地广袤、疆域辽阔,不同区域间因自然环境、经济环境、社会环境等诸多方面的差异,建构了不同的区域文化。区域文化如同百川归海,共同汇聚成中国文化的大传统,这种大传统如同春风化雨,渗透于各种区域文化之中。在这个过程中,区域文化如同清溪山泉潺潺不息,在中国文化的共同价值取向下,以自己的独特个性支撑着、引领着本地经济社会的发展。

从区域文化入手,对一地文化的历史与现状展开全面、系统、扎实、有序的研究,一方面可以藉此梳理和弘扬当地的历史传统和文化资源,繁荣和丰富当代的先进文化建设活动,规划和指导未来的文化发展蓝图,增强文化软实力,为全面建设小康社会、加快推进社会主义现代化提供思想保证、精神动力、智力支持和舆论力量;另一方面,这也是深入了解中国文化、研究中国文化、发展中国文化、创新中国文化的重要途径之一。如今,区域文化研究日益受到各地重视,成为我国文化研究走向深入的一个重要标志。我们今天实施浙江文化研究工程,其目的和意义也在于此。

千百年来,浙江人民积淀和传承了一个底蕴深厚的文化传统。这种文化传统的独特性,正在于它令人惊叹的富于创造力的智慧和力量。

浙江文化中富于创造力的基因,早早地出现在其历史的源头。在浙江新石器时代最为著名的跨湖桥、河姆渡、马家浜和良渚的考古文化中,浙江先民们都以不同凡响的作为,在中华民族的文明之源留下了创造和进步的印记。

浙江人民在与时俱进的历史轨迹上一路走来,秉承富于创造力的文化传统,这深深地融汇在一代代浙江人民的血液中,体现在浙江人民的行为上,也在浙江历史上众多杰出人物身上得到充分展示。从大禹的因势利导、敬业治水,到勾践的卧薪尝胆、励精图治;从钱氏的保境安民、纳土归宋,到胡则的为官一任、造福一方;从岳飞、于谦的精忠报国、清白一生,到方孝孺、张苍水的刚正不阿、以身殉国;从沈括的博学多识、精研深究,到竺可桢的科学救国、求是一生;无论是陈亮、叶适的经世致用,还是黄宗羲的工商皆本;无论是王充、王阳明的批判、自觉,还是龚自珍、蔡元培的开明、开放,等等,都展示了浙江深厚的文化底蕴,凝聚了浙江人民求真务实的创造精神。

代代相传的文化创造的作为和精神,从观念、态度、行为方式和价值取向上,孕育、形成和发展了渊源有自的浙江地域文化传统和与时俱进的浙江文化精神,她滋育着浙江的生命力、催生着浙江的凝聚力、激发着浙江的创造力、培植着浙江的竞争力,激励着浙江人民永不自满、永不停息,在各个不同的历史时期不断地超越自我、创业奋进。

　　悠久深厚、意韵丰富的浙江文化传统,是历史赐予我们的宝贵财富,也是我们开拓未来的丰富资源和不竭动力。党的十六大以来推进浙江新发展的实践,使我们越来越深刻地认识到,与国家实施改革开放大政方针相伴随的浙江经济社会持续快速健康发展的深层原因,就在于浙江深厚的文化底蕴和文化传统与当今时代精神的有机结合,就在于发展先进生产力与发展先进文化的有机结合。今后一个时期浙江能否在全面建设小康社会、加快社会主义现代化建设进程中继续走在前列,很大程度上取决于我们对文化力量的深刻认识、对发展先进文化的高度自觉和对加快建设文化大省的工作力度。我们应该看到,文化的力量最终可以转化为物质的力量,文化的软实力最终可以转化为经济的硬实力。文化要素是综合竞争力的核心要素,文化资源是经济社会发展的重要资源,文化素质是领导者和劳动者的首要素质。因此,研究浙江文化的历史与现状,增强文化软实力,为浙江的现代化建设服务,是浙江人民的共同事业,也是浙江各级党委、政府的重要使命和责任。

　　2005 年 7 月召开的中共浙江省委十一届八次全会,作出《关于加快建设文化大省的决定》,提出要从增强先进文化凝聚力、解放和发展生产力、增强社会公共服务能力入手,大力实施文明素质工程、文化精品工程、文化研究工程、文化保护工程、文化产业促进工程、文化阵地工程、文化传播工程、文化人才工程等"八项工程",实施科教兴国和人才强国战略,加快建设教育、科技、卫生、体育等"四个强省"。作为文化建设"八项工程"之一的文化研究工程,其任务就是系统研究浙江文化的历史成就和当代发展,深入挖掘浙江文化底蕴、研究浙江现象、总结浙江经验、指导浙江未来的发展。

　　浙江文化研究工程将重点研究"今、古、人、文"四个方面,即围绕浙江当代发展问题研究、浙江历史文化专题研究、浙江名人研究、浙江历史文献整理四大板块,开展系统研究,出版系列丛书。在研究内容上,深入挖掘浙江文化底蕴,系统梳理和分析浙江历史文化的内部结构、变化规律和地域特色,坚持和发展浙江精神;研究浙江文化与其他地域文化的异同,厘清浙江文化在中国文化中的地位和相互影响的关系;围绕浙江生动的当代实践,深入解读浙江现象,总结浙江经验,指导浙江发展。在研究力量上,通过课题组织、出版资助、重点研究基地建设、加强省内外大院名校合作、整合各地各部门力量等途径,形成上下联动、学界互动的整体合力。在成果运用上,注重研究成果的学术价值和应用价值,充分发挥其认识世界、传承文明、创新理论、咨政育人、服务社会的重要作用。

我们希望通过实施浙江文化研究工程,努力用浙江历史教育浙江人民,用浙江文化熏陶浙江人民,用浙江精神鼓舞浙江人民,用浙江经验引领浙江人民,进一步激发浙江人民的无穷智慧和伟大创造能力,推动浙江实现又好又快发展。

今天,我们踏着来自历史的河流,受着一方百姓的期许,理应负起使命,至诚奉献,让我们的文化绵延不绝,让我们的创造生生不息。

2006 年 5 月 30 日于杭州

以杭州（临安）为例　还原一个真实的南宋

——从"南海一号"沉船发现引发的思考

（代　序）

王国平

　　2007 年 12 月 22 日，举世瞩目的我国南宋商船"南海一号"在广东阳江海域打捞出水。根据探测情况估计，整船金、银、铜、铁、瓷器等文物可能达到 6 万—8 万件，据说皆为稀世珍宝。迄今为止，全世界范围内都未曾发现过如此巨大的千年古船。"南海一号"的发现，在世界航海史上堪称一大奇迹，也填补与复原了南宋海上"丝绸之路"历史的一些空白①。不少专家认为"南海一号"的价值和影响力将不亚于西安秦始皇兵马俑。这艘沉船虽然出现在广东海域，但反映了整个南宋经济、文化的繁荣，标志着南宋社会的开放，也表明当时南宋引领着世界的发展。作为南宋政治、经济、文化、科技中心的都城临安（浙江杭州），则是南宋社会繁华与开放的代表。从某种意义上讲，没有以临安为代表的南宋的繁荣与开放，就不会有今日"南海一号"的发现；而"南海一号"的发现，也为我们重新审视与评价南宋，带来了最好的注解、最硬的实证。

　　提起南宋，往往众说纷纭，莫衷一是。长期以来，不少人把"山外青山楼外楼，西湖歌舞几时休？暖风熏得游人醉，直把杭州作汴州"②这首曾写在临

---

　　① 参见《"南海一号"成功出水》一文，载《人民日报》2007 年 12 月 23 日。

　　② 林升：《题临安邸》，转引自田汝成《西湖游览志余》卷二《帝王都会》，上海古籍出版社 1980 年版，第 14 页。

安城一家旅店墙上的诗,当作是当时南宋王朝的真实写照。虽然近现代已有海内外学者开始重新认识南宋,但相当一部分人仍认为南宋军事上妥协投降、苟且偷安,政治上腐败成风、奸相专权,经济上积贫积弱、民不聊生,生活上纸醉金迷、纵情声色。总之,南宋王朝是一个只图享受、不思进取的偏安小朝廷。导致这种历史误解的原因,在很大程度上是出于人们对患有"恐金病"的宋高宗和权相秦桧一伙倒行逆施的义愤,这是可以理解的。但是,我们决不能坐在历史的成见之上人云亦云。只要我们以对历史负责、对时代负责、对未来负责的精神和科学求实的态度,以科学发展观为指导,对南宋进行全面、深入、系统的研究,将南宋放到当时特定的历史发展阶段中、放到中国社会发展的历史长河中、放到整个世界的文明进程中进行考察,就不难发现南宋时期在社会经济、思想文化、科学技术、国计民生等方面所取得的成就,就不难发现南宋对中华文明所产生的巨大影响,以此对南宋作出科学、客观、公正的评价,"还原一个真实的南宋"。

宋钦宗靖康元年(1126)闰十一月,金军攻陷北宋京城开封。次年三月,俘徽、钦二帝北去,北宋灭亡。同年五月,宋徽宗第九子、钦宗之弟赵构,在应天府(河南商丘)即位,是为高宗,改元建炎,重建赵宋王朝。建炎三年(1129)二月,高宗来到杭州,改州治为行宫,七月升杭州为临安府,此时起,杭州实际上已成为南宋的都城。绍兴八年(1138),南宋宣布临安府为"行在所",正式定都临安。自建炎元年(1127)赵构重建宋室,至祥兴二年(1279)帝昺蹈海灭亡,历时153年,史称"南宋"。

我们认为,研究与评价南宋,不应当仅仅以王朝政权的强弱为依据,而应当坚持"以人为本"的理念,以人们生存与生活状态的改善作为社会进步的根本标准。许多人评价南宋,往往把南宋王朝作为对象,我们认为所谓"南宋",不仅仅是一个历史王朝的称谓,而主要是指一个特定的历史阶段和历史时期。在马克思主义看来,历史的进步是社会发展和人的发展相统一的过程,"人们的社会历史始终只是他们的个体发展的历史"①,未来理想社

---

① 《马克思恩格斯选集》第4卷,人民出版社1972年版,第321页。

会"以每个人的全面而自由的发展为基本原则"①。人是社会发展的主体，人的自由与全面发展是社会进步的最高目标。这就要坚持"以人为本"的科学发展观，将人的生存与全面发展作为评价一个历史阶段的根本依据。南宋时期，虽说尚处在封建社会的中期，人的自由与发展受到封建集权思想与皇权统治的严重束缚，但南宋与宋代以前漫长的封建历史时期相比，这一时期所出现的对人的生存与生活的关注度以及南宋人的生活质量和创造活力所达到的高度都是前所未有的。

　　研究与评价南宋，不应当仅仅以军事力量的大小作为评价依据，而应当以其社会经济、文化整体状况与发展水平的高低作为重要标准。我们评判一个朝代，不但要考察其军事力量的大小，更要看其在经济、文化、科技、社会等各方面所取得的成就。两宋立国320年，虽不及汉、唐、明、清国土辽阔，却以在封建社会中无可比拟的繁荣和社会发展的高度，跻身于中国古代最辉煌的历史时期之列。无论是文化教育的普及、文学艺术的繁荣、学术思想的活跃、科学技术的进步，还是社会生活的丰富多彩，南宋都达到了前所未有的程度，在当时世界上也都处于领先地位。著名史学家邓广铭认为"宋代的文化，在中国封建社会历史时期之内，截至明清之际西学东渐的时期为止，可以说，已经达到了登峰造极的高度"。②

　　研究与评价南宋，不能仅仅以某些研究的成果或所谓的"历史定论"为依据，而应当以其在人类文明进步中所扮演的角色，以及对后世产生的影响作为重要标准。宋朝是中国封建社会里国祚最长的朝代，也是封建文化发展最为辉煌的时期。南宋虽然国土面积只有北宋的五分之三左右，却维持了长达153年（1127—1279）的统治。南宋不但对中国境内同时代的少数民族政权和周边国家产生了积极影响，而且对后世中华文化的形成产生了巨大影响。近代著名思想家严复认为："中国所以成于今日现象者，为善为恶，姑不具论，而为宋人所造就，什八九可断言也。"③近代史学大师陈寅恪先生

---

　　①　《马克思恩格斯全集》第 23 卷，人民出版社 1972 年版，第 649 页。

　　②　邓广铭：《宋代文化的高度发展与宋王朝的文化政策》，载《历史研究》1990 年第 1 期。

　　③　严复：《严几道与熊纯如书札节钞》，载《学衡》第 13 期，江苏古籍出版社 1999 年影印本。

也曾经指出："华夏民族之文化,历数千载之演进,造极于赵宋之世。"①因此,我们既要看到南宋王朝负面的影响,更要充分肯定南宋的历史地位与历史影响,只有这样,才能"还原一个真实的南宋"。

一、在政治上,不但要看到南宋王朝外患深重、苟且偷安的一面,更要看到爱国志士精忠报国、南宋政权注重内治的一面

南宋时期民族矛盾异常尖锐,外患严重之至,前期受到北方金朝的军事讹诈和骚扰掠夺,后期又受到蒙元的野蛮侵略,长期威胁着南宋政权的生存与发展。在此情形下,南宋初期朝廷中以宋高宗为首的主和派,积极议和,向女真贵族纳贡称臣,南宋王朝确实存在消极抗战、苟且偷安的一面。但也要承认南宋王朝大多君王也怀有收复中原的愿望。南宋将杭州作为"行在所",视作"临安"而非"长安",也表现出了南宋统治集团不忘收复中原的意图。我们更应该看到南宋时期,在 153 年中,涌现了以岳飞、文天祥两位彪炳青史的民族英雄为代表的一大批爱国将领,众多的爱国仁人志士,这是中国古代任何一个朝代都难以比拟的。

同时,南宋政权也十分注重内治,在加强中央集权制度、推行"崇尚文治"政策、倡导科举不分门第等方面均有重大建树。其主要表现在:

1. 从军事斗争上看,南宋是造就爱国志士、民族英雄的时代

南宋王朝长期处于外族入侵的严重威胁之下,为此南宋军民进行了一百多年艰苦卓绝的抵抗斗争,涌现了无数气壮山河、可歌可泣的爱国事迹和民族英雄。因而,我们认为:南宋时代是面对强敌、英勇抗争的时代。众所周知,金朝是中国历史上继匈奴、突厥、契丹以后一个十分强大的少数民族政权,并非昔日汉唐时期的匈奴、突厥与明清时期的蒙古可比。金军先后灭亡了辽朝和北宋,南侵之势简直锐不可当,但由于南宋军民的浴血奋战,虽屡经挫折,终于抵挡住了南侵金军一次又一次的进攻,在外患深重的困境中站稳了脚跟。在持久的宋金战争中,南宋的军事力量不但没有削

---

① 《陈寅恪先生文集》第 2 卷,上海古籍出版社 1980 年版,第 245 页。

弱,反而逐渐壮大起来。南宋后期的蒙元军队则更为强大,竟然以 20 年左右的时间横扫欧亚大陆,使全世界都为之谈"蒙"色变。南宋的军事力量尽管相对弱小,又面对当时世界上最为强大的蒙元军队,但广大军民同仇敌忾,顽强抵抗了整整 45 年之久,这不能不说是世界抗击蒙元战争史上的一个奇迹。①

南宋是呼唤英雄、造就英雄的时代。在旷日持久的宋金战争中,造就了以宗泽、韩世忠、岳飞、刘锜、吴玠吴璘兄弟为代表的一批南宋爱国将领。特别是民族英雄岳飞率领的岳家军,更是使金军闻风丧胆。在南宋抗击蒙元的悲壮战争中,前有孟珙、王坚等杰出爱国将领,后有文天祥、谢枋得、陆秀夫、张世杰等抗元英雄,其中民族英雄文天祥领导的抗元斗争,更是可歌可泣,彪炳史册。

南宋是激发爱国热忱、孕育仁人志士的时代。仅《宋史·忠义列传》,就收录有爱国志士 277 人,其中大部分是南宋人②。南宋初期,宗泽力主抗金,并屡败金兵,因不能收复北宋失地而死不瞑目,临终时连呼三次"过河";洪皓出使金朝,被流放冷山,历尽艰辛,终不屈服,被比作宋代的苏武;陆游"死去元知万事空,但悲不见九州同"的诗句,表达了他渴望祖国统一的遗愿;辛弃疾的词则抒发了盼望祖国统一和反对主和误国的激情。因此,我们认为,南宋不但是造就民族英雄的时代,也是孕育爱国政治家、军事家、文学家和思想家的沃土。

2. 从政治制度上看,两宋时期是加强中央集权、"干强枝弱"的时期

宋朝在建国之初,鉴于前朝藩镇割据、皇权削弱的历史教训,通过采取"强干弱枝"政策,不断加强中央集权统治,南宋时得到了进一步强化。在中央权力上,实行军政、民政、财政"三权分立",削弱宰相的权力与地位;在地方权力上,中央派遣知州、知县等地方官,将原节度使兼领的"支郡"收归中央直接管辖;在官僚机构上,实行官(官品)、职(头衔)、差遣(实权)三者分离制度;在财权上,设置转运使掌管各路财赋,将原藩镇把持的地方财权收

① 参见何忠礼《论南宋定都杭州对当地经济文化的重大影响》,载《杭州研究》2007 年第 2 期。
② 参见俞兆鹏《南宋人才之盛及其原因》,载《杭州日报》2005 年 11 月 14 日。

归中央;在司法权上,设置提点刑狱一职,将方镇节度使掌握的地方司法权收归中央;在军权上,实行禁军"三衙分掌",使握兵权与调兵权分离、兵与将分离,将各州军权牢牢地控制在中央手里,从而加强了中央对政权、财权、军权等方面的全面控制。南宋继承了北宋加强中央集权的这一系列措施,为维护国家内部统一、社会稳定和经济发展提供了良好的国内环境。尽管多次出现权相政治,但皇权仍旧稳定如故。

3. 从用人制度上看,南宋是所谓"皇帝与士大夫共治天下"的时代

两宋统治集团始终崇尚文治,尊重知识分子,重用文臣,提倡教育和养士,优待知识分子。与秦代"焚书坑儒"、汉代"罢黜百家"、明清"文字狱"相比,两宋时期可谓是封建社会思想文化环境最为宽松的时期,客观上对经济、社会、文化发展起到了积极的促进作用①。其政策措施表现在:

推行"崇尚文治"政策。宋王朝对文人士大夫采取了较为宽松宽容的态度,"欲以文化成天下",对士大夫待之以礼、"不得杀士大夫及上书言事人"②,确立了"兴文教,抑武事"③的"崇文抑武"大政方针。两宋政权将"右文"定为国策,在这种政治氛围下,知识分子的思想十分活跃,参政议政的热情空前高涨,在一定程度上出现了"皇帝与士大夫共治天下"的局面,从而有力地推动了宋代思想、学术、文化的大发展。正由于两宋重用文士、优待文士,不杀文臣,因而南宋时常有正直大臣敢于上书直谏,甚至批评朝政乃至皇帝的缺点,这与隋、唐、明、清时期的动辄诛杀士大夫的政治状况大不相同。

采取"寒门入仕"政策。为了吸收不同阶层的知识分子参加政权,两宋对选才用人的科举制度进行了改革,消除了魏晋以来士族门阀造成的影响。两宋科举取士几乎面向社会各个阶层,再加上科举取士的名额不断增加,在社会各阶层中形成了"学而优则仕"之风。南宋时期,取士更不受出身门第的限制,只要不是重刑罪犯,即使是工商、杂类、僧道、农民,甚至是杀猪宰牛

---

① 参见郭学信《试论两宋文化发展的历史特色》,载《江西社会科学》2003 年第 5 期。
② 陶宗仪:《说郛》卷三九上,台北商务印书馆 1986 年影印文渊阁《四库全书》本。
③ 李焘:《续资治通鉴长编》卷一八,太平兴国二年正月丙寅条,中华书局 2004 年版,第 392 页。

的屠户,都可以应试授官。南宋的科举登第者多数为平民,如在宝祐四年(1256)登科的 601 名进士中,平民出身者就占了 70%。[①]

二、在经济上,不但要看到南宋连年岁贡不断、赋税沉重的状况,更要看到整个南宋生产发展、经济繁荣的一面

人们历来有一种误解,认为南宋从立国之日起,就存在着从北宋带来的"积贫积弱"老毛病。确实,南宋王朝由于长期处于前金后蒙的威胁之下,迫使其不得不以加强皇权统治作为核心利益,在对外关系上,以牺牲本国的经济利益为代价,采取称臣、割地、赔款等手段来换取王朝政权的安定。正因为庞大的兵力和连年向金朝贡,加重了南宋王朝财政负担和民众经济负担,也一定程度上影响了南宋的经济发展。但在另一方面,我们更应当看到,南宋时期,由于北方人口的大量南下,给南宋的经济发展带来了充足的劳动力、先进的生产技术和丰富的生产经验,再加上统治者出台的一些积极措施,南宋在农业、手工业、商业、外贸等方面都取得了突出成就。南宋经济繁荣主要体现在:

1. 从农业生产看,南宋出现了古代中国南粮北调的新格局

由于南宋政府十分注重水利的兴修,并采取鼓励垦荒的措施,加上北方人口的大量南移和广大农民的辛勤劳动,促进了流民复业和荒地开垦。人稠地少的两浙等平原地带,垦辟了众多的水田、圩田、梯田。曾经"几无人迹"的淮南地区也出现了"田野加辟"、"阡陌相望"的繁荣景象。南宋时期,农作物单位面积产量比唐代提高了两三倍,总体发展水平大大超过了唐代,有学者甚至将宋代农作物单位面积产量的大幅提高称为"农业革命"[②]。"苏湖熟,天下足"的谚语就出现在南宋[③]。元初,江浙行省虽然只是元十个行省中的一个,岁粮收入却占了全国的 37.10%[④],江浙地区成了中国农业最为发达的地区,并出现了中国南粮北调的新格局。

---

① 参见俞兆鹏《南宋人才之盛及其原因》,载《杭州日报》2005 年 11 月 14 日。
② 张邦炜:《瞻前顾后看宋代》,载《河北学刊》2006 年第 5 期。
③ 范成大:《吴郡志》卷五〇《杂志》,中华书局 1990 年《宋元方志丛刊》本。
④ 脱脱:《元史》卷九三《食货一·税粮》,中华书局 2005 年版,第 2361 页。

2. 从手工业生产看,南宋达到了中国古代手工业发展的新高峰

南宋时期,随着北方手工业者的大批南下和先进生产技术的传入,使南方的手工业生产上了一个新的台阶。一是纺织业规模和技术都大大超过了同时代的金朝,南方自此成为了中国丝织业最发达的地区。二是瓷器制造业中心从北方移至江南地区。景德镇生产的青白瓷造型优美,有"饶玉"之称;临安官窑所造青瓷极其精美,为此杭州在官窑原址建立了官窑博物馆,将这些精美的青瓷展现给世人;龙泉青瓷达到了烧制技术的新高峰,并大量出口。三是造船业空前发展。漕船、商船、游船、渔船,数量庞大,打造奇巧,富有创造性;海船所采用的多根桅杆,为前代所无;战船种类众多,功用齐全,在抗金和抗蒙元的战争中发挥了重要作用。

3. 从商业发展看,南宋开创了古代中国商品经济发展的新时代

虽然宋代主导性的经济仍然是自然经济,但由于两宋时期冲破了历朝统治者奉行"重农抑商"观念的束缚,确立了"农商并重"的国策,采取了惠商、恤商政策措施,使社会各阶层纷纷从事商业经营,商品经济呈现出划时代的发展变化,进入了一个新的历史发展阶段。一是四通八达的商业网络。随着商品贸易的发展,出现了临安、建康(江苏南京)、成都等全国性的著名商业大都市,当时的临安已达 16 万户,人口最多时有 150 万—160 万人①,同时,还出现了 50 多个 10 万户以上的商业大城市,并涌现出一大批草市、墟市等定期集市和商业集镇,形成了"中心城市—市镇集市—边境贸易—海外市场"的通达商业网络②。二是"市坊合一"的商业格局。两宋时期由于城市商业繁荣,冲破了长期以来作为商业贸易区的"市"与作为居民住宅区的"坊"分离的封闭式坊市制度,出现了住宅与店肆混合的"市坊合一"商业格局,街坊商家店铺林立,酒肆茶楼面街而立。从《梦粱录》和《武林旧事》的记载来

---

① 杨宽先生在《中国古代都城制度史》一书中认为,南宋末年咸淳年间,临安府所属九县,按户籍,主客户共三十九万一千多户,一百二十四万多口;附郭的钱塘、仁和两县主客户共十八万六千多户,四十三万二千多口,占全府人口的三分之一。宋朝的"口"是男丁数,每户平均以五人计,约九十多万人。所驻屯的军队及其家属,估计有二十万人以上,总人口当在一百二十万人左右,包括城外郊区十万人和乡村十万人。

② 参见陈杰林《南宋商业发展:特点与成因》,载《安庆师范学院学报》2003 年第 4 期。

看,南宋临安城内商业繁荣,甚至出现了夜市刚刚结束,早市又告兴起的繁荣景象。三是规模庞大的商品交易。南宋商品的交易量虽难考证,但从商税收入可窥见一斑。淳熙(1174—1189)末全国正赋收入6530万缗,占全国总收入30%以上,据此推测,南宋商品交易额在20000万缗以上,可见商品交易量之巨大①。南宋商税加专卖收益超过农业税的收入,改变了宋以前历代王朝农业税赋占主要地位的局面。

4. 从海外贸易看,南宋开辟了古代中国东西方交流的新纪元

两宋期间,由于陆上"丝绸之路"隔断,东南方向海路成为对外贸易的唯一通道,海外贸易成为中外经济文化交流的主要通道。南宋海外贸易繁荣表现在:一是对外贸易港口众多。广州、泉州、临安、明州(浙江宁波)等大型海港相继兴起,与外洋通商的港口已近20个,还兴起了一大批港口城镇,形成了北起淮南/东海,中经杭州湾和福、漳、泉金三角,南到广州湾和琼州海峡的南宋万余里海岸线上全面开放的新格局,这种盛况不仅唐代未见,就是明清亦未能再现②。二是贸易范围大为扩展。宋前,与我国通商的海外国家和地区约20处,主要集中在中南半岛和印尼群岛,而与南宋有外贸关系的国家和地区增至60个以上,范围从南洋(南海)、西洋(印度洋)直至波斯湾、地中海和东非海岸。三是出口商品附加值高。宋代不但外贸范围扩大、出口商品数量增加,而且进口商品以原材料与初级制品为主,而出口商品则以手工业制成品为主,附加值高。用附加值高的制成品交换附加值低的初级产品,表明宋代外向型经济在发展程度上高于其外贸伙伴。③

三、在文化上,不但要看到封闭保守、颓废安逸的一面,更要看到南宋"百家争鸣、百花齐放"的繁荣局面

由于以宋高宗为首的妥协派大多患有"恐金病",加之南宋要想收复北

---

① 参见陈杰林《南宋商业发展:特点与成因》,载《安庆师范学院学报》2003年第4期。
② 参见葛金芳《南宋:走向开放型市场的重大转折》,载《杭州研究》2007年第2期。
③ 参见葛金芳《南宋:走向开放型市场的重大转折》,载《杭州研究》2007年第2期。

方失地在军事上和经济上确实存在着许多困难,收复中原失地的战争,也几度受到挫折,因此在南宋统治集团中,往往笼罩着悲观失望、颓废偷安的情绪。一些皇亲贵族,只要不是兵荒马乱,就热衷于享受山水之乐和口腹之欲,出现了软弱不争、贪图享受、胸无大志、意志消沉的"颓唐之风"。反映在一些文人士大夫的文化生活中,就是"一勺西湖水。渡江来、百年歌舞,百年酣醉"的华丽浮靡之风。但是,这并不能掩盖两宋文化的历史地位与影响。宋代是中国古代文化最为光辉灿烂的时期之一。近代的中国文化,其实皆脱胎于两宋文化。著名史学家邓广铭认为:"宋代文化发展所能达到的高度,在从十世纪后半期到十三世纪中叶这一历史时期内,是居于全世界的领先地位的。"①日本学者则将宋代称为"东方的文艺复兴时代"②。著名华裔学者刘子健认为:"此后中国近八百年来的文化,是以南宋文化为模式,以江浙一带为重点,形成了更加富有中国气派、中国风格的文化。"③这主要体现在:

1. 南宋是古代中国学术思想的巅峰时期

王国维指出:"宋代学术,方面最多,进步亦最著","近世学术多发端于宋人"。宋学作为宋型文化的精神内核,是中国古代学术思想的新巅峰。宋学流派纷呈,各臻其妙,大师迭出,群星璀璨,尤其到南宋前期,思想文化呈现出一派勃勃生机和前所未有的活跃局面。

理学思想的形成。两宋统治者以文治国、以名利劝学的政策,对当时的思想、学术及教育产生了重要影响,最明显的一个标志是新儒学——理学思想的诞生。南宋是儒学各派互争雄长的时期,各学派互相论辩、互相补充,共同构筑起中国儒学发展史上一个新的阶段。作为程朱理学集大成者的朱熹,是继孔孟以来最杰出的儒家学者。理学思想中倡导的国家至上、百姓至上的精神,与孟子的"君轻民贵"思想是一脉相承的。同时,两宋还倡导在儒

---

① 邓广铭:《国际宋史研讨会开幕词》,载《国际宋史研讨论文选集》,河北大学出版社 1992 年版,第 1 页。

② 宫崎市定:《宫崎市定论文选集》下册,商务印书馆 1963 年版。

③ 刘子健:《代序——略论南宋的重要性》,载黄宽重主编《南宋史研究集》,台湾新文丰出版公司 1985 年版。

家思想主导下的"儒佛道三教同设并行"，就是在"尊孔崇儒"的同时，对佛、道两教也持尊奉的态度。理学各家出入佛老；佛门也在学理上融合儒道；道教则从佛教中汲取养分，将其融入自身的养生思想，并吸纳佛教"因果轮回"思想与儒家"纲常伦理"学说。普通百姓"读儒书、拜佛祖、做斋醮"更是习以为常。两宋"三教合流"的文化策略迎合了时代的需要，使宋代儒生不同于以往之"终信一家、死守一经"，从而使得南宋在思想、文化领域均有重大突破与重大建树。

思想学术界学派林立。学派林立是南宋学术思想发展的突出表现，也是当时学术界新流派勃兴的标志。在儒学复兴的思潮激荡下，尤其是在鼓励直言、自由议论的政策下，先后形成了以朱熹为代表的道学，以陆九渊为代表的心学，以叶适为代表的永嘉事功之学，以吕祖谦为代表的婺学，以陈亮为代表的永康之学等主要学派，开创了浙东学派的先河。南宋时期学派间互争雄长和欣欣向荣的景象，维持了近百年之久，形成了继春秋战国之后中国历史上第二次"百家争鸣"的盛况，为推动南宋经济文化的发展起到了积极作用。尤其是浙东事功学派极力推崇义利统一，强调"商藉农而立，农赖商而行"，认为只有农商并重，才能民富国强，实现国家中兴统一的目的。这种功利主义思想，反映了当时人们希望发展南宋经济和收复北方失地的强烈愿望。

2. 南宋是古代中国文学艺术的鼎盛时期

近代国学大师王国维认为："天水一朝人智之活动与文化之多方面，前之汉唐、后之元明皆所不逮也。"①南宋文学艺术的繁荣主要表现在：一是宋词的兴盛。宋代创造性地发展了"词"这一富有时代特征的文学形式。词的繁荣起始于北宋，鼎盛于南宋。南宋词不仅在内容上有所开拓，而且艺术上更趋于成熟。辛弃疾是南宋最伟大的爱国词人，豪放词派的最高代表，也是南宋词坛第一人，与北宋词人苏轼一样，同为宋词最为杰出的代表。李清照是婉约词派的代表人物，形成了别具一格的"易安体"，对后世影响很大。陆

---

① 王国维：《静庵文集续编·宋代之金石学》，载《王国维遗书》第 5 册，上海古籍出版社1983 年版。

游既是著名的爱国诗人,也是南宋词坛的巨匠,他的词充满了奔放激昂的爱国主义感情,与辛弃疾一起把宋词推向了艺术高峰。二是宋诗的繁荣。宋诗在唐诗之后另辟蹊径,开拓了宋诗新境界,其影响直到清末民初。宋诗完全有资格在中国诗史上与唐诗双峰并峙,两水并流。三是话本的兴起。南宋话本小说的出现,在中国文学史上是一件极有意义的大事,它标志着中国小说的发展已进入到了一个新的阶段。宋代话本为中国小说的发展注入了新鲜的活力,迎来了明清小说的繁荣局面。南宋还出现了以《沧浪诗话》为代表的具有现代审美特征的开创性的文学理论著作。四是南戏的出现。南宋初年,出现了具有很强的现实性和感染力的"戏文",统称"南戏"。南宋戏文是元代杂剧的先驱,它的出现标志着中国古代戏曲艺术的成熟,为我国戏剧的发展奠定了雄厚基础①。五是绘画的高峰。宋代是中国绘画史上的鼎盛时期,标志我国中古时期绘画高峰的出现。有研究者认为:"吾国画法,至宋而始全。"②宋代画家多达千人左右,以李唐、刘松年、马远、夏圭等人为代表的南宋著名画家,他们的作品在画坛至今仍享有十分崇高的地位。此外,南宋的多位皇帝和后妃也都是绘画高手。南宋绘画形式多样,山水、人物、花鸟等并盛于世,其中尤以山水画最为突出,它们对后世的影响极大。南宋画家称西湖景色最奇者有十,这就是著名的"西湖十景"的由来。宋代工艺美术造型、装饰与总体效果堪称中国工艺史上的典范,为明清工艺争相效仿的对象。此外,南宋的书法、雕塑、音乐、歌舞等也都有长足的发展。

3. 南宋是古代中国文化教育的兴盛时期

宋代统治者大力倡导学校教育,将"崇经办学"作为立国之本,使宋代的教育体制较之汉唐更加完备和发达。南宋官学、私学皆盛,彻底打破了长期以来士族地主垄断教育的局面,使文化教育下移,教育更加大众化,适应了平民百姓对文化教育的需求,推动了文化的大普及,提高了全社会的文化素质,促进了南宋社会文化事业的进步和发展。在科举考试的推动下,南宋的中央官学、地方官学、书院和私塾村校并存,各类学校都获得了蓬勃的发展。

---

① 参见何忠礼、徐吉军《南宋史稿》,杭州大学出版社 1999 年版,第 657 页。
② 潘天寿:《中国绘画史》,上海人民美术出版社 1983 年版,第 158 页。

南宋各州县普遍设立了公立学校,其学校规模、学校条件、办学水平,较之北宋有了更大发展。由于理学家的竭力提倡和科举考试的需要,南宋地方书院得到了大发展,宋代共有书院 397 所,其中南宋占 310 所①。南宋私塾村校遍及全国各地,学校教育由城镇延伸到了乡村,南宋教育达到了前所未有的普及程度。

4. 南宋是古代中国史学的繁荣时期

南宋以"尊重和提倡"的形式,鼓励知识分子重视历史,研究历史,"思考历代治乱之迹"。陈寅恪先生指出:"中国史学莫盛于宋。"②南宋史学家袁枢的《通鉴纪事本末》,创立了以重大历史事件为主体,分别立目,完整地记载历史事件的纪事本末体;朱熹的《资治通鉴纲目》创立了纲目体;朱熹的《伊洛渊源录》则开启了记述学术宗派史的学案体之先河。南宋在历史上第一次提出了"经世致用"的修史思想。南宋史学家不仅重视当代史的研究,而且力主把历史与现实结合起来,从历史上寻找兴衰之源,以史培养爱国、有用的人才。这些都对后代的史学家有很大的启迪和教益。

四、在科技上,既要看到整个宋代在中国古代科技史上的地位,又要看到南宋对古代中国科学技术的杰出贡献

宋代统治集团对在科学技术上有重要发明及创造、创新之人给予物质和精神奖励,为宋代科技发展与进步注入了前所未有的强大动力。宋朝是当时世界上发明创造最多的国家,也是中国为世界科技发展贡献最大的时期。英国学者李约瑟说:"每当人们在中国的文献中查找一种具体的科技史料时,往往会发现它的焦点在宋代,不管在应用科学方面或纯粹科学方面都是如此。"③中国历史上的重要发明,一半以上都出现在宋朝,宋代的不少科技发明不仅在中国科技史上,而且在世界科技史上也号称第一。《梦溪笔

---

① 参见何忠礼《论南宋定都杭州对当地经济文化的重大影响》,载《杭州研究》2007 年第 2 期。
② 陈寅恪:《陈垣明季滇黔佛教考序》、《陈垣元西域人华化考序》,载《金明馆丛稿二编》,上海古籍出版社 1980 年版,第 240、238 页。
③ 李约瑟:《李约瑟文集》,辽宁科技出版社 1986 年版,第 115 页。

谈》的作者北宋沈括、活字印刷术的发明者毕昇这两位钱塘（浙江杭州）人，都是中外公认的中国古代伟大科学巨匠。南宋的科技在北宋基础上进一步得到发展，其科技成就在很多方面居于世界领先地位。这主要表现在：

1. 南宋对中国古代"三大发明"的贡献

活字印刷术、指南针与火药三大发明，在南宋时期获得进一步的完善和发展，并开始了大规模的实际应用。指南针在航海上的应用，始见于北宋末期，南宋时的指南针已从简单的指针，发展成为比较简易的罗盘针，并将它应用于航海上，这是一项具有世界意义的重大发明。李约瑟指出：指南针在航海中的应用，是"航海技艺方面的巨大改革"，"预示计量航海时代的来临"。中国古代火药和火药武器的大规模使用和推广也始自南宋。南宋出现的管形火器，是世界兵器史上十分重要的大事，近代的枪炮就是在这种原始的管形火器基础上发展起来的。此外，南宋还广泛使用威力巨大的火炮作战，充分反映了南宋火器制造技术的巨大进步。南宋开始推广使用活字印刷术，出现了目前世界上第一部活字印本。此外，南宋的造纸技术也更为发达，生产规模大为扩展，品种繁多，质量之高，近代也多不及。

2. 南宋在农业技术理论上的重大突破

南宋陈旉所著的《农书》是我国现存最早的有关南方农业生产技术与经营的农学著作，他是中国农学史上第一个提出土地利用规划技术的人。陈旉在《农书》中首先提出了土壤肥力论等多种土地的利用和改造之法，并对搞好农业经营管理提出了卓越的见解。稻麦两熟制、水旱轮作制、"耕耙耖"耕作制，在南宋境内都得到了较好的推广。植物谱录在南宋也大量涌现。《橘录》是我国最早的柑橘专著；《菌谱》是世界历史上最早的菌类专著；《全芳备祖》是世界上最早的植物学辞典，比欧洲要早300多年；《梅谱》是世界上最早的有关梅花的专著。

3. 南宋在制造技术上的高度成就

宋代冶金技术居世界最高水平，南宋对此作出了卓越的贡献。在有色金属的开采与冶炼方面，南宋发明了"冶银吹灰法"和"铜合金铁"冶炼法；在煤炭的开发利用上，南宋开始使用焦煤炼铁（而欧洲人是在18世纪时才

发明了焦煤炼铁），是我国冶金史上具有重大意义的里程碑。南宋是我国
纺织技术高度发展时期，特别是蚕桑丝绸生产，已形成了一整套从栽桑到
成衣的过程，生产工具丰富，为明清的丝绸生产技术奠定了基础。南宋的
丝纺织品、织造和染色技术在前代的基础上达到了一个新水平。南宋瓷器
无论在胎质、釉料，还是在制作技术上，都达到了新的高度。同时，南宋的
造船、建筑、酿酒、地学、水利、天文历法、军器制造等方面的技术水平，也
都比过去有很大的进步。如现保存于杭州碑林的石刻《天文图》，是迄今
为止所能见到的最早的全天星图；绘于南宋绍定二年（1229）的石刻《平江
图》，是我国现存最完整的城市规划图，至今仍完好地保存在苏州市博
物馆。

4. 南宋在数学领域的巨大贡献

南宋数学不仅在中国数学史上，而且在世界数学史上取得了极为辉煌
的成就。南宋杰出的数学家秦九韶撰写的《数学九章》提出的"正负开方
术"，与现代求数学方程正根的方法基本一致，比西方早 500 多年。另一位
杰出的数学家杨辉，编撰有《详解九章算法》、《日用算法》、《乘除通变本
末》、《田亩比类乘除捷法》、《续古摘奇算法》、《杨辉算法》等十余种数学著
作，收录了不少我国现已失传的数学著作中的算题和算法。杨辉对级数求
和的论述，使之成为继沈括之后世界上最早研究高阶等差级数的人。杨辉
发明的"九归口诀"，不仅提高了运算速度和精确度，而且还对明代珠算的发
明起到了重要作用。因此，李约瑟把宋代称为"伟大的代数学家的时代"，认
为"中国的代数学在宋代达到最高峰"。①

5. 南宋在医药领域的重要贡献

南宋是中国法医学正式形成的时期。宋慈《洗冤集录》是世界上第一部
法医学专著，比西方早 350 余年。它不仅奠定了我国古代法医学的基础，而
且被奉为我国古代"官司检验"的"金科玉律"，并对世界法医学产生了广泛
影响。南宋是中国针灸医学的极盛时期。王执中《针灸资生经》和闻人耆年

---

① 参见《中国科学技术史》第 1 卷第 1 册，科学出版社 1975 年版，第 273、284、287、292 页。

《备急灸法》两书,皆集历代针灸学知识之大全,反映了当时针灸学的最高水平。南宋腧穴针灸铜人是针灸学上第一具教学、临床用的实物模型。陈自明所著《外科精要》一书对指导外科的临床应用具有重要意义。陈自明《妇人大全良方》是著名的妇产科著作,直到明清时期仍被妇科医生奉为经典。朱瑞章的《卫生家宝产科方》,被称为"产科之荟萃,医家之指南"。无名氏的《小儿卫生总微论方》和刘昉的《幼幼新书》,汇集了宋以前在儿科学方面所取得的成就,是我国历史上较早的一部比较系统、全面的儿科学著作。许叔微《普济本事方》是中国古代一部比较完备的方剂专书。

五、在社会生活上,不但看到南宋一些富豪官绅生活奢华、挥霍淫乐的一面,更要看到南宋政府关注民生、注重民生保障的一面

南宋社会生活的奢侈之风,既是南宋官僚地主腐朽的集中反映,也是南宋经济文化空前繁荣的缩影。我们不但看到南宋一些富豪官绅纵情声色、恣意挥霍的社会现象,更要看到南宋政府倡导善举、关注民生、同情民苦的客观事实。两宋社会保障制度,在中国古代救助史上占有重要地位,并为宋后社会保障制度的建立奠定了基础。有学者认为,中国古代真正意义上的社会保障事业是从两宋开始的。同时,两宋时期随着土地依附关系的逐步解除和门阀制度的崩溃,逐渐冲破了以前士族地主一统天下的局面。两宋社会结构开始调整重组,出现了各阶层之间经济地位升降更替、社会等级界限松动的现象,各阶层的价值取向趋近,促进社会各阶层的融合,平民化、世俗化、人文化趋势明显[①]。两宋社会的平民化,不仅体现在科举取士面向社会各个阶层,不受出身门第的限制,而且体现在官民之间身份可以相互转化,既可以由贵而贱,也可以由贱而贵;贫富之间既可以由富而贫,也可以由贫而富[②]。其具体表现在:

1. 南宋农民获得了更多的人身自由

两宋时期,租佃制普遍发展,这是古代专制社会中生产关系的一次重大

---

① 参见邓小南《宋代历史再认识》,载《河北学刊》2006 年第 5 期。
② 参见郭学信《宋代俗文化发展探源》,载《西北师大学报》2005 年第 3 期。

调整。在租佃制下，地主招募客户耕种土地，客户只向地主交纳地租，而不必承担其他义务。在大部分地区，客户契约期满后有退佃起移的权利，且受到政府的保护，人身依附关系大为减弱。按照宋朝的户籍制度，客户直接编入国家户籍，成为国家的正式编户，并承担国家某些赋役，而不再是地主的"私属"，因而获得了一定的人身自由。两宋农民在法律上可以自由迁徙，这是历史的一大进步①。南宋随着商品经济的发展，农民获得了更多的人身自由，他们可以比较自由地离土离乡，转向城市从事手工业或商业活动。

2. 南宋商人社会地位得到了提高

宋前历朝一直奉行"重农轻商"政策，士、农、工、商，商人居"四民"之末，受到社会的歧视。宋代商业已被视同农业，均为创造社会财富的源泉，"士、农、工、商，皆百姓之本业"②成为社会共识，使两宋商人的社会地位得到前所未有的提高。随着工商业的发展，在南宋手工业作坊中，工匠主和工匠之间形成了雇佣与被雇佣关系。南宋官营手工业作坊中的雇佣制度，代替了原来带有强制性的指派和差人应役招募制度，雇佣劳动与强制性的劳役比较，工匠所受的人身束缚大为松弛，新的经济关系推动了南宋手工业经济的发展，又促进了资本主义生产关系的萌芽。

3. 南宋市民阶层登上了历史舞台

"坊郭户"是城市中的非农业人口。随着工商业的日益发展，宋政府将"坊郭户"单独"列籍定等"。"坊郭户"作为法定户名在两宋时期出现，标志着城市"市民阶层"的形成，市民阶层开始作为一个独立的群体正式登上了历史舞台，成为不可忽视的社会力量③。南宋时期，还实行了募兵制，人们服役大多出自自愿，从而有效保障了城乡劳力稳定和社会安定，与唐代苛重的兵役相比，显然是一个进步。

---

① 参见郭学信、张素音《宋代商品经济发展特征及原因析论》，载《聊城大学学报》2006年第5期。

② 陈耆卿：《嘉定赤城志》卷三七《风土》，中华书局1990年《宋元方志丛刊》本。

③ 参见郭学信《宋代俗文化发展探源》，载《西北师大学报》2005年第3期。

4. 南宋社会保障制度更为完善

南宋的社会保障体系主要表现在：一是"荒政"制度。就是由政府无偿向灾民提供钱粮和衣物，或由政府将钱粮贷给灾民，或由政府将灾民暂时迁移到丰收区，或将粮食调拨到灾区，或动员富豪平价售粮，并在各州县较普遍地设置了"义仓"，以解决暂时的粮食短缺问题。同时，遇丰收之年，政府酌量提高谷价，大量收籴，以避免谷贱伤农；遇荒饥之年，政府低价将存粮大量粜出，以照顾灾民。二是"养恤"制度。在临安等城市中，南宋政府针对不同的对象设立了不同的养恤机构。有赈济流落街头的老弱病残或贫穷潦倒乞丐的福田院，有收养孤寡等贫穷不能自存者的居养院，有收养并医治鳏寡孤独贫病不能自存之人的安济院，有收养社会弃子弃婴的慈幼局，等等。三是"义庄"制度。义庄主要由一些科举入仕的士大夫用其秩禄买田置办，义田一般出租，租金则用于赈养族人的生活。虽然义庄设置的最初动机在于为本宗族之私，但义庄的设置在一定范围内保障了族人的经济生活，对南宋官方的社会保障起到了重要的辅助作用。南宋的社会保障政策与措施对倡导善举、缓和社会矛盾、维护社会稳定等发挥了积极作用。[1]

六、在历史地位上，既要看到南宋在当时国际国内的地位，又要看到南宋对后世中国和世界的影响

1. 南宋对东亚"儒学文化圈"和世界文明进程之影响

两宋的成就居于当时世界发展的顶峰，对周边国家和世界均产生了巨大影响。

南宋对东亚"儒学文化圈"的影响。南宋朱子学对东亚"儒学文化圈"各国文化的作用不容低估，对东亚各民族产生了广泛而深刻的影响，至今仍然积淀在东亚各民族的文化心理中，对东亚现代化起着重要作用。在文化输入上，这些周边邻国对唐代文化主要是制度文化的模仿，而对两宋文化则侧

---

[1] 参见杜伟《略述两宋社会保障制度》，载《沙洋师范高等专科学校学报》2004 年第 1 期；陈国灿《南宋江南城市的公共事业与社会保障》，载《学术月刊》2002 年第 6 期。

重于精神文化的摄取,尤其是对南宋儒学、宗教、文学、艺术、政治制度的借鉴。南宋儒学文化传至东亚各国,与各国的学术思想和民族文化相融合,产生了朝鲜儒学、日本儒学、越南儒学等东亚儒学,形成了东亚"儒学文化圈"。这表明南宋儒学文化在东亚民族之间的文化交流和传播中,对高丽、日本、越南等国学术文化与东亚文明的形成和发展的历史产生了重大影响,这可以说是东亚文明发展中的一大奇观。同时,南宋儒学文化中的优秀成分和合理精神,在现代东亚社会的政治、经济、思想文化、社会生活、家庭关系等方面仍然发挥着重要影响和作用。如南宋儒学中的"信义"、"忠诚"、"中庸"、"和"、"义利并取"等价值观念,在现代东亚经济社会中的积极作用也显而易见。

南宋对世界经济发展的影响。随着南宋海外贸易的发展,与我国通商的海外国家与地区从宋前的 20 余个增至 60 个以上。海外贸易范围从宋前中南半岛和印尼群岛,扩大到西洋(印度洋至红海)、波斯湾、地中海和东非海岸,使雄踞于太平洋西岸的南宋帝国与印度洋北岸的阿拉伯帝国一起,构成了当时世界贸易圈的两大轴心。海上"丝绸之路"取代了陆上"丝绸之路",成为中外经济文化交流的主要通道。鉴于此,美籍学者马润潮把宋代视为"世界伟大海洋贸易史上的第一个时期"[1]。同时,随着商品经济的发展,北宋出现了世界上最早的纸币——交子,至南宋时,纸币开始在全国普遍使用。有学者将纸币的产生与大规模的流通称为"金融革命"[2]。纸币流通的意义远在金属铸币之上,表明我国在货币领域的发展已走在世界前列。

南宋对世界文明进程的影响。宋代文化对世界文化的影响,主要表现在两宋的活字印刷术、火药、指南针"三大发明"的西传上。培根指出:"这三种发明已经在世界范围内把事物的全部面貌和情况都改变了:第一种是在学术方面,第二种是在战事方面,第三种在航行方面;由此产生了无数的变化,这种变化是如此巨大,以至没有一个帝国,没有一个教派,没有一个赫赫

---

① 转引自葛金芳《南宋:走向开放型市场的重大转折》,载《杭州研究》2007 年第 2 期。
② 参见张邦炜《瞻前顾后看宋代》,载《河北学刊》2006 年第 5 期。

有名的人物,能比得上这三种机械发明。"①马克思的评价则更高:"火药、指南针、印刷术——这是预告资产阶级到来的三大发明。火药把骑士阶层炸得粉碎,指南针打开了世界市场并建立了殖民地,而印刷术则变成了新教的工具和科学复兴的手段,变成对精神发展创造必要前提的强大杠杆。"②两宋"三大发明"对世界文明的决定性作用是毋庸赘言的。两宋科举考试制度也对法、美、英等西方国家选拔官吏的政治制度产生了直接作用和重要影响,被人誉为"中国的第五大发明"。

2. 南宋对中国古代与近代历史发展之影响

中外学者普遍认为:"这时的文化直至 20 世纪初都是中国的典型文化。其中许多东西在以后的一千年中是中国最典型的东西,至少在唐代后期开始萌芽,而在宋代开始繁荣。"③

南宋促进了中国市民社会的形成。随着商品经济的繁荣,两宋时期不仅出现了一大批大、中、小商业城市与集镇,而且形成了杭州、开封、成都等全国著名商业大都市,第一次出现了城市平民阶层,呈现了中国古代社会前所未有的时代开放性。到了南宋,市民阶层更加壮大,世俗文化与世俗经济更加繁荣,意味着中国市民社会开始形成,开启了中国社会的平民化进程。正由于南宋时期出现了欧洲近代前夜的一些特征,如大城市兴起、市民阶层形成、手工业发展、商业经济繁荣、对外贸易发达、流通纸币出现、文官制度成熟等现象,美国、日本学者普遍把宋代中国称为"近代初期"。④

南宋促成了中国经济重心的南移。由于南宋商品经济的空前发展,有些学者甚至断言,宋代已经产生了资本主义萌芽。西方有学者认为南宋已处在"经济革命时代"。随着宋室南下,南宋经济的发展与繁荣,使江南成为全国经济最为发达的地区。南宋时期,全国经济重心完成了由黄河流域向

---

① 培根:《新工具》,商务印书馆 1984 年版,第 103 页。

② 马克思:《机械、自然力和科学应用》,人民出版社 1978 年版,第 67 页。

③ 费正清、赖肖尔:《中国:传统与变革》,江苏人民出版社 1995 年版,第 118—119 页。

④ 张晓淮:《两宋文化转型的新诠释》,载《学海》2002 年第 4 期。

长江流域的历史性转移,我国经济形态自此逐渐从自然经济转向商品经济,从封闭经济走向开放经济,从内陆型经济转向海陆型经济,这是中国传统社会发展中具有路标性意义的重大转折①。如果没有明清的海禁和极端专制的封建统治,中国的近代化社会也许会更早地到来。

南宋推进了中华民族的大融合。南宋时期,中国社会出现了第三次民族大融合。宋王朝虽然先后被同时代的女真、蒙古等少数民族所征服,但无论是前金还是后蒙,在其思想文化上,都被南宋所代表的先进文化所征服,融入中华民族的大家庭之中。10—13世纪,中原王朝与北方游牧民族的时战时和、时分时合,使以农耕文化为载体的两宋文化迅速向北扩散播迁,女真、蒙古等少数民族政权深受南宋所代表的先进的政治制度、社会经济和思想文化的影响,表现出对南宋文化的认同、追随、仿效与移植,自觉不自觉地接受了先进的南宋文化,使其从文字到思想、从典章制度到风俗习惯均呈现出汉化趋势②。南宋文化改变了这些民族的文化构成,提高了文化层位,加速了这些民族由落后走向文明、走向进步的进程,从而在整体上提高了中国北部地区少数民族的文化水平。

南宋奠定了理学在封建正统思想中的主导地位。理学的形成与发展,是南宋文化对中国古代思想文化的重大贡献。南宋理宗朝时,理学被钦定为封建正统思想和官方哲学,确立了程朱理学的独尊地位,并一直垄断元、明、清三代的思想和学术领域长达700余年,其影响之深广,在古代中国没有其他思想可以与之匹敌③。同时,两宋时期开创了中国古代儒、佛、道"三教合流"的文化格局。与汉武帝"罢黜百家、独尊儒术"不同,南宋在大兴儒学的前提下,加大了对佛、道两教的扶持,出现了"以佛修心,以道养生,以儒治世"的"三教合一"的格局。自宋后,在古代中国社会中基本延续了以儒学为主体,以佛、道为辅翼的文化格局。

两宋对中国后世王朝政权稳定的影响。两宋王朝虽然国土面积前不及

---

① 参见葛金芳《南宋:走向开放型市场的重大转折》,载《杭州研究》2007年第2期。
② 参见虞云国《略论宋代文化的时代特点与历史地位》,载《浙江社会科学》2006年第3期。
③ 参见何忠礼《论南宋在中国历史上的地位和影响》,载《杭州研究》2007年第2期。

汉唐,后不如元明清,却是中国封建史上立国时间最长的王朝。两宋王朝之所以在外患深重的威胁下保持长治久安的局面,很大程度上取决于两宋精于内治,形成了一系列的中央集权制度和民族认同感,因此,自宋朝后,中华民族"大一统"的思想深入人心,中国历史上再也没有出现过地方严重分裂割据的局面。

3. 南宋对杭州城市发展之影响

正是南宋经济、文化、社会各方面的高度发展,促成了京城临安的极度繁荣,使其成为12—13世纪最为繁华的世界大都会;也正是南宋带来的民族文化的大交流、生活方式的大融合、思想观念的大碰撞,形成了京城临安市民独特的生活观念、生活方式、性格特征、语言习惯。直到今天,杭州人所独有的文化特质、社会习俗、生活理念,都深深地烙上了南宋社会的历史印迹。

京城临安,一座巍峨壮丽的世界级的"华贵之城"。南宋朝廷以临安为行都,使杭州的城市性质与等级发生了根本性的巨大变化,从州府上升为国都,这是杭州城市发展的里程碑,杭州由此进入了历史上最辉煌的时期。南宋统治者对临安城的建设倾注了大量的心血,并倾全国之人力、物力、财力加以精心营造。经过南宋诸帝持续的扩建和改建,南宋皇城布满了金碧辉煌、巍峨壮丽的宫殿,与昔日的州治相比已不可同日而语。同时,南宋对临安府也进行了大规模的改造和扩建,南宋御街便是其中的杰出代表。南宋都城临安,经过100多年的精心营建,已发展成为百万人口以上的大城市,成为当时亚洲各国经济文化的交流中心,城市规模已名列十二三世纪时世界的首位。当时的杭州被意大利著名旅行家马可·波罗称赞为"世界上最美丽华贵之天城"。与此同时,12世纪的美洲和澳洲尚未被外部世界所发现,非洲处于自生自灭的状态,欧洲现有的主要国家尚未完全形成,北欧各地海盗肆虐,基辅大公国(俄罗斯)刚刚形成①。到了南宋后期(即13世纪中叶)临安人口曾达到150万—160万人,此时,西方最大最繁华的城市威尼斯也

---

① 参见何亮亮《从"南海一号"看中华复兴》,载《文汇报》2008年1月6日。

只有 10 万人口,作为世界最著名的大都会伦敦、巴黎,直至 14 世纪的文艺复兴时期,其人口也不过 4 万—6 万人①。仅从城市人口规模看,800 年前的杭州就已遥遥领先于世界各大城市。

京城临安,一座繁荣繁华的"地上天宫"。临安是全国最大的手工业生产中心。南宋临安工商业发达,手工业门类齐、制作精、分工细、规模大、档次高,造船、陶瓷、纺织、印刷、造纸等行业都建有大规模的手工业作坊,并有"四百一十四行"之说。临安是全国商业最为繁华的城市。城内城外集市与商行遍布,天街两侧商铺林立,早市夜市通宵达旦;城北运河樯橹相接、昼夜不歇;城南钱江两岸各地商贾海舶云集、桅杆林立。临安是璀璨夺目的文化名城。京城内先后集聚了李清照、朱熹、尤袤、陆游、杨万里、范成大、辛弃疾、陈起等一批南宋著名的文化人。临安雕版印刷为全国之冠,杭刻书籍为我国宋版书之精华。城内设有全国最高的学府——太学,规模最为宏阔,与武学、宗学合称"三学",临安的教育事业空前繁荣。城内文化娱乐业发达,瓦子数量、百戏名目、艺人人数、娱乐项目和场所设施等方面,也都是其他城市所无法比拟的。临安不但是全国政治中心,也是全国经济中心和文化中心。今日杭州之所以能成为"人间天堂",成为全国历史文化名城,成为我国七大古都之一,很大程度上就是得益于南宋定都临安,得益于南宋经济文化的高度繁荣。

京城临安,一座南北荟萃、精致和谐的生活城市。北方人口的优势,使南下的中原文化全面渗透到本土的吴越文化之中,形成了临安独特的社会生活习俗,并影响至今。临安的社会是本地居民与外来人员和谐相处的社会,临安的文化是南北文化交融、中外文化交流的结晶,临安的生活是中原风俗与江南民俗相互融合的产物。总之,南宋临安是一座兼容并蓄、精致和谐的生活城市。其表现为:一是南北交融的语言。经过南宋 100 多年流行,北方话逐渐融合到吴越方言之中,形成了南北交融的"南宋官话"。有学者指出:"越中方言受了北方话的影响,明显地反映在今日带有'官话'色彩的

---

① 参见何忠礼《论南宋在中国历史上的地位和影响》,载《杭州研究》2007 年第 2 期。

杭州话里。"①二是南北荟萃的饮食。自南宋起,杭人饮食结构发生了变化,从以稻米为主,发展到米、面皆食。"南料北烹"美食佳肴,结合西湖文采,形成了具有鲜明特色的"杭帮菜系",而成为中国古代菜肴的一个新的高峰。丰富美味的饮食,致使临安人形成了追求美食美味的饮食之风。三是精致精美的物产。南宋时期,在临安无论是建筑寺观,还是园林别墅、亭台楼阁和小桥流水,无不体现了江南的精细精致,更有陶瓷、丝绸、扇子、剪刀、雨伞等工艺产品,做工讲究、小巧精致。四是休闲安逸的生活。城市的繁华与西湖的秀美,使大多临安人沉醉于歌舞升平与湖山之乐中,在辛劳之后讲究吃喝玩乐、神聊闲谈、琴棋书画、花鸟鱼虫,体现了临安人求精致、讲安逸、会休闲的生活特点,也反映了临安市民注重生活与劳作结合的城市生活特色,反映了临安文化的生活化与世俗化,并融入今日杭州人的生活观念中。

七、挖掘南宋古都遗产,丰富千年古都内涵,推进"生活品质之城"建设

今天的杭州之所以能将"生活品质之城"作为自己的城市品牌,就是因为今日杭州城市的产业形态、思想文化、城市格局、园林建筑、西湖景观等方面都烙下了南宋临安的印迹;今日杭州人的生活观念、生活内涵、生活方式、生活环境、生活习俗,乃至性格、语言等方面,都与南宋临安人有着千丝万缕的历史渊源。因此,我们在共建共享"生活品质之城"的同时,就必须传承南宋为我们留下的丰富的古都遗产,弘扬南宋的优秀文化,吸取南宋有益的精神元素,不断充实千年古都的内涵,以此全面提升杭州的经济生活品质、文化生活品质、政治生活品质、社会生活品质和环境生活品质,让今日的杭州人生活得更加和谐、更加美好、更加幸福。

1. 传承南宋"经世致用"的务实精神,引领"和谐创业",提升杭州经济生活品质

南宋经济之所以能达到历史上的较高水平,我们认为主要是南宋"富民"思想和"经世致用"务实精神所致。南宋经济是农商并重、求真务实的经

---

① 参见徐吉军《论南宋定都杭州对当地经济文化的重大影响》,载《杭州研究》2007年第2期。

济。南宋浙东事功学派立足现实,注重实用,讲究履践,强调经世,打破"重农轻商"传统观念和"厚本抑末"国策,主张"农商并重",倡导轻徭薄赋、与民休息,实现藏富于民,最后达到民富国强。浙东事功学派的思想主张,为南宋经济尤其是商品经济的发展起到了推波助澜的作用,使南宋统治者逐步改变了"舍利取义"、"以农为本"的思想,确立了"义利并重"、"工商皆本"的观念,推动大批农村剩余劳动力不断涌入城市,从事商业、手工业、服务业等经济活动,促进了南宋经济的繁荣。同时,发达的南宋经济也是多元交融、开放兼容的经济,是士、农、工、商多种经济成分相互渗透的经济,是本地居民与外来人员多元创业的经济,是中原经济与江南经济相互融合的经济,是中外交流交换交融的经济。因此,南宋经济的繁荣,也是通过多元交流,在交融中创新、创造、创业的结果。

今日杭州,要保持城市综合实力在全国的领先优势,增强城市综合竞争力,不断提升城市经济生活品质,就应吸取南宋学者"富民"思想的合理内核,秉承南宋"经世致用"和"开放兼容"的精神,坚持"自主创新"与"对外开放"并重,推进"和谐创业",实现内生型经济与外源型经济的和谐发展。今天我们传承南宋"经世致用"的务实精神,就要以走在前列、干在实处的姿态,干实事、求实效,开拓创新,将儒商文化融入到经济建设中,放心、放手、放胆、放开发展民营经济,走出一条具有杭州特色的创新发展之路。同时,秉承南宋"开放兼容"的精神,就要以更加开阔的视野、更加宏大的气魄,顺应经济全球化趋势,在更大范围、更广领域、更高层次参与国际分工和国际合作,提高杭州经济国际化程度,把杭州建设成为21世纪国际性区域中心城市、享誉国际的历史文化名城、创业与生活完美结合的国际化"生活品质之城",不断提升杭州的经济生活品质。

2. 挖掘南宋"精致开放"的文化特色,弘扬"精致和谐、大气开放"的人文精神,提升杭州文化生活品质

"精致和谐、大气开放",是杭州城市文化的最大特色。人们可以追溯到距今8000年的"跨湖桥文化",从那里出土的一只陶器和一叶独木舟,去寻找杭州的"精致"与"开放";可以在"良渚文化"精美的玉琮和"人、禽、兽三

位一体"的图腾图案中,去品味杭州的"精致"与"大气";也可以在吴越的制瓷、酿酒工艺和"闽商海贾"的繁荣景象中,去领略杭州的"精致"与"开放"。但是,我们认为能最集中、最全面体现"精致和谐、大气开放"的杭州人文特色的是南宋文化。南宋时期,临安不但出现了吴越文化与中原文化的大融合,也出现了南宋文化与海外文化的大交流。多民族的开放融合、多元文化的和谐交融,不但使南宋经济呈现出高度繁荣繁华,而且使南宋文化深深融入临安人的生活之中,也使杭州城市呈现出精致精美的特色。农业生产更加追求精耕细作,手工业产品更加精致精细,工艺产品更加精美绝伦,饮食菜肴更加细腻味美,园林建筑更加巧夺天工,诗词书画更加异彩纷呈。正是因为南宋临安既具有"多元开放"的气魄,又具有"精致精美"的特色,两者的相互渗透与融合,使杭州的城市发展达到了极盛时期,从而成为当时世界上最繁华的大都会。今天我们能形成"精致和谐、大气开放"的杭州人文精神,确实有其深远的历史渊源。

今天,我们深入挖掘南宋沉淀的、至今仍在发挥重要影响的文化资源,就是"精致精美"、"多元开放"的南宋人文特色。杭州"精致和谐、大气开放"的人文精神,既是对杭州历史文化的高度提炼,是"精致精美"、"多元开放"的南宋人文特色的高度概括,也是市委、市政府在新世纪立足杭州发展现实,谋划杭州未来发展战略,解放思想、实事求是、与时俱进、创新思维的结果。在思想观念深刻变化,经济体制深刻变革,社会结构深刻变动,利益格局深刻调整,国内外各种思想文化相互激荡的今天,杭州不仅要挖掘、重振南宋"精致精美"、"多元开放"的人文特色,使传统特色与时代精神有机结合,而且要用"精致和谐、大气开放"的城市人文精神来增强杭州人的自豪感、自信心、进取心、凝聚力,以更高的标准和要求、更宽的胸怀和视野、更大的气魄和手笔、更强的决心和力度,再创历史的新辉煌。

3. 借鉴南宋"寒门入仕"的宽宏政策,推进"共建共享",提升杭州政治生活品质

宋代打破了以往只有官僚贵族阶层才可以入仕参政的身份性屏障,采取"崇尚文治"政策,制定保护文士措施,以宽松、宽容的态度对待文人士

大夫,尊重知识分子,重用文臣,提倡教育和养士,优待知识分子,为宋代文人士大夫提供了一个敢于说话、敢于思考、敢于创造的空间,使两宋成为封建社会中思想文化环境最为宽松的时期。同时,由于"寒门入仕"通道的开辟,使一大批中小地主、工商阶层、平民百姓出身的知识分子得以通过科举入仕参政,士农工商成为从上到下各级官僚的重要来源,使一大批有才华、有抱负、懂得政治得失、关心民生疾苦的社会有识之士登上了政治舞台。这种相对自由的政治环境和不拘一格选拔人才的政策,不但为两宋政权的巩固,而且为整个两宋经济、文化、社会的发展提供了人才支撑和知识支撑。

南宋"崇文优士"的国策和"寒门入仕"、网罗人才的做法,对于今天正在致力于建设"生活品质之城"的杭州,为不断巩固人民群众当家作主的政治地位,形成民主团结、生动活泼、有序参与、依法治市的政治局面,提高人民群众政治生活品质方面都有着现实的借鉴意义。我们应借鉴南宋"尊重文士、重用文臣"的做法,尊重知识、尊重人才。要营造"凭劳动赢得尊重、让知识成为财富、为人才搭建舞台、以创造带来辉煌"的氛围,以一流环境吸引一流人才,以一流人才创造一流业绩,鼓励成功、宽容失败,真正做到事业留人、感情留人、适当待遇留人,从政治上、工作上、生活上关心、爱护人才,并将政治、业务素质好,具有领导能力的复合型人才大胆提拔到各级领导岗位上来。我们应借鉴南宋"寒门入仕"、广开言路的做法,推进决策科学化、民主化。要坚持党务公开、政务公开,按照"问情于民"、"问需于民"、"问计于民"的要求,深入了解民情,充分反映民意、广泛集中民智,不断完善专家决策咨询制度,建立有关决策的论证制和责任制,真心实意地听取并吸收各方专家学者的真知灼见,切实落实人民群众的知情权、参与权、选择权、监督权,推进决策科学化、民主化。我们应围绕建设"生活品质之城"的目标,营造全民"共建共享"的社会氛围。要引导全市广大干部群众进一步解放思想、更新观念、开拓创新,自觉地把提高生活品质作为杭州未来发展的根本导向和总体目标,贯彻落实到经济、政治、文化、社会建设和党的建设各个方面,在全市上下形成共建"生活品质之城"、共享品质生活、合力打造"生活品质之城"城市品牌的浓厚氛围,推进杭州又好又快地发展。

4. 借鉴南宋"体恤民生"的仁义之举,建设全民共享的"生活品质之城",提升杭州社会生活品质

两宋统治集团倡导"儒术治国",信奉儒家的济世精神。南宋理学的发展和繁荣,使新儒家"仁义"学说得到了社会各阶层的认可与效行。在这种思想的影响和支配下,使两宋在社会领域里初步形成了"农商并重"的格局,"士农工商"的社会地位较以往相对平等;在思想学术领域,"不杀上书言事者",使士大夫的思想言论较以往相对自由;在人身依附关系上,农民与地主、雇工与手工业主都较宋代以前相对松弛;在社会保障制度上,针对不同人群采取不同的社会福利措施,各种不同人群较宋前有了更多的保障。两宋的社会福利已经初具现代社会福利的雏形,尽管不同时期名称不同,救助对象也有所差异,但一直发挥着救助"鳏寡孤独老幼病残"的作用;两宋所采取的施粥、赈谷、赈银、赈贷、安辑和募军等措施,对缓解灾荒所造成的严重困难发挥了积极作用。整个两宋时期,在长达 320 年的统治过程中,尽管面对着严重的民族矛盾,周边先后有契丹(辽)、西夏、吐蕃、金、蒙古等政权的威胁,百姓负担也比前代沉重得多,但宋代大规模的农民起义却少于前代,这与当时人们社会地位相对平等、社会保障受到重视、家庭问题处理妥当不无关系。

南宋社会"关注民生"、"同情民苦"的仁义之举,尤其是针对不同人群建立的较为完备的社会保障体系,在构建社会主义和谐社会,建设覆盖城乡、全民共享的"生活品质之城"的今天,有着特别重要的现实意义。建设覆盖城乡、全民共享的"生活品质之城",既是一项长期的历史任务,又是一个重大的现实课题。要使"发展为人民、发展靠人民、发展成果由人民共享、发展成效让人民检验"的理念落到实处,就必须把老百姓的小事当作党委、政府的大事,以群众呼声为第一信号,以群众利益为第一追求,以群众满意为第一标准,树立起"亲民党委"、"民本政府"的良好形象。要始终坚持以人为本、以民为先的理念,既要关注城市居民,又要关注农村居民;既要关注本地居民,又要关注外来创业务工人员;既要关注全体市民

生活品质的整体提高，又要特别关注困难群众、弱势群体、低收入阶层生活品质的明显改善。要始终关注老百姓的衣食住行、安危冷暖、生老病死，让老百姓能就业、有保障，行得便捷、住得宽畅，买得放心、用得舒心，办得了事、办得好事，拥有安全感、安居又乐业，让全体市民共创生活品质、共享品质生活。

5. 整合南宋"安逸闲适"的环境资源，打造"东方休闲之都"，提升杭州环境生活品质

杭州得天独厚的自然山水环境，经过南宋100多年来"固江堤、疏西湖、治内河、凿新井"、"建宫城、造御街、设瓦子、引百戏"等多方面的措施，形成都城"左江（钱塘江）右湖（西湖）、内河（市区河道）外河（京杭运河）"的格局，使杭州的生态环境、旅游环境、休闲环境大为改观，极大地丰富了杭州的旅游资源。南宋为我们留下的不但是一面"南宋古都"的"金字招牌"，还留下了"安逸闲适"的休闲环境和休闲氛围。在"三面云山一面城"的独特环境里，集中了江、河、湖、溪与西湖群山，出现了大批的观光游览景点，并形成了著名的"西湖十景"。沿湖、沿河、沿街的茶肆酒楼，鳞次栉比，生意兴隆；官私酒楼、大小餐馆充满着"南料北烹"的杭帮菜肴和各地名肴；大街小巷布满大小馆舍旅店，是外地游客与应考士子的休息场所。同时，临安娱乐活动丰富多彩，节庆活动繁多。独特的自然山水，休闲的环境氛围，使临安人注重生活环境，讲究生活质量，追求生活乐趣。不但皇亲国戚、达官贵人纵情山水，赏花品茗，过着"高贵奢华"的休闲生活；而且文人士大夫交接士朋，寄情适趣，热衷"高雅脱俗"的休闲生活；就是普通百姓也往往会带妻携子，泛舟游湖，享受"人伦亲情"的山水之乐。

今天的杭州人懂生活，会休闲，讲究生活质量，追求生活品质，都可以从南宋临安人闲情逸致的生活态度中找到印迹。今天的杭州正在推进新城建设、老城更新、环境保护、街区改善等工程，都可以从南宋临安对"左江右湖、内河外河"的治理和皇城街坊、园林建筑的建设中得到有益启示。杭州要打造"东方休闲之都"，共建、共享"生活品质之城"，建设国际旅游休闲中心，就必须重振"南宋古都"品牌，充分挖掘南宋文化遗产，珍惜杭州为数不多的地

上南宋遗迹。进一步实施好"西湖"、"西溪"、"运河"、"市区河道"等综合保护工程;推进"南宋御街"——中山路有机更新,以展示杭州自南宋以来的传统商业文化;加强对南宋"八卦田"景区的保护与利用,以展示南宋皇帝"与民同耕"的怀古场景;加强对南宋官窑遗址的保护与利用,以展示南宋杭州物产的精致与精美;加强对南宋皇城遗址和太庙遗址的保护利用,以展示昔日南宋京城的繁荣与辉煌。进入 21 世纪的杭州,不但要保护、利用好南宋留下的"三面云山一面城"的"西湖时代",更要以"大气开放"的宏大气魄,努力建设好"一主三副六组团六条生态带"的大都市空间格局,形成"一江春水穿城过"的"钱塘江时代",实现具有千年古都神韵的文化名城与具有大都市风采的现代化新城同城辉映。

序　言

徐　规

靖康之变，北宋灭亡。建炎元年（1127）五月初一日，宋徽宗第九子、钦宗之弟赵构在应天府（河南商丘）即帝位，重建宋政权。不久，宋高宗在金兵的追击下一路南逃，最终在杭州站稳了脚跟，并将此地称为行在所，成为实际上的南宋都城。

南宋自立国起，到最终为元朝灭亡（1279），国祚长达一百五十三年之久。对于南宋社会，历来评价甚低，以为它国力至弱，君臣腐败，偏安一隅，一无作为。近代以来，一些具有远见卓识的史学家却有不同看法，如著名史学大师陈寅恪先生在上个世纪四十年代初指出：

> 华夏民族之文化，历数千载之演进，造极于赵宋之世。①

著名宋史专家邓广铭先生更认为：

> 宋代是我国封建社会发展的最高阶段，两宋期内的物质文明和精神文明所达到的高度，在中国整个封建社会历史时期之内，可以说是空前绝后的。②

很显然，对宋代的这种高度评价，无论是陈寅恪还是邓广铭先生，都没

---

① 《金明馆丛稿二编》，三联书店 2001 年版。
② 《关于宋史研究的几个问题》，载《社会科学战线》1986 年第 2 期。

有将南宋社会排斥在外。我以为,一些人之所以对南宋贬抑至深,在很大程度上是出于对患有"恐金病"的宋高宗和权相秦桧一伙倒行逆施的义愤,同时从南宋对金人和蒙元步步妥协,国土日朘月削,直至灭亡的历史中,似乎也看到了它的懦弱和不振。当然,缺乏对南宋史的深入研究,恐怕也是其中的一个原因。

众所周知,南宋历史悠久,国土虽只及北宋的五分之三,但人口少说也有五千万人左右,经济之繁荣,文化之辉煌,人才之众多,政权之稳定,是历史上任何一个偏安政权所不能比拟的。因此,对南宋社会的认识,不仅要看到它的统治集团,更要看到它的广大人民群众;不仅要看到它的军事力量,更要看到它的经济、文化和科学技术等各个方面,看到它的人心之所向。特别是由于南宋的建立,才使汉唐以来的中华文明在这里得到较好的传承和发展,不至于产生大的倒退。对于这一点,人们更加不应该忽视。

北宋灭亡以后,由于在淮河、秦岭以南存在着南宋政权,才出现了北方人口的大量南移,再一次给中国南方带来了充足的劳动力、先进的技术和丰富的生产经验,从而推动了南宋农业、手工业、商业和海外贸易显著的进步。

与此同时,南宋又是中国古代文化最为光辉灿烂的时期。它具体表现为:

一是理学的形成和儒学各派的互争雄长。

南宋时候,程朱理学最终形成,出现了以朱熹为代表的主流派道学,以胡安国、胡宏、张栻为代表的湖湘学,以谯定、李焘、李石为代表的蜀学,以陆九渊为代表的心学。此外,浙东事功学派也在尖锐复杂的民族矛盾和阶级矛盾的形势下崛起,他们中有以陈傅良、叶适为代表的永嘉学派,以陈亮、唐仲友为代表的永康学派,以吕祖谦为代表的金华学派。理宗朝以前,各学派之间互争雄长,呈现出一派欣欣向荣的景象。

二是学校教育的大发展,推动了文化的普及。

南宋学校教育分中央官学、地方官学、书院和私塾村校,它们在南宋都获得了较大发展。如南宋嘉泰二年（1202），仅参加中央太学补试的士人就达三万七千余人，约为北宋熙宁（1068—1077）初的二百五十倍①。州县学在北宋虽多次获得倡导，但只有到南宋才真正得以普及。两宋共有书院三百九十七所，其中南宋占三百一十所②，比北宋的三倍还多，著名的白鹿洞、象山、丽泽等书院，都是各派学者讲学的重要场所。为了适应科举的需要，私塾村校更是遍及城乡。学校教育的大发展，有力地推动了南宋文化的普及，不仅应举的读书人较北宋为多，就是一般识字的人，其比例之大也达到了有史以来的高峰。

三是史学的空前繁荣。

通观整个南宋，除了权相秦桧执政时期，总的说来，文禁不密，士大夫熟识政治和本朝故事，对国家和民族有很强的责任感，不少人希望借助于史学研究，总结历史上的经验和教训，以供统治集团作为参考。另一方面，南宋重视文治，读书应举的人比以前任何时候都多，对史书的需要量极大，许多人通过著书立说来宣扬自己的政治主张，许多人将刻书卖书作为谋生的手段。这样就推动了南宋史学的空前繁荣，流传下来的史学著作，尤其是本朝史，大大超过了北宋一代。南宋史家辈出，他们治史态度之严肃，考辨之详赡，一直为后人所称道。四川路、两浙东路、江南西路和福建路都是重要的史学中心。四川路以李焘、李心传、王称等人为代表，浙东以陈傅良、王应麟、黄震、胡三省等人为代表，江南西路以徐梦莘、洪皓、洪迈、吴曾等人为代表，福建路以郑樵、陈均、熊克、袁枢等人为代表。他们既为后世留下了宝贵的史料，也创立了新的史学体例，史书中反映的爱国思想也对后世史家产生了重大影响。

四是公私藏书十分丰富。

南宋官方十分重视书籍的搜访整理，重建具有国家图书馆性质的秘书省，规模之宏大，藏书之丰富，远远超过以前各个朝代。私家藏书更是随着

① 《宋会要辑稿》崇儒一之三九。
② 参见曹松叶《宋元明清书院概况》，载《中山大学语言历史研究所周刊》第10集，第111—115期，1929年12月至1930年版。

雕版印刷业的进步和重文精神的倡导而获得了空前发展。两宋时期,藏书数千卷且事迹可考的藏书家达到五百余人,生活于南宋的藏书家有近三百人①,又以浙江为最盛,其中最大的藏书家有郑樵、陆宰、叶梦得、晁公武、陈振孙、尤袤、周密等人,他们藏书的数量多达数万卷至十数万卷,有的甚至可与秘府、三馆等。

五是文学、艺术的繁荣。

南宋是中国古代文学、艺术繁荣昌盛的时代。词是两宋最具代表性的文学形式。据唐圭璋先生所辑《全宋词》统计,在所收作家籍贯和时代可考的八百七十三人中,北宋二百二十七人,占百分之二十六;南宋六百四十六人,占百分之七十四,李清照、辛弃疾、陆游、姜夔、刘克庄等都是南宋杰出词家。宋诗的地位虽不及唐代,但南宋诗就其数量和作者来说,大大超过了北宋。有北方南移的诗人曾几、陈与义,有"中兴四大诗人"之称的陆游、杨万里、范成大、尤袤,有同为永嘉(浙江温州)人的徐照、徐玑、翁卷、赵师秀,有作为江湖派代表的戴复古、刘克庄,有南宋灭亡后作"遗民诗"的代表文天祥、谢翱、方凤、林景熙、汪元量、谢枋得等人。此外,南宋的绘画、书法、雕塑、音乐、舞蹈以及戏曲等,都在中国文化史上占有一定的地位。

在日常生活中,南宋的民俗风情、宗教思想,乃至衣、食、住、行等方面,对今天的中国也有着深刻影响。

南宋亦是我国古代科学技术发展史上最为辉煌的时期,正如英国学者李约瑟所说:"对于科技史家来说,唐代不如宋代那样有意义,这两个朝代的气氛是不同的。唐代是人文主义的,而宋代较着重科学技术方面……每当人们在中国的文献中查找一种具体的科技史料时,往往会发现它的焦点在宋代,不管在应用科学方面或纯粹科学方面都是如此。"②此话当然一点不假,不过如果将南宋与北宋相比较,李约瑟上面所说的话,恐怕用在南宋会更加恰当一些。

---

① 参见《中国藏书通史》第五编第三章《宋代士大夫的私家藏书》,宁波出版社2001年版。
② 李约瑟:《中国科学技术史·导论》,中译本,北京科学出版社1990年版。

首先,中国古代四大发明中的三大发明,即就指南针、火药和印刷术而言,在南宋都获得了比北宋更大的进步和更广泛的应用。别的暂且不说,仅就将指南针应用于航海上,并制成为罗盘针使用这一点来看,它就为中国由陆上国家向海洋国家的转变创造了技术上的条件,意义十分巨大。再如,对人类文明作出重大贡献的活字印刷术虽然发明于北宋,但这项技术的成熟与正式运用是在南宋。其次,在农业、数学、医药、纺织、制瓷、造船、冶金、造纸、酿酒、地学、水利、天文历法、军器制造等方面的技术水平都比过去有很大进步。可以这样说,在西方自然科学没有东传之前,南宋的科学技术在很大程度上代表了中国封建社会科学技术的最高水平。

南宋军事力量虽然弱小,但军民的斗争意志异常强大。公元1234年,金朝为宋蒙联军灭亡以后,宋蒙战争随即展开。蒙古铁骑是当时世界上最为强大的军队,它通过短短的二十余年时间,就灭亡了西夏和金,在此前后又发动三次大规模的西征,横扫了中亚、西亚和俄罗斯等大片土地,前锋一直打到中欧的多瑙河流域。但面对如此劲敌,南宋竟顽强地抵抗了四十五年之久,这不能不说是世界战争史上的一个奇迹。从中涌现出了大量可歌可泣的英雄人物,反映了南宋军民不畏强暴的大无畏战斗精神,他们与前期的岳飞精神一样,成为中华民族宝贵的精神财富。

古人有言:"以古为镜,可以知兴替。"近人有言:"古为今用,推陈出新。"前者是说,认真研究历史,可为后人提供历史上的经验和教训,以少犯错误;后者是说,应该吸取历史上一切有益的东西,通过去粗取精,改造、发展,以造福人民。总之,认真研究历史,有利于加强精神文明的建设,也有利于将我国建设成为一个和谐、幸福的社会。

对于南宋史的研究,以往已经有不少学者作了辛勤的努力,获得了许多宝贵的成果,这是应该加以肯定的。但是,不可否认,与北宋史相比,对南宋史的研究还不够,需要进一步探讨的问题、需要填补的空白尚有很多。现在杭州市社会科学院南宋史研究中心在省市有关部门的大力支持下,在全国广大南宋史学者的积极支持和参与下,计划用五六年的时间,编纂出一套五十卷本的《南宋史研究丛书》,对南宋的政治、经济、军事、学术思想、文化艺术、科学技术、重要人物、民俗风情、宗教信仰、典章制度和故都历史进行全面的、系统的、深入的研究。这确实是一项有胆识、有魄力的大型文化工程,不仅有其重要的学术价值,更有其重要的现实意义。当然,这也是曾经作为南宋都城的杭州义不容辞的责任。我相信,随着这套丛书的编纂成功,将会极大地推动我国南宋史研究的深入开展,对杭州乃至全国的精神文明建设都有莫大的贡献,故乐为之序。

2006 年 8 月 8 日于杭州市道古桥寓所

目　　录

前　言

马扩何许人也?

相信许多读者哪怕是对于历史比较偏爱的人也会有这样的疑问。确实,马扩是一位让人感到很陌生的历史人物,但是,在南宋史的研究中,他又是一位很值得我们去关注并细加探究的人物,因为,马扩的一生,至少可以在三个方面让我们感知历史,同时又被这段历史所感动。

第一,马扩是两宋之际巨变历史的一个"缩影"。他是北宋王朝从"海上之盟"一步步走向深渊、走到南宋偏安一隅这一惨痛巨变的全程"目击者",他一生的经历也是这段祸乱历史的缩影。他阅历广泛,见多识广,在当时很少有人能像他那样到过宋、辽、金这三个王朝的京都,与三个王朝的君臣都打过交道;他曾凭藉自己的胆识和口才,经历过外交谈判这样艰难的政治活动,也因为自己是武举出身,具备高强的武艺,而经历过喋血沙场这样惨烈的军事战斗;他见证并实践了北宋与金的重大外交事件"海上之盟",也亲历了如"收复燕京"、"靖康之变"、"苗刘兵变"等一系列重大历史事件;他受到过金国开国皇帝完颜阿骨打的赞扬和褒奖,也受到过金国名将粘罕的威逼和侮辱;他曾与辽国领兵大将耶律大石(即后来的西辽王朝建立者)有过直接的接触,也曾随同阿骨打的金军一起进攻燕京;他是当时为数不多的曾与多方军事首领或军队有过直接往来的人物之一;后来金军南下,他曾多次率领河北义军与金人血战,并率领宋军渡河北上,与金人有过数次殊死激战;他经历了惨痛的国破之变,也承受着与亲属天各一方的痛苦;他坐过自己一方的大牢,也曾作为金人的俘虏而被囚禁和软禁;在南宋之初的"苗刘兵变"中,他被宋高宗以一个"莫须有"的罪名贬斥到遥远的穷山僻壤;南宋初期因为金齐联军的大兵压境,他又被高宗朝廷重用而参与了关涉行在临安城安全的江防和海防事务。可以说,岳飞、韩世忠等中兴名将,都没有这样复杂的经历,也没有这样完整的"全景"式的历史记录。

第二,马扩是两宋之际巨变历史中的一个"细节"。马扩的一生具有传奇色彩,就一个人经历的复杂性和丰富性来看,马扩在当时是极少有人可与比肩的。他的地位及其经历,从一个非常适中的角度,为我们展示了这段历史丰富而又生动的细节。他出使金国、缔结"海上之盟"时与金人的斗智斗勇,出使燕京时与辽朝群臣的唇枪舌战,滞留金营时与金人君臣的不卑不亢,金军南侵前夕对于边防形势的预见,五马山抗金的不屈不挠和不懈努力,以及南宋之初对于灾变之因的一针见血的分析,等等,都有具体详细的对话、对答或行动来加以表述,让人充分感受到了这段历史的"细节",这种历史的真实感又让人体会到历史的生动感。

第三,马扩是两宋之际巨变历史中的一个"强音"。公元1127年的"靖康之变",是旷古罕见的民族灾难和历史巨变,一个经济、科技和文化空前发达的国家突然瓦解,一个承平百余年的王朝转眼破灭,两个皇帝被曾经的盟友俘虏,半壁江山沦陷敌手,大半个中国陷入空前的灾难祸变之中,无数的人民背井离乡、妻离子散…… 这一事件给历史留下了极为悲惨的一页,但同时也留下了一段不可磨灭的悲壮的英雄史诗。马扩,就是这段英雄史诗中的一个非常特殊和不能忽略的"强音",在国家和民族处于最危险关头时候挺身而出献身抗争救亡的民族英雄。无论是出使金营,还是出使辽朝,他的不辞辛劳、不畏艰险、不怕牺牲、不辱使命以及折冲樽俎的抗争精神,在宋朝的"弱国外交"中,展现出罕见的强者风采。无论是受挫于金人,还是在本朝横遭冤案、身陷囹圄或贬官远放,他依然奋争不息、奋不顾身,这种九死靡悔的执着也给人们留下了深刻印象。马扩的人格和品德,足以成为中华民族宝贵的精神财富,激励我们爱国爱家,自强不息。

本书希望能通过对马扩事迹的深入考察、客观叙述和公正评价,为南宋史的研究尽一份绵薄之力。

　　本书在各篇章之首,选用了辛弃疾词作为"题词",既是想为一个章节的中心内容作一总括,也是作者偏爱稼轩词的一种流露。作者的这种个人爱好,也希望得到广大读者的赞同和喜爱。

作　者
2007 年 5 月于杭州西溪河东

马作的卢飞快，

弓如霹雳弦惊。①

——题词

第一章 初使海上 崭露头角

第一节 百年恩怨，再起风云突变

大风起于青萍之末。

夏末时节蒸腾的暑气尚未出现褪落的迹象，一股在这个季节十分罕见的北风忽然从天而降，从辽东半岛直下渤海，呼啸而南。茫茫大海中，两艘起航于辽朝蓟州（天津蓟县）原本往东航行欲往高丽国的大船，居然被这股突如其来的狂风"强行"扭转了航向，在海面上划出了一个右转往南的弧线，意外地闯入了宋朝登州（山东蓬莱）管辖的海域，然后一头靠上了他们始料不及的彼岸——驼矶岛②。这是一个非常适宜避风的海岛，向南与大陆的直线距离不到四十公里左右。这群原来是为了避难而出海的辽朝人刚刚摆脱

---

① 邓广铭笺注：《稼轩词编年笺注》卷二《破阵子·醉里挑灯看剑》，上海古籍出版社1978年版，第204页。

② 徐梦莘：《三朝北盟会编》（以下简称《北盟会编》）卷一，政和七年七月四日条，上海古籍出版社1987年版，第1页。

惊涛骇浪,还来不及庆幸自己终于逃过一劫,就碰上了一批驻守岛上负责巡逻海疆的宋朝水兵①……

这场偶然发生于宋徽宗政和七年六月(辽天庆七年,金天辅元年,1117)的飓风非同寻常!它让两艘海船的既定航线出现了"拐点",更让中国三个王朝的历史进程出现了"拐点"。它带来了山河破碎,血流成河,带来了一场旷古罕见的历史巨变。它也使得本书主人公马扩这位刚刚进入仕途,尚处于较低位置的人物得以参与这场风云际会,并且在随后的风云激荡中崭露头角。

七月四日(庚寅),天气即将入秋,在东京(河南开封)的徽宗皇帝赵佶,忽然接到来自登州守臣王师中的一封紧急奏报:在登州近海驼矶岛,近日发现两艘辽人船只,经查,两船共有男女老幼二百人,由辽朝蓟州汉人高药师、曹孝才以及一名叫郎荣的和尚率领,原为躲避战乱而欲往高丽,不意突遭大风,漂至我登州境内。

这只是事情的由来,王师中当然不会为这点小事惊动了圣驾,这里面一定还有"机要"之事。果然,奏报中接下来的内容让徽宗眼睛一亮:这些辽朝汉人详细叙说了一场正发生在渤海以北地区辽金之间的战争,从东北而来的女真族军马与辽军争战累年,争夺土地,现已打过辽河之西。如今渤海以北从苏州(辽宁金县)、复州(辽宁复县)至兴州(在辽宁沈阳至铁岭间)、沈州(辽宁沈阳)、同州(在辽宁铁岭至开原间)和咸州(在辽宁开原东北)等地的大片辽朝国土,"悉属女真矣!"②

在隔海相望的辽河之畔、辽东平原上,原来正热火朝天进行着一场令大辽帝国版图急速萎缩的战争,这让徽宗闻所未闻。而惊讶之中更让人产生一种惊喜:一个原先仅仅是大辽偏远地区的部落,勃然崛起,竟然打得一向以凶悍著称的辽军节节败退,辽河不守;倘或我大宋乘此机会能和女真人结

---

① 顾祖禹:《读史方舆纪要》卷三六《山东》七:"宋庆历三年(1043)郡守郭志高奏置刀鱼巡简水兵三百戍沙门岛,备御契丹,仲夏居鼍矶岛(即驼矶岛,今山东蓬莱长岛县砣矶岛)以备不虞,秋冬还南岸……"中华书局2005年版,第1685页。

② 《北盟会编》卷一,政和七年七月四日条,第1页。

盟联手，南北夹攻，大辽必定一败涂地，如此则收复幽云十六州这一太祖、太宗未竟的事业，岂不将在朕手上一朝实现？这又将是何等之伟业？由一场突如其来的大风传递来的这个消息，陡然间让徽宗浮想联翩，而且由衷地欣喜不已！①

北宋自真宗皇帝在景德元年十二月（1005）与辽朝签订史称"澶渊之盟"的"誓书"之后，以宋朝每年给予辽朝"岁币"三十万两匹（绢二十万匹、银十万两）的代价，换取了宋辽两国长期和平共处的局面。名义上叫"岁币"，其实宋人心里再明白不过，这就是"朝贡"，和花钱买平安没什么两样。虽然后来西夏崛起，屡屡侵袭边地，重创宋军，辽朝乘机落井下石，以军事威胁逼迫宋朝将"岁币"猛增至五十万两匹（绢三十万匹、银二十万两），让宋人敢怒不敢言；虽然两国外交之间龃龉不断，边境纠纷也时有所闻，例如宋神宗熙宁八年（1075）夏，辽人意欲侵占宋朝河东路沿边土地，引起边界纠纷，沈括奉使到辽廷交涉，据理力争双方以前议定的疆界在古长城的事实，先后经过六次激烈辩论，方才使辽人不得不善罢甘休；虽然有这样那样的矛盾，但宋朝一方至少赢得了"兄长"地位，在精神上得以满足，辽朝一方则更多地得到了"岁币"这一物质上的实惠，是以两国之间再无大的战事发生，到现在双方实实在在共享了一百一十多年"称兄道弟"②的岁月。

尽管宋人对于"岁币"不菲的代价和长期的负担深感心痛，但是想想如果要和契丹人这样强悍的对手打上一仗，那军费开支恐怕远远甚于"岁币"这点钱，何况还未必有打赢的把握。比如宋仁宗庆历二年（1042）五月，辽朝见宋军无法摆平西夏人，便在幽州（在北京城西南）聚集大军，扬言将进兵南下，宋朝在六月赶忙拿出"银、紬、绢三百万助边费"③，准备抵御辽军的进攻。这笔"助边费"的数额恰好是"岁币"的十倍！谁都会算这笔账，是以常情之

---

① 杨仲良：《通鉴长编纪事本末》卷一四二《金盟》上：王师中奏闻，"朝廷固欲交女真、图契丹，闻之甚喜。"广雅书局光绪十七年刊本。

② "澶渊之盟"约定，辽帝称宋帝为兄，宋帝称辽帝为弟，宋辽为兄弟之国。李焘：《续资治通鉴长编》卷五八："契丹复遣王继忠见（曹）利用，且言：'南北通和，实为美事。国主年少，愿兄事南朝。'"中华书局 1979 年版，第 1291 页。

③ 脱脱等：《宋史》卷一一《仁宗纪》三，中华书局 1985 年新 1 版，第 214 页。

下只要契丹人不来挑衅开战,宋人又何必去寻衅惹事,自找无趣?尽管宋人念念不忘、耿耿于怀被辽朝占尽地利的幽云十六州,时刻都梦想着夺回这块险要之地,但是想想太宗皇帝如此雄才大略尚且屡遭惨败,现如今又有谁能一举扭转乾坤,破灭辽朝,尽复幽云?更让宋朝烦心的是西夏国对大宋西北疆域的侵扰,几乎是如影相随,挥之不去。比如宋仁宗康定元年(1040),宋军在三川口(在陕西延安西北)失利;庆历元年(1041),宋军在好水川(在宁夏隆德东)大败;庆历二年(1042),宋军在定川寨(在宁夏固原西北)又见溃败。连续三年在三次大战役中,宋军均落败于西夏人,占不到一点便宜,实在让人感到无颜于天下,更有多少精锐、多少积蓄竟然被这蕞尔小国花干耗尽,吸干榨尽,还有多少底气能够再与更为强盛的大辽相抗衡?还有多少能耐可以去跟大辽一决雌雄?

宋辽两国能够保持长达一百多年的和局,还有一个重要的原因,就是利于两国边境贸易的榷场的设置。澶渊之盟虽然规定宋朝须输予辽朝银绢"岁币",但后来宋朝在边境设置榷场与契丹人通商,从中也得到了相当的实利。北宋末年有人议论说:"祖宗虽徇契丹岁输五十万之数,然复置榷场,与之为市,以我不急易彼所珍,岁相乘除,所失无几。"①确实,榷场贸易是一个双赢的结果,尤其是对于物质生产相对先进和丰富、商品经济相对发达和普及的宋朝一方来说,从中获益更为显著,相比"岁币"之输,还真有点"失之东隅,收之桑榆"的味道。

辽朝对于大宋(包括北宋之前的中原王朝)的政策,最初是凭借武力解决问题,夺取险关要隘,掠取人口财物,获益往往极大。但是,战争也使辽朝不得不付出极大的代价,这是由于契丹人长期居住北地,游牧为生,是以逐鹿中原之际往往就会受到人为的和自然的双重打击,付出更大的代价。血肉相搏、刀剑相拼,这需要契丹人直接付出极大的生命代价。例如澶州之战,耀武扬威的辽军大帅萧挞览竟然被宋军伏弩射杀②,使得辽军士气严重受挫,最后不得不与宋朝罢战议和。而水土不服、疾病瘟疫,大自然给予的

---

① 《北盟会编》卷一四,宣和五年二月一日条,引马扩《茆斋自叙》原注,第96页。
② 《宋史》卷七《真宗纪》二,第126页。

这些种种不适,也令契丹人为此付出昂贵的生命代价。例如辽太宗耶律德光,在会同九年(947)倾师南征,次年正月灭了后晋,入主汴京(河南开封)。但在连年的南征中,辽军残破州县,掠夺财富,致使中原人民纷纷起义,契丹人死伤惨重,厌战心理逐渐滋长,耶律德光在汴京驻留不足三月,就被迫仓促北返,行至栾城(属河北)杀胡林,得疾而卒。为了让他的尸身能够回到北方故地而不至于腐烂,契丹人将他们的皇帝开膛剖肚,除去肠胃,用盐填实,方才运载回去。耶律德光这具被盐处理过的遗体当时就被人取了个绰号,叫作"帝肥"①(肥即腌肉),一时传为天下笑柄。

宋朝立国之初,辽宋双方为了幽云十六州的争夺,血战不休,一直到澶渊之战,辽朝竭尽全力才将宋人打怕了,但因为自己也付出了极大的代价,同时也深感自己缺乏足够的力量征服宋朝,是以辽朝君臣也只能同宋朝取得和解。在一纸盟约上赢得宋朝每年付给的三十万两匹的"岁币"之后,又借助于西夏李元昊对宋朝的纠缠不休,辽朝向宋朝板了一下虎脸,撂了几句硬话,调了数万铁骑,不费一兵一卒、一刀一枪,凭空就让宋朝将"岁币"添加到了五十万两匹。到如今一百多年过去了,辽朝从宋朝身上的获利是绵绵不绝,累计约五千万两匹!这原本是觊觎中原王朝的北方君主谁都难以想象并能得到的巨大利益。是以辽朝更愿意将自己的军事力量作为一种恐吓宋人的威慑,而不需要付诸实际真的去大动干戈。而事实上,辽朝铁骑也并非无敌于天下,同样是在对西夏人的战争中,1044 年,即西夏李元昊与宋朝达成和议的当年,辽兴宗耶律宗真亲率大军,三路渡河深入夏境,但西夏人坚壁清野,使辽军给养不继,等到辽军被迫退军时乘势纵击,一举击败辽军。在受到重创后,辽朝最终不得不接受李元昊提出的议和建议,由此也成就了宋、辽、夏三足鼎立的局势。这也是宋辽双方能维持"澶渊之盟"长达百年以上的一个原因。

只有双赢才能长久,宋辽之间和平的、均衡的局面,应该说对两国人民以及中原与北部边疆经济文化的交流创造了条件,双方均得益匪浅,这才使

---

① 欧阳修:《新五代史》卷七二《四夷》附录第一,中华书局 1974 年版,第 899 页。

得两国的盟友关系能够保持这么长久的时间。

但是,现在因为以阿骨打(汉名完颜旻)为首的女真人这股新兴势力的突然介入,宋辽之间长期均衡相持的格局也突然发生了变数,变得岌岌可危起来。

阿骨打"身长八尺,状貌雄伟,沉毅寡言笑,顾视不常,而有大志"①。

有一个关于阿骨打对契丹权贵"施暴"的野史很有传奇色彩,说在辽道宗末年,有一次阿骨打入京朝见道宗皇帝耶律洪基,闲暇时和一名契丹贵族玩"双陆"这种赌博游戏,结果那契丹贵族输了就耍赖,乱走一气。愤怒的阿骨打拔出佩刀要杀这个无赖。阿骨打的随从兀室(完颜希尹)急忙上前劝阻,但阿骨打还是刺中了对方的胸部。虽然这一刀并没有要了这个贵族的小命,但阿骨打的这个暴力行为已经够得上"戕"的罪恶,即属于他国之臣杀本国君主这一类犯罪②。道宗皇帝听到这一严重犯上作乱的流血事件后大为震怒,左右大臣也都提议立刻杀掉阿骨打。这时,阿骨打似乎已经到了绝境,只等皇帝一个杀字,他便即刻人头落地。但偏偏在这节骨眼上道宗忽然转念,道:"吾方示信以待远人,不可杀。"有人向道宗讲了西晋的王衍曾经见到儿时的石勒就认为他"声视有奇志",而拟加害于他,结果一念之差放过了,却在若干年后被石勒追杀于军中的悲剧,又讲了唐朝张守珪早年赦免了安禄山的死罪,结果出现了"安史之乱"的教训,但是,道宗最终还是没有听从这些大臣的劝谏,放过了阿骨打③。

接下来又是一个偶然事件,使得女真人对契丹人多年的宿怨终于爆发,最终演变成一场破其家国、毁其宗庙、覆其社稷的惨烈战争。

辽天庆二年(1112)早春二月十日(丁酉),比宋朝徽宗皇帝晚一年登基(后来却和徽宗一样同为金国的俘虏,同在金国了结了亡国奴的一生)的辽朝天祚皇帝耶律延禧,来到春州(在吉林乾安北)混同江(松花江)一带游玩

---

① 《北盟会编》卷三,重和二年正月十日条,第20页。

② 杜预:《春秋经传集解》第一一《宣公》下:"凡自内虐其君曰弑,自外曰戕",上海古籍出版社1988年新1版,第631页。

③ 《北盟会编》卷三,重和二年正月十日条,第20页。

和渔猎。这种寻欢作乐是历代辽朝皇帝的传统,也是契丹人游牧生活中养成的习惯,居处无常,四时转徙,春夏秋冬四季各有不同的去处,称为"四时捺钵"①。一般情况下,"春捺钵"设在便于放鹰捕杀天鹅、野鸭、大雁和凿冰钓鱼的场所,最远可到混同江。"夏捺钵"设在避暑胜地,通常离上京(在内蒙古巴林左旗境)或中京(在内蒙古宁城境)不过三百里。"秋捺钵"设在便于猎鹿、熊和虎的场所,离上京或中京也不很远。"冬捺钵"设在气候相对温暖,而又便于射猎的场所,通常在上京以南至中京周围。但凡捺钵驻留,所有契丹大小内外臣僚以及汉人宣徽院所属官员都必须从行,而捺钵所到混同江一带,女真各部落首领"在千里内者,以故事皆来朝"②,除了贡献土特产之外,还要陪吃陪喝,陪皇帝开心。

阿骨打和其他女真部落首领都奉命参加了这次"春捺钵"。按照捺钵惯例,天祚帝设冰帐于松花江上,凿冰眼钩鱼(非钓也),钩得第一条大鱼即出冰帐,于别处帐篷"置酒张宴",称为"头鱼宴",以示庆祝,席间佐以歌舞。此次"头鱼宴"上,天祚帝酒酣耳热之际,来到女真首领坐席,命令女真各部落首领依次为他跳舞助兴。乱哄哄你方下场我登场之后,该轮到阿骨打表演了,可是出乎在场所有人的意外,阿骨打断然拒绝上场为皇帝献舞。现场的情形很是尴尬,一些契丹贵族上前无论再三相劝,叵耐阿骨打这厮就是"端立正视,辞以不能",搞得天祚帝甚感无趣,一场原来热热闹闹的"头鱼宴"就此不欢而散。阿骨打居然敢于如此当面"抗命",真是大不敬! 天祚帝感觉自尊心受到了前所未有的伤害,同时也隐隐感觉到阿骨打此人非同小可,说不定会成为大辽的祸害,于是,天祚帝对枢密使萧奉先说:"阿骨打意气雄豪,顾视不常,当以事诛之,不然,恐贻后患。"萧奉先虽贵为皇帝近臣,其实无德无能,料事做事出奇地"低能",他以一种莫名的大国之风说道:"阿骨打诚服本朝,杀之,伤向化之心。设有异志,蕞尔小国,何能为?"③

---

① 捺钵为契丹语,意为皇帝的行营。
② 脱脱等:《辽史》卷二七《天祚纪》一,中华书局1974年版,第326页。
③ 叶隆礼:《契丹国志》卷一〇《天祚皇帝》上,齐鲁书社2000年版,《二十五别史》第16册,第81页。参见《北盟会编》卷三,重和二年正月十日条,第21页;《辽史》卷二七《天祚纪》一,第326页。

亏得天祚帝很听萧奉先的话，没有果断将大辽的一个天大的隐患扼杀在"摇篮"之中，而是轻率地放过一边。辽朝君臣的昏庸使阿骨打又逃过一劫，否则，往后的一大段中国历史恐怕就要改写了。

阿骨打刀刺契丹贵族这一事件因不见于正史，所以其历史真实性如何，现在已很难考证，但这段或许有的"野史"和确实有的"头鱼宴"事件中"道理"却是一样的，那就是两代辽朝皇帝两次未杀阿骨打，铸就了一个不可饶恕、也不可挽回的大错——放虎归山。若干年后，天祚皇帝眼睁睁看着阿骨打起兵反辽，看着女真人从破辽乃至灭辽，最终俘获自己，这个亡国之君每次回想到"头鱼宴"这段亲身经历和当初自己对阿骨打的处置，一定是痛悔不已。

阿骨打敢作敢为、不畏强暴的勇气和壮举深得女真人的钦佩，威望日高。"头鱼宴"抗命事件的次年，即天庆三年（1113），女真各部落推举阿骨打承袭其刚刚去世的长兄的头衔，继任部落联盟首领。面对大家的拥戴，阿骨打内心很矛盾，一方面打从"头鱼宴"之后，他"即怀异志"，真想有一番大作为，而另一方面他又担心天祚帝最终可能不会放过他，心有余悸，"疑辽见伐"①。

这时，阿骨打的侄子粘罕（完颜宗翰）给他打了个比方，使他顿有所悟。粘罕道："迎风纵棹，顺阪走丸，祸至速矣！"意思是说，您逆风划船也罢，斜坡上顺势滚泥丸也罢，灾难都很快就会降临的。粘罕一语道破这样一个事实：像天祚帝这么一个喜怒无常的暴君，您逆之也亡，顺之也亡。怎么办？粘罕又提出建议："不如乘其无备，先并邻国，聚众为备，以待其变。"②在粘罕的鼓动下，阿骨打终于下了反抗辽朝的决心，开始向临近部落进兵。

而事实上，阿骨打决不会单纯为一个"头鱼宴"上偶然的冲撞行为而破釜沉舟，与辽朝兵戎相见。契丹人对于女真人犯下的"大错"也绝不是一个对阿骨打的放虎归山。阿骨打最终不怕失败，不怕牺牲，与契丹人性命相搏，实在是因为女真人遭受辽朝种种的非人待遇让人是可忍，孰不可忍！

---

① 《北盟会编》卷三，重和二年正月十日条，第21页。
② 《北盟会编》卷三，重和二年正月十日条，第21页。

"头鱼宴"上阿骨打的强项之举不过是一种积怨的宣泄,但由此也在阿骨打心中点燃了反抗辽朝的导火索。

辽朝对女真人犯下的"大错",可谓罄竹难书,现仅从物质层面和精神层面叙其要点:

契丹贵族对女真人物质方面的掠夺称得上是贪得无厌。女真人世居之地"白山黑水"(长白山、黑龙江)位于"契丹东北隅,土多林木,田宜麻谷,以耕凿为业,不事桑蚕。土产名马、生金、大珠、人参及蜜蜡、细布、松实、白附子;禽有鹰、鹯、海东青;兽多牛、羊、麋鹿、野狗、白彘、青鼠、貂鼠,花果有白芍药、西瓜,海多大鱼、螃蟹……"①。世居这片物产富饶的土地上,原是一种福气。但是偏偏契丹皇帝和贵族们均垂涎三尺于这些特产,逼迫女真人年年进贡,违者严惩不贷。为了得到大如弹子的珍珠,契丹人严令女真人每年必须到十月方才能下水拾蚌采珠(提前采则珍珠不够成熟),而东北地区在这个时候早已是冰厚盈尺,女真人只好凿开坚冰,泡在冰水中作业。这种毫无人性的奴役使女真人苦不堪言。契丹人又喜好渔猎,所以尤其热衷于对女真贡物中的海东青的索取。海东青是一种猎鹰,生长于女真五国部(黑龙江东部乌苏里江与松花江流域)东接大海的海东地区,故名。其个头不大,却能捕捉像天鹅这样大体形的动物。契丹人借助海东青捕猎天鹅,除了寻求狩猎的乐趣之外,还有就是为了获取珍珠。因为天鹅喜欢食蚌,蚌体内又往往可能含有珍珠,于是契丹人驱使海东青猎取到天鹅后,即剖开天鹅的嗉囊,搜取珍珠。而女真人要捕获海东青殊非易事,每年在捕捉季节需派出一千多甲兵,护送驯鹰人安全通过五国部地界前往海边海东青的巢穴所在地,这其间有时免不了要跟五国部发生争战,要死不少人,"女真不胜其扰"②。从海边到辽朝京都的这条进贡海东青的路线称作"鹰路",为了及时获取海东青,辽朝严令女真人必须派人保护"鹰路"安全,维护路面平整,确保畅通无阻,不然的话就将受到严厉的惩罚。这种不顾他人死活,一味蛮横勒索的做法,激起了女真人的愤怒。

契丹贵族对女真人精神方面的欺压也是极尽所能。五代南唐亡国之前,北宋使者都把出访南唐看成是"美差",因为南唐君臣对他们热情款待,不仅在物质需求上,而且在精神享受上也让他们得到充分的满足,南唐大臣韩熙载甚至以家妓侍奉他们。卑躬屈膝,极尽无耻,这也是弱国对强国的外交"惯例"。而现下女真人对于辽朝的外交也陷入了同样屈辱的境地。辽朝使者前往女真部落,均佩带皇帝颁发的银牌,号称"天使"。银牌天使每次抵达女真部落,每晚都要有女真族未婚女子陪他睡觉,中户还是下户人家的闺女不论。契丹人出使女真还有女人陪睡,于是前往女真的银牌天使络绎不绝。后来,这些大国使者欲壑难填,要求陪睡的女子必须是有姿有色的,也不问她是否已有夫君,是否是世家、巨室的女子。韩熙载以家妓侍奉北宋使者,是一种为了讨好对方的主动行为,而女真人以其妇女"荐枕"契丹使者,却是一种被迫的行为,更具耻辱感。这种莫大的侮辱使"女真浸忿,由是诸部皆怨叛,潜附阿骨打,咸欲称兵以拒之"①。

契丹人对女真人如此这般的残酷掠夺和欺压,也扭曲了女真人的人性,使女真人逐渐也变得凶残和贪婪起来,而且,这种恶的本性在以后对辽朝的战争中只有不断被放大,而没有丝毫的收敛,在后来征服宋朝的过程中更是变本加厉,到了极至。女真人攻破北宋东京之后,索取官私金银财宝可谓是掘地三尺,掠取宋室公主、嫔妃、宫女几乎到了一个不漏,最后宋俘被押解到上京会宁府(黑龙江阿城南白城)后,金太宗吴乞买连宋钦宗皇帝的朱后也不放过,替宋人将这出"靖康耻"演绎得淋漓尽致②。这是后话,却是契丹人早已为宋人埋下的一个祸根。

阿骨打率领女真人奋起反辽,以同仇敌忾之心多次击败辽军。天祚帝

---

① 《北盟会编》卷三,重和二年正月十日条,第21页。
② 李天民、王成棣等辑撰,王汝涛点注:《靖康稗史注》之六,引《呻吟语》:"二十四日,虏主(指金太宗)以二帝(指徽宗和钦宗)见祖庙……(二帝)后妃等入宫赐沐,有顷宣郑、朱二后归第,已易胡服。出妇女千人赐禁近,犹肉袒。……朱后归第,自缢。苏,乃投水薨。"王汝涛注云:"据《青宫译语》,宋女子从金人者,始赐胡服。钦宗朱后入宫赐浴后即易胡服,归第后两度自杀,似已为金帅所辱,观后文七月诏书云:'朱后怀清履洁,得一以贞,众醉独醒,不屈其节……可封为靖康郡贞节夫人',令人有欲盖弥彰之感。"中州古籍出版社1993年版,第143页。

天庆五年(1115)正月,阿骨打正式立国建邦,国号"大金",改元"收国元年"。大金军队随即向辽朝发起了迅猛攻击,通过达鲁古(吉林前郭尔罗斯塔虎城)之战、涞流河(黑龙江拉林河)之战、护步答冈(在吉林农安西)之战等一系列重大战役,尽歼辽军精锐,取得了战略主动。收国二年(1116),阿骨打自称"大圣皇帝"。次年(1117)改年号为"天辅元年"。此时,金军已经打过辽河,广袤的辽东土地尽为女真人占领,并对辽朝形成了灭国之势。

也就在此时,北方一场突如其来的大风将辽朝蓟州的两艘大船刮到了宋朝登州境内,船上一群逃难者为懵懂不知东北已是天翻地覆的宋朝捎来了极为重要的辽金双方最新军事态势。

第二节 马植叛辽,揭开巨变序幕

徽宗看完王师中的奏报后,顿时就动了联金攻辽的念头。但从一个念头到最后的决心,需要得到大臣们的响应和支持,于是,他马上想到了两个自己倚为左右手,并且在联金攻辽这件事上估计肯定能支持他这个想法的大臣。几乎没有什么耽搁或犹豫,徽宗派自己的心腹太监将登州的这道奏报悄然送到太师蔡京的府第,并传旨蔡京:马上会同童贯一起商议登州奏报,休得耽搁。

蔡京,《宋史》列入《奸臣传》,以为其"天资凶谲"、"无复廉耻"、"见利忘义"、"弃纪纲法度为虚器",并认定是他"卒致宗社之祸"[①],身为宦官的童贯,生性乖巧,又善诌媚,颇能揣摩上头细微的心理,"先事顺承"[②],大得徽宗的欢心,于是平步青云也就理所当然了,从供奉官一升再升,没有几年就前无古人、后无来者地以宦官之身晋升为武康军节度使,统领兵马,征讨西夏,打了几次胜仗,收复了积石军(甘肃贵德)、洮州(甘肃临洮)等一些神宗皇帝时被西夏人攻占的故地,一时声名赫赫,由此也恃功骄恣,目空一切,自命不

---

① 《宋史》卷四七二《蔡京传》,第 13727—13728 页。
② 《宋史》卷四六八《童贯传》,第 13658 页。

凡。

童贯获悉登州奏报后,马上就想到一个人——赵良嗣。

那是在政和元年(1111),童贯被晋升为检校太尉,他向徽宗提出要去辽朝走一趟,看看有什么机会可寻。正赶上宋朝例行公事地派遣端明殿学士郑允中为贺正使,前往辽朝贺新春,徽宗便再次破例,以童贯充当副使,出使辽朝。当时就有人对此提出异议:"以宦官为国使,难道我大宋就无人才了吗?"徽宗当然要为童贯说话,振振有词地说,契丹皇帝听说童贯打败西羌,很想亲眼见一见童贯,所以朕就派他出使辽朝,并且他也可以乘此机会探视辽朝的虚实,"策之善者也"①。徽宗再次以一种反传统的做法,让童贯成了中国历史上第一个代表国家出使的宦官,也再次为自己的"轻佻"行为写下了实例②。

是年九月二十一日(辛巳),童贯抱着一种炫耀和享乐兼有的心态出使辽朝,携带了极多的珍奇宝物,甚至像浙江漆具、火阁(一种取暖御寒设备)、书柜和床椅等起居用品,也一路随行搬运,到辽朝后大加夸示。童贯的这种做派很对天祚帝的胃口,穷奢极欲的天祚帝早就垂涎于宋朝的玉帛奇玩。童贯出手阔绰,将随带物品悉数相送。天祚帝倒也礼尚往来,童贯回宋朝时"所得珍玩亦甚厚"③。但是,尽管天祚帝笑纳了童贯之献宝,尽管童贯在辽朝一味争奇斗异,称功自夸,辽朝从天祚帝到众大臣还是非常蔑视他,当众指着童贯嘲笑道:"南朝人才如此!"④

这种肆无忌惮地奚落不但是对童贯本人的人身攻击,也是对宋朝君臣从人格到国格上的侮辱,童贯感到很愤怒,但也无可奈何,发作不得。堂堂大宋不是没有人才,而是当朝君臣对于外交大事竟然如此轻率用事,也难怪契丹人的嘲笑了,这真是自取其辱! 就这样,几天之后,童贯带着辽朝君臣的嘲笑(当然也带着天祚帝的馈赠)返程了。在离开辽朝燕京息宿于卢沟桥

---

① 《宋史》卷四六八《童贯传》,第13658页。
② 《宋史》卷二二《徽宗纪》四:"哲宗之崩,徽宗未立,(章)惇谓其轻佻不可以君于下",第417—418页。
③ 《北盟会编》卷一,政和七年七月四日条,第1—2页。
④ 《契丹国志》卷一○《天祚皇帝》上,第80页。

畔时,童贯意外地见到了一位不速之客。

完全是以一种偷偷摸摸的方式,这名不速之客在深夜潜入了童贯下榻的驿馆,遇见了童贯侍者,声称自己"有灭燕之策"①,因而得以见到童贯。他向童贯自称叫马植,燕京霍阴人②,此行冒险来见童贯的目的是因为"得罪于其国",所以特意来此等候童贯,"说以取燕之策"③。马植还透露了有关辽朝对宋的一些边防事务,这让童贯忽然想起此行还有一个奉旨探视辽朝虚实的使命。于是童贯对于谙熟辽朝军政要情的马植的投宋意愿,深表欢迎,但是,童贯没有贸然将他马上带回宋朝,而是"约其来归"④。

马家世为燕京汉人大族,祖辈在辽朝为官者多达数十人,有官至执政、节度使者,马植自己也官封光禄卿,负责皇室的日常膳食事务,也算是一个比较接近皇帝左右的中高级官职。从才能的角度来看,马植不但对诗书颇多涉猎,而且"有口才,能文辞,长于智数"⑤,属于能说会道、很有谋术心计之类的人;从品行的角度来看,马植曾经染指于家族内有姿色的女眷,"行污而内乱,不齿于人"⑥。但事实上,在以后与金人的多次外交谈判和外交事务处置中,马植(那时他已经更名叫"赵良嗣"了)虽然对时事有时候也有敏锐的观察和正确的预见,却远远没有展示其能说会道或谋术心计的才干,而其几近于无耻的好色乱伦之品行,连蛛丝马迹也不见了。所以,对马植这样的记述和评价是否真实和公允,这是很让人怀疑的。

还有让人怀疑的是,马植第一次谒见童贯时,到底有没有提出"联金灭辽"的方略? 当时他到底有没有被童贯"拥之以归"?

按照《宋史》的说法,童贯那晚和马植第一次面谈后,"大奇之,载与归,易姓名曰李良嗣。荐诸朝,即献策曰:'女真恨辽人切骨,而天祚荒淫失道。

① 《宋史》卷四七二《赵良嗣传》,第13734页。
② 顾宏义:《天裂——十二世纪宋金和战实录》第一章《旌旗入燕云》之《降臣献策》:霍阴"当作'漷阴',在今北京通县东南。"上海书店出版社2000年版,第9页。
③ 李心传:《建炎以来系年要录》(以下简称《系年要录》)卷一,建炎元年正月辛卯条,中华书局1988年版,第2页。
④ 《北盟会编》卷一,政和七年七月四日条,第1页。
⑤ 《北盟会编》卷一,政和七年七月四日条,第1页。
⑥ 《宋史》卷四七二《赵良嗣传》,第13733页。

本朝若遣使自登、莱涉海,结好女真,与之相约攻辽,其国可图也.'……徽宗召见,问所来之因,对曰:'辽国必亡,陛下念旧民遭涂炭之苦,复中国往昔之疆,代天谴责,以治伐乱,王师一出,必壶浆来迎。万一女真得志,先发制人,后发制于人,事不侔矣.'帝嘉纳之,赐姓赵氏,以为秘书丞,图燕之议自此始。迁直龙图阁,提点万寿观,加右文殿修撰。"①按照这一记载,好像马植当时并没有向童贯详述"灭燕之策"的具体内容,而是改名李良嗣被童贯带回宋朝后,才明确提出了从登州、莱州走海道北上,与女真人结盟夹攻辽朝的方略。但是,《宋史》的这个记载有个明显的"硬伤",那就是政和元年这年,如果从登州、莱州走海道北上,在辽东一带登陆后一定会和契丹人照面的,换句话说,登陆的地方那时还是大辽的地盘,怎么去找女真人结盟? 更何况,那时阿骨打还没有和天祚帝撕破脸,还算是大辽的臣民,马植又如何知道女真人会先发制人去攻取大辽,且一定会拿下幽云十六州?

蔡京之子蔡絛《北征纪实》则说,"至二年(指政和二年,1112),有燕人马植来归,上遣承受,童师敏(童贯养子)赍御笔——但书'马植'二字,传旨询问可纳否? 然马植者已自藏於童贯家矣。植后赐姓李,名之曰良嗣。俄又赐姓赵,累迁至修撰。……良嗣又时时论辽人事宜以动朝廷,且谓天祚者乃是弑其祖老国主而自立,言多摆阖。童贯遂由登州海道,使之以使女真。天下之衅自此始焉"②。蔡絛的这个说法,马植归宋之年虽然比《宋史》所记晚了一年,但他好像是自己突然偷越宋辽边界跑过来的,而且又是自己径直躲藏在了童贯的家里,虽然不是由童贯把他带过边界的。而马植在宋朝的一番游说,却未见如何联络女真去夹攻辽朝的言辞。至于童贯让他由登州海道出使女真,这在阿骨打于政和四年(天庆四年,1114)正式扯旗反辽、开始大规模攻城略地之前,同样是一件不可能发生的事情。

比较可信的历史应该如封有功《封氏编年》所记述的那样:

马植卢沟桥夜会童贯之后,两人之间一直未见有音信往来,一晃就是五年。政和五年(1115)三月二日(壬申),北宋边境重地雄州(河北雄县)知州

---

① 《宋史》卷四七二《赵良嗣传》,第 13734 页。
② 《北盟会编》卷一,政和七年七月四日条,引蔡絛《北征纪实》,第 2 页。

和诜，突然收到来自边界对面辽朝一个叫李良嗣的人秘密派人送来的一颗蜡丸，其中所藏密信道：

> 天庆五年三月四日，辽国光禄卿李良嗣谨对天日斋沐，裁书拜上安抚、太师足下：良嗣族本汉人，素居燕京霍阴，自远祖以来，悉登仕路，虽披裘食禄，不绝如线，然未尝少忘尧风，欲裸左衽而莫遂其志。比者，国君嗣位以来，排斥忠良，引用群小；女真侵陵，官兵奔北；盗贼蜂起，攻陷州县；边报日闻，民罹涂炭；宗社倾危，指日可待。迩又天祚下诏亲征女真，军民闻之无不惶骇，揣其军情，无有斗志。良嗣虽愚戆无知，度其事势，辽国必亡！良嗣日夜筹思，偷生无地。因省《易系》有云："见几而作，不俟终日。"《语》不云乎："危邦不入，乱邦不居。"良嗣久服先王之教，敢佩斯言，欲举家贪生南归圣域，得复汉家衣裳，以酬素志。伏望察良嗣忱诚不妄，悯恤辙鱼，代奏朝廷，速俾向化。傥蒙睿旨允其愚恳，预叱会期，俯伏前去，不胜万幸！①

这个自称"李良嗣"的写信人，正是五年前卢沟桥畔与童贯有归宋之约的马植。此时他人还在大辽，所以"李良嗣"之名的改名所有权看来只能归马植自己了，而绝不可能是大宋皇帝或童贯所赐。信是写给宣抚童贯（"安抚"当为"宣抚"之误，是时童贯以太尉为陕西、河东、河北宣抚使）和太师蔡京的。只是这封信让人感到有点蹊跷，为什么署了个假名李良嗣，而官衔还挂着一个货真价实的光禄卿？假如怕这封书信被契丹人截获而自我暴露，这如实写来的官衔加上其民族、籍贯和祖上世代为官的家庭状况，等于将自己的基本档案材料和盘托出，足以让辽朝轻而易举地锁定此乃某某，而将其捉拿归案，这不是明眼人一眼就能看出来的"致命伤"？其投书的日期是三月二日，信上却写成三月四日，是紧张出错，还是原来另有投书计划而未被执行？这些疑问均已不得正解。但是，它所带来的信息如"女真侵陵，官兵奔北"和"天祚下诏，亲征女真，军民闻之，无不惶骇，揣其军情，无有斗志"等等，却是与历史事实相符，而且，写信人急欲"南归圣域"的一个原因也非常

---

① 《北盟会编》卷一，政和七年七月四日条，引封有功《编年》，第2页。

明确，"度其事势，辽国必亡"，这也是事实。

和诜镇守雄州长达十年，其突出的本事就是"颇能侦敌"①。现在不期而遇且不劳而获这么一封重要的书信，当然是重视之极，立刻将这件事上奏徽宗。徽宗览奏之后也没耽搁，又马上令蔡京和童贯共议本朝是否可以接纳李良嗣此人。蔡京和童贯又很快取得一致意见，于四月十日（庚辰）一起向徽宗禀奏，建议徽宗收留李良嗣，其理由很简单，一是招徕投顺者是自古以来国家的一种"盛德"，二是辽朝用兵屡败，已失军心民心。蔡京和童贯当庭"乞敕和诜，密谕会期"②。

接纳李良嗣归宋，就是招降纳叛，这是当年宋辽双方在签署"澶渊之盟"时明文规定所不允许的，双方均要恪守这一誓言。还在宋仁宗时，辽朝驸马刘三嘏因与公主不和，避罪逃入宋境。当时有辅臣还想收留刘三嘏，以此来探询辽朝的机密，时任谏官的欧阳修也请留刘三嘏，但吏部侍郎、枢密使杜衍却说："中国（指宋朝）主忠信，若自违誓约，纳叛亡，则不直在我。且三嘏为契丹近亲，而遁逃来归，其谋身若此，尚足与谋国乎！纳之何益，不如还之。"最后仁宗皇帝还是听从了杜衍的意见，将刘三嘏打发回老家了③。可这时候的徽宗以及蔡京、童贯之流似乎已被眼前的某种利好所吸引，早忘了这段掌故。没过多久，和诜便接到了朝廷相关接纳李良嗣的密令，于是派人偷过边界和李良嗣秘密接洽，商议归宋的确切日子。最后双方约定，李良嗣于四月一日夜晚偷渡雄州辖区的白沟（今属河北）界河，进入宋境。

一切都很顺利，到了四月一日（庚子）夜半时分，李良嗣携亲属成功地避开了辽朝边军的巡查，越过界河，踏上了大宋的土地。显然是还想观望一下辽朝对一名光禄卿突然失踪的反应，李良嗣等人进入宋境后并没有马上得到宋朝官方的正式接纳。一直过了八天，也就是到了四月九日（戊申）这天，

---

① 《宋史》卷三五〇《和诜传》，第 11081 页。
② 《北盟会编》卷一，政和七年七月四日条，引封有功《编年》，第 2 页。
③ 《宋史》卷三一〇《杜衍传》，第 10191 页。

李良嗣方才得以进入雄州官署,以一种"庭参"之礼拜谒和诜①。和诜使人将跪拜于地的李良嗣扶持上大厅,然后双方互赠礼物,宋朝这才算是正式接受了李良嗣的归顺。也就是在这天,和诜将接纳李良嗣的详情上奏徽宗。朝廷很快就传来旨令,让李良嗣马上进京赴阙。四月十八日(丁巳),李良嗣在汴京皇宫延庆殿中,终于见到了居然降尊"临轩慰劳"的徽宗皇帝。

徽宗对冒死而来的李良嗣表示了慰问,给予了优厚的礼遇。但请注意,直到现在,李良嗣还没有提"取燕之策"一个字,也没有说"联金攻辽"一句话。而如果李良嗣仅仅以孔夫子"危邦不入,乱邦不居"这句话作为逃亡大宋的理由,知晓圣贤书却并不热衷于圣贤事的大宋当今天子和衮衮诸公,显然不会愿意冒天下之大不韪而这么隆重欢迎李良嗣的到来。所以,当年马植初会童贯之际,两人必定已初步达成过某种较重要的约定。所以,当徽宗在觐见礼毕坐定之后,便直截了当问李良嗣"所来之因"。换句话说,李良嗣的那封蜡丸密信虽然早已说明"南归圣域"之缘由,却不过是做做样子的表面文章,书信的主人应该隐藏着更具内涵的物事,所以,徽宗有点急于想听"下回"分解了,大有韩信拜将而刘邦相问"将军何以教寡人计策"之情形。李良嗣果然有备而来,当即奏道:

> 臣国主天祚皇帝,耽酒嗜音,禽色俱荒;斥逐忠良,任用群小;远近生灵,悉被苛政。比年以来,有女真阿骨打者,知天祚失德,用兵累年,攻陷州县;加之溃卒,寻为内患,万民雇苦,辽国必亡!愿陛下念旧民遭涂炭之苦,复中国往昔之疆,代天谴责,以顺伐逆,王师一出,必壶浆来迎。愿陛下速行薄伐,脱或后时,恐为女真得志。盖先动则制人,后动则制于人。②

李良嗣的这番话说得徽宗那颗极具艺术构想力的心蠢蠢欲动,当即对李良嗣"嘉纳之",而且头脑一热,对李良嗣赐以国姓赵氏,授朝请大夫秘阁

---

① 《北盟会编》卷一,政和七年七月四日条,引封有功《编年》,第 2 页。"庭参"是古时下级官员趋步至官厅谒见长官的一种礼节,文职须北面跪拜,长官立受;武职则北面跪叩,自报官衔,长官坐受。

② 《北盟会编》卷一,政和七年七月四日条,引封有功《编年》,第 2—3 页。

待诏之职,不久又迁龙图阁,提点万寿观,加右文殿撰修①。辽人马植(假名李良嗣)的历史从此翻开到赵良嗣这新的一页,宋朝的历史也随之翻新。但是,他们谁都没有想到,在这新的一页上根本没有他们所期待的满是功名利禄的崭新世界,恰恰相反,满纸言之凿凿的却是他们如何一步步走向深渊,并且连累这个不幸的国家和无辜的人民一起遭受了一场旷古罕见的灭顶之灾。

别看李良嗣就说了这几句话,但还真的很有内涵。除了重复上一封密信中说到的天祚帝失德失政的内容之外,李良嗣第一次向大宋君臣透露了一个叫阿骨打的女真领袖,也第一次建议宋朝背弃宋辽两国的百年之好,乘契丹丧师失地之机,出兵攻取大宋的"往昔之疆",并且还描摹、虚拟了那里的汉民箪食壶浆以迎王师的盛况。重要的是李良嗣还特别提醒,就是要尽快出招,一定要赶在女真人到来之前先下手搞掂幽云十六州,否则,今后面对女真人就会陷于被动的境地——在李良嗣眼里,女真人是大宋谋取幽云十六州的竞争者,而非合作伙伴,由此,我们也可以看到一个真相,即后人所谓的宋朝"联金灭辽"之策,其发明权并非属于李良嗣。

而更为重要的还在于,李良嗣的这番话搅动了一潭沉寂百年之久的"死水",搅乱了一局相持百年之久的和棋,大宋的这一代君臣受到了这番话的刺激、撩拨,勃然雄起恢复幽云故地的壮志,而立志超越前朝以建立不世之伟业。只是始料不及的是,李良嗣这番话引起的最终结果,宋、辽、金三国的版图被彻底翻新,宣和君臣以无数的荒谬和失策将北宋王朝打入了万劫不复的地狱,铸成了"靖康之耻"这一中国历史上罕见的大灾难和大变局。

第三节 恢复幽云,难舍历史情结

赵良嗣(应该启用这一新名字了)"私奔"宋朝后,辽朝忽然失踪了一名

---

① 《宋史》卷四七二《赵良嗣传》,第13734页。

不大不小的光禄卿,当然不会无动于衷,而以常理推断,宋朝一定脱不了干系。于是辽朝发话,要求宋朝立即"引渡"这个叛国者。宋朝这时候却不买账,直截了当回报辽朝说,你要的人咱们这里没有。辽朝一时也拿宋朝没辙。而恰在这时,辽朝正遭受到女真人的痛击,前线的坏消息接踵而来,朝野上下乱哄哄的,于是,向宋朝交涉、索取逃亡者就成了一种象征性的例行公事,没有人真的想要查它个水落石出。所以,"偷渡"而来的赵良嗣终于得以安居大宋了①。

赵良嗣首次觐见徽宗,话语不多,却收效显著,深得徽宗嘉许,恰似一篇诸葛亮的"隆中对",对宋朝现下的外交国策起到了转变性的影响。这其中一个重要因素,就是赵良嗣之言恰好打动了那个宋朝历代皇帝埋藏心底,却时不时要像牲畜那样经常"反刍"的恢复幽云十六州之历史情结。

幽云十六州五代时或称幽蓟十六州,即幽、蓟、瀛(河北河间)、莫(河北任丘北)、涿(河北涿县)、檀(北京密云)、顺(北京顺义)、新(河北涿鹿)、妫(河北怀来东南)、儒(北京延庆)、武(河北宣化)、云(山西大同)、应(山西应县)、寰(山西朔县东北)、朔(山西朔县)、蔚(河北蔚县西南)等州。需要一提的是,北宋徽宗时候始有"燕云"之称②,为宋人对五代时陷于辽之长城南部诸州之泛称③,到徽宗宣和四年(1122),宋朝宣布建立燕山府、云中府两路,这才有了确定的地域。但幽云十六州其中一些州城被废置、改名,或另有添置,到宋人以燕云十六州相称时,仅指燕山和云中两路所辖十六州,包括后唐失陷的平、营、滦等州,以及契丹所置景州,在数字上已经超过了"十六州"的概念④,也不局限于当年石敬瑭的割地范围,而是包括了五代以来所有被契丹夺取的地区。

---

① 《北盟会编》卷一,政和七年七月四日条,第2页。
② 《北盟会编》卷一载:"中山守张悫、高阳关安抚吴玠,亦献议燕云可取",政和七年秋七月四日条,第1页。
③ 陈乐素:《求是集》第一集《宋徽宗谋复燕云之失败》,广东人民出版社1986年版,第46页。
④ 宣和四年十一月,赵良嗣使金时曾与金人争辩道:"元约山前、山后十七州,今止言燕京六州二十四县……",说到了"十七州"的概念。详见《北盟会编》卷一一,宣和四年十一月一日条,引赵良嗣《燕云奉使录》,第78页。

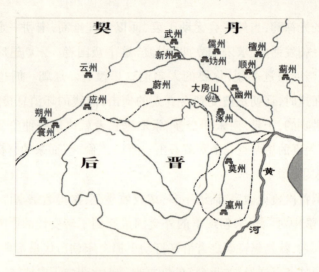

1-1 五代后晋时期的幽云十六州形势图 焦俊作

从地理范围而言,这一地区以燕山山脉为骨架,大致以今北京市和山西大同市为中心,东至河北遵化,北迄长城,西界山西神池,南至天津市海河以北、河北河间、保定市以及山西繁峙、宁武一线以北地区。而从军事地理的角度而言,这一多山地区龙蟠虎踞,形势雄伟,长城险关,扼守捍卫,十六州又连绵分布在长城以南一侧,形成了不可多得的由天然山地和长城、城池三者互为依托、互为唇齿、互为犄角的攻防体系,于是在唐宋时期成了横亘于中原地区和北方地区之间的一道令人十分关注的军事防线,进而成为南北逐鹿的兵家必争之地。这样一种地理形势,站在中原王朝的位置来看,守住幽云十六州,就是守住了河北和山西,守住了整个中原的北大门;而一旦丧失这一地区,就等于门户大开,一马平川的华北平原因为无险可守,北方铁骑将长驱直入,饮马黄河,中原王朝也就危在旦夕了。所以,幽云十六州对于中原王朝来说性命攸关,是关系到能否生存的最根本问题,稍有眼光的人都能看到这一点。宋人富弼说:"河北一路为天下根本。燕、蓟之北有松亭关、古北口、居庸关,此中原险要所恃,以隔绝匈奴者也。"吕中说:"燕、蓟不收则河北不固,河北不固则河南不可高枕而卧。澶渊之役,寇准欲邀契丹称臣,且献幽、蓟地,曰:'如此可保百年无事,不然,数十年后,戎且生心矣。'真宗不从,及女真取燕山,遂成靖康之祸。"①金梁襄言:"燕都地处雄要,北倚山险,南压区夏,若坐堂皇而俯视庭宇也。又居庸、古北、松亭诸关,东西千里,险峻相连,近在都畿,据守尤易。"②

幽云十六州之失,后来成为宋人一块长久隐痛的"心病",一个割舍不掉的"情结"。追根溯源,还在五代时期,石敬瑭与契丹做成的一桩卑劣的买卖,导致了如此结果。后唐清泰三年(936)五月,河东节度使石敬瑭反于晋阳(在山西太原南),后唐当然不能容忍这种叛逆,发兵讨伐。石敬瑭为得到契丹出兵相助,在名义上向契丹称臣,并以父礼事奉比自己小十岁的契丹主耶律德光,随契丹之俗,自称"儿皇帝"③;在实际利益上,约定解围称帝事成后,割让卢龙一道及雁门关以北诸州,并每年送帛三十万匹。九月,耶律德光亲率骑兵击破包围晋阳的后唐军队。石敬瑭被耶律德光册封为"大晋皇帝"后,依前约将卢龙道的幽、蓟、瀛、莫、涿、檀、顺、新、妫、儒、武和雁门关以北的云、应、寰、朔、蔚共十六州割让给契丹。仅仅为了满足一己之欲,石敬瑭将幽蓟十六州拱手相送,却让华北、山西一带,乃至中原这一更大的区域、更多的人民,完全裸露在契丹人的刀箭之下。每当朔风一起,胡笳声声,必是山河残破,血流成河。

五代末的后周世宗柴荣,是主动出兵收复幽蓟十六州的第一人。显德六年(959)夏四月,世宗"帅步骑数万发沧州,直趋契丹之境"。周军所到州城,契丹守臣纷纷投降,一个多月中连下益津关、瓦桥关、莫州、瀛州等地,"于是关南悉平"④。正当世宗欲行进取幽州时,其部将却以为:"陛下离京四十二日,兵不血刃,取燕南之地,此不世之功也,今虏骑皆聚幽州之北,未宜深入。"⑤世宗对部下的这番言论非常不高兴,亲自带兵前行,但天有不测风云,他突然染上重病,不得不停止了对幽州的进攻。世宗班师之际,余势

---

① 《读史方舆纪要》卷一〇《北直》一,第436—437页。

② 《读史方舆纪要》卷一一《北直》二,第440页。

③ 五代契丹之制,国君死,在墓旁起屋,谓之明殿,并置学士一人掌答书诏,逢有大庆吊,学士以亡君之名为书,称新君为儿皇帝。

④ 司马光:《资治通鉴》卷二九四《后周纪》五,中华书局1956年版,第9597页。

⑤ 《资治通鉴》卷二九四《后周纪》五,第9597页。

犹劲的周军仍然攻克了易州,擒契丹刺史李在钦。这年六月,世宗病故。以后若干年,除了瓦桥关(周设为雄州)、益津关(周设为霸州)、莫州和瀛州之外,易州复为契丹攻取。

宋朝立国之初,还在倾力收拾五代十国那付乱糟糟的割据"烂摊子"时,太祖赵匡胤就已敏锐地看到了失控幽燕十六州对中原政权生存极为不利的形势,准备用兵收复这块故地。宋人笔记《高斋漫录》中说,太祖某年率兵扫平河北,就有了"欲乘胜取幽燕"的念头,但其部下以"师老"为借口反对进兵幽燕,太祖一时犹豫不决,便寄信问留守汴都的宰相赵普。

赵普回信说:"所得者少,所失者多。非惟得少之中尤难入手,又从失多之后别有关心。"①赵普认为对幽燕用兵,即使有所得也是一件极为吃力的事情,而如果损失大了,以后咱们就将被这件事牵连拖住,其他啥事也甭干了。

太祖无奈,只好班师而回。

另一笔记《邵氏闻见录》中说,一日,太祖拿出一幅幽燕地图给宰相赵普过目,并向他征求攻取幽燕之策。

赵普道:"此图必出曹翰之手。"

太祖作了肯定的回答后,又问:"曹翰能否攻取幽燕之地?"

赵普反问道:"曹翰可以取幽燕,但是谁能守幽燕?"

太祖道:"就让曹翰守幽燕。"

赵普问道:"那曹翰死后谁又能代他守幽燕?"

太祖语塞,过了好长一阵子才说:"你考虑得真远啊!"而且"自此绝口不言伐燕"②。

应该说,赵普的判断是正确的,以当时北宋的军事实力和整体国力尚不足以抗衡契丹。太祖听从了赵普的意见,未敢轻启收复幽燕之战端,相反,

---

① 曾慥:《高斋漫录》,载车吉心等编《中华野史·宋朝卷》卷一,泰山出版社 2000 年版,第 754 页。
② 邵伯温:《邵氏闻见录》卷六,中华书局 1983 年版,第 53 页。

最终还"遣使请和"①。然而,太祖毕竟是发明"卧榻之侧,岂容他人鼾睡乎"②这句著名豪言的狠角色,他连一个奴颜婢膝、苟延残喘的南唐国都不能相容,又怎肯甘心让强悍的契丹人近在咫尺虎视眈眈瞪着我的八尺卧榻?既然武力一时难有胜算,太祖就另辟蹊径,创新思维,盘算着通过"理财"手段做好收复幽云的准备。据宋人笔记《渑水燕谈录》说:"太祖讨平诸国,收其府藏贮之别府,曰封桩库,每岁国用之余,皆入焉。尝语近臣曰:'石晋割幽燕诸郡以归契丹,朕悯八州之民久陷夷虏,俟所蓄满五百万缗,遣使北虏(指契丹),以赎山后诸郡;如不我从,即散其府财募战士,以图攻取'"③。太祖这番话说得铿锵有力,掷地有声,尽显开国皇帝之雄才大略。"封桩库"设立于乾德三年(965)④,太祖当时还有一个如意算盘,就是假如契丹对宋朝挂牌五百万缗之价以赎回幽云故地这笔买卖不买账,依然兵戎相见,那么,"我以二十匹绢购一契丹首,其精兵不过十万,止不过费我二百万匹绢,则契丹尽矣。"⑤先礼后兵,文的不行再来武的,太祖将以后收复幽云的步骤甚至军费开支的细节都算计好了。可是,人算不如天算,还没等到"封桩库"积蓄满五百万缗,没有等到可与契丹人亦文亦武的"对话"时机,太祖就在开宝九年(976)突然驾崩了,让后来多少英雄豪杰一声长叹。

太宗赵光义继立以后,没有延续太祖"封桩库"的做法,而是将收复幽云付诸实打实的军事进攻。太平兴国四年(979)二月,太宗亲率大军北征依附于契丹的北汉国。契丹人派使者向太宗质问宋朝的师出之名,太宗当即向对方"叫板":"河东(指北汉)逆命,所当问罪。若北朝(指契丹)不援,合约如故;不然则战。"⑥契丹被迫起兵应战,太祖和契丹订立的合约就此破裂。五月,北汉主在太原投降,北汉亡。六月,太宗不顾大多数将领的反对,挟屡

① 《辽史》卷八《景宗纪》上,第94页。
② 《续资治通鉴长编》卷一六,第350页。
③ 王辟之:《渑水燕谈录》卷一《帝德》,中华书局1981年版,第3页。缗是当时的货币计量单位,和贯的意思接近,指一千钱。
④ 《续资治通鉴长编》卷六,第152页。
⑤ 《续资治通鉴长编》卷十一,第252页。
⑥ 《辽史》卷九《景宗纪》下,第101页。

胜之威,乘势挥师攻辽。宋军从太原向东越过太行山,一路挺进,击败辽朝北院大王奚底、统军使萧讨古,进围辽朝之南京(即幽州)。七月,宋辽大军会战于高梁河(在北京西直门外),结果宋军惨败,太宗"窃乘驴车遁去"①。这一仗,太宗腿中两箭,除了全军覆灭,其服饰、车马、器用和各种宝物"尽为所夺",大批平日里宠幸有加的随军宫嫔以及侍从也"尽陷没"②,统统成为辽军的战利品,堪称奇耻大辱!太宗怎么咽得下这口气?在隐忍辽军的无数次侵袭之后,雍熙三年(986)正月,太宗再次组织了声势浩大的伐辽战争。这次他却不再亲自率兵行动了,而是派遣大将曹彬进攻幽州,潘美进攻云州,两路大军东西并进,此外,另有大将田重进一路出飞狐(河北涞源县)北上。

此时,垂垂老矣且已罢相的赵普看不下去了,亲笔写了封奏疏劝谏太宗道:"臣窃念大发骁雄,动摇百万之众,所得者少,所丧者多"③,想用当年说动太祖的话让太宗回心转意。然而,太宗不是太祖,他根本没把赵普的话当回事儿,大军照发不误。

太宗本指望曹彬、潘美这两位在扫荡南唐和后蜀的战争中发挥出摧枯拉朽之威力的胜将一举收复幽云。然而,负责主攻方向的曹彬东路军,其攻势几乎是第一次太宗北攻幽州的翻版,初战告捷,一路奏凯,却最后兵败歧沟关(在河北涿县西南),死者数万人;东路军一败,潘美西路军奉命从云州退兵,却因指挥失当,勇将杨业被俘而死,北宋朝野震动。这样,后周和宋初选练的精兵损失殆尽,太宗对于收复幽云之举,心有余而力不足,再也组织不起像样的军事进攻。而且,第一次伐辽战争中的箭伤每年还时不时地发作,以至于至道三年(997),只有五十八岁的他便早早谢世了。

契丹人挡住了周世宗和宋太宗这"三板斧"之后,南北之间的攻守形势就完全颠倒了,辽军开始频频出击,宋朝则勉为其难地苦于招架。辽军在宋真宗赵恒景德元年的又一次大举进攻,则基本打消了宋朝恢复幽云的念头,

---

① 《辽史》卷九《景宗纪》下,第102页。
② 王铚:《默记》卷中,中华书局1981年版,第20页。
③ 《宋史》卷二五六《赵普传》,第8935页。

宋朝最终与辽朝订立了"澶渊之盟"。这尽管是屈辱的城下之盟，但能消缓辽军直逼汴京的心腹之患，真宗已经很满意了。到神宗皇帝赵顼时，宋朝恢复幽云之志又有所反弹。神宗即位之初，便显露出进取幽云的意向，"慨然有取山后之志"。某日说起当年高梁河之战太宗溃逃之紧急，中箭之伤痛，损失之惨重，神宗言语激动，"北虏乃不共戴天之仇，反捐金缯数十万以事之为叔父，为人子孙，当如是乎！"世仇、屈辱和愧疚让神宗"泣下久之"，油然而生"取北虏大志"①。神宗遵循太祖的遗愿，直接取法"封桩库"之制，"积聚金帛成币"，称作"御前封桩库"，而且还亲笔写了四言诗一首云："五季失图，猃狁孔炽。艺祖造邦，思有惩艾。爰设内府，基以募士。曾孙保之，敢忘厥志。"每成一库，就以诗中一字作为库名。后来神宗又题写五言绝句一首，云："每虔夕惕心，妄意遵遗业。顾予不武资，何以成戎捷？"分别张贴在每个库上。按照神宗最初的想法是，"御前封桩库"积蓄的财资首先用于征服西北青唐和西夏的战事，终极目标却是"复取燕、云"②。然而，后来在对西夏的战争中，宋军接连在永乐（在陕西米脂西）、灵州（在宁夏灵武西南）等地遭到重创，致使神宗的恢复大志和精心筹划终究成了镜中花、水中月。最后，神宗在临终时对收复幽云一事仍耿耿于怀，发出遗训："能复全燕之境者胙本邦，疏王爵"③。为了了却恢复幽云这段夙愿，宋朝君主已经到了不惜代价以土地和王爵赐封功臣的地步，真是悲壮之极！

现下的徽宗皇帝是神宗之子，对于父皇的遗言原来并未刻骨铭心，也从未立下必取幽云的雄心壮志，但在童贯取得几次对西夏战争的胜利后，由西事牵出北事，便打起辽朝的算盘来了。如今听赵良嗣说大辽在女真人的猛攻之下，节节败退，且一口咬定"辽国必亡"，徽宗便按捺不住趁火打劫的急

①　《默记》卷中，第20页。
②　王明清：《挥麈后录》卷一，引《裕陵遗事》，载《宋元笔记小说大观》，上海古籍出版社2001年版，第3617页。又《北盟会编》卷十一载，内藏库者，太祖皇帝时封桩库，真宗有御制诗曰："五季失图，猃狁孔炽。艺祖造邦，基以募士。毋畅侈心，要遵遗业。予不胜兹，何以成捷？""在虎兴昌运，山河镇国都。龟畴延宝祚，凤德显灵符。道盛尧咨岳，功成禹会涂。九重方执象，万里定寰区。"靖康元年十二月四日条，第538页。文渊阁《四库全书》本《北盟会编》所载此诗字句多有不同，但也称是真宗所题。
③　《宋史》卷四六八《童贯传》，第13661页。

迫心情,跃跃欲试,谋复幽云,以遂祖宗百余年未了之夙愿,成就大宋开国以来最辉煌之大业。与此同时,力主谋取燕云的蔡京和童贯也在徽宗身旁煽风点火,并指示其党羽亲信迎合附会。当时和诜、侯益等人揣知徽宗、蔡京和童贯有意谋取幽蓟故地,便装模作样地向朝廷倡议用兵辽朝。和诜还以重金结纳辽朝的豪杰之士,招其叛辽归宋,营造一种人心思归的假象来迎合徽宗的心意。这还不够,既然徽宗嗜于书画,和诜便绘制了一幅《收燕山图》,竟然以这种"莫须有"的艺术虚构手法取悦徽宗。中山(河北正定县)守臣张杲和高阳关(在河北高阳东)安抚吴玠也向徽宗献议,认为"燕云可取"。河东经略薛嗣昌在得到潜伏辽朝的间谍送来的情报,又往往恣意润色修改,以附会徽宗的意图;一有机会面见徽宗谈论到北事,薛嗣昌"辄请兴师";薛嗣昌还嫌一己之力有限,又委托代州(山西代县)安抚王机"探伺辽人之隙,陈攻取之策"。当时辽朝武州(在山西神池东北)和应州(山西应县)等地不断有人投奔过来,王机置"澶渊之盟"双方不得收容对方叛逃者的盟誓于不顾,"悉接纳"。后来也是因为王机的推荐,刚刚携带全家来到忻州(山西忻县)、代州赴任的王师中,被徽宗一纸诏令调到登州任知州,目的就是让他守住这个宋朝北通辽朝的最近航道,盯住辽朝,"以伺其事"①。赵良嗣一到宋朝,立即使朝野诸臣的收复燕云之心勃然而动。但令人感到荒唐的是,收复燕云之事尚在议论中,还未见有具体的实质性的行动,就有那么多的人一味迎合、顺应徽宗的思维,把一个关系到国家兴亡的大事拿来当作拍马、讨好权贵以便自己升官发财往上爬的"垫脚石"。这使得徽宗的恢复燕云之举从其一开始就变味走样,连带后来的"海上之盟"、联金灭辽和收复燕京等一系列行为,一并变馊发霉,最后自伤其身。

值得注意的是,直到现在,赵良嗣仍然不曾想到去争取、联合女真人一起夹攻辽朝,相反,他觐见徽宗时的说辞中,一个重要观点就是要尽快动手,尽可能赶在女真人出兵燕云之前,先下手为强,收复燕云。这就意味着,如果按照赵良嗣之策行事,徽宗就此出兵燕云,宋朝就必须在道义上承担撕毁

---

① 《北盟会编》卷一,政和七年七月四日条,第1页。

宋辽百余年盟约的全部责任,同时,从现实考虑,就是即刻进入与辽朝的战争状态。那么,在这两个方面宋朝有无做好必要的心理准备和物质准备呢?答案是没有,宋朝什么准备都没有! 于是,当徽宗把意欲撕毁盟约、出兵攻取燕云的图谋公诸于朝时,立即引起众多大臣的激烈反对。

其中较有影响的是知枢密院事邓洵武的劝谏,他说:"陛下审视今日谋议之臣,孰如赵普? 将帅之良,孰如彬、美(指曹彬、潘美)? 甲兵精练,孰如国初? 以太宗之神武,赵普之谋略,彬、美之为将,百战百胜,征伐四克,而独于燕云乃至挫衄,况在今日,何可轻议! 且百年盟誓一朝弃之,何以令吾民、告敌国乎? 诚恐兵革一动,中国(指宋朝)昆虫草木皆不得而休息矣!"[1]邓洵武说的是大实话,要和辽朝翻脸动起手脚,那你的谋士在哪里? 猛将在哪里? 精兵又在哪里? 这些最重要的开战条件都不具备,你却要违弃盟誓,背信弃义,岂不是自己找死!

邓洵武的这番话让徽宗忽有所悟,次日就对蔡京说:"北事难做则休,祖宗盟誓违之不祥"[2]。竭力吆喝开启边衅,想与辽朝大干一场的蔡京见徽宗突然变卦,一时脸色都变了,惊愕中一时也逼不出什么说辞来打动徽宗。于是,引起举朝热议的赵良嗣"取燕"方略就此戛然而止。

就在大宋历史的长河将继续波澜不惊地流淌下去之时,政和七年夏秋之交的那场突如其来的大风,让平缓发展的历史出现了转折点。徽宗听到登州王师中奏报金人大军如火燎原,大辽王朝骤然雪崩,即命蔡京和童贯赶快拿出一个对策。从上次徽宗和蔡京、童贯对赵良嗣提出要乘辽朝受困女真而下手燕云的建议反应来看,这君臣三人潜意识中要乘人之危、攫取燕云的思路是一致的,现下徽宗钦点这"哼哈二将"而不是别的大臣拿主意,无非是想"借船出海",借人之口言己之意。果然,这两个徽宗肚子里的"蛔虫"一起上奏徽宗,一个"腔调"地说:"国初时,女真常奉贡,而太宗皇帝屡市马女真,其后始绝。今不若降诏,遵故事以市马为名,令人访其事体虚实如何?"[3]

---

① 《北盟会编》卷一,政和八年四月"知枢密院事邓洵武上书"条,引邓洵武《家传》,第4页。
② 《北盟会编》卷一,政和八年四月"知枢密院事邓洵武上书"条,引邓洵武《家传》,第4页。
③ 《北盟会编》卷一,政和七年七月四日条,第1页。

果然,徽宗全盘接受了这一建议,下诏登州守臣王师中,要他马上招募使者同高药师等辽人一起携带"市马诏",从登州渡海北上辽东,想方设法和女真人接上头,"探问其后,通好女真,议举兵相应,夹攻灭辽"①。

在这里,宋朝对付辽朝的策略从赵良嗣的抢先于女真人之前攻取燕云,到现下的通好女真、双方一起举兵夹攻灭辽,在与女真人的合作态度上来了一个重要的大转变。这至少表明,徽宗君臣已充分意识到,仅仅凭借自己的实力收复燕云并无胜算,他们想借助已成燎原之势的女真人的力量来达到自己夺取燕云的目的;其次,"联金灭辽"这张牌应是徽宗和蔡京、童贯这三人一起策划的,它的发明权、所有权和出牌权当然应该属于这三人,至少到目前为止,与赵良嗣无涉;其三,《宋史》称"李良嗣"被童贯带回宋朝(事实证明没有这码事),初来乍到就献计说:"女真恨辽人切骨,而天祚荒淫失道。本朝若遣使自登、莱涉海,结好女真,与之相约攻辽,其国可图也"②,且不说那时女真人尚未立国反辽,宋朝意欲夹攻辽朝的客观形势尚未形成,即使女真已经形成足够的力量,赵良嗣能够提出这样具有创建意义的夹攻之策,徽宗等人早就该尝试了,不会一直等到现下通过一个偶然的机会获悉金人已经打过辽河后,再作出反应,启动夹攻之策。陈乐素先生曾说:"谓其(指赵良嗣)来于政和元年实误,盖其所谓平燕策者,自登、莱涉海约女真攻辽。女真之兴,兴于阿骨打。阿骨打于政和三年(1113)始袭职,而实行抗辽之命。政和四年始起兵。政和元年犹僻处于混同江(松花江)。自登、莱涉海,不经辽人疆域则焉能达?故此策必建于女真势力已伸张至相当程度之后,而断不在政和元年。"③

风乍起! 一场风云际会漫卷而来,本书的主人公马扩及其父亲马政在不经意间赶赴了这场际会,开始他们漫长而艰辛的"海上之盟"旅程。史称徽宗下诏指使王师中派人结好女真的这个时候,"国家祸变自是而始"④。

---

① 《北盟会编》卷一,政和七年七月四日条,第1页。
② 《宋史》卷四七二《赵良嗣传》,第13734页。
③ 《求是集》第一集《宋徽宗谋复燕云之失败》,第57—58页。
④ 《北盟会编》卷一,政和七年七月四日条,第1页。

一个历史事件常常是由无数个如风乍起的"偶然"因素而萌生、发轫、变易乃至尘埃落定,但影响和决定一个历史事件的最终走向和走势的,却往往是早已生成的"必然"因素。从表面上来看,是两艘辽船非常意外地误入宋境这一偶然事件,才触发了宋朝"联金灭辽"的念头,才有了后来的"海上之盟"及其一系列结果和后果。然而,真正导致"国家祸变"的必然因素却是大宋君臣昏庸的政治、废弛的武备以及荒淫的生活。大宋朝中掌权之辈、重用之臣,竟然被人斥为"六贼"①,这就是大宋的政治现状;东南反了一个方腊,却要从千里之外的西北调来大军才能搞掂,这便是大宋的武备实情;一项"花石纲"闹得民怨鼎沸,更有为一己变态淫乐之需,常备宫女六千之多②,这就是作为一国之主的糜烂生活。所以,清代王夫之一针见血地指出:"宋至徽宗之季年,必亡之势,不可止矣。匪徒女直之强不可御也,匪徒童贯之借金亡辽之非策也,尤匪徒王黼受张毂之降以挑狡虏也。君不似乎人之君,相不似乎君之相,垂老之童心,冶游之浪子,拥离散之人心以当大变,无一而非必亡之势"③。偶然事件从来就是必然趋势的触动、触发和促进者,它往往使得必然之势变得更为显现而明晰,更为具体而生动。从这点来说,一场大风为宋朝带来了两艘辽朝船只,这一偶然事件的发生,等于舞台大幕突然落下,将台上那些早已按照既定"剧情"进入状态的生、旦、净、末、丑等等诸般角色,豁然亮相于世,一出人间悲喜剧因此而生动、真实地演绎到曲终人散。当徽宗之朝这个豪华的戏班子将他们的大戏从"海上之盟"卖力地演到"靖康之变"时,整个过程都不曾背离宣和君臣的做人逻辑和做事逻辑,而且,他们的一切努力都没有白费,无论是情愿还是不情愿,都得到了应有的报应或报酬。这出乱哄哄的闹剧最终得以九九归一,以一种纯粹的悲剧落幕,也是势所必然、顺理成章的。王夫之曾为宣和君臣的这出戏文作了诸般假设,但

① "六贼"指蔡京、王黼、童贯、梁师成、李彦、朱勔。
② 《靖康稗史注》之五,引王成棣《青宫译语》称:"道宗五七日必御一处女,得御一次,即升位号。续幸一次,进一阶。退位后,出宫女六千人。宜其亡国",第123页。此处所称"道宗"即徽宗。又据《宋史》记载,徽宗在位期间,共"出宫女"13批、2476人,加上退位后又出6000人,累计进宫之女子人数至少在八九千人左右,是以徽宗后宫女色之盛,在中国历史上堪称罕见。
③ 王夫之:《宋论》卷八《徽宗》,中华书局1964年版,第155页。

其大势所趋,殊途同归,结果都只有一个:

> 辍夹攻之计以援辽,辽存而为我捍女直,此一说也,宋岂能援契丹
> 而存之者？以瓦解垂亡之契丹,一攻之,而童贯败于白沟矣；再攻之,而
> 刘延庆、郭药师败于燕山矣。攻之弗能攻也,则援之固弗能援也。不可
> 以敌爝火将熄之萧幹,而可以拒燎原方炽之粘没喝乎？拒契丹而勿援,
> 拒女直而勿夹攻,则不导女直以窥中国之短长,守旧疆以静镇之,此一
> 说也,近之矣。乃使女直灭辽,有十六州之地,南临赵、魏,以方新不可
> 遏之锐气,睥睨河朔之腴土,遣一使以索岁币,应之不速而激其忿怒,应
> 之速而增其狎侮。抑能止锋戢锐,画燕自守,而不以吞契丹者龁我乎？
> 然则夹攻也,援辽也,静镇也,三者俱无以自全。盖宋至是而求免于女
> 直也,难矣。①

王夫之的意思是,饶你大宋耍尽手段,费尽心机,终不免大祸临头,在劫
难逃——这种情节发展的大势所趋显示了相当的合理性和逻辑性,其悲剧
性的煞尾也是大宋君臣自己一手导演所致,怨不得别人。

第四节　浮海北渡,宋使出生入死

由于从陆路途经大辽国境去东北女真部落的寻盟之路就等同自寻死
路,所以按照徽宗等人设想的路线图,实现“联金灭辽”的唯一途径是:朝廷
派遣的使者从登州浮海北上,登陆辽东,然后寻找到战略合作伙伴。“联金
灭辽”这张牌的发明权属于徽宗和蔡京、童贯这三人,尤其是童贯,当年初出
道时即任职“登州巡检”②,对于由登州渡海去辽东的海道更有感性认识。但
浮海北上的寻盟之路却早有人做过尝试,而“夹攻”辽朝的想法在宋朝初期
也早有人行。

---

① 《宋论》卷八《徽宗》,第150页。
② 《北盟会编》卷五二,靖康元年八月二十三日条,引《中兴姓氏奸邪录》,第390页。

还在周世宗显德三年（956），南唐主李璟就曾"遣兵部郎中陈处尧持重币，浮海如契丹乞兵。契丹不能为之出兵，而留处尧不遣"①。很可惜，南唐人的这次大胆设想和大笔投资，因为契丹人的原因而未成功，还赔了一个兵部郎中。此次海上之旅较为漫长，因为南唐人要想走海路北上辽朝，最近也要从现在的江苏一带出海，要比从登州北上至少长出一倍以上的里程，当然，沿途所冒的风险也更大。

太平兴国六年（981）秋七月，太宗为报高梁河惨败之仇，打算再次大举进兵契丹，便遣使渤海国，企图以渤海国之力牵制和夹攻对手。渤海国是当时在高丽之北的一个小国，契丹曾攻取渤海的扶馀城，并将其改作"东丹府"。但是，太宗对于渤海国完全是一种主子使唤奴仆、颐指气使命令式的态度："赐渤海王诏书，令发兵以应王师。"不过也给"奴仆"悬了赏格，约定灭辽之日，"幽蓟土宇，复归中朝，沙漠之外，悉以相与"。大家一起和契丹玩命，可事成之后好地方你大宋要了，却拿沙漠之外的土地哄骗俺渤海国？太宗这种极不公平的买卖遭渤海人回绝了，"渤海竟无至者"②。宋朝见渤海国没有出兵的意思，一时也没奈何。雍熙三年（986），宋朝正式拉开架势准备和契丹开战，为了谋求第三方势力夹攻对手，转而又遣使高丽，却不吸取教训，仍然是一付居高临下命令式的架子，"命发兵西会"。结果，和渤海国一样，高丽对相助宋朝夹攻契丹之事也没有兴趣，敷衍了事③。到淳化五年（994）六月，因为契丹侵掠其境，高丽反过来向宋朝"遣使来乞师"，夹攻契丹。这次轮到太宗拒绝高丽人了，"以北鄙甫宁，不可轻动干戈，为国生事，但赐诏慰抚，厚礼其使遣还"。碰了宋朝软钉子的高丽转而臣服契丹，对宋朝"朝贡中绝"④，太宗一点儿便宜都没有赚到。

到神宗熙宁二年（1069），几度与宋朝断绝往来的高丽国王，通过其商人向宋朝福建转运使罗拯转达了重新结好的意愿。次年，宋廷"议者亦谓可结

---

① 《资治通鉴》卷二九三《后周纪》四，第9562页。
② 《续资治通鉴长编》卷二二，第493页。
③ 《宋史》卷四八七《高丽传》，第14039页。
④ 《宋史》卷四八七《高丽传》，第14042页。

之以谋契丹,神宗许焉"①。也就是说,宋朝这次之所以恢复与高丽的邦交关系,又是为了能够联合高丽以取得夹攻的形势,算计契丹。

无论太宗也好,神宗也好,谋求夹攻和算计契丹之举并未搞得神秘兮兮。而现如今徽宗则几乎是在一种秘密状态下,实施了他与蔡京和童贯一起策划的通好女真、夹攻灭辽之策。

八月三日(戊午),也就是在登州意外"截获"一批辽朝逃难者过后一个月,王师中接到了徽宗诏令,开始作浮海北上辽东、探寻女真虚实的准备。王师中招募、挑选了七名普通将校,每人各借予不入品的"进武校尉"之衔,让那个从辽朝过来的相对而言比较了解女真人的汉人高药师作向导,调用平海军水师的一艘兵船作为此行的交通工具。从王师中的准备来看,他非常清楚此行是在辽朝的后方偷偷摸摸搞小动作,极具危险性,一旦被辽朝侦知,问罪于朝廷,当事者很有可能被灭口,而其成功的可能性却很难说。所以,整个浮海辽东之行在没有取得与金人的正式联系并得到其首肯之前,他不会派遣自己亲近或有职位的人去冒这个险。八月二十二日(丁丑),高药师一行人在登州下船出海,沿着当年女真人贡马而来的海道悄然北上——宋朝第一次联盟女真、谋求夹攻辽朝的"海上之盟"行动由此揭开了大幕。

"海上之盟"的起航地登州蓬莱的滨海处,有一向北突出、海拔七十二米的山崖,是为田横山。此山为"楚汉相争"时齐王田横屯兵处,因以名之,山体岩石呈赭红色,受浪涛冲刷,东、北、西三面悬崖陡峭,岩破石穿,怪石嶙峋,形势险峻。田横山乃渤海与黄海的南端分界处。因其位处渤海海峡登州一侧,也称登州岬;又因其位于山东半岛极北端,故又名老北山。从这里向北一直到辽东半岛最南端的老铁山灯塔下的南岬角,拉成一条一百多公里的直线,就是渤海海域和黄海海域的分界线。因此田横山具有"一山分二海"的独特地理地位。从田横山北望大海,但见庙岛群岛星星散散绵亘于渤海海峡,景物宽阔,风光绮丽。庙岛群岛被称为渤海"钥匙",位于渤海海峡中南部,主要岛屿有南长山岛、北长山岛(长岛),大黑山岛、小黑山岛,南隍

---

① 《宋史》卷四八七《高丽传》,第14046页。

城岛、北隍城岛和庙岛等,共有三十多个岛礁,南部数量较多,北部相对较少。自古以来,往来于山东半岛和辽东半岛之间渤海海峡的船只,基本上就是以庙岛群岛作为航行坐标或避风港的,而田横山及其左近的港湾则是这条重要通道的南方大本营。

在北宋时,登州历来是宋朝与东北各国、各部落交往的重要"口岸"。宋太祖建隆二年(961)后,女真人连续两三年中从辽东半岛的苏州(辽宁金县),泛海至登州卖马。可能当时运来的马匹较多,建隆四年八月(963),太祖还特意下诏"蠲登州沙门岛居民租赋,令专治舟渡女真所贡马"①。北宋初期高丽使者入贡的路线基本上都是从登州而来,以至宋朝还专门在登州"置馆于海次以待使者"②。宋初以来,登州海域的沙门岛还是被豁免死罪的犯人的发配之地。清人顾祖禹在叙述到"登州府"时说:"府僻在东陲,三面距海,利擅鱼盐。且北指旅顺,则扼辽左之噤喉,南出成山,则控江、淮之门户,形险未可轻也。范氏曰:'自古海道有事,登、莱为必出之途,而密迩辽左,尤为往来津要。'"③

1-2 海上之盟形势图 焦 俊 作

① 《续资治通鉴长编》卷四,第104页。
② 《宋史》卷四八七《高丽传》,第14043页。
③ 《读史方舆纪要》卷三六《山东》七,第1681页。

再说高药师一行人离开登州后,不一日,船已抵达彼岸苏州地界的海面上,遥望岸上,可见为数不少的巡逻甲士。以高药师的经验判断,这些人就是女真人。但令人恐怖的是,岸上这些女真人似乎很不友好,发现这一船的不速之客,即剑拔弩张,如临大敌,吓得高药师等人不敢靠岸,而且还"几为逻者所害,遂复回"①。高药师之辈等于是临阵脱逃,一事无成。他们大概也料到,就此作罢两手空空返航登州,恐怕难以交代,所以一时也不敢回去。高药师一行人这么进退维谷,在海上也不知道转悠了些什么地方,一直拖延到第二年即政和八年(1118)的正月三日(丙戌),前后漂泊长达四个多月后,才将船开回大宋。但显然是为了逃避登州衙门的追究,他们很天真地在登州西边隔了一个潍州的青州(山东益都)地界泊岸登陆。宋朝发起"海上之盟"的第一次渡海行动就这样颇为怪异地结束了。

青州守臣崔直躬在掌握了高药师一行人船抵彼岸,却因畏惧女真武士而不敢上岸的事实后,立即上奏其事。对此次浮海行动结果期盼已久的徽宗得悉如此消息,龙颜"赫怒",当即下令宣抚司,要童贯严肃处置此事,将这次渡海的人除了仍需要作为向导的高药师之外,一并发配到边远穷恶之地;另外指令童贯让王师中再次负责挑选"智勇能吏",再与高药师一起渡海探问金人意向,并且重申要"通好女真军前,讲买马旧好"②。

此时,朝廷暗中谋求通好女真、夹攻辽朝的计划已经走漏消息,朝臣对这个上不了台面的谋划多有非议。于是,正在气头上的徽宗发狠降了一道"御笔",称:"通好女真事,监司、帅臣并不许干预!如违,并以违御笔论!"③徽宗将其手中的狼毫笔狠狠地一挥,扫清了"海上之盟"发轫的障碍。就这样,首先是马政,后来再是其子马扩,他们偶然地、不由自主地被卷入一场历史的飓风之中。

马政父子并非豪门贵族出身,所以官方保存的他们的基本档案资料少

---

① 《北盟会编》卷一,政和七年八月二十二日条,第3页。
② 《北盟会编》卷一,政和八年正月三日条,第3页。
③ 《北盟会编》卷一,政和八年正月三日条,第3页。

得可怜,而且含糊不清,便是他们的籍贯就有三种说法:《通鉴长编纪事本末》称是"洮州人也"①,《建炎以来朝野杂记》称是"熙州人"②,《中兴小纪》和《建炎以来系年要录》均称是"狄道人"③。当时狄道(甘肃临洮)为熙州辖县,称"狄道人"实际上就等于说是熙州人。马扩自己的说法是熙州人④。所以,我们只能大致确定马政父子的籍贯是熙州狄道。据《宋史》记载,熙州本为武胜军,北宋熙宁五年(1072)收复于西夏,始改作熙州,隶属秦凤路,曾置熙河路经略安抚使,熙州和洮州等五州属焉⑤。所以,今人黄宽重说得更宽泛,称马扩的籍贯"属于北宋秦凤路则可以确定"⑥。

鉴于第一批浮海北上的人懦弱怕事,缺乏勇气,所以这次王师中挑选人就非常慎重。此时,马政不知犯了什么严重错误被贬官于青州。因为是武官,大概又符合徽宗提出的"智勇能吏"的要求,且青州与登州近在咫尺,加上马政公干在青州,家室却安放在登州牟平(在今山东省),所以王师中几乎是就地取材,选中马政担任第二次浮海北上的使者,另外为他还物色了一名懂点女真话、能说会道的平海军卒长呼延庆充作副手,并配备将校七人,兵丁和节级八十人,仍由高药师领路,整个队伍大大多于第一次的出行人数。

四月二十七日(己卯),朝廷正式决定派遣马政、呼延庆同高药师等一行人渡海"至女真军前议事"。此时马政的官衔是"武义大夫"⑦。在经过一系列准备之后,八月四日(甲寅)⑧,马政一行人在登州乘上平海军的船只出发

---

① 《通鉴长编纪事本末》卷一四二《金盟》上。

② 李心传:《建炎以来朝野杂记》(乙集)卷一二,"渡江后名将皆西北人"条,中华书局2000年版,第687页。

③ 熊克:《中兴小纪》卷三,商务印书馆《丛书集成初编》本,1936年版,第35页;《系年要录》卷一,建炎元年正月辛卯条,第4页。

④ 《北盟会编》卷一二三,建炎三年三月二日"马扩应诏上书"条,第904页。

⑤ 《宋史》卷八七《地理》三,第2162页。

⑥ 黄宽重:《马扩与两宋之际的政局变动》,台湾历史语言研究所《宋史研究集》第二十六辑,台北国立编译馆1997年版,第213页。

⑦ 《北盟会编》卷一,政和八年四月二十七日条,第3页。马政官衔《金史》卷二《太祖纪》和《大金吊伐录校补》第一篇《与宋主书》均作"登州防御使"。

⑧ 徐规先生认为"四日"应作"三日",见姜青青:《马扩事迹编年》卷一《海上之盟》,杭州出版社2005年版,第35页。

了。临行之际,朝廷方面再次叮嘱他们,见到女真首领后,第一要送上礼物,第二是表达大宋与女真之间传统友谊的"旧好",第三可以叙宋朝建隆、雍熙以来女真人渡海来登州的"卖马事",第四可传达大宋皇帝宣抚、慰问的"口诏",第五再随机应变,慢慢聊到能否宋金联手夹攻辽朝这桩正事,而如果金人有这个意向,第六就可以对金人直说,大宋下次会派遣专门的使者来商议这件事。总之,与女真首领接洽和传达朝廷的意思,必须非常秘密①。

1-3　**海鹘船**　图为北宋武学名著《武经总要》一书的"海鹘"船样式。这是一种适应海航需要的船只,马政等人初使金国"就登州乘平海军船去","海鹘"船颇有可能就是"平海军船"的一种。

应该说,为了这次海上之行最终能成功登上彼岸,并说服女真首领接受宋金夹攻辽朝的建议,宋朝君臣可谓煞费苦心。从正月初高药师一行无功而返,到四月份决定派遣马政等人再使女真,再到八月初马政一行人正式起航,他们花了较长的时间作准备,对马政等人见到女真首领后的谈判步骤,也作了精心设计,当然,也给马政配备了足以壮行色的大批随从人员。而其

---

① 《北盟会编》卷二,政和八年八月四日条,第14页。

中透露的一个重要信息是，出于秘密行动的需要，宋朝让马政转达给金人的仅仅是不留痕迹的"口诏"，而非白纸黑字、言之凿凿的"国书"或"诏书"之类文本。上次高药师之行可能还带着一个"市马诏"，这次就考虑得更为谨慎和周密了。

马政一行人在海上走了两个月的时间，于这年的闰九月九日（戊午）方才下船登上北岸。从登州到对岸的苏州，直线距离仅仅一百公里左右，何以走这么长时间才到达目的地？而且，从登州抵达苏州，单趟费时就需两个月，那第一次高药师等人的往返航行恰好是四个月，是否以当时的航海技术而言，两地往来确需如此长的耗时？应该不是。估计马政等人是沿庙岛群岛逐岛北上，以一路补给淡水和给养，当船靠近苏州一带海岸时，又需找到女真人的踪迹，而一时三刻又未必能碰上，所以，不排除马政等人抛锚于苏州近岸海域，以等待和寻找机会的可能。而第一次浮海而行，如果抵达彼岸也确需两个月时间，但返航时一定无需这么长久，因为高药师一行人其实是在盘算如何逃避无功而返的责任，所以长期逗留于海上，而最终选择了在青州登岸。

闰九月九日这天，马政等人一脚踏上苏州界的陆地后，几乎重蹈高药师第一次靠近海岸时的覆辙，他们立即就遭到了一群女真巡逻者的凶暴对待，人被执，物被夺，而且这些女真人不闻不问，几次三番就想杀人。危急关头，幸亏能说点女真话的高药师等人站出来"辩论再四"，声称要见女真首领有要事相告，这才幸免于难。但他们还是受到了野蛮对待，女真人固执地将他们视为敌对之人，"遂缚以行"①，就像对待被流放的犯人一样押往北方。事到如今，只要暂时留得性命，也只能走一步算一步了。

马政等人被捆绑着"行经十余州"，"约三千余里"②，可谓极尽苦楚，方才到达女真首领阿骨打的住处阿芝川涞流河（吉林松原市扶余县拉林河）。在这里，马政注意到，除了阿骨打，女真人的执政、当权人还有粘罕、阿忽、兀室等人，大家都称呼他们叫"郎君"。

---

① 《北盟会编》卷二，政和八年闰九月九日条，第14页。
② 《北盟会编》卷二，政和八年闰九月二十七日条，第14页。

阿骨打颇有礼貌地向马政"请问遣使之由"。马政回答说:"先是,贵朝在大宋太祖皇帝建隆二年时,常遣使来卖马。今来主上闻贵朝攻陷契丹五十余城,欲与贵朝复通前好。兼自契丹天怒人怨,本朝欲行吊伐,以救生灵涂炭之苦,愿与贵朝共伐大辽。虽本朝未有书来,特遣政等军前共议,若允许,后必有国使来也。"①

这里有个细节需要澄清,就是马政第一次出使女真,究竟有没有谈到"联金攻辽"之事?有没有携带正式《国书》?南宋史学家李焘在叙述这段历史时说,阿骨打"诘问海上遣使之由,政以实对"②,含糊其辞地一笔带过(金人的态度却是很不友好的"诘问")。而马扩《茆斋自叙》在讲到这段对答时说:"数人者(指阿骨打、粘罕和兀室等)皆诘遣使之由,父对曰:'朝廷缘女真昔时与大朝交通卖马,今闻女真新疆已至苏州,与南朝登州对海,止隔一水,欲讲旧好,故来投下文字。'"③今人顾宏义说:"南宋著名史学家李焘认为马政初次使金纯属讲宋初买马旧好,未议及夹攻辽事,因为马政之子马扩所撰的《茆斋自叙》并未载此事。议夹攻始自宣和二年(1120)赵良嗣使金时。此说有误。《三朝北盟会编》卷二、《大金国志·太祖纪》均记载马政此时已与金人议及夹攻事。由于南宋初人大都把联金取燕云之事作为招致金兵南侵的祸根,马扩欲为其父讳,故在《茆斋自叙》中据宋廷公开诏令,强调马政使金只为买马旧好,直待赵良嗣使金时才议及夹攻,把全部责任推到赵良嗣身上而已。至于《金史·太祖纪》记载:宋马政以国书来,其略曰:'日出之分,实生圣人。窃闻征辽,屡破勍敌。若克辽之后,五代时陷入契丹汉地,愿畀下邑。'也属有误。因为马政使金,只携买马诏而未带国书,《金史》所记,至多为马政所传口诏而已。"④

本书作者以为,从《北盟会编》所记载的马政对答阿骨打之问来看,以"能吏"中选此次"破冰之旅"领队的马政还称得上是一名"循吏",他果然按

---

① 《北盟会编》卷二,政和八年闰九月二十七日条,第14页。
② 黄以周等:《续资治通鉴长编拾补》卷三七《徽宗》,中华书局2004年版,第1166页。
③ 《通鉴长编纪事本末》卷一四二《金盟》上。
④ 《天裂——十二世纪宋金和战实录》第一章《旌旗入燕云》,注释"马政使金的使命"条,第65页。

照离开登州时上峰嘱咐的那套"预案"向阿骨打作了对答,先泛泛说起当年双方的马匹贸易,进而试探性地指出,因为你女真土地扩张已至苏州,与我大宋登州仅仅一水相隔,双方直接交通、恢复传统友谊已成可能,然后再抛出要紧的一个提议,就是本朝愿意与贵朝一起夹攻大辽,最后是核心问题,即我马政此行目的不过是和贵朝接上头,倘或贵朝有意接招和本朝联手攻辽的话,接下来一定会有国使捎来相关《国书》。马政的回答与其出发之前宋廷交待的既定方案一脉相承,因此,可以肯定马政此行确实与金人议及夹攻辽事。而顾宏义说"马扩欲为其父讳,故在《茆斋自叙》中据宋廷公开诏令,强调马政使金只为买马旧好,直待赵良嗣使金时才议及夹攻,把全部责任推到赵良嗣身上而已",这只是一种缺乏必要史实依据的"推论",因为马扩之著述没有讲到其父的夹攻之议,未必以此就可坐实"马扩欲为其父讳",而当时马扩其实完全没有必要"为其父讳"(这将在本书最后一章中阐述)。至于说《金史》所载马政以国书来,认为其实是马政所传口诏,这一说法还是有一定道理的(但马政却并未携带"买马诏")。

那么,对于宋朝抛出的"夹攻辽朝"之计,金人又是如何看待的呢?其实,金人在其立国之初,就有"南连大宋"的意愿,阿骨打的重要谋臣杨朴在劝其称帝时就说到:"愿大王册帝号,封诸番,传檄响应,千里而定,东接海隅,南连大宋,西通西夏,北安远国之民,建万世之镃基,兴帝王之社稷"①。阿骨打当时对杨朴劝进的反应是"大悦",并且从杨朴的建议多被阿骨打所采纳这一事实来看,女真人在立国之初,应该已经将"南连大宋"确立在整个灭辽的战略中。但是,由于当时在客观上女真并无直通宋朝的地理条件,根本无法获知宋朝的意向如何,所以"南连大宋"之举并未付诸实施。眼下,宋人突然遣使将"通好"意愿和"夹攻"意向送上门来,真可谓是正中下怀。但阿骨打此时并未喜形于色,或者即刻应允,对这样一个关系到三个王朝生死存亡的大事,"与粘罕、阿忽、兀室共议数日"②,可谓谨慎之极,显示出阿骨打作为一位成熟政治家的风范。阿骨打的精明、谨慎之处,还在于尽管心许宋

---

① 《北盟会编》卷三,重和二年正月十日条,第22页。
② 《北盟会编》卷三,政和八年闰九月二十七日条,第14页。

朝的"夹攻辽朝"之计,但在回答马政提出的克辽之后五代时期陷入契丹的汉地归还宋朝的建议时,却仅仅在原则上表示:"所请之地,今当与宋夹攻,得者有之"①。这话说得很活络,意即大金愿意和宋朝一起夹攻辽朝,但你大宋想要的土地还得你自己出兵打下来,换句话说,如果你打不下来,我大金却打下来了,则那些土地当为我大金所有。"海上之盟"从宋金第一次接触开始,女真人就以一种冷静、谨慎和立于不败之地的姿态,表现出清晰的外交思路、周密的应对策略和成熟的外交辞令。

最终,阿骨打同意了马政的提议,准备派人和宋朝谈判。但他在派遣渤海人李善庆、熟女真散都、生女真勃达等三人作为使者随同马政一起回访宋朝时,在带上《国书》并备足北珠、生金、貂革、人参、松子等礼物的同时,又非常精明地将马政随行人员登州小校王美、刘亮等六人扣作了人质②。

从这年的闰九月九日首次登陆苏州到现在,不亚于战场上的以命相搏,马政一行人在经历了一场旷日持久、随时随地都有可能掉脑袋的艰难"舌战"后,终于敲开了宋金谈判的大门,"海上之盟"正式走上了历史的舞台。

第五节　一波三折,初结海上之盟

十二月二日(己卯),出生入死长达五个月之久的马政一行人回到了登州。此时,朝廷已在一个月前的十一月初一(己酉)这天,将"政和八年"改元为"重和元年"。

一个多月后,即重和二年(1119)正月十日(丁巳),金使李善庆、散都、勃达在马政的陪同下,抵达东京,"入国门,馆于宝相院"③。

徽宗得知金使来到,立即诏令蔡京、童贯和邓文诰一起会见金使,商议联合夹攻辽朝之事。与此同时,徽宗又以一种泱泱大国惠泽于边远小邦的

---

① 脱脱等:《金史》卷二《太祖纪》,中华书局 1975 年版,第 30 页。

② 《通鉴长编纪事本末》卷一四二《金盟》上。

③ 《通鉴长编纪事本末》卷一四二《金盟》上。

心态,授予李善庆修武郎、散都从义郎、勃达秉义郎之职。由别国朝廷授予官职,并且这些职位很低,这显然是一种屈从的、不平等的外交,但有"全俸"的优待,李善庆等人却也欣然接受了。蔡京、童贯和邓文诰在和金使的商议中,并未详细谈及要在夹攻中收取五代时陷落于契丹的燕云十六州这个对于宋朝而言至为重要的实质问题,而只是含糊其辞、笼统地向金使"谕以夹攻辽人取燕地之意"①,双方仅仅谈了一个意向,并未签署任何重要的外交文书。而宋朝君臣对于至关重要的收取燕云十六州事宜不得要领,仅仅提及一个"燕地"就以为是包含了燕云十六州之地,草率行事,为以后与金人的谈判埋下了败笔,却对以何种规格的外交文书回复金人,又以何种礼仪对待金朝君臣,争论再三,煞费苦心,这也充分暴露了宋朝君臣平庸无能、虚泛不实的做派。在这场争论中,赵良嗣主张即将派遣的朝廷使者应持以《国书》、用国信礼出使金朝,也就是将金朝视作一个和大宋对等的国家来与之交往。和赵良嗣一样也是从辽朝逃亡过来的、现已被徽宗钦定为这次使金正使的朝议大夫直秘阁赵有开,却反对与金人平起平坐,他认为"女真之酋,止节度使,世受契丹封爵,常慕中朝,恨不得臣属,何必过为尊崇? 止用诏书足矣"。赵有开所谓的女真人"常慕中朝,恨不得臣属"纯粹就是信口雌黄,是毫无根据的。"二赵"争论相持不下,朝廷便征询金使李善庆的意见,却不料这李善庆也是庸碌无能之辈,前面宋朝提出夹攻辽人取燕地的意向,他只是"唯唯"而对,未有务实之议,接着对宋朝授予的低级职位也不加谢绝,眼下也没搞懂"国书"与"诏书"的区分,就模棱两可地说:"二者皆可用,惟朝廷择之"②,将难题之球一脚踢还给宋朝。最后,主要还是赵有开的"托大"之论比较合乎徽宗以及蔡京、童贯之流倨傲自大的脾胃,于是,宋朝决定赵有开等人持"诏书"出使金朝。就这样,在金使留住东京十多天后,以赵有开、马政以及王师中之子忠翊郎王瓌为使副③的宋朝使团和金使李善庆等人一起出发了,宋使携带诏书和礼物,准备渡海与金人再议夹攻之事。

---

① 《系年要录》卷一,建炎元年正月辛卯条,第4页。
② 《通鉴长编纪事本末》卷一四二《金盟》上。
③ "使副"是北宋人习惯用语,正使、副使合称使副。

也是"好事多磨",宋使一行人抵达登州正待上船出海时,赵有开突然患病身亡,让宋朝措手不及。恰在此时,驻守河北的官员向徽宗奏称:"得谍者言,契丹已割辽东地,封女真为'东怀王'",而且居然还拿出了女真人向契丹人请求册封的表章,声称"女真常祈契丹修好"①。阿骨打确实曾于天辅元年(1117)在杨朴的建议下向辽朝"遣使议和,以求封册"②,但后来辽朝册封阿骨打为"东怀王"(或称"东怀国皇帝"),阿骨打却认为东怀乃"小邦怀其德"之意,"东怀王"显然要比辽朝皇帝低一等,且辽朝的册书中没有称"大金",没有满足其提出的称金朝皇帝为兄等一系列议和要求,所以断然拒绝了辽朝的册封,双方重新兵戎相见。但宋朝的谍者显然仅仅掌握了辽朝册封阿骨打为"东怀王"一事,却不知阿骨打已然拒绝册封,双方和谈业已破裂的最新情况。基于这样的情报,徽宗下诏要马政等人立刻停止前行,只派遣呼延庆"持登州牒送善庆等归"③,竟然将准备送交给金人的在地位上已经把金朝低一等级看待的"诏书"再降一格,而采用了州一级地方官府的"牒文"。

宋朝这一缺乏诚意的举动遭到了阿骨打的强烈反对。宣和元年(1119)六月初三(戊寅)④,呼延庆等人陪同金使抵达阿骨打驻军处。在知悉这次东京之行的情况后,阿骨打首先对李善庆、散都、勃达等三人因擅自接受宋朝的官职及其失职行为而予以痛斥,并处以鞭打的严厉处罚。接着对呼延庆,阿骨打毫不客气地指责宋朝中断和金朝的谈判,尤其责怪宋朝不当以登州牒文作为与金朝的外交行文。

呼延庆也不示弱,当即反驳道,第一,本朝已经知道贵朝和辽朝通好了,这才中断了与贵朝夹攻辽朝的提议;第二,本朝正使赵有开到达登州后突然病故,为了尽快到达您的军前,所以来不及回朝换文,权且用了登州牒文;第

---

① 《通鉴长编纪事本末》卷一四二《金盟》上。
② 《辽史》卷二八《天祚纪》二,第336页。
③ 《通鉴长编纪事本末》卷一四二《金盟》上。
④ 《北盟会编》卷四称:"三月丁未朔,改元宣和",第24页。徽宗在政和八年十一月初一(己酉)改元重和元年,次年即重和二年三月初一又改元宣和元年,是重和之年实际上仅有四个月,而这四个多月却经历了"政和"、"重和"、"宣和"这三个年号,故即使宋人也多未明了其中之变化,著述中言及这一时期之纪年,每每混淆,金人著述中其误更多。

三,这个牒文也是和贵朝使人李善庆等商量过并经他们认可的,所以,本朝使人与《国书》没有来此自有这些道理。最后,呼延庆建议,"若贵朝果不与契丹通好,即朝廷定别有使人共议"①。

但是,任凭呼延庆再三辩说,气头上的阿骨打根本听不进去,甚至一怒之下将他及其随从扣留不放。一直过了六个月后,阿骨打为了谋求和宋朝结盟以对付最主要的敌人辽朝,这才将被扣押的呼延庆等人放回宋朝。适值隆冬季节,呼延庆等人一路"朝夕奔驰,从行之人,有裂肤坠指头者"②。

宣和二年(1120)二月二十六(丁酉),呼延庆在王瓌的陪同下回到东京,向徽宗转交了金人的一封书信,其中称:大金遣使与"契丹讲好不成,请(大宋)复别遣人通好"③,另外还透露了一个重要军情:"已起兵攻上京"④。

辽金和议不成,重新大打出手,对此宋朝不能再无动于衷。三月六日(丙午),徽宗在童贯的提议下,派遣中奉大夫、右文殿修撰赵良嗣和忠训郎王瓌一起,由登州再次往使金朝。徽宗要求赵良嗣此行仍以买马为名,而重点是要按照他御笔所规定的,和金人"面约夹攻辽,以燕地归我"⑤,却不带任何官方的正式文书。三月二十六日(丙寅),赵良嗣等人从登州泛海北上,到四月十四日(甲申)抵达苏州关下⑥。时值金人分兵三路进攻上京,赵良嗣等人从咸州一路追随金军的踪迹,一直赶到上京城外金军驻扎的青牛山,才见到阿骨打。阿骨打当即要求宋使相随大军,现场观看金兵是如何攻破上京城的。等到上京城破,阿骨打在充分炫耀了金军的战斗力之后,这才与宋使正式相见。

赵良嗣和阿骨打商议多日,费尽口舌,双方才拟定了如下几点共识:

---

① 《北盟会编》卷四,宣和元年六月三日条,第24页。

② 《通鉴长编纪事本末》卷一四二《金盟》上。

③ 《北盟会编》卷四,宣和元年十二月二十五日条,第25页。

④ 《北盟会编》卷四,宣和二年二月二十六日条,第25页。

⑤ 《系年要录》卷一,建炎元年正月辛卯条,第5页。

⑥ 《北盟会编》卷四校勘记:赵良嗣等人"四月十四日抵蓟州关下,蓟误作苏",第32页。其实赵良嗣抵达苏州关下是不错的。因为此时女真人还在进攻上京,其势力还没有波及到蓟州,而且蓟州很靠近尚为辽朝的政治中心燕京,所以,作为使者,赵良嗣不可能借道尚被契丹人控制的蓟州去北上寻找阿骨打。后来赵良嗣等人从咸州赶到青牛山阿骨打军前,咸州在辽河之东,正是被女真人掌控的安全之地,而且,"苏州关"在苏州之南,也确有其地(见谭其骧:《中国历史地图集》"宋·辽·金时期",中国地图出版社1982年版,第8—9页)。

一、宋金双方相约夹攻辽朝；

二、"女真取中京"，宋朝"取燕京一带"①；

三、宋朝把支付辽朝的"岁赐"五十万两匹转而给予金朝；

四、双方任何一方不可单独与契丹讲和。

在这个谈判结果中，宋人因为自身的昏庸无知而造成了一个重大纰漏。赵良嗣出使前，徽宗即要求他与金人谈判的核心内容是"以燕地归我"，而赵良嗣与阿骨打初步议定的也是宋朝"取燕京一带"，却没有提及山后云中、朔州等地。等到赵良嗣发现金军将往西京（山西大同）追捕辽朝天祚帝，这才猛然发现不对，如梦初醒地要争山后地区；接着赵良嗣又发现，原来以为平州（河北卢龙）、营州（河北昌黎）和滦州（河北滦县）归属于燕京一路，现在的实际情况却非如此，辽朝燕京所管辖的几个州，仅仅限于顺、檀、涿、易、蓟、景六个州，并不包括五代时后唐失陷于辽朝的平州、营州和滦州。换句话说，平州、营州和滦州并不在宋朝指名索要的范围内，金人完全可以据为己有。赵良嗣向阿骨打再要山后之地，被阿骨打借口金军要去西京捉拿天祚帝而推脱了。赵良嗣又同金朝高庆裔（渤海人）商议平州、营州和滦州应归属于燕京之地，却被高庆裔一句话顶了回去："今所议者燕地也，平、滦自别是一路"。如此一来，赵良嗣和金人喋喋不休谈了老半天，结果仅仅得到了燕云十六州里面的包括燕京在内的七个州的地盘②，而且更糟糕的是，倘或平州落入对方手里，即使宋朝控制了燕京之西的紫金关（在易州西北）、之北的居庸关和古北口（北京密云东北长城险关）、之东北的松亭关（在景州东北），因为仍旧留着平州之东的榆关（山海关）这个"后门"，燕京就不敢托大自称是固若金汤了。后来的历史证明，金军恰恰就是从平州起兵，一举拿下燕京的（再后来明末的后金军，也是从山海关突入关内，然后席卷天下的）。而燕京不守，山后之地的侧翼门户大开，其险要形胜便也荡然无存。

阿骨打不愧是一位老练而精明的政治家和军事家，他见赵良嗣不厌其

① 《北盟会编》卷四，宣和二年三月六日条，引《燕云奉使录》，第25页。
② 《系年要录》卷一称："金主旻许燕京七州，而不许云中及平、滦地"，建炎元年正月辛卯条，第5页。

烦急于想要回平、营、滦三州以及山后地区，便干脆强硬地断言："书约已定，更不可改!"而且声明："本国兵马已定八月九日到西京，使副到南朝便教起兵相应"，几句话便将赵良嗣堵了回去。随后，阿骨打以《事目》(即内容摘要)一纸交付即将返宋的赵良嗣，上面约定："女真兵自平州松林(在内蒙古克什克腾旗一带)趋古北口，南朝兵自雄州趋白沟(河北新城一带的白沟河)。夹攻不可违约，不如约，则难依已许之约。"①然后，又以两百骑兵"护送"宋使返回。

赵良嗣一行过了铁州(在辽宁盖县东北)，阿骨打又遣人飞马将他们追回，说另外还有事商量。大宋的使者就这样被阿骨打呼来唤去，乖乖地掉头回到阿骨打驻地阿木火(黑龙江阿城)。阿骨打说，原来说的金军到西京，大宋再以兵相应，却因为发生了牛疫，只好等来年双方再约日期一起举兵了。其实，阿骨打将赵良嗣请回的真正目的，不是为了双方来年再定夹攻日期，而是要明确划定双方今后的边界线。杨朴对赵良嗣说，郎君们不肯将平州划归燕京地界，再次断了赵良嗣想要追回平、营、滦三州的念头。最后双方大致又达成了以下约定：

一、宋金双方将来举兵夹攻辽朝之后，宋军不得过松亭关、古北口和榆关之南；

二、双方先暂时以古北口、松亭关及平州榆关这一线为界；

三、双方签订盟约之后，无论哪一方均不可单独与契丹讲和；

四、西京等山后地区，将来举兵后，宋军可先取蔚、应、朔等三州，其余西京、归化、奉圣等州，要到金军捉拿住天祚帝后再交割给宋朝；

五、宋朝夺取了燕京，金朝不再索要原属辽朝官方的钱物；

六、双方夹攻辽朝之事完成之后，在榆关之东设置榷场。

这就是宋金双方以联合夹攻辽朝为目的的"海上之盟"的主要内容。在以上这些约定中，赵良嗣屡屡刻意提及榆关，就是想把平州划入宋朝的疆域。但这是他的一厢情愿，金人压根儿就没有答应将平州划归宋朝，赵良嗣回朝后只

---

① 《北盟会编》卷四，宣和二年三月六日条，引《燕云奉使录》，第26页。

得在文字上玩些花样哄骗徽宗，以图蒙混过关①，却将宋朝置于极为被动的地位，极大地增加了日后与金人的谈判难度。阿骨打见己方目的达到，便乐得放出大话，声称燕京之地既然已经"许与南朝"，即使大金的兵马攻取了，也会还与宋朝的。为了表示决不食言，阿骨打还将在金军攻破上京时俘获的辽朝盐铁使苏寿吉交给赵良嗣，以表示既然燕地划归于宋朝，那么作为籍贯为燕人的苏寿吉就该归于宋朝处置。然后，阿骨打将前年随马政第一次来到金朝的一直被扣为人质的登州小校刘亮等六人，以及因受到大风吹刮漂到辽东的宋朝巡逻船只和二十名兵丁和节级，一并交给赵良嗣带回宋朝。

七月十八日（丙辰），赵良嗣等人回到宋朝。一同而来的还有金朝所遣的正使撒卢母②和副使大迪乌高随等人，他们带来了一份重要的文件——"许燕地"的《国书》。书中强调，赵良嗣和王瓌是依据徽宗御笔与大金谈判的，御笔称"燕京并所管州城原是汉地，若许复旧，将自来与契丹银绢转交"，对此大金认为，"虽无国信，谅不妄言，已许上件所谋燕地并所管汉民"，同时还重申，"若是将来举军，贵朝不为夹攻，不能依得已许"。金人《国书》明确答复，大金根据徽宗御笔的意思，许诺宋朝的是"燕地并所管汉民"，却不提山后西京等地，更不谈平、营、滦三州，但又强调，宋朝如果不履约出兵夹攻辽朝，那么大金所有的许诺便不作数了③。

对于燕云十六州耿耿于怀一百多年的宋朝在涉及收复故土这一关键时刻，在金人对所许土地已作明确指定之后，在赵良嗣多次和阿骨打等人索要"燕地"以外土地却无功而返之后，此时此刻，竟然无人站出来慷慨陈词，力争故地。九月八日（丙午），徽宗和金使撒卢母商量道："今来所约，惟是贵国兵马早到西京，最为大事"，居然将希望金军早日抵达西京作为最重要之事，

---

① 《北盟会编》卷四所记赵良嗣在其《燕云奉使录》中说到，阿骨打"特许燕云与南朝"，当今有学者认为恐与事实不符，"特许燕云"中的"云"字，不是误书，就是赵良嗣有意为自己表功。参见赵永春：《金宋关系史》第一章《并力攻辽盟共寻，功成力有浅和深》，人民出版社 2005 年版，第 20—21 页。

② 女真人撒卢母，也作撒拇、斯剌习鲁、乌陵思谋、乌凌嗗思谋、乌林答赞谟、乌林答赞谋、乌凌嗗色埒美、色埒默等，本书统称为撒卢母。他是金人的外交谈判专家，多次出使辽朝，曾代表金主指责辽朝册封书仪之不合要求。

③ 《北盟会编》卷四，宣和二年七月十八日条，第 27 页。

幻想借助于金军之力收复燕云故土的心态昭然若揭。外交老手撒卢母对此乐得大拍胸脯保证：“如一切约定，本国兵马必不失信。”①

九月十八日（丙辰），撒卢母等人向徽宗告辞。二十日（戊午），金使离开东京回国。在此之前，宋朝决定差遣已经升迁为文州团练使、武显大夫的马政持《国书》及《事目》随金使前去回访，和金人要谈的除了约定日期双方一起夹攻辽朝之外，主要任务就是再求山后土地。在自己的地盘上不发一言与金使相争，却让一名使者前往千里之外，在别人的强势之下去谋取山后之地，这种明显缺乏常识的做法只能用“无能”二字来解释了。宋朝当时还作出了一个决定，差遣承节郎、京西北路武学教谕马扩随父同行。

马扩就是在这样的历史背景下，开始走上了一条艰难而悲壮的人生旅途。

第六节　首次使金，马扩一举成名

马扩因为父亲马政出身于军人，所以将自己成材的修习目标放在了武学方面。政和七年（1117），马扩在青州的州立学校（州学）武学考试中中选，被荐举进入了国立学校（国学）深造。第二年春天，在由尚书省礼部主持举行的“省试”中，马扩再次告捷。接着在三月十六日（戊戌）皇城集英殿“殿试”中，因为弓马武艺超绝，兵法对策精通，以优等考分武举及第，并获得了武举最高级身份“上舍出身”，以及承节郎这一最起码的武官之衔。同榜中包括徽宗最为宠爱的第三子嘉王赵楷在内的考生共七百八十三人，被徽宗赐“及第出身”或“同出身”②。根据当时制度的规定，州一级的武学教谕之职须由州都监兼任，或由上舍出身的武举担任，所以马扩又得到了京西北路武学教谕一职③。在一年左右的时间里，马扩连过州试、省试和殿试这三道

---

① 《北盟会编》卷四，宣和二年九月八日条，第28页。
② 徐松：《宋会要补编》卷一三二四五《殿试》，全国图书馆文献缩微复制中心1988年版，第441页。
③ 《通鉴长编纪事本末》卷一四二《金盟》上。又：“武学教谕”《通鉴长编纪事本末》原作“武士教谕”，今据《北盟会编》改。

关,一举夺得了上舍出身的武举及第,可谓成绩优特,学业卓然。这也为他以后能够无畏于南北奔波、折冲樽俎,无畏于格斗骑射、驰骋沙场,奠定了扎实的基础,也是他得以在历史的大舞台上出色表演的基本条件。

就在马扩这榜殿试中,竟然上演了一场闹剧。因为当时徽宗第三子嘉王赵楷也参加了本届武举考试,所以现场考官大拍皇帝马屁,居然冒天下之大不韪,将成绩并非出类拔萃的赵楷"唱名第一"①。后来大概徽宗自己也觉得此事不妥,而将赵楷列为了次名。但由于其母王妃方受宠于徽宗,赵楷仍自节度使越级升授(超拜)太傅官职,并将王号改作郓王。

在武举及第的这年冬天,马扩回到了登州牟平觐亲,而此时其父马政早已承奉圣旨和高药师等人泛海结盟女真去了。但是,马扩很幸运,他没有等很长时间,马政就带着金使回到了登州。可能多半也是出于对女真人的好奇,马扩主动帮助父亲,承担了陪同和接待金使的工作。接着,受登州守臣的派遣,马政陪送金使前往东京,而马扩索性也随父一起从行。今人黄宽重说:"这次陪金使赴京,虽属偶然的机缘,却是他尔后多彩多姿的一生际遇的开始,也和此后宋金辽三国变幻莫测的外交局势,结下了不解之缘。"②

这次朝廷为何要差遣马扩随父一起和撒卢母等人前往东北,是有人保举,还是马扩自告奋勇,现已不得而知。但至少有一点是可以明确的,就是和金人这样的对手谈判绝对是一件极苦的差事,吃力不讨好还在其次,一言不慎惹火了对方,说不定就成了阶下囚,被扣上个一年半载算是平常之事。所以,这算得上是一份暂时还看不见什么好处,却要冒客死他乡之险,现在还绝不会有人出来竞争的"优差"。马政是敲开"海上之盟"大门的英雄,前番出使金朝表现出相当的勇气,而马扩恰好又是马政的儿子,武举出身并且已有了承节郎这个起码的官衔,其京西北路武学教谕一职又尚未到任,所以这件"优差"索性就烦他父子两个做了,这也是最省心省力的做法。

十一月二十九日(丙寅),马政父子一行人随金使一起抵达东北涞流河阿骨打的居所,他们第一次为女真人带来了大宋的正式《国书》以及《事目》。

---

① 《宋史》卷二四六《宗室》三,第8725页。
② 《马扩与两宋之际的政局变动》,第214页。

其《国书》云：

> 九月日，大宋皇帝谨致书于大金皇帝阙下：
>
> 远承信介，特示函书，具聆启处之祥，殊副瞻怀之素。契丹逆天贼义，干纪乱常，肆害忠良，恣为暴虐。知凤严于军旅，用绥集于人民，致罚有辞，遽闻为慰。今者确示同心之好，共图问罪之师。念彼群黎，旧为赤子，既久沦于涂炭，思永静于方陲。诚意不渝，义当如约。已差太傅、知枢密院事童贯领兵相应。使回，请示举军的日，以凭进兵夹攻。所有五代以后所陷幽、蓟等州旧汉地及汉民，并居庸、古北、松亭、榆关，已议收复，所有兵马彼此不得侵越过关。外据诸邑及贵朝举兵之后，溃散到彼余处人户，不在收复之数。银绢依与契丹数目岁交，仍置榷场。计议之后，契丹请和听命，各无允从。① 苏寿吉家属并余二员，请依旧津遣。候当秋杪，益介熙纯。今差武显大夫、文州团练使马政同差来使副还朝。外有少礼物具诸别幅。专奉书陈谢。不宣。谨白。②

其《事目》云：

> 枢密院奉圣旨，已差马政同来使赍《国书》往大金国，所有到日，合行理会，议约事节，若不具录，虑彼别无据凭，今开列如后：
>
> 一、昨来赵良嗣等到上京计议燕京一带以来州城，自是包括西京在内，面奉大金皇帝指挥，言："我本不要西京，只为就彼拿阿适去，且留著，候将来拿了阿适，都与南朝。"赵良嗣等又言："欲先取蔚、应、朔三州"，却言："候再来理会。"今来《国书》内所言五代以后所陷幽、蓟等州旧汉地及汉民，即是蓟③、涿、易、檀、顺、营、平并山后云、寰、应、朔、蔚、妫、儒、新、武，皆系旧汉地也。④ 除山前已定外，其西京、归化、奉圣、妫、

---

① 《通鉴长编纪事本末》卷一四二《金盟》上在此之后尚有如下一段文字："乃别降枢密院札目付马政，差马政之子扩从行"。据此，则马扩之名此时已载入《国书》之中了。

② 《北盟会编》卷四，宣和二年九月二十日条，引朝廷《国书》，第28页。

③ 陈乐素先生认为："蓟字上应有一幽字，疑漏去"，《求是集》第一集《宋徽宗谋复燕云之失败》，第67页。

④ 《通鉴长编纪事本末》卷一四二《金盟》上在此之后尚有如下一段文字："内云州改为西京，新州改为奉圣州，武州改为归化州"。而《北盟会编》这些文字则以小字作为注文。

儒等州,恐妨大金兵马夹攻来路,当朝未去收复。其蔚、应、朔三州正系两朝出兵夹攻之地,今议先次收复,其西京、归化、奉圣、妫、儒等州,候将来大金国兵马回归之后,当朝收复。

一、今来《国书》内已尽许旧日所与契丹五十万银绢之数,本为五代以后所陷幽、蓟一带旧汉地及汉民,所以言幽、蓟一带,便和西京在内,若不如此,则怎生肯与许多银绢?

一、今来所约应期夹攻,最为大事,须是大金兵马到西京,大宋兵马便自燕京并应、朔州入去也;如此则方是夹攻,则应得今来相约也;若将来大金兵马不到西京,便是失约,即不能依得今来议定文字也;须是早到西京,以便应期夹攻。其马政回于《国书》内分明示及举军的确到西京月日,赍凭相应右札付马政,候到日即据上件语言事节,一一开说。如未信凭,即出此圣旨文字,并逐节照会相约,不管漏落,仍取的确回书。

庶早回归,准此缴申,无致留滞者。①

宋朝《国书》以及《事目》的核心内容是,幽云十六州一个也不能少,宋朝要全部收复,包括平州榆关等地也要收回。而其中西京及其附近各州,看在大金正在与本朝夹攻辽朝的分上,大宋暂且未去收复,今后夹攻之事了讫,大金收兵之后,本朝还是要收回的。宋人这次的两个文件终于说得明明白白,那口气也一点不含糊。陈乐素先生认为,马政带给金人的这件《国书》"盖根据良嗣之报告,而再经一番历史地理之考究,以前唯泛以燕、云两字代表失地,对于失地之沿革,宋君臣固未详辨,致有燕京两字自缚之疏忽。此次更欲从新规定,然不能过于显露其欲排除金人势力于长城外之意,故特对于西京隐示让步,大抵以为有内长城之足以为屏障也。但最扼要之平州,良嗣既遭反驳,故另换一马政,而于国书中以'居庸、古北、松亭、榆关已议收复',事目中以'山前已定'两语,隐然纳于范围内"②。

阿骨打按照他以往一贯的做派,对大宋的这些要求当然是毫不犹豫地

---

① 《北盟会编》卷四,宣和二年九月二十日条,引《事目》,第28—29页。
② 《求是集》第一集《宋徽宗谋复燕云之失败》,第67页。

加以拒绝,也断然否认了以前曾向赵良嗣"所许西京之语",而且再次搬出"平、滦、营三州不系燕京所管"的论调。

阿骨打咬紧牙关不松口,马政对此也不言放弃,且应对得很有策略,以"不知原传言之详及平州原系燕地"为借口,"但对以唯唯"①,就是对阿骨打所言口有应声却不置可否,换句话说,马政没有正面和阿骨打抗辩,而是以一种平和的方式坚持己方意见,寸土不让,非要你买账不可。金人对此反倒疑惑起来,出于慎重,他们在内部作了充分的讨论,但在马政等人被留下住了一个多月后,还是"议论不决"。

1-4　《三朝北盟会编》书影　　此为许涵度刊本。《茆斋自叙》
作者于此径称"马扩",但在卷首引用书目中却标明为"马廉访"。

金朝高层对宋朝这次毫不含糊提出要收复山前、山后地区燕云十六州

---

① 《北盟会编》卷四,宣和二年十一月二十九日条,第29页。《通鉴长编纪事本末》卷一四二《金盟》上称:阿骨打不认《事目》内已许西京之语,且言平、滦、营三州不系燕京所管,"政等不能对"。此说恐怕有误。《北盟会编》卷四所说的马政"但对以唯唯","唯唯"一词当作有应声却不置可否的解释(参见《汉语大词典》),也是一种强硬的态度。因为倘若马政真的对阿骨打之言答不出话来,双方的这次谈判恐怕也就到此为止了。而正因为马政的强硬态度,使金人不得不将其一行人留下来,而自己作长达一个多月的内部讨论。而且,当初马政正是符合徽宗提出的"智勇能吏"的要求而被选中作为访金使者的,和金人几度交涉的他不会懦弱、无能和愚笨到连话都说不出来的地步。

全部土地和人民的要求,颇多置疑。首先,大家都认为宋朝根本没作"兵戎之备",只是将原来一直在付给辽朝的银绢"岁币"转送给了大金,不费一兵一卒,坐在那里屁股都不动一下就想得到燕云十六州全部土地,天下哪有这等便宜的买卖? 第二,当初辽朝之所以超越古代,强盛称雄于一时,与得到燕地汉人之力是分不开的,而如今一旦把燕地割还给宋朝,我大金将失去燕地汉人,不但国势将受到削弱,更兼我大军要退守在紫金、居庸、古北、松亭和榆关等五关之北,无法监视控制燕云之地,却让宋朝坐受地利而掌控我之弊害,谁人愿意? 第三,倘或我大金将来灭了辽朝,尽有其地,则宋朝"何敢不奉我币帛,不厚我欢盟?"那时,假如我"欲南拓土疆,彼以何力拒我? 又何必跨海讲好?"换句话说,等我大金扫平契丹,占据燕地,与宋为邻,那个时候我以大兵压境,扩张版图,有何不可? 如此讨论了一阵子后,只有粘罕提出了不同看法,他说:"南朝四面被边,若无兵力,安能立国强大如此? 未可轻之。当且良图,少留人使不妨。"①

粘罕此言一出,阿骨打忽有所悟,即刻闪现了一个念头。过了几天,阿骨打大集女真各部将帅,一起远出荒漠打围。刚刚考取武举、首次出访金朝的宋使马扩,被阿骨打指定为唯一的特邀嘉宾,也参加了这次行动。

"打围"一词,契丹、宋人言语中均早已应用。那位有"帝羓"之称的辽朝皇帝耶律德光就曾对其宣徽使高勋说过:"我在上国,以打围食肉为乐,自入中国,心常不快,若得复吾本土,死亦无恨。"②北宋军事理论家许洞(沈括之舅)在其《虎钤经》中讲到:"校猎,一人守围地三尺,量其人多少,以左右两将为校头,其次左右将,各主士伍为行列,皆以金鼓旗为节制。其初起围张翼,随山林地势远近部分。其合围地,虞候先择定讫,以善弧矢者为围中骑,其步卒枪幡守围。有漏兽者,坐守围吏。大兽公之,小兽私之,以观进止之节。亦教之一端也。"③虽然用"校猎"而未提"打围",但其实就是"打围之法"。后出于《虎钤经》的北宋武学名著《武经总要》绘有一张"打围草教法图",在

---

① 《北盟会编》卷四,宣和二年十一月二十九日条,第29页。
② 《新五代史》卷七二《四夷》附录第一,第899页。
③ 许洞:《虎钤经》卷八《校猎》,商务印书馆《丛书集成初编》本,1936年版,第78页。

对此图的解释文字中就吸收了许氏之法："草教之法：一人守围地三尺；十二将，将别千人，凡万二千人，守地三万六千尺。积尺得步六千，积步得里一十五余二百四十步。围中径阔得地五里余二百步。以左右决胜将为交头，其次左右将，主士伍为行列，皆以金鼓旌旗为节度。其初起围张翼，随山林地势，无远近皆为部分。其合围地，虞候先择之定讫，以善弧矢者人为围中骑，其步卒抢幡守围。有漏禽者，坐守围之吏。大兽公之，小兽私之，以观进止也。"①两书对于打围要领的叙述基本一致。马扩使金一路上的所见所闻均记录于他的《茆斋自叙》中，而且所记第一事便是打围。马扩既然是武举出身，必定熟知本朝兵书名作《虎钤经》和《武经总要》，所以，"打围"一词很有可能并非女真人的口语，而是马扩著述中对女真人打猎之举的汉译。当然，马扩所述的金人打围是自己亲眼所见，更为生动详尽，与宋人兵书之说又有不同。

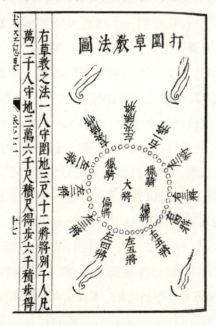

1－5　**打围图**　这是明刻本《武经总要》中的打围示意图。

---

①　曾公亮、丁度：《武经总要》卷二，解放军出版社、辽沈书社 1988 年版，《中国兵书集成》第三册，第 81—82 页。

马扩在打围途中看见，每天一早，阿骨打在积雪上覆以草席，再垫上一张虎皮，背风而坐，面前燃烧柴草取暖。等到各路将领到了以后，按照既定的游戏规则，每人取箭一支，大家通过掷箭的远近方位，而选择确定各自在打围中的前后左右位置，然后各自上马开始打围行动。军马排成单行出发，每骑相去五七步，接连不断，两头相望，整个队伍常常可以拉到一二十里长。等到出猎的包围圈形成后，阿骨打上马去后队一二里树起他的旗帜，开始正式围猎。在阿骨打两翼的骑兵视旗帜的前进方向而直取前方。随着包围圈的缩小，此时，受围野兽四下逃奔，现场大乱，但金人的最后一击却有板有眼，纹丝不乱：凡是从包围圈内向外出逃的野兽，四围骑兵人人得以迎射而毙之；也有从包围圈外突入圈内的野兽（必是走投无路或与人拼命的猛兽），则必须由主将优先施射。每次打围，金人骑兵两翼展开如簸箕之形悄悄而进，大约前行三四十里后，往往到一个附近可以留宿之处，两翼骑兵即从两端方向开始合围，包围圈逐渐局促，须臾，围猎骑兵将围场紧紧裹住（最具规模的打围包围圈可多达二三十圈），然后对四散逃命的野兽或射或击，直到围场中的野兽一个不留，全部毙命，打围这才告一个段落。等到享用猎物的时候，阿骨打又取出他的虎皮坐垫，点燃了火开始吃烧烤，有时候干脆就把兽肉切成了块生吃。阿骨打酒量平平，一般也就饮酒一两杯。大快朵颐后，骑兵各自散去，就近宿营。阿骨打似乎不经意地向马扩介绍道："我国中最乐之事，无如打围。"而马扩却以其军人的职业敏感性发现，金人打围中另有"乐趣"，实战中的行军布阵，在其打围中即可看出端倪。

马扩是一个细心人，这次随阿骨打打围，从涞流河阿骨打居处出发，指北带东，跑了大约五百多里，他注意到，这一路上地势平坦，草木丛生，荒原之中绝少居民。一般每三五里路之间，才有一两个以族为核心的营帐区，而每个族的营帐也不过三五十家。从咸州到浑同江这一线以北，当地不种谷麦，只种一些实如黍米的稗子和春粮。又烧粳米饭待客，碰到阿骨打和各位将领相聚共餐时，则于炕上用矮台子或木盘拼接一下，每个人面前摆放稗子饭一碗，添上饭匕（形状类似后来的羹匙），桌上则摆满了用盐腌制过的茅韭、野蒜和长瓜等蔬菜，另外，又以木制的碟子盛放些猪羊鸡鹿、兔狼獐麂、狐狸牛驴、犬马鹅雁、鱼鸭虾蟆等肉类,烹制之法有烤有煮,也有切块生吃的,吃肉时还有芥蒜之汁等佐料可供沾着吃。这么多肉陆续摆上桌子,大家各取佩刀,切块佐食。吃完饭,这才开始传递酒杯,相互劝饮薄酒一口,而且都是冷饮,即使金人所谓的"御宴"也不过如此。马扩这次经过的嫔州(在辽宁海城东北)、辰州(辽宁盖县)和东京(辽宁辽阳)以北地区,绝少吃到麦面之食,从早到晚,大家各以射到的野味果腹。

一切都在愉快之中度过,但金人却在这次打围中暗藏玄机。某天,在打围的路上,粘罕和马扩并辔而行,他让译者对马扩道:"我听说你们南朝人只精通文章一事,却不怎么精通武艺,果真如此吗?"这是一个试探性的话题,或者说,金人此次单单挑中马扩一人要其参与打围,并非如阿骨打所说的是在打围中找乐子,打围只不过是一个幌子,真正的目的是想让马扩在不经意间走上打围这个刀枪飞舞、铁马驰骋的舞台,暗中却对他的武艺作近距离观察和现场考校,由此来对宋朝武官的武功现状作一大致的"摸底"。在具有娱乐性的打围的掩护下,粘罕抛出了这个对金人具有实质性意义的问话。

马扩回答道:"我南朝乃是大国,人才济济,上朝的文武官员时常要分作两排才站得下。而其中的武官也有深知笔墨文章的,文官也有精晓兵务的,原本就不能一概而论。"

马扩这番故意的夸大其词,让粘罕不得要领,但他咬定青山不放松,紧紧围绕既定的目的又问道:"听说教谕是靠读兵书及第的,是否也擅长弓马武艺?"

这回马扩是以一种十分低调地的姿态相告道:"我大宋录取武举进士主要看他答题的文字水平如何,考生依仗弓马武艺不过是聊壮行色而已。"

粘罕两次相问都没有得到实质性的信息,便取下自己所佩的一张弓交给马扩,道:"那就有劳南使在骑马疾奔中一显弓马身手,我等真的很想见识一下你们南人的骑射手段。"

这等于是不给马扩退路,硬要他露一手了。马扩对此倒也落落大方,接过粘罕的硬弓,策马奔驰,拉开大弓做了一个瞄准射箭的动作。这是一个驰马快速、身姿标准、弦拉有劲、放射准确的骑射动作,从中展现的武艺功底,让也是弓马行家的粘罕感到愕然。

金人对马扩的第一次考察就此结束,但马扩这一手功夫给粘罕留下了深刻印象。这一天,骑马而行于积雪之中,虽是晴日,但冰雪不消。至晚,阿骨打把马扩招呼过去道:"我听说南使有这开弓射箭的本事,来日随我一起射它一物如何?"粘罕早把白天对于马扩武艺的考察情况报告给了阿骨打,现在阿骨打要对马扩亲自进行验证。粘罕只不过是让马扩摆了一个骑射的样子,阿骨打则要亲眼瞧瞧马扩骑射具体目标的精确度究竟如何。

马扩谦逊地回答道:"射生并非武举所长,但请允许我试射一下,或许会有所得。"

翌日一早,阿骨打在雪地上铺设虎皮,端坐其上,然后授予马扩弓箭各一,指着远处一个雪堆,让马扩作为目标施射。马扩接过弓箭,双臂一使劲,拉开了弓——细心的他发现弓弦与宋人所用不同,为兽皮所做,非同一般——只见弓弦响处,已然一箭命中目标上端。

阿骨打见状哈哈大笑,称赞道:"射得煞好!"这句脱口而出的夸奖语似乎还带有情不自禁的情感意味,让人听了心里很是舒服。但这是一道"迷魂汤",要在你放松应有的心理戒备后,冷不防跟进要紧或要害的问题,也让你脱口而出,将心腹秘密和盘托出。果然,阿骨打不咸不淡地相问:"你们南朝弓箭手的武艺都像你这般水平吗?"

这一问绝对有打探军情之嫌!机敏的马扩没有被阿骨打前面那句褒奖之词迷了心窍,却谦谦然答道:"一介书生搬弄弓箭,实在是软弱不堪,让国主见笑了!"这算是答谢了阿骨打的夸奖,"但是倘或在我们东京,就会有一班习武子弟、宫中侍卫、禁军官兵、杂技艺人,甚至边境一带的弓箭手、保甲等各色人才,他们才是真正的武艺精壮之人。而武艺像我这样的人,在大宋实在是小而又小的角色罢了。"

大宋武举的功夫竟然连杂要艺人、边民保甲都不如,岂非咄咄怪事!马扩这番话明显是虚张声势、信口开河,一派胡言,要是在大宋皇帝面前这样诳语连篇,问你一个欺君之罪绝对是不冤枉的。但这个机智的"玩笑"却让阿骨打惊疑不定。在对马扩的"大话"沉思良久后,阿骨打又有了主意,他翻身上马,回头叫上旁边的大迪乌给马扩弓一张,射生箭一支,并和马扩约定:"如果在打围中遇有野兽出现,请立即射之。"

马扩与金人一起又前行了二里多路,围地之中忽见一头黄獐跃起。阿骨打立即传令左右道:"诸将未许射,令南使先射。"在金军众目睽睽之下,马扩越众而出,跃马驰逐。雪原之上只见他拈弓搭箭,拽满弓,没有多余动作,也不见卖弄手段,只觑那雪原上正自逃奔的黄獐飕的一箭,弦响箭到,不偏不倚,正中猎物。那黄獐受到这致命一击,顿时仆地毙命,血溅冰雪。马扩在高速奔驰中如此干净利落的这一箭,让现场的金人自阿骨打而下没有一个不喝彩的。

当晚,粘罕找到马扩,说他刚见皇帝夸奖道:"这一箭射得煞好! 南使能够射中猎物,我内心感到特别快活。"在见到马扩的真正实力后,阿骨打表现出由衷的高兴。第二天,马扩和打围的金人一起回到了使馆。大迪乌看见马政,谈到马扩此行表现,显得特别高兴。又过了一天,阿骨打遣其弟韶瓦郎君携带貂裘、锦袍、犀带等七件珍贵衣物来到使馆,对马政道:"南使能有驰射表现,大金皇帝特地给予赏赐。"粘罕的父亲撒改相公听说马扩在打围中有上佳表现,便建议道:"南使射生得中,盛名远扬,可为他取个叫得响的绰号,今后就唤作'也力麻立'吧。"通过译者宋人才知道,女真话"也力麻立"就是"善射之人"的意思①。

马扩一显身手,何以金人个个欢喜? 从女真人自身的民族性格而言,这是一个尚武的民族,史称:"金兴,用兵如神,战胜攻取,无敌当世,曾未十年遂定大业。原其成功之速,俗本鸷劲,人多沉雄,兄弟子姓才皆良将,部落保伍技皆锐兵。"②在当下的这场反辽战争中,他们从来就未曾示弱或退缩过,哪怕是几千上万人对几十万辽军,他们也是勇往直前,见谁灭谁,他们最终赖以制胜的核心战斗力就是其尚武精神。所以,对于像马扩这样武艺高强的战士,无论他来自何方,都会受到应有的尊敬。所以,对于马扩的优异表现,自阿骨打而下喝彩也罢,欢喜也罢,都是一种毫不虚伪的由衷的赞许,而

---

① 《北盟会编》卷四,宣和二年十一月二十九日条,引《茆斋自叙》,第30页。
② 《金史》卷四四《兵志》,第991页。

绝非出于外交需要的虚假奉承。其次,从宋金外交而言,为了实现消灭辽朝这个战略目的,金人当然不希望结盟的对象是毫无战斗力的"软柿子",而且,从"海上之盟"一开始,宋朝一方就表现出一种不劳而获的心态,令金人十分郁闷,但又吃不准宋朝的实力究竟如何,以至于这次将马政一行人暂留了一个多月,却对是否承受宋朝"坐邀燕地"的态度,是否应允其提出的所有燕云十六州的土地要求,还是犹豫不决,没个定论。阿骨打带马扩打围的根本目的就是想亲眼见识一下宋人的武功实力,验证一下大宋立国是否真的如粘罕所说的"强大如此"。

只是,机敏的马扩以实带虚,虚虚实实,巧妙地营造了一个大宋确实"强大如此"的假象,蒙了金人一把。而金人通过对马扩的施展骑射动作、施射固定雪垛和驰射逃奔野兽这一个更比一个难的三次考校,真切感受和了解到了这名南使的武艺功底,但却吃马扩轻轻骗过了,还自以为窥一斑而见全豹,体察到了大宋武备的真情实况。阿骨打由此也下定了接受宋朝的盟约条件、双方一起出兵夹攻辽朝的决心。只是,后来由于宋朝当政者的昏庸无能,损招迭出,武备不振,示弱于人,使得金人意外在马扩身上获得的对宋人的良好印象荡然无存,从而在宋金外交中屡屡用强,得寸进尺,终致大举南牧。此是后话。

原先宋辽使者互访中,曾有"较射"这项外交之仪,比如在宋朝这边,每年正月元旦"大辽使人朝见讫,翌日诣大相国寺烧香,次日诣南御苑射弓,朝廷旋选能射武臣伴射,就彼赐宴,三节人皆与焉。先列招箭班十余于垛子前。使人多用弩子射,一裹无脚小幞头子锦袄子辽人,踏开弩子,舞旋搭箭,过与使人,彼窥得端正,止令使人发牙。例本朝伴射用弓箭。中的则赐闹装、银鞍马、衣着、金银器物有差。会伴射得捷,京师市井儿遮路争献口号,观者如堵"①。在马扩之前,宋金使者在互访之中并无"较射"之事的记载,马扩首次访金的骑射之举也非正式的有双方射手一起参加的"较射",但后来"较射"竟也成为宋金两国外交中的一项保留节目,马扩此次的献技称得

---

① 孟元老:《东京梦华录》卷六"元旦朝会"条,载《中华野史·宋朝卷》卷一,第1082页。

上是开了先河。在宣和七年(1125)宋使许亢中出访金朝时,宋金双方便有了真正意义的"较射"之仪:"次日,又有中使赐酒果,复有贵臣就赐宴,兼伴射,于馆内庭下设垛,乐作,酒三行,伴射贵臣、馆伴使副、国信使副离席就射。三矢,弓弩从便用之。胜负各有差,就赐袭衣鞍马。是日,虏人名王贵臣多微服隐稠人中以观射。"①不过,当时金朝名王贵臣穿着便服混在侍从之中以觇宋使之武功,乃是另有蓄谋,为了入寇宋朝之目的。到南宋时,金使来临安,一般情况下在第四天"赴玉津园燕射,朝廷命诸校善射者假管军观察使伴之,上赐弓矢,酒行乐作,伴射官与大使并射弓,馆伴副使与国信副使并射弩"②。后来到宋宁宗嘉定五年正月(1212),南宋贺金国正旦国信使程卓来到金中都,初四日在金朝仍有例行的"射弓宴",只是此时金人"伴射昭勇大将军、殿前右卫将军完颜守荣,自午初射,伴射连不中",到黄昏时金人仍不肯罢休,请求再比射一次,结果宋使"连中的,虏人至是皆脱箭"③,金人立国之初的尚武精神到此算是消磨殆尽了。

马扩首次使金就因为有此出色表现,使得自"海上之盟"以来宋使第一次得到了金人的尊重,而更重要的还在于由此促使阿骨打作出了有利于宋朝的结盟决断。马政一行人此行被羁留于金长达一个月时间,其间从未见金人有何像样的款待,但阿骨打这次出猎返还后,便指示"诸郎君家各具酒肴,请南使赴饮"。

过了十多天,时值新年元旦,金人正式开始修造《国书》。次日晚上,阿骨打就派大迪乌"具车仗,召南使赴宴"。席间,阿骨打与其大夫人并排坐于炕上所设的两张金装交椅上。阿骨打的二夫人则扮演了"司仪"的角色,只见她提起衣服前襟,恭恭敬敬地为宾主端上食物,并在为宋使奉上名马、弓矢、剑槊等献礼时说:"臣下有邪谄奸佞、不忠不孝者,愿皇帝代上天以此剑此弓诛杀之!"然后跪着向阿骨打和大夫人奉上"寿杯",阿骨打则赏赐了她

---

① 《靖康稗史注》卷一,引许亢中《宣和乙巳奉使金国行程录》,第44页。
② 《建炎以来朝野杂记》(甲集)卷三,"北使礼节"条,第97页。又周密《武林旧事》卷八"入使到阙"条,载《中华野史·宋朝卷》卷三,第3127页。
③ 程卓:《使金录》,《续修四库全书》"史部·杂史类",上海图书馆藏清乾隆四十二年李鹤俦抄本,上海古籍出版社2002年版,第448页。

一杯酒。然后,二夫人又让南使向阿骨打和大夫人奉上"寿杯"。阿骨打一饮而尽后,亲自递上二杯酒给宋使作为赏赐。对于金人的这套宴会礼仪,阿骨打还专门向宋使作了解释:"我家自上祖相传,止有如此风俗,不会奢饰,只得这个屋子,冬暖夏凉,更不别修宫殿劳费百姓也,南使勿笑。"但为了这次宴请,金人已经作了最大的努力,他们将前不久攻克上京时掠到的辽朝宫廷乐工,特意安排在屋外,弹奏曲子,以助酒兴。可以说,阿骨打是在以最大的诚意款待宋使一行人。马扩在酒席间也注意到,阿骨打的左右亲信以及各位郎君对辽朝的宫廷乐工表现出了极大的兴趣,戏谑玩笑,不亦乐乎,而唯独阿骨打不以为意,听而不见。这场宴会一直到次日凌晨方才结束。就在宾主离席之际,阿骨打叫住马政,让他们前往粘罕住处,商议宋金结盟事宜。

终于,金人根据宋人这次提出的要求作了回复,修成《国书》。阿骨打见"议事毕,遣使随马政来"①。宋朝的这次使金行动终因马扩才艺的出色表现,而得到了一个较为满意的结果。

---

① 《北盟会编》卷四,宣和二年十一月二十九日条,引《茆斋自叙》,第 31 页。马扩首次使金从其参与阿骨打打围,到圆满完成使命而回,详见该书卷四第 29—31 页。

渔阳鼙鼓边风急。①

——题词

第二章　冒险使辽　舌战群雄

第一节　宋朝践约，启动伐辽战争

马扩首次使金，"三箭定江山"，促使阿骨打下定了和宋朝结盟的决心。宣和三年（1121）正月，金朝决定差遣使副曷鲁、大迪乌一行人和马政等人一起渡海到宋朝。二月十七日（壬午），金使抵达登州。

不料，兴冲冲的金人一到宋朝的地盘，徽宗便向他们兜头一泼冷水。原来，宋朝最初和女真人的往来，拍板拿主意都是童贯一人说了算。赵良嗣第一次出访金朝在上京和阿骨打订约后，宋朝这边便开始了举兵响应金人夹攻辽朝的准备，遴选了一批驻守西北的名帅宿将，又诏令环庆军和鄜延军这两支宋朝最具战斗力的西军与河北禁军换防，也即准备从河北方向进兵燕京。但就在此时，南方突然反了方腊，童贯便率领着原本要开赴河北准备对付辽朝的西军，开赴浙江去对付方腊了，原来的换防之举不了了之。走了一个童贯，徽宗就像被抽了主心骨似的，对如何应对与刚抵登州的金使的谈判

---

① 《稼轩词编年笺注》卷五《杏花天·牡丹比得谁颜色》，第506页。

竟然不知所措,于是,便鲁莽地指使登州守臣借口童贯公干在外未回京师,将曷鲁等人强留在登州。满怀诚意前来结盟的曷鲁受不了这种等同于扣留的粗暴对待,愤怒异常,屡屡离开使馆,竟然想以徒步行走的方式强行进入东京①。眼看着难以收场了,徽宗才不得不诏令马政和王瓌将金使带到京师。从入境之日到五月十三日(丙午)到达东京,金使足足耗费了近三个月的时间,可谓备受折磨。

金使这次给宋朝带来的《国书》是这样说的:

> 大金皇帝致书于大宋皇帝阙下:适纡使传,遥示音华,载详别属之辞,备形书外之意,事须审而后度,礼当具以先闻。昨者赵良嗣等回,许与燕京并所管州镇。书载:"若不夹攻,难应已许。"今若更要西京,只请就便计度收取。如难果意,冀为报示。有此所由,未言举动之期,所有关封决当事后载知,亦当熟虑。春令在始,善祝多祺。今差孛董曷鲁、大迪乌充国信使副。有少礼物具诸别录。专奉书。不宣。谨白。②

金人在其《国书》中,首先重申宋朝要收复燕京及其所辖六州土地必须动真格的,必须出兵参与夹攻辽朝的具体军事行动,否则,金朝就难以兑现当初对宋朝的许诺,金人以"若不夹攻,难应已许"八个字断绝了宋朝"坐邀汉地"的念头。其次,对于宋朝提出的要收复幽云十六州全部汉地的要求,金人没有再坚持最初坚拒的态度,而是以一种十分勉强的心态和一种并不十分明确的措辞说,你们大宋可以在收复燕京的同时,顺便谋划收取西京山后等地。然后小心地拖了一句,如果对我大金这样的答复不满意,可以再来信告知。此外,有关夹攻的双方确切举兵日期,再作商定。

金人的这封《国书》对宋金夹攻辽朝之策,应该说有原则要求,但与先前第一次的《国书》上仅仅只许燕京一地相比,更多的则是退让,态度也不似以

---

① 《北盟会编》卷四,宣和三年二月十七日条,第32页。
② 《北盟会编》卷四,宣和三年正月"金人差曷鲁"条,第31页。

前那么盛气凌人了①。宋金之间在这个回合的谈判中,宋朝提出的欲收幽云十六州全部汉地的这一最核心的要求得到了满足,称得上是大获全胜,占了上风。然而,在书画艺术上绝顶聪明的徽宗却在事关国家前途命运的政治和外交方面,表现出令人难以理解的弱智,他毫不珍惜这一经过马政、马扩等宋使多次谈判千辛万苦争取来的胜利果实,主意不定,主张荒谬,举止失措,拖宕时日,随随便便就将一个利好的盟约放弃了,错失了一个几乎可圆百年之梦的大好机会!

　　徽宗是属于那种擅长工笔画的细心人,对于绘画中的花鸟翎毛他可以把握得纤毫具备,而且往往达到精湛绝妙的艺术境界,但对于金人《国书》中透露的如此显眼的好消息,他却视而不见,并且还传出一道意欲毁约的诏令:"大辽已知金人海上往还,难以复如前议,谕遣曷鲁等归。"②宋金缔结"海上之盟"被契丹侦悉原是迟早的事,偏偏徽宗一见"泄密"便吓破了胆,"深悔前举"③,急忙想一笔勾销先前与金人商定的所有条款,那既慌张又紧张的心理就仿佛罪犯要消灭罪证似的。幸亏有人提醒他,如此草率行事,恐怕眼面前就要失欢于金人了。于是,徽宗又马上改变主意,要金使"候童贯回"④,再作商议。就这样,曷鲁等人在东京又被强留了三个多月。但是,南方那个方腊似乎并不容易摆平,对童贯便是望穿秋水也不见归期,这边的曷鲁也不是省油的灯,喧嘈聒噪之声不绝于耳,徽宗只好根据太宰王黼的意思,草拟了一封《国书》交付曷鲁,只遣呼延庆相送金使回国,不再另派使者前往回复。八月二十日(壬子),在大宋极为郁闷地度过了半年时间的曷鲁、

---

① 陈乐素先生认为,对马政所传宋朝《国书》"突然变更原议之露骨文字,金人不特不纳,且更促其对于地理上之注意,故坚持平、滦、营三州不属于燕京,且否认曾许西京",金人这次《国书》便是一种"强硬之答复","意即谓非依照原议,则不更合作也",《求是集》第一集《宋徽宗谋复燕云之失败》,第67—68页。而事实上,细察金人此次《国书》,言语中对宋朝提出的土地要求,并未坚决拒绝,更多的是忍让或回避;金人虽然对平、滦、营三州的归属问题避而不谈,但对燕云之地的核心之一西京,却松口相让了,而这正是宋人求之不得的。所以,这件金人《国书》算不上是一种"强硬之答复"。
② 《北盟会编》卷五,宣和三年五月十三日条,第32页。
③ 《北盟会编》卷五,宣和三年五月十三日条,引《北征纪实》,第32页。
④ 《北盟会编》卷五,宣和三年五月十三日条,第32页。

大迪乌一行,人带着宋人的《国书》,极为失望地离开了东京。

十一月,金使曷鲁、大迪乌等人自海上回到其国,阿骨打见到宋朝这次的《国书》写着"维夙惇于大信,已备载于前书。所有汉地等事并如初议,俟闻举军到西京的期,以凭夹攻"①,这种敷衍其事却又贪图幽云汉地的措辞,让他深感宋朝拒人于千里之外的冷漠态度,便也不存什么幻想,"乃命其弟固论、国相勃及烈并粘罕、兀室等,悉师渡辽而西,用降将(耶律)余睹为前锋,趋中京"②,金人开始脚踏实地凭借自己的力量,向辽朝作进一步的打击。

两个月后,即宣和四年(辽保大二年,金天辅六年,1122)正月十四日(甲戌),金军攻破天祚帝据守的中京。天祚帝赶在城破之前先溜之大吉,往西逃往鸳鸯泺(在河北张北西北安固里淖),不久,在金军的穷追之下,又再向西一直逃入夹山(在内蒙古武川县西南阴山)。天祚帝的出逃,首先在辽朝内部引起了一场政局变异。由于天祚帝逃跑非常匆忙,留守燕京的辽朝大臣群龙无首,政令顿失。宰相李处温、都统萧幹和林牙耶律大石等人,遂于三月十七日(丙子)拥立燕王耶律淳(即秦晋国王,又称九大王)为帝,号天锡皇帝,改元"建福"③,史称"北辽"。耶律淳称帝后,即废天祚帝号,降之为湘阴王。

接着,宋朝也终于启动了出兵收复燕京之举。本来在这年冬末之际还传言要屯兵十万于燕京、兵锋将直指雄州和霸州、让宋朝"遽为骇惧"④的天祚帝,现下却被金军打得稀里哗啦,不知所终,让宋朝顿觉有机可乘。而恰在这时,童贯镇压了方腊,凯旋京师,正自踌躇满志,遂大举兴兵北伐辽朝——这也是宋辽自"澶渊之盟"(1005)之后一百多年来,第一次真正的兵戎相见。

四月十日(戊戌),徽宗作出决定,让童贯以太师领枢密院事充陕西、河

---

① 《通鉴长编纪事本末》卷一四二《金盟》上。
② 《通鉴长编纪事本末》卷一四二《金盟》上。
③ 《辽史》卷三〇《天祚纪》四,第352页。
④ 《北盟会编》卷五,宣和四年三月十七日条,引《北征纪实》,第34页。

东、河北路宣抚使这样显赫的名义,陈兵十万于宋辽边境①。

徽宗悍然发起这场北伐战争,和他早先与金人想谈就谈、想断就断一样,很大程度上是一种率性而为。这次,宋朝对辽朝想打就打,根本没有把先前的合作伙伴金朝放在眼里。尽管去年徽宗害怕辽朝也许可能会问罪宋金之间的"海上之盟",而有意向金人毁约,并在具体行动上敷衍金使,不回信使,但毕竟没有白纸黑字说死了要断绝两国关系,而且为了燕云故地还在《国书》中拖了一个"俟闻举军到西京的期,以凭夹攻"的尾巴。可是,这次出兵燕京,宋朝却根本没有向金人透个风儿,事先没有,事后也没有。至于金人,虽然也不曾正式发文给宋朝通知自己的军事行动日期,但在三月份突袭位于西京之北白水泺(内蒙古察哈尔右翼前旗黄旗海)的天祚帝行帐后,就近给宋朝代州守臣发了一个"边牒",通知一声大金兵马已抵山后,"平定州县占守讫",顺便也毫不客气地严厉警告宋朝边城守将"不得辄引逃去人民,为国生事,自取亡灭"②。这就意味着,金人对自己的用兵行止总算还是向宋朝打了招呼的,虽然这招呼声在宋人听来十分刺耳。所以,宋朝此次肇开兵端和辽朝开战,还天真地自以为是在以实际行动履行夹攻之约,最终金人却根本不买账,还遭到了严厉指责,致使宋金外交中宋朝在恪守盟约的诚信上先输了一阵。

即使是在本朝内部,反对伐辽的言论也不绝于耳。文官中以中书舍人宇文虚中为代表。当时伐辽统帅童贯想抬举宇文虚中,引为自己的幕府参议官,不料宇文虚中却认为伐辽之举庙算失策,主帅非人,将可能有自取其侮和玩火自焚之祸。他在给徽宗的上书中说道:"用兵之策,必先计强弱,策虚实,知彼知己,当图万全。今边圉无应敌之具,府库无数月之储,安危存

① 徽宗第一次伐辽的出兵之数,《北盟会编》卷五称童贯"勒兵十万巡边",宣和四年四月十日条,第36页。《系年要录》卷一称:"种师道将兵十余万",建炎元年正月辛卯条,第6页。王称《东都事略》卷一二一则称童贯"统诸将兵十五万",齐鲁书社2000年版,《二十五别史》第14册,第1052页。本书从《北盟会编》之数。第二次伐辽之役的出兵之数则在十五万人左右,参见马扩之说:"仆初入燕,诸路正兵有十五万余",《北盟会编》卷一九,宣和六年正月二十九日条,引《茆斋自叙》,第134页。

② 《北盟会编》卷五,宣和四年三月某日条,第36页。

亡,系兹一举,岂可轻议?且中国与契丹讲和,今逾百年,自遭女真侵削以来,向慕本朝,一切恭顺。今舍恭顺之契丹,不羁縻封殖,为我蕃篱,而远逾海外,引强悍之女真以为邻域。女真藉百胜之势,虚喝骄矜,不可以礼义服,不可以言说诱。持卞庄两斗之计,引兵逾境;以百年怠惰之兵,当新锐难抗之敌;以寡谋安逸之将,角逐于血肉之林。臣恐中国之祸未有宁息之期也"①。宇文虚中将宋朝用兵的无备、无理和无策,直愣愣抖落一纸。当朝宰相王黼截下了这本危言耸听的奏章,并恼怒地将宇文虚中降职为集英殿修撰。之后,宇文虚中还不善罢甘休,又不厌其烦地向徽宗提出了"十一策"和"二十议",但均无任何回音。

反对之声在武将中同样是其声难遏。熙河钤辖赵隆与西夏屡战而胜,战功卓著,童贯便邀他一起伐辽,道:"君能共此,当有殊拜",想以高官厚禄收买赵隆为其鞍前马后效命。但赵隆却道:"隆武夫,岂敢干赏以败祖宗二百年之好?异时起衅,万死不足谢责"②,干脆痛快地回绝了童贯的厚邀。既然你反对伐辽,便是排挤打击的对象,和宇文虚中一样,赵隆也不得好果子吃,远远地被调到荒僻的西宁州去当一名地方官了。赵隆之后,童贯又看中了西军名将种师道,授予他统领伐辽之军的都统制之职,并拜为保静军节度使,隆重之极。然而种师道并未和童贯同心同德,反而劝谏道:"今日之举,譬如盗入邻家不能救,又乘之而分其室焉,无乃不可乎?"③伐辽之师的全军统帅居然也反对伐辽,真是咄咄怪事,这场战争还真不知道是怎么回事儿。

对于兴师伐辽之举的反应,最奇怪的事莫过于蔡京和蔡攸父子的做作。蔡京原先可以说是"海上之盟"的首倡者之一,在灭辽即将毕其功于一役之际,情理之中应该是伐辽的积极推动者,无奈这时的他年岁已迈,外有童贯独揽伐辽的军事指挥大权,内有王黼在尚书省经抚房包揽枢密院军机大事,在关涉伐辽战争的领域中,蔡京的职权早已被架空了。叵耐还有一个不孝之子蔡攸,因为乃翁长期赖在要职不去,将自己飞黄腾达的空间给堵死了,

---

① 《宋史》卷三七一《宇文虚中传》,第11526—11527页。
② 《宋史》卷三五〇《赵隆传》,第11091页。
③ 《宋史》卷二二五《种师道传》,第10751页。

于是视亲父如仇雠，即使偶尔在某个官场聚会中父子俩一道喝茶，双方居然都不说一句话，但蔡攸却与童贯打得火热，这次北伐又做了童贯伐辽的副手，且以为天祚帝早已逃之夭夭，辽朝已呈土崩瓦解之势，大宋伐辽之役也会如大金之摧枯拉朽，这功名不过是举手之劳，所以在伐辽大军即将启程的陛辞中，瞧见徽宗背后"念四（阎婕好）"和"五都知"这两个宠嫔容貌艳丽，竟然垂涎三尺，忍不住厚着脸皮向徽宗道："大功告成之后，还请陛下将这两位美人赏赐予微臣。"你瞧瞧，这伐辽战争成了最时髦的事儿，有幸参与者就可以这般胆大妄为。徽宗有意无意地将蔡攸的这个段子转告给蔡京听，还不无钦佩地赞扬道："其英气如此！"①要知道，这样的褒扬对妻妾成群却老迈不堪的蔡京来说，绝对是一种刺激。于是，在为伐辽大军送行之际，蔡京极为怪异地为眼中仅有功名和美人的儿子写了一首忧愁伤感的送行诗，道："老惯人间不解愁，封书寄与泪横流。百年信誓当深念，三伏修途好少休。目送旌旗如昨梦，身非帷幄若为筹。缁衣堂下清风满，早早归来醉一瓯。"②眼见得早先联金灭辽的所有谋划都作了他人嫁衣，蔡京于心不甘，便有了如此作酸的吟哦，似乎全然已经忘记了正是他蔡京和徽宗、童贯等人一起，累次三番要破那"百年信誓"。

朝野无论那一方力量，现在都对朝廷伐辽之举大加非议，而徽宗恰恰就在这样一个"恶劣"的舆论氛围中，一意孤行地起兵北伐。一个原本可以称得上是举国期待的圆百年之梦的重大决策，落在了徽宗手里，竟然变异得如此不是滋味，这不能不说是历史的悲哀和宋人的不幸！

在心理上徽宗原本对辽朝畏惧如虎，现如今却看到金军连续攻破辽朝五京之中的四京，天祚帝被金军打得只顾逃命③，连其最后一个都城南京（即

---

① 周煇撰，刘永翔校注：《清波杂志校注》卷二"失认旗"条，中华书局 1994 年版，第 81 页。

② 《北盟会编》卷七，宣和四年五月十八日条，引《北征纪实》，第 46 页。此诗曾敏行《独醒杂志》卷五"蔡京父子争权相忌"条作："老懒身心不自由，封书寄与泪横流。百年信誓当深念，三伏征涂盍少休。目送旌旗如昨梦，心存关塞起新愁。缁衣堂下清风满，早早归来醉一瓯"，上海古籍出版社 2001 年版《宋元笔记小说大观》第三册，第 3246 页。此诗颈联曾为徽宗所改，故吴曾《能改斋漫录》卷一〇又作："百年信誓宜坚守，六月行师合早归"，上海古籍出版社 1979 年新 1 版，第 298 页。

③ 从现在的地理实测来看，天祚帝从中京逃至夹山，直线距离就在六百公里以上，也是历史上罕见的一次大逃亡。

燕京城）都不敢回去，便生出一种趁火打劫的想法。又以为辽朝大厦将倾，大宋天兵一到，燕京岂有不举城迎降之理！于是，就连打劫也想偷懒，一个心眼儿指望着对方心甘情愿将全部的家当都送上门来。徽宗想当然地给燕京及其辖地的官吏、军兵和百姓发了一个诏令，自命是"致天之罚，仁伐不仁；拯尔群黎，取诸涂炭"，自称是"童贯董兵百万"，"王师霆击雷驱，数路并进"，要求辽军"举城自归，望风响应"，要求耶律淳"纳土来朝"，还信誓旦旦地对辽朝的守城文武长官、守戍军兵以及蕃汉民户开具了优赏条件和除税免赋政策①。童贯起兵出发之日，徽宗为他饯行时以"御笔三策"相付，称："如燕人悦而从之，因复旧疆，策之上也。耶律淳能纳款称藩，策之中也。燕人未即悦服，按兵巡边，全师而还，策之下也。"②徽宗总是寄希望于不战而胜，一味想不劳而获燕京之地，所以在最需务实的军事方面，士气不振，兵备不足，最终自食其果，导致第一次伐辽战争的失败。

四月二十三日（辛亥），童贯以西军之环庆军为中军，述古殿学士刘韐为行军参谋，保静军节度使种师道为都统制，武泰军承宣使王禀和华州观察使杨可世为副，进驻距离宋辽边境不远的重镇高阳关（在河北高阳东）。

第二节　童贯失措，马扩冒险使辽

在"海上之盟"中立下汗马功劳的马扩，可能因为最早入伍即在西军（西军总部所在地渭州与马扩籍贯之地熙州同属于秦凤路），同时他也是收复幽云故地的积极响应者，是以自首次使金回朝后，并未再去京西北路履职他原来的武学教谕一职，而是参加了这支伐辽的大军。此外，同样很有可能因为马扩曾经出使过金朝，有很好的外交表现，并且还是一名优秀的武举，所以在处理对辽朝的事务上，无论外交方面还是军事方面，有这样的人选充作左右总能备一时之需，所以马扩又被童贯引为其宣抚司的幕僚成员。与马扩

---

① 《北盟会编》卷五，宣和四年四月十日条，第36—37页。
② 《北盟会编》卷五，宣和四年四月十日条，第37页。

同为童贯幕僚的还有"取燕"方略的提议者和"海上之盟"的洽谈者赵良嗣。

2-1　宋辽边境形势图　焦　俊　作

　　童贯兵抵前线之后做下的第一件要事,是以宣抚司的名义张贴了一通文告。这文告的阅读对象是辽朝的军民,文中也无非是像"奉辞问罪,务在救民,不专杀戮。尔等各宜奋身,早图归计"之类的陈词滥调。但值得注意的是其中开具的赏格:"有官者复还旧次,有田者复业如初。若能身率豪杰,别立功效,即当优与官职,厚赐金帛。如能以一州一县来归者,即以其州县任之。如有豪杰以燕京来献,不拘军兵、百姓,虽未命官,便与节度使,给钱十万贯,大宅一区。"为了表示大宋宣抚司的诚意,文告中还特别提了一句:"已戒将士,不得杀戮一夫。"①童贯这道文告的核心思想,与徽宗花钱买地的思路是一脉相承的,这也让世人看到他童贯是官家的忠臣循吏。但是,十万大军来此,原本是为了打仗厮杀的,现下却被告诫"不得杀戮一夫",难道契

---

　　①　《北盟会编》卷六,宣和四年四月二十三日条,第38页。

丹人的刀子架在俺脖子上了,也不许俺反抗杀他不成? 这通荒唐的文告简直就像一条粗麻绳,先束缚住了十万士兵的手脚,因为"不杀一夫"的实质,是不许动对方将士一根毫毛,这不能理解为是不杀百姓,因为王师本为吊民伐罪而来,不杀百姓就如不伤妇孺一样是一种常识,无需你宣抚司饶舌。所以也难怪后来这十万大军竟然会在人数占优势的情况下,面对一支屡败于金人的辽军的攻击,一触即溃。

童贯的所有心思似乎全放在了招降纳叛上,十万大军好似他童宣抚的豪华跟班,摆摆样子出出风头而已,却无任何进取燕京的军事计划,也不见敲山震虎式的军事演习。宣抚司费尽心机发往白沟界河以北的文告如泥牛入海,有去无回。不久,童贯的宣抚司北上来到边境重镇雄州,这里是当年赵良嗣偷渡入宋的第一站,也是赵良嗣人生旅途的重要转折点。赵良嗣窜红于大宋,也着实让辽朝那边不少的人眼红,于是不断有人步其后尘,雄州也成了"赵良嗣们"的福地。童贯在雄州碰到了两名与赵良嗣有相同归朝"轨迹"的辽地汉人张宝和赵忠,便有了新的主意。他让赵良嗣写了一封给辽朝当今皇帝耶律淳的信,信的中心意思是要求耶律淳看清当下形势与战降祸福,立即举国投降。信写成后,童贯就叫张宝和赵忠这两个辽朝的旧臣作为信使,将信带到燕京耶律淳的御桌上。让赵良嗣写信,派张宝和赵忠送信,更多层面的考虑是动之以情,兴许耶律淳和赵良嗣有什么旧谊,加上和张、赵两人也可能有些什么故旧之情,再加上赵良嗣擅长的晓之以理,说不定这封劝降信就奏效了,到那个时候,赵良嗣、张宝和赵忠的功名自不待言,他童贯更将攫取到不世功勋而名垂千古。

然而,童贯的这个赌注没有押准! 不久,燕京方面传来了令人沮丧的消息,那封信非但没有让耶律淳产生丝毫的降宋之心,反倒成了张宝和赵忠二人的"催命符",耶律淳十分干脆地斩了这两个降宋之臣。

玩大的不行,玩小的也行。童贯再次投入赌注,派人偷偷前往易州,游说当地土豪史成,要他献出易州,投降宋朝。易州是辽朝的边境重地,占据了宋辽界河白沟的西部上游要地,易州一旦易手,则与雄州隔河对峙的辽朝新城(今属河北)乃至北进燕京的"门户"之地涿州,就将面临来自侧翼的威胁。但是,童贯这手赌牌再次背运,史成那厮也是个誓与大宋为敌的家伙,二话不说,将说客绑了送到燕京。可怜这名说客连个名字绰号也没有留下,最后也是咔嚓一下脑袋搬家。

通常情况下,按照一种出牌之法连着输了两把,就该换套路了。但童贯却异常固执,他仍然不放弃"劝降"辽朝的做法,却根本不去想想,是否应该对如此不识好歹的辽朝君臣采取更为果断和强硬的军事打击。对童贯的这种偏执,唯一可以解释的就是,宋军在徽宗和童贯不战而胜思想的影响下,压根儿就没有准备认真同辽军打上一仗。

而在童贯的一意孤行之下,马扩再次被推到了历史的前台。

按照童贯的想法,前面两次劝降和策反活动都是通过某种私人关系进行的游说,上不了台面,而现在既然游说难以奏效,那我就抬出大宋皇帝以及宣抚司的招牌,通过正式的外交途径进行招降,这样,你耶律淳总该认真对待了吧。

然而,派谁去招降耶律淳呢? 有前面两次劝降的失败,明摆着谁去都是有去无回的下场,谁又甘愿领命去燕京找死?"海上之盟"初期,马政等人首次"破冰之旅"早已证明,一项尚未看到利好前景却充满危机的行动在登上成功的彼岸之前,绝少会有显官要人挺身而出,率先垂范。童贯当然清楚这个道理,于是,他采取了"招募"使者的办法,指望有哪个不怕死的汉子自己跳出来,心甘情愿替他童贯去燕京走一趟。

还真有这样一个不怕死的汉子站了出来,他就是马扩! 可以说是秉承了其父亲当初应募渡海使金时的勇气,马扩在明知山有虎的情况下,作出了偏向虎山行的决断,这是何等的英雄气概!

如果要探究马扩冒死应募的原因,可以从他临行前留给童贯的一段建言中获悉一二。当时马扩向童贯郑重提出了三件事:"一乞戒将士,勿使求取珍宝,递相献遗,用严军律;二请勿妄杀降人,用安燕人之心;三愿审量事势,乘机举用,勿以使人为念。唐俭小义,古人所行,某一介之微,得尽忠节,苟利于国,死无所惜。"①马扩的第一件事是请童贯整顿风气,严肃军纪,这从一个侧面反映出宋军内部流行着上贪下赂的腐化之风,而如此唯利是图的贪婪军队应该是没什么战斗力可言的。第二件事请童贯注意善待前来投诚的辽朝军民,这也可以反映出尽管宣抚司有令"不得杀戮一夫",却在执行中严重走样,宋军固然没有能耐杀过界河,尽歼辽军,却有充分的机会和理由对主动渡河来降的辽朝官兵大开杀戒,杀降的目的往往是为了搜刮几个碎银,而如此野蛮的军队你又怎能指望它让燕人心悦诚服,壶浆来迎呢? 第三件事道出了马扩敢于此行的心声,即能够说动耶律淳举朝来降,兵不血刃下燕京那是最好,但这不是唯一的取燕之策,真正能够解决问题的还是军事手段,要善于审时度势,休要挂念一介使者的性命,瞅准机会突然袭击攻取燕京赢得胜利,这才是我军一切行动的终极目标,而我马某作为大宋使者,只要有利于国家,即使死了,也值! 由此可见,马扩应募出使燕京的目的就只有一个:夺取燕京! 以一切手段、一切努力,哪怕是献出自己的生命。

偌大一个宣抚司,再没有第二个幕僚或官员愿意像马扩那样去为国拼搏,为国牺牲。但是,马扩的这种为了国家利益置生死于度外的豪迈气魄和英勇壮举,却感动了最底层的士兵,军中共有十五名士卒勇敢地站了出来,愿意与马扩"偕行",一起前往燕京②。这些普通士兵也做好了壮士断头、一死报国的准备。勇者无畏,无畏者无敌,在马扩的感召下,一支义无反顾的大宋使团就这样快速组成了。

五月十八日(乙亥)夜晚时分,以童贯暂借的阁门宣赞舍人之衔出使燕京的马扩,携带徽宗的谕降诏书和宣抚司的谕降书榜,率领部属渡过了界河白沟。宣抚司已经预先将马扩出使辽朝之事通报给了辽军,所以马扩一行人过了白沟之后,很快就顺利通过了守军的核验。他们几乎没有在边境线上逗留,连夜向北赶路,一直到次日吃早饭的时候,抵达了辽朝境内的新城县(北京高碑店)。在这里,辽朝指派的一名作为接待宋朝使节的引伴汉儿官已经在迎候他们了。

① 《北盟会编》卷六,宣和四年五月"宣抚司募马扩入燕招谕"条,引《茆斋自叙》,第41页。
② 《北盟会编》卷六,宣和四年五月"宣抚司募马扩入燕招谕"条,引《茆斋自叙》,第41页。

马扩等人被安排在驿馆暂作休息,以消除一宿的劳顿而继续赶路。但就一会儿工夫,馆外一下子来了父老之辈数百人,拥挤在门外。原来,这是一批辽地的汉人,今天突然看到一支使团来此停留,便来打听这是哪里来的使人。宋朝大兵压境,前线战事一触即发,作为边境城市新城县的老百姓,尤其是其中的汉人,非常关注宋辽之间的一切动向。在一个王朝日渐衰落面临何去何从的多事之秋,它的老百姓也在拼命收集各种信息,也在作何去何从的抉择。

马扩当然不会放弃这一接近民众、传播大宋进兵燕京的消息,他走出驿馆,取出一份书榜朗声向众人宣读。这书榜的内容无非是王师吊民伐罪,辽朝君臣、文武百官、军民百姓宜识时务,早早弃暗投明之类老生常谈,但仍然使得现场人众十分惊愕。这种惊愕可以从两个方面来理解,一是书榜内容在他们是第一次听到,所以深表惊讶;二是这些汉人可能对此早有所闻,现如今亲耳听到这样直指辽朝全体臣民的谕降书,昭示着立国两百多年的大辽王朝行将覆灭的事实就在眼前,从而让人愕然于巍峨大厦一朝圮毁。

马扩读完书榜,复回驿馆,而就在这时,有位汉子从后面拉住他,低声说:"使人今晚当宿于涿州。"这句话直截了当,简短明白,语气十分肯定,透露了此人对于宋使行程的谂知程度和有话要说的急迫心理。没有等马扩开口相问,他便自我介绍道:"俺是涿州汉儿刘宗吉,现于白沟守军中当差。非常希望能得到宣赞刚才宣读的敕榜副本,带回去告诉其他人,而有朝一日南师北上来到俺们这地方,愿意率先响应,大开城门,将涿州献予王师。今晚俺会悄悄再来涿州驿馆见您的。"几乎没容马扩多说什么,刘宗吉带上两本书榜的副本,便匆匆而去。

当晚,马扩一行人果然到达了涿州,下榻于当地的一所窄小的驿站中。马扩是宋朝宣抚司派出的使者,但辽朝接待他的礼仪却是出人意料地"如国信礼"[①],不同寻常。这既是对马扩来访的重视,更是宋辽之间主客形势发生变化的一个实际反映,长期处于以强凌弱位置的辽朝现在因为内外交困,对

---

① 《北盟会编》卷六,宣和四年五月"宣抚司募马扩入燕招谕"条,引《茆斋自叙》,第42页。

宋朝的外交态度已经发生根本性的转变。

夜深了,早上相见于新城的刘宗吉忽然从驿站房间中装饰墙壁的帷幕下闪身而出。这次,他主动向马扩提供了许多军事上的情报,比如,眼下燕京四周各处要害皆无军马守卫;比如,辽军中只有四军大王萧幹①的部属二百余骑兵是曾历战阵之兵,其余骑兵六七百人,都是一些富豪家的子弟,根本不懂打仗;比如,现如今在白沟北岸扎下的营寨里,辽军结扎了不少草人摆放营中虚张声势,剩下不多的几个大活人也是夜里酗酒,白天贪睡,几匹军马也早已无人管束,任自散放。刘宗吉根据这些情报得出一个结论:倘或南军乘夜劫营,守卫辽军但闻人马之声,必定惊溃而散。马扩还没有来得及对这一大堆情报作出思考和评判,刘宗吉又转了话题:"宗吉想以这些情报往见、报告给童宣抚,也望能立下少许功劳,但又怕南军不能理解而产生误会,加害于宗吉。倘或能得到宣赞的一件亲笔书信,那就必定能将俺的这些情报转达给童宣抚了。"

刘宗吉所说的这些情报,兴许有部分确实是其亲眼目睹,比如辽军结草作人的疑兵之计,但事实上并非如此,而且所言有很多地方夸大其词,比如,萧幹实为辽朝统军第一要人,统领契丹、渤海、奚、汉四军,怎么可能其手下仅有不足一千的骑兵? 接下来没有几天,萧幹就和耶律大石向宋军主动发起了突击,倘或仅凭几千号人,哪怕战斗力再强,也不可能主动寻衅,而且兵分两路、最终却能完胜号称十万之众的宋朝大军。然而,对于刘宗吉之言,马扩一时无法认定其真实性,但也没有根据予以否认,而其军事价值似乎也是不言而喻的。他考虑再三,最终还是答应了刘宗吉的请求,写了一封给童贯的书信,再将童贯所赠的新鞋一只作为信物,让他带上离开驿站。

按照常识,马扩写信、赠鞋于刘宗吉是极为危险的举动,辽朝如果知晓他暗中与刘宗吉这样的叛逆相往来,亲笔书信是一种确凿的证据,那只作为信物的鞋子又未尝不能作为他勾结反叛的罪证。马扩应该知晓这种常识,也非常清楚自己这一举动一旦暴露的严重后果(宣抚司派出的好几个前往

---

① 《北盟会编》卷六,宣和四年五月"宣抚司募马扩入燕招谕"条,引《茆斋自叙》原注:"四军大王者,奚人萧幹,小字斡离不,常统军契丹、渤海、奚、汉四军,故号四军大王",第42页。

谕降和策反的人都作了断头鬼,也就是早几天的事情),对此他也作了长考,但最后还是甘冒这一风险,这其中丝毫没有"玩火"的意味或者心计的失当,有的只是他不以一己之利为念,但以国家利益为重的品德,以及勇敢无畏、敢于牺牲的精神,再有,就是他作为一名真正军人的英雄本色。

马扩等人抵达涿州的次日,燕京辽朝政府差遣的接伴使汉儿官牛稔也赶到了涿州,辽朝对于宋使的到来,在外交礼仪上一点儿都不亏欠宋人。几天以后,当宋使将抵燕京城时,辽朝又十分隆重地派遣了四方馆使萧奥以及礼部郎中张毅(一作张觉),作为全程负责陪同宋使的馆伴。抵达燕京的当晚,马扩一行人下榻于当地名寺净垢寺。

第三节　舌战群雄,说动辽朝称藩

马扩抵达燕京的次日,天刚放亮不久,就有辽朝的殿前指挥使姚璠、枢密承旨萧襃以及都管乙信等三人来"伴食"。要知道,童贯借给马扩的官衔只不过是一名使者最起码的头衔阁门宣赞舍人,仅为"从七品"的级别,而辽朝从昨日到今天一早,却派了多名在官职上比他高出好几级的官员前来接待,这在以往的宋辽邦交中是不可能有的事,辽朝这种超乎寻常的隆重欢迎和盛情款待,恰恰表明了其国势的屡弱和当局者心理的虚弱。

当然,辽朝的这三名官员大清早赶来是另有目的。果然,吃完饭后他们就向马扩提出,要取走他此行所持的书榜,理由是"北府和南府的首领想借看一下"。

尽管他们用了"借看"这一非常客气的措辞,但马扩还是托故相拒,故意不让他们取走。马扩道:"这书榜,宣抚司的命令,是要我见到了九大王当面递交的,所以不敢事先拿出来相示于众。"马扩不仅抬出宣抚司的牌子来压他们,而且居然称耶律淳为"九大王",那意思就是只承认他在天祚帝时的国王称号,而根本不承认他现下的皇帝身份,应该说是一种严重的挑衅。

对于马扩这种几乎不能容忍的挑衅和刁难,这些辽官居然没有一个人站出来抗争,只是缠着马扩要其拿出书榜。这样相持了好一阵子,马扩才让他们持榜而去。

日落时分,姚璠等三名辽官又跑来宋使的住处,和马扩商量事儿。他们先从书榜内容方面发难道:"书榜中的言语措辞十分狂妄悖逆,内容多是一味指责我朝,且又不容商量,这叫我等如何敢进呈皇帝?所以现在将书榜奉还贵使。"辽人想以拒收书榜的办法逼迫马扩收回此行之使命。

马扩将书榜取回,笑着对他们道:"时至今日,都已经什么时候了,贵朝不掂量掂量自己的德行和能力,不详究细察天命和人情事理,却还有这般功夫来计较这种闲事!"马扩当面讥讽他们在宋军和金军两路夹攻,辽朝危在旦夕的形势下,居然不顾军国大事,却还有时间和精力在书榜的文辞语气上字斟句酌,干那咬文嚼字的酸秀才勾当,当真是不识时务,不会做事。

萧爱站出来又从道义上遣责宋朝,道:"你们南朝一向自诩礼仪之邦,现如今不顾辽宋两国百年盟好,率先举兵发难,却不知兵家贵在师出有名,你们大宋军队现在却是为何而来?"看得出来,他对宋朝出兵伐辽显得极为愤慨,现在向马扩要当面讨个说法。

马扩从容对答:"朝廷命将出师那是庙堂之算,我等作为底下的使人不可能知晓其详。但是,马某倒是对贵朝过去历次兴兵南侵我大宋,却从不相告的事略知一二。"马扩以牙还牙,责以辽朝以往一贯的蛮横做派,将萧爱对宋朝师出无名的责难一下堵了回去。接着,马扩由守转攻,施展唇枪舌剑直面反击:"天祚皇帝流离在外,你等不发兵往救危难,却乘机以九大王篡位于燕京。大宋与大辽既为邻国,义同兄弟,如今有责任相询:天祚皇帝车驾安在?现在闻说天祚皇帝被削降为湘阴王,这件事非同小可!大宋兴师问罪,访寻辽主之生死存亡,一举一动均合乎礼义,何谓师出无名?"

马扩之言有根有据,句句在理,这下轮到萧爱来作解释了:"国不可一日无主。本朝因为天祚失道,东奔西走,宗庙社稷覆灭在即。幸而臣民推戴,册立今上,这件事与贵朝毫不相干,何至于兴师问罪!更何况类似之事自古以来就有,譬如'安史之乱',唐明皇弃长安而奔蜀,肃宗称帝即位于灵武,并无他意,只期望国家中兴,这岂不是与本朝此事一样吗?南朝本该感念咱们友邻间长久和平之大义,借助兵力于本朝,共除大难,而今却趁空子抢夺我大辽百姓和国土,这岂是世人所望之泱泱大国!"萧鷃解释之余,还不忘继续兴辞诘难。

然而,萧鷃可能有所不知,要说引经据典搬弄几个历史掌故,对于饱读史传、与文人进士一样靠笔杆子夺取功名的马扩而言,真是正中下怀! 果然,马扩顺势接过萧鷃已露破绽的话题,侃侃而谈:"唐明皇幸临川蜀,太子是以监国之托即皇帝位,这是事实。但请注意,肃宗即位后,便册立明皇为太上皇。'安史之乱'祸乱既定,肃宗又很快就迎还明皇回京,并亲自出迎,趋步上前,为明皇牵马。如此这般,肃宗对于君臣之义、父子之道可称是尽心尽责! 反观贵朝九大王,最初并未受到任何嘱托便自立为帝,并且还将天祚皇帝贬削为'湘阴王',这般做法又如何能自比于古人呢? 更何况,借兵救难,当有诚意。当年申包胥为救楚国乞师于秦哀公,泣于秦庭七天七夜;曹操下荆州,诸葛孔明亲自赶赴吴国,求助于吴侯孙权。他们皆是竭尽诚意,则邻国哪有不应之理? 贵朝危局势如累卵,仍然拘执于夸张虚饰,未曾派遣过一名信使前来求援。所以,本朝即使有哀救之心,也没有什么好施行的。现如今我大兵压境,贵朝的祸福、存亡也只在旦夕之间,贵朝君臣降与不降,可以自己早作决断了!"

萧鷃等人被马扩一阵"抢白",无言以对,只好唯唯而退。

过了一天,辽朝在日暮时分又派人来称,门下侍郎李处温自外地回朝,南朝书榜他并未看见,所以再来相借。很明显,辽朝先前对马扩带来的书榜并未进行录副,萧鷃等人在马扩面前对书榜横加指责,原想逼迫马扩收回书榜。但是双方唇枪舌剑大战一番,萧鷃等人却铩羽而归,毫无收获,现在又不得不坐下来面对书榜再作研究,以定对策。这也反映了辽朝君臣对于是否接受宋朝的"谕降"之议,仍处于摇摆之中。

又过一天,姚璠一大早自己跑来告诉马扩道:"朝廷已经商议决定,明天想让宣赞朝见圣上。只是面见圣上时,宣赞说话最好委婉一些,这样也便于彼此之间交谈。"

看来,辽朝经过这一天的商议,最终还是决定向宋朝屈服,马扩这次外交行动看来将取得重大成果。然而，天有不测风云，就在早一天，辽朝驻扎白沟前线的林牙耶律大石和四军大王萧幹一起，在未得到中央政府的许可下，突然对白沟南岸的宋军发起大举进攻，击溃两路宋军，使得宋朝原先在前线声势浩大的军事形势急转而下。只是辽军送往燕京的战报在路上还要有一段时间，辽朝君臣在商议对策时还未知晓前线形势已经发生根本变化。但白沟之战的事实真相早晚是要传开的，不同的是，辽朝有前线快马传到的战报，而马扩这里，却无人给他通风报信，这也注定了双方今后的谈判中，马扩将处于一个非常被动和险恶的境地。

傍晚时分，姚璠和萧爕等人再次集体来到净垢寺。这回，他们完全换了一个面目，早先那种谦卑态度荡然无存，而是摆开一副"群殴"的架势，围着马扩你一句他一语，汹汹而言："南朝妄自夸耀兵多将广，却不思量道义何在，以致人心不顺，军无斗志。昨日种师道派遣杨可世一军渡过白沟，来犯本朝，却不料我军稍稍迎击，南朝人马便望尘而逃。若不是本朝珍惜两国历来的友好情义，这会儿大军已经直捣雄州了！"未等马扩答话，他们又发难道："贵朝一面遣使谈判，一面又发兵进攻，却又这般快地溃败而逃，还有什么颜面见人？从今往后，贵朝何时才能消停这种出尔反尔的行为？"接着，话锋一转，又道："更何况，宣赞还有私下接纳刘宗吉，相约将我军情报献于童贯这段故事。刘宗吉此人业已自首，"说到这里，其中一人从怀中取出马扩先前交给刘宗吉的亲笔书信和一只鞋子，勃然而现一种人赃俱获后的义愤填膺，变色道："宣赞还想全身而归吗！"这几乎等于是要直取马扩性命了。

面对对手的突然发难且又咄咄逼人的气势，马扩镇定如常，慢慢道来："马某这次来使，并非寻常所见'礼貌之使'，每每谨小慎微，瞻前顾后，唯恐一不小心给两国关系生事添乱。这次马某乃是'招纳使'，刘宗吉前来表献忠诚，马某岂能不予接纳？"马扩先是将自己的"使人"身份作了一番闻所未闻的解释，便将接纳刘宗吉一事轻轻丢开。针对白沟之战宋军败绩的消息，马扩道："本朝大军此次前来，原是奉旨不杀一人的，昨日战事一定是我军在立旗招安，却不料贵朝军马会偷渡界河，所以才被打败的。"马扩一口咬定宋军是来招降的，被辽军偷袭得手完全是一个意外，又将宋军战败一事轻松揭过。接着，马扩也是话锋一转，道："你等休得高兴太早！倘或我宣抚司申请朝廷取得正式讨伐开战之命，等我西军全部聚集开到，大开杀戒，恐怕也非燕京百姓之福啊！"

马扩人还在燕京，却挑明了要同辽朝决战，使萧鼐十分惊愕，道："南朝莫非是派宣赞来做死间的？真没想到，南朝视士大夫之命如草芥啊！"

马扩道："马某这次来此，本打算以一己之命换取全燕百姓之命，你等若有醒悟，那么咱们一同活命；倘或执迷不悟，那也不过是一同去死罢了。但求一己生还岂是马某之志！"马扩先直截了当声明我不怕死，当然也就更不怕对方的以死相挟了，"况且，你等说马某是死间，岂不知兵家用间乃是下策。水能载舟，亦能覆舟。同样道理，有人用间得以成功，有人用间却遭大败。或是敌强我弱，或是敌我势均力敌，唯有如此形势，用间方可起到分散对手力量之效用。"马扩这是在用兵法常识数落教训对手，"而如今贵朝之情势，在兵力上你等自己瞧瞧，有南朝的十分之一吗？有百分之一吗？或者有千万分之一吗？倘或不念咱们邻国之间历来交好，本朝大军早就分兵数道，整齐队阵，一起杀来，却不知贵朝还能拿什么来抵御？你等怎不想想这些，哪还有什么闲工夫在我等使人跟前虚言死间之祸福？"马扩再点明当今宋强辽弱之形势，斥责对手昧于大局，枉费心机。

马扩或大义凛然，或冷嘲热讽，使刚刚还是气势汹汹、咄咄逼人的辽官一下短了气焰，唯唯而去。他们临走时还不甘心，抛下一句话说："等会儿析津府①自有处置。"

马扩礼貌有加地相送他们出门，边笑边说道："马某就在此恭候处置！只是休得处置错了，否则，一旦让燕京百姓血流成河，那有什么可值得庆幸的？"

这以后，不要说析津府的人了，便是姚璠等人也不见影子，接连三天净垢寺清静异常。其时，摆在辽朝君臣面前的问题确实比较棘手。一方面，宋

---

① 《北盟会编》卷六，宣和四年五月"宣抚司募马扩入燕招谕"条，引《茆斋自叙》原注："析津府在燕京，如京师之有开封府"，第 43 页。

朝大军近在肘腋,李处温最初的意图是想和马扩"面议称藩"①,但因为宋军在白沟溃败,故称藩之议也就随之终结。另一方面,金军已经攻下辽朝五京中的四京,从东北、北部一直到西北张起了偌大的天罗地网,就待对燕京作最后的一击,一网打尽辽朝君臣。此外,又有传言称躲在夹山的天祚帝也将来赶这趟浑水,率兵回燕京。所以,燕京当局实际上要面对和承受三种势力的压迫。所以,姚璠等人三天不来,其实正好反映了辽朝深陷重围、进退维谷和难以决策的处境。

五月二十六日(癸未)晚,姚璠和萧夔等人还是没有露面,却忽然来了萧奥和张毂两人,领着一班人运来了一大堆送行时才作馈赠的锦绮衣袄等礼物,以及一些送给马扩随从的银绢物品。他们对马扩道:"明天就请宣赞回去了。"

马扩以未见九大王并且未得辽朝回书,推辞不收这些礼物。萧奥道:"李门下所传圣旨称,赐予交付此等礼物本有先例,宣赞还是请留下吧。"好像辽朝君臣已料到了马扩可能拒收礼物这层细节,专门在圣旨中还要交代一声,这也显示了辽朝官方对于宋使的态度甚为友好,与前几天萧夔等人的严词峻色、以死相胁的态度已是截然不同。接着,辽朝以秘书王介儒和都官王仲孙为使者,带着辽朝的正式回书,同马扩等人一起前往宋朝的雄州宣抚司。

从马扩应募出使燕京到现在不见耶律淳而回,这一全过程,马扩均记录于自己的著述《茆斋自叙》中②。然而,南宋封有功在其著述《编年》中,对马扩出使辽朝却另有详述。

马扩自述燕京之行未见耶律淳,而据封氏《编年》记载,马扩使辽曾经进宫面见过燕王耶律淳,且当时耶律淳通过译者责备马扩道:"辽宋两朝讲好百有余年,如今贵朝忽然逾盟,大兵压境,却不曾畏惧上天的惩罚吗?需知

---

① 《北盟会编》卷六,宣和四年五月"宣抚司募马扩入燕招谕"条,引《茆斋自叙》原注:"李门下者处温也,初欲面议称藩,因白沟之衄遂已",第43页。

② 《北盟会编》卷六,宣和四年五月"宣抚司募马扩入燕招谕"条,引《茆斋自叙》,第41—43页。

自古以来，违誓之国必得报应，其国运绝不会长久！"①

马扩的答词就如第一次从容对答姚璠和萧龙等人指责宋朝师出无名的内容一样。随后马扩向耶律淳递上了徽宗皇帝的诏书以及宣抚司的书榜。耶律淳令姚璠宣读这两件文书后，又交付给了门下省，让其官员知晓徽宗诏书内容。

之后，完成递交外交文书使命的马扩来到了宫中一厅堂，此时，发生了一个小小的意外。只见厅堂中摆放着香案和拜褥，萧龙对马扩道："请舍人②朝拜。"

马扩当时感到很惊讶，不无愠色地道："适才面见九大王时已作朝拜之礼，怎么又说要朝拜了呢？这是什么礼数？"

萧龙道："舍人息怒。"于是，有人张挂出两轴绘画，一张题作"大宋膺符稽古神功让德文明武定章圣孝元皇帝"，另一张作"大宋礼天法道极功全德神文圣武睿哲孝明皇帝"。马扩一见画上所题帝衔，便知是大宋真宗皇帝和仁宗皇帝的御容③，即捻香朝拜。辽朝在此绝不会虚设这样一个无关大局的礼节性场所，这其中应该隐藏有"圈套"。果然，马扩行礼完毕后，萧龙即令译者琅琅诵读宋辽两朝的誓书来，而按照礼节，马扩是必须跪听皇帝之书的。译者先是宣读宋辽"澶渊之盟"时宋朝真宗皇帝的《誓书》：

---

① 《北盟会编》卷六，宣和四年五月"宣抚司募马扩入燕招谕"条，引封氏《编年》，第43页。马扩自述"仆辞以未见九大王及未得回书，不敢受赆"，即谓马扩并未见到燕王。而封有功《编年》此节却叙述了马扩和燕王的相见及对答，不知封氏所据为何？一般而言，马扩本人自叙当更为可信。作家徐兴业《中国古代史话》下册第十章《辽宋金元时期·辽、宋、金的三角战争》也说："马扩以谕降使的名义，冒着生命危险，只身入燕，进行频繁的活动。他的声名，震动辽廷"，似乎也认定马扩并未见到燕王（上海教育出版社1982年版，第109页。徐兴业只有在其小说《金瓯缺》中，于此觅得施展才思之空间，将马扩出使辽廷、面见燕王及王妃，描绘得谈吐得体，气度不凡，参见徐兴业《金瓯缺》第二册第十五章，福建人民出版社1981年版，第88—133页。

② 童贯借给马扩出使辽朝的官衔是阁门宣赞舍人。马扩《茆斋自叙》叙述辽朝官员对自己的称呼时均作"宣赞"，而封有功的记载则不同，称"舍人"。

③ 《北盟会编》卷六引封氏《编年》在此引"原注"云："真宗御容者，至和初，北朝昭圣初令使先赍画像来，且言，两国交欢，未尝识面，因请御容。朝廷许之，遂给使回。仁宗御容者，嘉祐二年秋七月，北朝遣使上御容，以为后世子孙之夸。议者虑有厌胜之术，上曰：'朕待虏甚厚，必无是理。'遣御史中丞张升送之。虏主具仪服迎，谒见御容，惊甚拜，退而谓左右曰：'中国之主天日之表，神异如此，真圣人也！我若生在中国，不过与之执鞭捧盖，为一都虞候而已。'其畏服如此。所有帝衔求得中国谥号，遂涂金字书于像傍"，第44页。

维景德元年十二月七日,章圣皇帝谨致书于弟大辽皇帝阙下:共遵成约,虔守欢盟,以风土之仪物,助军旅之费用,每岁以绢二十万匹①、银一十万两,更不差使臣专往北朝,只令三司差人般取雄州交割。沿边州、军,各守边界,两地人户,不得交侵。或有盗贼逋逃,彼此无令停匿。至于陇亩稼穑,南北勿纵骚扰。所见两边城池,并各依旧存守,淘壕完葺,一切如常,不得创筑城隍,开掘河道。誓书之外,各无所求。必务协心,庶同悠久。自此保安黎庶,镇守封陲,质于天地神祇,告于宗庙社稷,子孙共守,传之无穷,有渝此盟,不克享国。昭昭天鉴,其当殛之!

接着又宣读了辽朝昭圣皇帝的《誓书》:

孤虽不才,敢遵此约,谨当告于天地,誓之子孙:有渝此盟,神明是殛!呜呼!此盟可改,后世何述?

再读宋朝仁宗皇帝的《誓书》:

窃以两朝修睦,三祀于兹,边鄙用宁,干戈是偃。近怀先誓,炳若日星。今绵祀已深,敦好如故。关南十县,本朝传守已久,愧难依从。别纳金缯之仪,用代赋敛之物,每年增绢一十万匹、银一十万两,并前银绢般至雄州所管白沟交割。两界塘淀,除已前开畎者并依旧外,自今已后,各不得添展,其见在堤堰水口,逐时决泄壅塞,量差兵夫,取便修垒疏导外,非时霖潦大段涨溢,并不在关报之限。两地作过逃走诸色人,并依先朝誓书外,更不得似日前停留容纵。恭惟二圣威灵在天,顾兹纂承,各当尊奉,共存大体,无介小嫌。且夫守约为信,善邻为义,二者阙一,罔以守国。皇天厚地,实闻此言。其明文藏于宗庙,副在有司,余并依景德年中两朝誓书。顾惟不德,必敦是盟,苟或食言,有如前誓。专奉书咨闻。不宣。

译者如此三番读完两朝《誓书》,萧夔这才请马扩起身上厅。宾主落座

---

① 封氏《编年》所载此宋辽两朝誓书原作"每岁以绢一十万匹",今据《契丹国志》卷二〇所载改作"每岁以绢二十万匹"。

献茶后，萧虁发问了："舍人刚才听到两朝《誓书》，难道心中就没有什么感想吗？南朝君臣难道忍心违背这些誓约吗？"辽朝还是想揪住宋朝此次师出无名，有违双方誓约的"尾巴"，在道义上让宋使无言以对。

马扩道："前几天已曾当面听闻诸公的这个意思了，本朝当然知道两朝间有此盟约，如今之所以起兵而来，只是为了燕王擅行废除天祚，自立为帝。宋辽乃是兄弟之国，如今燕王篡位，天祚有难，出于兄弟之情，本朝理应兴师问罪，这岂能说我大宋是师出无名呢？"

马扩针锋相对的几句话就让萧虁无言以对了，原先准备大加责难的话也只好就此打住："舍人之言虽然说得稍有道理，然而贵朝终究是违背誓约了。请舍人回馆休息吧。"辽朝的几番做作，也算是费尽心机，却被马扩寥寥数语挡了回去，双方几乎只有一个回合，辽朝就不得不息兵罢战。

马扩走后，耶律淳召集李处温等人细看宋朝皇帝敕榜，商议对策。摆在耶律淳面前的形势是，天祚帝尚在夹山，一旦率兵返还燕京，必将对耶律淳及其臣下痛下杀手；另一方面，金军势力正盛，也是个你死我活的对手；唯有大宋这边，虽然现下也是极不厚道，逾盟相伐，但毕竟兄弟相称长达一百多年，归顺大宋似乎还不至于危及身家性命。然而，作为堂堂大辽天锡皇帝，意欲降宋却又羞于启齿，不敢亲口直说，所以他话中有话地问李处温道："南朝敕榜所提之事，本朝该咋办？"

这李处温就是那个南投宋朝的赵良嗣的表叔，和赵良嗣一样，原非忠君报国之君子，赵良嗣尚在辽朝时两人关系十分密切，当时天祚帝当政，两人深知辽朝国祚将危，便一起商议欲归宋朝，并且因此而成为莫逆之交。两人还曾密会于燕京北极庙，捻香沥酒为誓，相约要一起投宋，将自身和辽朝的江山卖予宋朝，以谋求自家的一场富贵。之后，李处温闻知赵良嗣南奔，宋朝授予秘阁待诏之职，礼遇待遇俱厚，所以也想着步其后尘南投宋朝，不料，那时正值金军大举西进，天祚帝奔窜逃入夹山，一时没了音讯，于是，李处温在群龙无首的燕京辽朝中拥立了燕王耶律淳为天锡皇帝。因为推戴之功，李处温当上了辽朝南面官首相之职，位置显赫，于是暂时也就断了曾与赵良嗣约定的投宋念头。如今，宋朝童贯大兵压境，这投宋之念又如沉渣泛起，只是一时还犹豫未决。现在天锡皇帝当面相问,李处温却因为害怕众人不顺从,而未敢直截了当提议耶律淳南归宋朝,只是禀奏道:"此乃军国大事,臣虽然位居百官之首,却不敢以一己管见私自处置,对于是否归顺大宋,请容许臣与各位大臣共议。此事甚大,关键还在于陛下明智独断,再让臣等参与谋议。"

李处温是个老狐狸,耶律淳要他对是否降宋一事谈谈自己的想法,他却推说要和百官一起再作商议,自己的想法滴水不漏。接着又要耶律淳干脆独自决断,他们不过再作附议罢了。自己不想承担丝毫的历史责任,却又怂恿耶律淳早作降宋决断,并且暗示自己不会反对降宋之举,在历史转折的关键时刻,李处温的小人之心、佞臣之态暴露无遗。

耶律淳无奈之下只得散会。但他一人左思右想,既恐天祚帝复来燕京,又怕大金兵马早晚会来,而手下这些官僚关键时候一个个缄口不言,只指望自己拿个主意,作出决断,可是计从何出? 眼看这副烂摊子自己实在是无力收拾了,无计可施的耶律淳没过多久只得再次召集李处温等人面议,道:"朕以微末之身承蒙祖宗之灵的恩德,继承皇帝大位,本想与卿等但求保全宗庙。然而女真人马占据西京,未闻他们有收兵归国的迹象。而眼下大宋又重兵临境,与大金夹攻本朝。朕观人事天时,实在不敢再居皇帝宝位,欲称藩南朝,与卿等同保一家亲属,不知卿等意下如何?"言毕,呜咽流涕,尽显亡国之君的面目。

李处温见他自己终于说出了要称藩宋朝,便陪着也流了几滴眼泪,算是尽了人臣之谊。接着便直奔主题,商议遣使宋朝洽谈称藩事宜。

以上这段封氏《编年》对马扩出使燕京的记载有板有眼,如同亲历一般[①]。按照封有功之说,马扩此行使辽到此时此刻已大获全胜,且收功巨大,若不是白沟前线宋军一败涂地,马扩将在历史的重要关头留下惊人的一笔:三寸之舌下燕京! 而马扩到底是否见到耶律淳并作谕降之说,耶律淳是否真的因走投无路而最终作出称藩宋朝的决定,这在南宋徐梦莘编撰《三朝北

---

① 《北盟会编》卷六,宣和四年五月"宣抚司募马扩入燕招谕"条,引封氏《编年》,第43—45页。

盟会编》时已经无考，所以徐梦莘也只能客观地将马扩自叙和封有功著述一并抄录下来，而不作任何考评。但以今天的眼光来看，即使按照较为可信的马扩自叙来评判其燕京之行，同样也可以作出马扩收功巨大的评价。因为无论如何，马扩几次三番舌战辽朝众官，可以说硬把辽朝对宋朝一百多年的凌人盛气给打掉了，并且最终逼迫辽朝君臣作出"面议称藩"的打算，这对马扩而言，对马扩此行而言，其功之大无过于此！即使是宋辽两国历来的外交谈判，宋朝之得也无过于此。若非白沟战局的出人意外，马扩必将以大宋收复燕云之最大功臣而彪炳史册，即使在整个中国古代史上，也是不可或缺的一笔。

第四节　宋军败绩，马扩前功尽弃

马扩燕京之行功亏一篑，既非马扩的责任，也非马扩所能左右。左右并扭转了辽朝对宋形势的关键人物，是辽朝林牙耶律大石。

耶律大石何许人也？《辽史》中有极为简单的记载："大石字重德，太祖八代孙也"，算是皇族出身。又"通辽、汉字，善骑射"，也就是说，他既通晓契丹文字，也精通汉字，骑射之类的契丹传统武艺也练习得不错，算得上是学贯南北，文武双全的人才。天庆五年（1115），大石进士及第，成为《辽史》中记载的唯一一名进士出身的契丹人。旋即入翰林院，被提拔为"应奉"和"承旨"。因辽人称"翰林"为"林牙"，所以他又被称作"大石林牙"①。大石进入仕途时，辽朝业已风雨飘摇，走向末路，他先后出任过处于抗金前线的泰州（在吉林洮安县东北）和祥州（吉林农安县东北万金塔古城）两地的刺史，后又升任辽兴军（河北卢龙）节度使。保大二年，金军攻取中京，天祚帝仓皇西奔，燕京辽朝群龙无首，这时，耶律大石进行了他政治上的第一次赌博，支持李处温和萧幹等人拥立耶律淳为帝，得以成功，并一举成为辽朝掌握军事大

---

① 《辽史》卷三〇《天祚纪》四，第355页。

权的重要人物之一。

　　五月二十六日(癸未)，马扩还在燕京舌战辽臣时，在宋辽界河白沟河兰沟甸(在河北涿州新城境内)地界，宋朝西军统帅都统制种师道的裨将、前军统制杨可世所部，突然遭到了耶律大石率领的辽军的袭击。

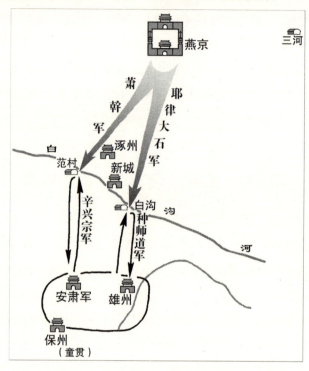

2-2　宋军第一次伐辽战争示意图　焦　俊　作

　　这天早晨天还未亮，驻守兰沟甸的杨可世所部东路宋军，就发现对岸辽军有异常情况，立即向种师道报警。种师道闻讯便召集诸将，道："燕吾民也。苟王师力能接纳，自来归附。但坚壁为备，必有内变，切不可杀一人！尔等为我约兵卒，遵依圣旨及宣抚司约束。"种师道这时候还是想着恪守朝廷和宣抚司的成命，要求部属不杀一人。于是，杨可世奉命派人手持招降所用之"黄榜旗"前往河边，准备辽军前来投降。然而，当天色放明后，宋军却发现隔岸对峙的是一支赫然已经进入战斗状态的辽军。宋军还不罢休，以劲弓将"黄榜旗"发送过河,结果遭到了对方"矢石如雨"般的打击。种师道闻报以后,以为"兵刃既接,安能束手就死,战将有功",违背了童贯原先不准杀一人一骑的军令,下令还击。杨可世派兵扼守河桥,奋力抵御辽军的进袭,双方展开激战。耶律大石见辽军攻坚难以取得实效,便迅速调整进攻方向,避开与守桥宋军的正面硬斗,以骑兵向西急进。杨可世发现辽军可能寻找上游渡口,以作包抄夹攻,也马上分兵相拒,但还是慢了一步,宋军尚未赶到可渡之处,辽军骑兵已经涉水杀奔而来。宋军见状即退,辽军顺利渡过白沟。杨可世闻讯大怒,留下部分人马守住河桥,亲率主力赶来驱逐渡河辽军。结果,杨可世这边还没将渡河辽军击垮,那边辽军又乘机攻占河桥,然后两支辽军一左一右,包抄杨可世大军。双方再次展开鏖战,杨可世腿部中箭,"血流满靴",接着胸腹部也被流矢击中。虽然杨可世仍然奋力拼杀,亲手斩杀了辽军数十人,但是孤军作战的宋军还是不敌两翼包抄的辽军,大败溃逃。兰沟甸之战以耶律大石的大捷而告终。

兰沟甸之战的胜利大大鼓舞了辽军的士气,第二天,辽军萧干部也渡河向驻扎范村的辛兴宗所部西路宋军进行猛攻,宋军未见顽强抵抗,便向后溃退。

辽军强渡界河、赢得白沟大战的胜利后,辽朝立即作出积极反应,增兵三万相援。二十九日(丙戌),辽军再次发起掩袭,宋军一触即溃,退至雄州。而恰在此时,出使燕京而回的马扩和辽使王介儒、王仲孙等人行至白沟。

按照马扩自己的说法,马扩一行人是在五月二十七日(甲申)同辽使王介儒等人一起南返的,他们当晚息宿于涿州①。次日,马扩便看见一批辽军骑兵,携带着在白沟战场上夺得的宋军刀枪鞍马等军械装备。又见不少步卒来来往往,一片胜利后的繁忙景象。战局显然有利于辽朝一方,即使没有亲历战场,也可以让人明显感觉到宋军被打惨了。

王介儒想乘机教训一下马扩,道:"辽宋两朝太平日久,即使像那些满头白发者也未必见识过打仗。而今一旦亲见这等凶险、危难之战事,尸横遍

---

① 《北盟会编》卷八,宣和四年六月六日条,引《茆斋自叙》,第55页。

野,血流成河,又怎会不感到哀伤呢?你们南朝总是爱提燕人思归大宋这档子事,但怎么不想想,燕地自从割属契丹,至今已近两百年,都两百年了,燕人对于大辽难道就没有一点君臣父子之情吗?"言下之意,这辽军中的不少骑兵和步卒也是汉人,他们正在为保卫燕京辽朝而与宋人浴血奋战呢!

马扩道:"一个国家走向兴或亡的路途大概并非几人之力所能左右",先一言定性指出,你辽朝实际上已经是秋后的蚂蚱,依靠这么几个人的力量也蹦跶不了几天了,"现如今女真人步步逼近燕京,燕人如在鼎镬之中煎熬,这也是明摆着的事实。本朝皇帝挂念故土臣民百姓,不忍坐视不救,是以起兵前来援救。若论父子之情,那谁是嫡亲之父?知道自己有养父,而不知还有嫡亲之父,那也是不孝之子!"马扩表明"为父"之仁慈,却将那些助纣为虐的汉人指为不孝之子,不值一提,将王介儒的话反驳殆尽。

王介儒无话可说,只好笑而不答。

宋使和辽使一同再走了一程,到新城时,也就是接近刚刚发生过惨烈战斗的宋辽白沟界河时,王介儒得到了一个对马扩等人极为不利的消息,他对马扩道:"四军大王眼下就在白沟,他已下令要强行留住南使,不使回宋。"

此时,马扩等人还在辽朝地界,根本无从抗争或是另谋出路。摆在他们面前的形势是,宋军已经从白沟一带向南退守雄州,辽军也已乘势南渡白沟,宋军的第一前线早已荡然无存。更为险恶的是,原先宋朝屯重兵于白沟时,辽朝尚且对童贯所遣之人动辄开刀,毫不手软,现下白沟宋军星云散尽,杀几个宋使更是不在话下。而此时此刻,萧幹既然已经下令强留宋使,即意味着屠刀已经架在了手无寸铁的马扩等人的脖子上。面对如此险恶境地,马扩一行人表现出了惊人的镇定,他们既无激烈行为或言词(这非但毫无用处,而且只有加快自己的灭亡),也没有委顿消沉,或惶惶不可终日。当晚,他们下榻于新城的一个偏远驿站中,安静无声,一如平常。

也许是一路结伴而行的缘故,王介儒见情势紧张,便善意地向马扩劝戒道:"宣赞这次面见四军大王时,言语之间恐怕要更加温顺。你等此行十分危险,一举一动都非常不易,休要触怒了虎狼之心。唯有如此,方能全身而退。"

马扩却道："四军大王不能制止女真对大辽侵袭之患，却对手无寸铁的一介使人耍什么威风？他若不与讲理，马某也不过一死罢了，只是不敢忘却了燕京全境百姓之安危存亡这一大事啊！"

王介儒无话可说，只好告退。

其实马扩也没有坐以待毙，他料想萧幹是因为昨日宋军的小小挫败，所以才有了强留宋使的想法，以截留将送往宋朝的不利于辽朝的称藩条款。于是，他秘密派人探访昨天宋辽两军的战况，到底是宋军往北打来了，还是辽军在往南进攻？不久，消息就探听到了，真实的情况是："辽军乘隙渡河，袭击抢夺了宋军阵地。"马扩听到这个情况，马上就推断出了自己所处形势的发展趋势，他认为："辽军不过留滞咱们一天罢了，没有什么危害之处。"马扩估计，像萧幹这样杀人不眨眼的恶魔，他吃败仗了，恼羞成怒就很有可能迁怒于宋使，而作出斩杀使人的极端行为。现下获胜了，心情当然不错，只要截住辽朝在对宋外交文书上的不利条款，即达目的，所以未必非得置使者于死地不可。但是，轻易放过宋使也不太可能，最大的可能是把你留在这里，狠狠吓唬或羞辱一番，待到对宋人的一口恶气吐尽了，就像猫将爪下的老鼠玩腻了，这才放你回去。

然而到次日，辽军前线最高指挥官萧幹却意外地没有露面，他让耶律大石来见宋使。见面后，耶律大石对马扩劈头就是一声质问："咱们南北两国通好已有百多年，现如今南朝为何要举兵侵夺我大辽的土地？"

这又是一个和当初燕京辽朝姚璠、萧霭以及燕王耶律淳等人对马扩的责难在意思上完全一样的问号。但是，马扩如果就像当初对燕京这帮君臣一样应对耶律大石的责难，显然凶多吉少。在燕京马扩打出的尽是"问罪"之牌或"谕降"之牌，此时此刻，他很清楚自己以及十五位同伴命悬一线的处境，于是非常明智和果断地打出了一手与在燕京的牌张截然相反的"救燕"之牌，他道："本朝举兵前来，完全是因为女真人屡次遣使渡海前来，要将燕京之地献还给本朝，而本朝每每婉言谢绝，从来不曾信从女真人的话。可是最近得到女真人的文书，声称其兵马已经占据了山后地区，倘或本朝不要燕京之地，则他们将自己来取。所以，本朝不得不发兵前来救燕。"

耶律大石并非等闲之辈,他一眼就看穿马扩这是在狡辩,于是脸色一下沉了下来,神情严肃甚至有些愠怒地道:"以前河西家(即西夏)累次三番上表本朝,要和我大辽一起出兵夹攻南朝,而本朝每次都将河西家的表章封好了交给南朝,绝不肯见利忘义,听从并采用河西家的离间之言。现在贵朝才得女真一言,便就立即举兵相应啦?"

马扩毫不退缩,接口反问道:"不错,河西家确实累有不逊之言,要联合大辽算计本朝,虽然如此,但是这数十年来,林牙仔细想想,河西家何尝侵占、夺取到大宋一寸土地?反观女真人所言,倒确确实实与事实相符。所以,本朝此次出兵,不但是为救燕,也是想巩固我大宋边境。"

现在的马扩不是在狡辩了,而是据理力争,并且既以事实反驳,又拿女真人席卷大辽土地之事讥刺对方,间接指责对方没本事和女真人战场上去争高低,却在这里为难一名手无寸铁的使者,算得什么英雄?马扩的巧妙对答也让耶律大石无言以对。在宋朝师出之名这个问题上无法折服马扩,他只好另出一牌:"你身为使者,又岂能与刘宗吉这等人结交,相约图谋大辽?"

耶律大石一打出"刘宗吉"这张牌,马扩便知道对方已经黔驴技穷了,于是有点不屑地答道:"马某还在燕京时,贵朝诸公已经就此问题和马某争论过。马某自以为这一趟走来,充当的角色乃是'招纳使'!"

马扩的无畏、强硬和针锋相对,反而折服了耶律大石,眼见得再说下去既占不到什么便宜,也十分无趣,他只得收兵罢战,对马扩道:"看在辽宋两国和好多年的分上,我也不想扣留你等使人,过一会儿吃完饭,你等可以启程回去了。但要传话童贯:如果想和则辽宋仍旧可和;如果不想和,那么就请他出兵对阵,咱们可痛痛快快拼个你死我活!休得这般龟缩不出,只是苦了暑天酷热中的双方将士,却有何益?"说罢,骑马而去。

从耶律大石最后这番爽快之言来看,当时辽朝的本意还是想与宋朝议和,以共同对付女真人;再不行,也希望宋朝保持中立,以免自己两面受敌。这也是马扩最终得以虎口脱险的根本原因之一。否则,尽管马扩的无所畏惧和机敏善辩可以得到对手的尊敬,可一旦辽朝决定破釜沉舟与宋朝决一死战,马扩再有如簧巧舌,也未必能逃脱一死。

第五节　脱险而归，力行亡羊补牢

五月三十日（丁亥），功亏一篑、空手而回的马扩一行人渡过白沟，回到了十二天前他们的出发地，而此地现在已经从宋军的最前线变成了辽军的桥头堡。唯一可以让人感到欣慰的是，燕京之行的十五个人一个也没少，全部回来了。

穿过白沟辽军的营地往南行不多久，他们首先看到的宋军阵地是种师道的营寨。马扩一眼看出这个营寨的择地存在着严重隐患，宋军一旦因此遭袭，又将是一次大溃败。为了迅速弥补种师道在军事布置上的错误，同时也是为了及时、方便传递自己从燕京而来一路所见所闻的情报，马扩将随从和辽使暂留路边，独自一人去扣种营的辕门。种营统制官杨惟忠出来相迎，引领马扩入见种师道。见到种师道后，马扩先简要报告了自己出使燕京的情况，这主要是政治上的见闻和自己的亲历，但很快他就从军事常识出发，向种师道建议道："大凡建营立寨一定要选择高敞之地，以便对敌作战，但是现在我公营寨之东、西、北三个方面都逼近树林，恐怕会被敌人利用，乘风火攻我军。而且，在这种茂林之地扎营，白天眺望前方敌人动静也颇费眼力，多有不便，为何不迁移一下呢？"马扩的可贵之处是，并不因为自己官衔远低于种师道而有所顾忌，而是知无不言，言无不尽。种师道的可贵之处则是，知错即改，纳谏如流。不久，这座宋军前线最为重要的军营便开始转移，另择要地，这让马扩感到很满意。

宋军营寨往南转移，这引起了与马扩同行的辽使的十分关注，因为如果宋军继续向南转移，则宋辽两军很快就会摆脱现在随时随地处于接战的状态，这将为力主和议的辽朝带来谈判的空间，辽使可以通过对宋军最新动态的观摩及其真实意图的揣摩，为到达宋朝宣抚司后的谈判找到自己恰当的位置，定下合适的调子。所以，王介儒忍不住问马扩："贵军一直往南迁移，却是为何？"

在军事问题上,马扩有一种职业的敏感,绝不会将自己军队的任何情报轻易相告,他非常老练地哄骗对方道:"这没什么大不了的,不过是我军在换防而已。"马扩没有能力调集一支生力军强势增援一线阵地,却以简简单单的一句话,掩盖了宋军向南退却的迹象,且以军队正常的换防,营造了前线宋军仍是大军云集的假象,这种虚假的阵势辽使反正也无从核查。

在宋军惨遭败绩的危机时刻,马扩的机敏之处还表现在他对辽使的接待上。当天晚上抵达雄州后,他巧妙地将王介儒一行人安排在一处窄小的驿馆中,无形之中和宋使在燕京时被隆重安置于当地名寺形成了鲜明的对比,而有意造成一种宋方对辽使的怠慢心态和简慢做派,让辽使依然怀揣一份战战兢兢的求和诚意。

亲自安顿好辽使后,马扩这才转身去见童贯。

然而,对于马扩的脱险而回,宣抚司幕府中居然充斥着深恶痛绝之言,这让马扩一路上的费尽心机和巧妙安排均化为乌有。走进童贯幕府中,但见童贯的幕僚和属官环拥其后,一付大堂会审犯人的架势。童贯询问出使燕京的谈判事宜,马扩尽可能将自己的所见所闻、所遇所感以及刘宗吉相告的辽军情报作全面汇报,而所言之核心意思即辽军已是穷途末路,外强中干,以虚张声势为能事,实在虚弱之极,不堪一击。马扩一边说,那些幕僚和属官一边就开始大肆"表演"了,有跺脚的,有拍掌的,还有切齿大怒的,而所有人的"演出"都是一个意思,即马扩所言恶毒之极。机宜官王麟更是直指马扩,厉声喝道:"马扩可斩!"①

其实,王麟等人的这一切"表演"都是色厉内荏,内心深处他们惊恐于辽军的声威,唯恐骁勇蛮横的契丹铁骑冷不丁杀到跟前,而打了千万遍退堂鼓,急于逃离这个是非地。现如今在他们眼中,大辽依然强大无比,大宋最为精锐的西军在宿将种师道和骁将杨可世的统领下,仍然一败涂地于白沟,这就是明证。这个时候,王麟等人正忙于刀笔吏的勾当,排比句子,推敲言辞,以探报不实为罪名,拟定一篇旨在削去雄州帅和诜、高阳关路帅侯益官

---

① 《北盟会编》卷八,宣和四年六月六日条,引《茆斋自叙》,第56页。

职的奏章。接下来种师道也休走，其战败之罪岂能放过，铁板钉钉也在弹劾之列。和诜、侯益探报不实在前，种师道指挥不当在后，这就是导致宋军大败亏输的全部原因，唯一没有责任的就是宣抚司幕府中的人，他们是绝对清白和无辜的。打倒别人的目的就是开脱自己，这就是王麟等人的官场手段和心中算计。而现在呢？好你个马扩，在燕京大难不死也罢了，回来竟然还要说大辽军队是徒有其表的纸老虎，容易对付，不堪一击，岂不是与和诜、侯益他们一个鼻孔出气？而且还要煽动宣抚司再起干戈，惹是生非？这番恶毒之言简直就是要幕府诸公喋血沙场，或者说得再直白一点，就是眼见得大辽铁骑即将杀到，还要哄骗大家伙儿傻乎乎呆在这里，引颈就刃，坐以待毙，你马扩是何居心？

马扩在燕京辽朝之堂，在白沟辽军之中，性命几次不保，脑袋几乎落地，尚且无所畏惧，在自家地盘上又岂能允许王麟之辈放肆和恐吓？他寸步不让，坚持己见，最后逼迫童贯挥手让这些气势汹汹的幕属退场离开。等到众人悻然而退后，这会儿在一对一的场景下，童贯反倒安慰马扩来了，道："大事尚有可为，只是不要和那些人透露了。"

马扩向童贯详细报告了自己燕京之行的情况后，也就算完成了宣抚司的这次使命。他走出幕府，却见那些童贯幕属还没有走开的意思，一个个挡住去路，向马扩发难。一个叫贾评的幕僚俨然老前辈的口吻道："怪只怪我等平日里没有把他教育好啊！"众人你一言、我一句，极尽责难和嘲讽之能事。

马扩正色道："马某听说朝廷此次趁势收复燕京，关键之处就在于凭借燕山之险而任用燕人之才，使燕京永为国家北疆之屏障。如今燕人对大辽已是离心离德，并且千方百计谋求南归，而燕京一带辽军精锐骑兵不满千骑，兵力单薄，耶律淳又是新立之君，威望未树，加上女真人已经攻取西京，燕京辽朝形势越发窘迫，马某亲眼所见就是如此，向童太师详尽报告。未料各位恶语相向，却是为何？况且，马某此次出使燕京，不顾妻儿家小，甘赴性命不测之地，实在是因为马某深知此行事关国家安危存亡，又怎么能听从各位之教诲却不以实情相告，以致误了军国大事呢？"马扩义正词严，有理有节,童贯的这伙幕属听了很不舒服,却也无话可说。

这伙人奈何马扩不得,便想出法子整别人。由宣抚司发了一道军令给种师道,勒令他将军队退入雄州城内。这道军令明眼人一看就知道是这帮家伙害怕辽军来袭,名义上调集军队是为了加强雄州的城防力量,实质上是为了保卫自己的身家性命。而种师道则从军事常识上指出了这道军令的荒谬,据理力争道:"当今形势为了重树军心,我军只可进,不可退。况且强敌近在咫尺,我军一旦后退,敌人必将乘机掩袭,则整个战局将不堪收拾。"见种师道违抗军令,宣抚司立即派遣行军参谋刘韐前往告诫,逼迫种师道退兵。种师道不得已移师而退。果然,耶律大石早有准备,宋军一退,便乘势尾随掩袭。这一场混战再次对宋人造成不利,宋军尽管最后撤进了雄州城里,却伤亡"甚众"①。至此,宋朝的这次意欲趁火打劫的北伐行动以彻底失败告终。

宣抚司这帮幕属成事不足,败事有余,给宋军造成重大伤亡。而混乱中,只有马扩还在竭力抢堵这些庸人捅下的漏子。败军退入雄州,即被宣抚司发遣上城墙守卫,那匆匆忙忙、慌慌张张的情形早被住在城内的辽使望见。王介儒看见马扩便一把拉住他,要问个明白。马扩心知不妙,却装着若无其事的样子回道:"你说那些往城上走的人吧,那都是刚刚到达的从陕西过来的六路兵马。"

马扩的这个谎言撒得很大,他是想竭力补上这个窟窿,不让辽使在谈判中占据有利地位,或有半点可资借力之处。但是,愚蠢而又胆怯的童贯及其幕属一而再、再而三地作出荒唐之举,将马扩的全部努力一笔勾销。宣抚司一边将种师道部撤进城里,加强防守力量,一边派出刘韐、贾评、王麟、李子奇、于景、李宗振等一大帮人(马扩少不了也得作陪),携带极为精美雅致的金玉茶具,前往驿馆与辽使隆重会谈,共商宋辽议和大事。这些童贯幕属早先吊民伐罪的"正义之色"荡然无存,现在取而代之的是和颜悦色,与辽使兴致勃勃大谈宋辽两国往昔的友好情义。和马扩一样,他们也采用了欺骗的

---

① 《北盟会编》卷八,宣和四年六月六日条,引《茆斋自叙》,第56页。

手段对待辽使,但是欺骗的内容却截然不同,他们对辽使道:"本司已经奏禀朝廷,还是要与贵朝和好如初,只是现在还未得到朝廷的回报罢了。"诚恳之态就差指天发誓了。

而辽使当然乐意得到双方罢兵讲和的结果,只是借辽军大获全胜的机会要好好谴责一下宋人。王介儒道:"燕人长久归属于大辽统领,各守乡土,安居乐业。贵朝无端出兵侵扰,所以燕人纷纷决一死战。这场战事对于辽宋两国百姓之性命多有伤害啊!"谴责之中还要摆出一种痛惜两国生灵涂炭的仁义心肠。

辽朝副使王仲孙接了王介儒的话头道:"有句谚语说得好:'一马不备二鞍,一女不嫁二夫。'既为大辽人臣,岂能事奉二主?燕中士大夫怎么会想不到这一点呢?"王仲孙既要表明燕人对于大辽的耿耿忠心,你等宋人还想暗中策反他们,死了这条心吧,又要不痛不痒谴责一下辽朝执政大员的不明事理,暗示自己乃是辽朝之中主战的一派。

面对辽使的这番谴责与狠话,宣抚司的衮衮诸公居然无言以对。只有马扩忍不住出声狠狠刺了一下对方:"燕人先嫁契丹,现如今恐怕又要再嫁女真了吧!"王介儒和王仲孙均是燕地汉人,马扩出言讥刺,弄得两人不知如何回答是好,只好"相顾大笑",结束这场口斗。

辽使在雄州又住了两天,到六月六日(癸巳),在宋朝宣抚司见到了童贯。双方礼貌有加,尽显睦邻友好。宣抚司这次准备好的回复辽朝的文书就办得一个词儿:讲和。一切议程过后,童贯"以铁骑送介儒等归"[1],徽宗的第一次伐辽战争也就到此偃旗息鼓了。

对于这场战争的结果,耶律大石再满意不过了,他可以乘胜收缩战线,将手中非常有限的一丁点儿兵力集中于燕京附近,拱卫辽朝唯一幸存的这个都城。从整个宋辽金三国形势来看,辽朝至少可以暂时摆脱宋金两面夹攻的局面,耶律大石在军事上的胜利为日益受到宋金两方压迫的辽朝赢得了政治上的喘息机会。

---

① 《北盟会编》卷八,宣和四年六月六日条,引《茆斋自叙》,第56页。

宋朝对于辽朝这次明目张胆的战争是结束了,然而,宋朝一方在政治活动方面却仍在演绎着形形色色的阴谋诡计,依旧保持着活跃而兴奋的状态。童贯及其幕属对于辽使的和颜悦色全是口是心非,骨子里仍然还想着如何不费吹灰之力颠覆辽朝。送走辽使后,童贯突然问马扩:"现下燕京辽朝谁为首相?"

马扩回答说是李处温。这一说,让边上一人不禁喜形于色,鼓掌叫好。此人便是大名鼎鼎的赵良嗣。

童贯问为什么,赵良嗣道:"良嗣以前还在大辽之时,便与李处温结为莫逆之交。后来咱俩谈到天祚失德之事,李处温便想和良嗣相约一起南归投奔大宋。咱俩曾经还在燕京北极庙中拈香为盟,发誓要齐心协力一同灭了契丹。如今良嗣虽然早已南归,但是咱俩当年北极庙之誓必不落空,只要良嗣亲笔之书送到,李处温必定响应,作我内应。"这又是一个不劳而获的想法,指望一纸书信下燕京,恰好投童贯所好。童贯也不怠慢,当即叫赵良嗣作书一封,派了细作送往燕京。赵良嗣信中相约李处温,要他约上另外一个叫马柔吉的,一同纠结燕地"义士"打开燕京城门,拘捕契丹要人,迎降大宋,转祸为福,以实际行动践行当年北极庙"归朝灭辽"①的沥酒誓言。

李处温收到赵良嗣来信,果然动心,叫其子李奭作了一封回信,表示愿为宋朝复燕作贡献,"欲俟王师逼燕为内应"②。这是一个模棱两可的回复,表示自己愿作内应,却非得等到宋军兵临城下时才有行动,言外之意就是你不出兵,我也蛰伏不动。李处温真是狡猾之极!

童贯刚刚被辽军痛击了几阵,心有余悸,哪里还敢再去招惹辽军这只大虫?约降李处温的妙计只好束之高阁。那李处温既在辽朝呼风唤雨,又暗通童贯,脚踏两头船还嫌不够,又派人"北通于金,欲为内应"③。后来耶律淳病危,李处温父子想乘机发动兵变,但是其"欲挟萧太后纳土于宋"④的计划

---

① 《北盟会编》卷八,宣和四年六月"童贯作书约辽国李处温"条,第57页。
② 《北盟会编》卷八,宣和四年六月"童贯作书约辽国李处温"条,第57页。
③ 《辽史》卷二九《天祚纪》三,第344页。
④ 《辽史》卷二九《天祚纪》三,第344页。

却不慎被曝光,结果李处温被萧太后赐以自尽,李奭被凌迟处斩。辽朝在抄没这个只有数月之命的宰相家产时,仅现钱就搜得七万多贯,可见这名当朝重臣并非善类。李处温一死,辽朝的军政大权转到了萧幹和耶律大石手中。

童贯招募辽朝内奸的如意算盘到此也走到了尽头。唯有马扩的燕京之行还在为宋朝发挥着积极作用。耶律淳自从马扩走了之后,始终处于因无计摆脱天祚、女真和宋人三方压迫而产生的忧虑和恐惧之中,一病不起,到六月二十四日(辛亥)夜晚,竟然病重而死。他没有留下子嗣,于是,萧幹和耶律大石拥立了他的妃子萧氏出面主持军国之事,号"皇太后",改"建福元年"为"德兴元年"①。耶律淳的突然病亡,也加速了辽朝的分崩离析,辽朝行将走入历史的坟墓。

作为马扩来说,他第一次作为宋朝的一名使者以从属的身份跟随其父出使金朝时,并未有太多的机会展示自己的辩才。在金人的地盘上,马扩更多的是以自己高超精湛的武艺折服金人的,并最终影响了金人对于结盟宋朝的决策,给宋朝带来了非常有利的外交成果,宋朝收复燕云十六州全部汉地的这一根本要求第一次得到了金人的首肯。只是徽宗君臣的昏庸与失措,使马扩(也包括马政等人)千辛万苦换来的收复燕云的大好机会丧失殆尽。这次出使辽朝,马扩是以正使的身份出现在双方的谈判桌上的,由于使命不同,身份不同,他一身的武艺完全没有了用武之地,他完全是以三寸不烂之舌在与辽朝的皇帝(尽管耶律淳这个皇帝马扩自始至终未予认可)、大臣、辽使以及统兵将帅(耶律大石也是未来西辽的皇帝)走马灯似的交锋,责难、威胁、恐吓、辩解、辩驳、讥刺、嘲讽甚至是狡辩,双方都以极大的耐心和心力使尽了嘴皮子的本事,紧张、火暴和激烈的程度远甚于马扩在金人面前的表演。但最终马扩还是在勇气和辩才这两个方面胜人一筹,让辽朝不得不签下臣服大宋的决定。宋辽外交史上这也是辽朝第一次臣服于宋朝,宋朝应该称得上是取得了前所未有的外交胜利。但宋军兰沟甸之战的溃败让马扩之前的一切努力成为徒劳,后来还被辽军扣留,陷入了性命不保的困

---

① 《北盟会编》卷九,宣和四年六月二十四日条,第59页。

境。即使如此,马扩最终还是以其勇气和口才把握住了自己的命运,带领部属全身而退。马扩走上仕途最初参与的对辽金两国的两次重大外交活动,尽管"表演"的形式和内容截然相反,却都奇迹般地收到了大功奇效,显示出超人的外交才能和良好的职业素养。但那些堪堪到手的胜利果实也都在之后的关键时刻,被宋人自己给彻底断送了,这似乎也预示了马扩一生的悲剧命运。

海誓山盟总是赊。①

——题词

第三章　折冲樽俎　孤身入燕

第一节　马扩抗辩，直指借兵之患

宣和四年(1122)六月，宋军失利于白沟前线的消息传到东京，徽宗顿生恐惧之心，"遂诏班师"②。然而仅仅过了一个月，徽宗听说耶律淳病亡，那颗艺术家多变之心又再次萌生美好的幻想，又命童贯和蔡攸收拾兵马，准备启动第二次伐辽战争。这次，因为童贯的小动作，老是顶撞宣抚司的原西军统帅种师道被罢官，取而代之担任都统制的是河阳三城节度使刘延庆。八月，童贯的宣抚司回军至河间府(河北河间)，此地到白沟界河的距离，与第一次伐辽时童贯置司所在地雄州的位置相比，要远得多，这也意味着宣抚司对第一次伐辽战争的惨败仍然心有余悸。

按理说，刘延庆既然受命统领西军力谋复燕，当振奋士气，厉兵秣马，以雪前耻，然而，刘延庆非但无心备战，而且力主"持重不可进兵"之议，和童贯幕僚一起提出了一个与其身份极不相称的主意："使女真军马先入居庸关，

---

① 《稼轩词编年笺注》卷五《南乡子·好个主人家》，(笺注：赊，渺茫难凭之意)，第471页。
② 《宋史》卷二二《徽宗纪》四，第410页。

收下燕京,然后多以岁币赎之,此为万全"①。当然,假借金人之力攻取燕京,然后宋朝再予赎回的主张,实际上很有可能就是童贯的主张,只不过假借刘延庆之口(幕僚们再作附议)作倡议罢了。第一次伐辽战争时,童贯一味寄希望于燕京辽朝的不战而降,幻想着不劳而获不世功勋,结果,宋军战备不足,徒为摆设,最终一触即溃。这次又要起兵伐辽,却又不想真刀真枪地认真打拼,仗着有几个臭钱想叫金人来襄助收拾燕京,坐收其功,和第一次伐辽战争的主导思想可谓一脉相承。所以,后来刘延庆再次重蹈覆辙,造成第二次伐辽战争的大败亏输,也算是"顺理成章"的事。

宣抚司中唯有马扩听到"借兵女真"的论调后,十分着急。他以书面形式呈文宣抚司,分条陈述不让女真人入关(居庸关)的五大有利之处,以及让女真人入关的六大危害。由于文献记载的缺失,后人已经无法看到马扩这篇阐述金人入关五利六害的"论文"全貌,但马扩所言"若使女真入关,后必轻侮中国(指宋朝),为患甚大",以及为使辽军措手不及而"用兵务在神速"②的论述,对照马扩以后的言论和行为,还是可以略见大概。叵耐宣抚司"借兵女真"之意坚如磐石,人微言轻的马扩根本撬动不了这块顽石,那篇呈文的归宿自然就是石沉大海了。更令人感到愤懑的是,时隔不久金人"应邀"入关,之后对宋朝造成了巨大危害,这一切不幸被马扩言中!

有了"借兵女真"之招,原本就畏敌如虎的宋军,连第一次伐辽战争时到处散发谕降榜文的虚张声势也索性省心不做了,整个前线犹如一锅温吞水,有气无力,毫无振作之象,加之后来辽军穷于两面应敌,实在力不从心,不曾再有生力军开赴白沟前线,以致宋辽两军之间人马不惊,金鼓声歇,实在算不上是一种战争状态。而就在此时,金人的行动再次搅动了宋辽之间的一潭死水,以至各路使者轺车辚辚,三国大军虎视眈眈。

马扩出使燕京辽朝之际,女真大军正屯扎于白水泊③(在内蒙古察哈尔

---

① 《北盟会编》卷一〇,宣和四年十月"赵良嗣与乌歇等赴金人军前"条,引《茆斋自叙》,第69页。

② 《北盟会编》卷一〇,宣和四年十月"赵良嗣与乌歇等赴金人军前"条,引《茆斋自叙》,第69页。

③ 徐松:《宋会要辑稿》兵八之一七,中华书局1957年版,第6895页。

右翼前旗东北黄旗海），以搜捕西遁的天祚帝。然而，天祚帝久追不获，却不知从哪里听来的消息，说宋朝已经派遣童贯"举三路大兵趋燕地"①，收复燕京的动静闹得很大，引起了金人极大的恐慌。因为到目前为止，金军基本上是遵守宋金双方原先的约定而开展军事行动的，即所有兵马均在燕山到山后一线以北地区活动，金军即使往西一直打到了西京云中地带，也只能是为了追捕天祚帝这一政治目的，最终云中连带燕京等十六州土地还是要还给宋朝的，在其最想要的土地方面根本无利可图，唯一有个经济上的好处，就是当初赵良嗣答应的五十万两匹的"岁币"。但是，金人还是担心，如果宋军攻下燕京，以"海上之盟"过程中的宋人表现，毁约之事未必不会发生，倘或这样的话，就连"岁币"这个好处都要打折扣了。更何况，上次曷鲁、大迪乌使宋而归，宋朝没有再遣使一同前来，隐隐之中已有毁约之意。所以，阿骨打害怕宋朝另有图谋，便"专遣"通议使乌歇和高庆裔，携带原本无需回复的"回书"，出访东京，名义上一是为了再次协商双方如何对辽朝实施军事"夹攻"②，二是为了进一步修好两国关系，但真正的目的却是来"窥觇"宋朝进兵燕京的真情实况③。

九月三日（己未），女真使人乌歇④等人抵达东京。按照金人的文献记载，乌歇等人当时是来到王黼府第议事的，向王黼当面递交了金朝的"回书"，书中的一个关键点是："所有汉地及夹攻并如昔议。"这里面有两个核心，一是关于汉地的土地问题，二是关于夹攻的军事问题。在土地问题上一如"昔议"，这也是金人想维持上次宋金谈判的结果，继续与宋朝"修好"的一

---

① 《北盟会编》卷一〇，宣和四年十月"赵良嗣与乌歇等赴金人军前"条，引《茆斋自叙》"原注"，第69页。

② 《系年要录》卷一，建炎元年正月辛卯条，第7页。

③ 《北盟会编》卷一〇，宣和四年十月"赵良嗣与乌歇等赴金人军前"条，引《茆斋自叙》"原注"，第70页。

④ "乌歇"《宋史》卷二二《徽宗纪》四作"徒姑且乌歇"，第410页。《通鉴长编纪事本末》卷一四三《金盟》下"乌歇"二字原误排于"高庆裔"之后，作"徒姑且高庆裔乌歇"，第2页。《北盟会编》卷一〇引《茆斋自叙》作"徒姑旦乌歇"。又《金史》卷二《太祖纪》作"徒单吴甲"，李有棠《金史纪事本末》卷四作"图克坦乌济"，对音均为"徒姑旦乌歇"。故"徒姑且"应作"徒姑旦"为是，中华书局1980年版，第83页。《马扩事迹编年》卷三，徐规先生认为"徒姑旦乌歇"是两人，其中间应顿开作"徒姑旦、乌歇"，第69页。

个具体表示。但是在议事中,高庆裔忍不住道出了当时金人最为关心的问题:"夹攻一段且莫是候本国兵来否?"①他的意思是说,夹攻燕京这件事贵朝莫非是想等候我大金国出兵相助吗? 金军早些时候强攻辽朝中京,又千里进兵西京,名义上是追袭天祚帝,实际上也是想在夹攻这一问题上身体力行,不留"口实"于宋朝,以争取到宋朝的"岁币"。这次金朝"回书"所称,也表明了在汉地归属的问题上他们已经放弃了最初与宋人的争夺,已经没有了想法,唯一想得到的就是"岁币"之利,而欲获"岁币"的充足理由就是得到夹攻燕京的机会,以出兵襄助宋朝夺取燕京来换得最后宋朝的"岁币"之许。对此,谈判现场王黼等高官不吱一声,唯有赵良嗣当即表示:"纵然本朝大军乘胜夺下燕京,也会给予贵朝当初已经答应了的'岁币',所以也不必计较谁先谁后攻下燕京。"赵良嗣果然算得一个明白人,他非常清楚金人欲望之所在,也是想抓住金人的这个贪欲之心,诱使其放心出兵为宋朝攻取燕京,这也是徽宗和童贯的想法。对照最初"海上之盟"所反映出来的不劳而获的心态,真是一以贯之。

虽然这次使宋打着"修好"的幌子,但金使在其言语之间还是显示了一贯的强硬作风。九月九日(乙丑)金使与宋人在讨论夹攻之事时,一言不合即起责难之声,指责宋朝单方面对燕京辽朝采取军事行动,却"不先示起兵月日"②。

燕京之地原先就约定归属于宋朝,宋人出兵燕京就同金人前不久进取中京一样,都是无可指责的"分内之事"。但是,也许是白沟之战遭到败绩的缘故,缺乏底气的宋朝对于金使的指责,竟然没有人敢站出来与之喉长气短争一争,却在回复金朝的《国书》中虚应故事,还大言不惭地称:"自审(金朝)举军至西京,即遣童贯等领重兵相应,河北、河东两路,累败契丹,俘馘甚众,军声蚤震,谅已具知"③,居然在《国书》中撒下了为人不齿的弥天大谎。而

---

① 宇文懋昭:《大金国志》卷二《太祖武元皇帝》下,齐鲁书社 2000 年版,《二十五别史》第 17 册,第 11 页。

② 《系年要录》卷一,建炎元年正月辛卯条,第 7 页。

③ 《北盟会编》卷九,宣和四年九月十八日条,引"朝廷《国书》",第 64 页。

其《国书》的附件《事目》中的一些内容也非常值得回味：

> 一、昨遣赵良嗣计议、及累次国书所载、并令马政赍执事录所议汉地等事，系五代唐以后所陷营、平、幽、涿、蓟、檀、顺、蔚、朔、应、云、新、妫、儒、武、寰等州旧汉地汉民。内幽州系今契丹所称燕京，其余州县有契丹废并及改正名号去处，候收复讫彼此画定封疆。
>
> 二、自闻举兵到西京，即遣太师童贯等领兵相应。大军自今年四月以后屯驻河北路极边，累与接战，大获胜捷。依元约合夹攻，以未见金国进兵夹攻，未曾深入。缘契丹日近犯边，若因追袭乘势尽收燕地不须夹攻外，若未收复，即合依元约夹攻。所谓夹攻者，系本朝自涿、易等处进兵至燕京，金国自古北口等处进兵至燕京，西京管下汉地，候收复燕京毕日彼此夹攻，其汉地外地土合属金国占据……①

这个《事目》的第一条吸取了赵良嗣最初与金人所议"海上之盟"的教训，重申了宣和二年十二月马政和马扩第一次带给金人的《事目》上有关燕云十六州的解释，而且还特别仔细小心地解释了幽州地名的历史变异，并且建议对在契丹时期可能出现更名的十六州地名，在今后划定宋金边境时双方再作商定，这一条款应该说写得不错。接下来这条就出问题了，称自己和辽军"累与接战，大获胜捷"，完全是文过饰非的一派谎言！在代表国家尊严的正式外交文书上写下这般吹嘘谎言，真不害臊！大宋军队明明是被辽军击溃的，却要以遵守盟约、以未见金军前来夹攻来掩盖溃败之真相，还要假设如果宋军未能收复燕京，则金人应该遵守盟约履行夹攻义务，更可笑的是还要解释什么叫"夹攻"，居然要求金军从古北口等处进兵燕京。既想捂盖，又想坐享其成，大宋君臣的品行已经堕落到与无赖相仿。而最为愚蠢的是，为了不劳而获燕京土地，恳请金军进关"夹攻"燕京，自以为得计，却不料这恰恰是金人梦寐以求的机会，也是此次金使来访的终极目的，宋朝的这个要求对于金人来说无疑是正中下怀，该是偷着大乐了。

九月十八日（甲戌），完全达到此行目的的金使乌歇、高庆裔等人在崇政

---

① 《北盟会编》卷九，宣和四年九月十八日条，引《事目》，第64页。

殿辞别徽宗。昏聩的徽宗在与金使的对话中还说了这样一段话:"时下燕人已处群龙无首之境地,唯有四军大王萧幹在我大宋边境作乱为患,这原是倚仗其女主萧后而猖獗一时,岂能为大金国所容忍? 是以贵朝最好能尽早出兵,拿住萧幹这厮!"已经拿到宋朝所颁夹攻燕京"许可证"的乌歇和高庆裔,乐得说上一些好听话,便顺着徽宗的话道:"四军大王不就是那个夒离不吗? 这厮何许人也,竟敢这般猖狂! 本使回国后,当立即奏报国主出兵,拿下这厮!"徽宗的这种昏庸即使宋人也忍不住要议论一下,认为当时朝廷正以屡胜辽军的虚假情报欺瞒金人,现在皇帝却"失言"道出辽军有这么一个四军大王萧幹,大宋兵马却不能制服他的事实真相,而且反过来还要劳驾金人出兵相帮捉拿,这不是自相矛盾吗?①

在金使辞行的同时,徽宗下诏差遣太中大夫、徽猷阁待制赵良嗣充奉使大金国国信使兼送伴,回访金朝;保义郎马扩作为赵良嗣的副手充国信副使,仍顶着原来童贯暂借的阁门宣赞舍人这一头衔。身为武显大夫、文州团练使的马政也给予了一个"送伴"的任务,却没有让他再作使者出访金朝,这也就意味着,马扩至此已经取代其父亲,作为宋朝在新的历史时期的外交出使要员。至于马扩为何会取代其父亲的角色,也许有多种可能,但最根本的原因,应该是他使金和使辽时表现出的卓越出色的文武之才、不卑不亢的谈判艺术、无畏勇敢的敢斗作风,以及极为出色的临场发挥,而马扩所具有的这一切特长和优点,即使放在整个宋朝外交史上去估量,也是不可多见的。

接下来一个重要问题,就是赵良嗣和马扩此行真正的使命究竟是什么? 马扩自己的记载是为了"通议":"九月,尚书省经抚房札子:差马扩充奉使大金国副使,前去济南府;已来等候国信使赵良嗣,同取登州海路前去奉使,仍充送伴大金国通议使副。"②通议即共同商议的意思,但双方商议什么,这里没有明说。而另一种说法则十分明确,如李心传记载道:"诏赵良嗣、马扩报

---

① 《通鉴长编纪事本末》卷一四三《金盟》下。
② 《北盟会编》卷一〇,宣和四年十月"赵良嗣与乌歇等赴金人军前"条,引《茆斋自叙》,第69页。"差马扩充奉使大金国副使","副使"原作"使副",误,盖此行赵良嗣是正使,马扩只是副使。

聘。朝议始倾心倚金人以取燕地。"①报聘就是回访的意思,但徽宗的诏书中并没有明言报聘的具体内容,倒是后面那句补充说明一语泄露了徽宗君臣打算依靠金人之力收复燕京的天机。还有一种说法,决定此次使命的不是徽宗,而是童贯:"上锐意取燕山九州,命贯为宣抚使。贯乃令赵良嗣、马扩使于大金,密请进兵以袭燕山。"②其实,这次使命的确定者是徽宗也罢,是童贯也罢,都无所谓,这对君臣早已"磨合"成一个心眼儿的好"搭档",徽宗授意、童贯出面,或者反过来童贯倡议、徽宗出面的默契事儿,对他们而言,早就习以为常并驾轻就熟了。

当时的尚书省经抚房是由与蔡京、童贯一样齐名的"六贼"之一的王黼所掌控。马扩接到经抚房札子后,仅仅知道自己的职责是协助赵良嗣一起去金朝"通议"的副使,别的也就未能与闻了。出使的路线也在札子中明确规定好了的,仍走以往"海上之盟"的老路,从登州浮海而上。马扩到济南府与赵良嗣会合后,一起出发,行至青州时,又突然接到徽宗御笔,称:"据代州奏,探报阿骨打已到奉圣州(河北涿鹿)③,仰赵良嗣、马扩送伴使人,取代州路过界,前去奉使。"④

阿骨打亲临奉圣州,这是一个很重要的情报。从表面上来看,阿骨打因为听说宋军已入燕京地界,与辽军数次交锋,担心宋朝自取燕京而拒付原已答应的"岁币","故亲来以决机会"⑤,寻找出兵燕京的理由,以争取宋朝的"岁币"。而从更深层次上来看,则说明金人已经在西京山后一带站稳了脚跟,辽朝在此方向的势力和影响已逐渐消亡、褪尽,宋金两国从最初不相接壤进而隔海相望,到现在更进一步,已经在陆地上毗邻而居,宋、辽、金三国的版图业已发生了根本性的变化。而作为宋金外交往来的路径,从此以后

---

① 《系年要录》卷一,建炎元年正月辛卯条,第7页。
② 《北盟会编》卷五二,靖康元年八月二十三日条,引《中兴姓氏奸邪录》,第390页。
③ 《北盟会编》卷一〇,宣和四年十月"赵良嗣与乌歇等赴金人军前"条,引《茆斋自叙》原注:
　"在云中府之东,乃唐新州,契丹改作奉圣州",第70页。
④ 《北盟会编》卷一〇,宣和四年十月"赵良嗣与乌歇等赴金人军前"条,引《茆斋自叙》,第70页。
⑤ 《北盟会编》卷一〇,宣和四年十月"赵良嗣与乌歇等赴金人军前"条,引《茆斋自叙》"原注",第70页。

也从海道转为陆路,大大加快了双方的谈判节奏。

按照徽宗的指令,赵良嗣和马扩调头又向山西代州方向进发。而此时作为这次使金副使的马扩,居然还不知道此行的具体使命是什么。于是,马扩找了一个机会问赵良嗣道:"我等此次奉使金国,究竟商议何事?"

赵良嗣倒也大方,取出《国书》副本以及御笔所书《事目》给马扩看,道:"如果本朝军马乘胜已入燕京,那就不用请大金人马过关夹攻燕京了。但是,倘或本朝军马还不曾入燕京,即请大金军马进兵燕京城北,本朝军马进兵城南,依照原先双方之约,一起合力夹攻。"

马扩闻言大惊,禁不住击掌一声,对赵良嗣道:"金人还正以为本朝不报出兵之期,而担心王师平定燕京之后,守把关口,绝其'岁币',故而遣使通议,一则接续以往和议,以邀'岁币',二则使人之来也窥我军之动向。幸而金人未知种师道、杨可世白沟之战小小挫折,童宣抚因此气沮而退。所以,当今之计,在我则当领会金人此次来使之意,坚持以往约定,姑且对金人言:'南朝自闻贵朝举兵,便发大兵相应夹攻大辽。前段时候本朝送曷鲁等人回国,便一直等候贵朝回船来报出兵之期,却一直未见回音。即使如此,本朝也绝不敢怀疑贵朝会有失约,只是猜想,恐怕贵朝来使之舟于海中为风所阻,或者也许有其他什么延误,故不及来报,本朝于是立即举兵,对照两国原先所约夹攻之说,双方并不曾有何违约之处。'咱们既以此意回复金人,而且也以此意作《国书》回报金人。另外,当催督宣抚司尽快进兵,克日下燕,以此而振本朝军威。平定燕京之后再与女真议和,由此而杜绝日后金人轻侮本朝之患,这才是可行之道。却怎么能向金人自示懦弱,完全暴露本朝核心意图,还要对金人谦卑恭顺,指望能够倚仗女真兵马作为进兵燕京之助,甚至为了全然依赖女真之兵下燕京,竟然还许可女真大军入关?果真如此,则大事去矣!这必将造成日后金人窥伺、侵凌我朝之后患,到那时,谁又能够轻易掂量出这一祸患之危害程度?"

马扩这番突兀而不讲情面的话,让毫无思想准备的赵良嗣惊愕不已,那一气呵成的激昂之言和连珠炮似的切切之责,使得他一时不知如何回答是好,良久才逼出一句话道:"现如今宣抚司尽了全力也不能取胜,倘或不是用金帛向女真借兵攻取,本朝又如何能得燕地?"①

马扩断然否定了赵良嗣的借兵理由,道:"龙图既然知道我军力不能取,何不明白奏报今上,要求将燕京之地划给女真,让其自己去取;而本朝则急修边备,固守白沟旧界,保我大宋故疆,这个主张岂可以含糊其词? 倘或只知图谋眼前之蝇头小利,不提防久远之患,爱指失掌,贪小失大,这等事情马某绝不敢参与!"②

赵良嗣绝对称得上是徽宗的"忠臣",尽管马扩已经将借兵女真的危害一语道破,但他还是不顾马扩的劝谏和反对,打算不折不扣地履行朝命。在无法说服马扩时,或者应该说处于理屈词穷的尴尬境地时,他摆出了正使的身份和架子道:"朝廷借兵女真之意已定,不可更改!"③这决然的一句话将马扩的种种合理建言挡了回去。

马扩奈何赵良嗣不得,只好向以"送伴"金使为任而同行的其父马政述说了这次争论之事。马政对他道:"本朝与那些久居偏远之人一起做事议事,首先就应立威而使之慑服,这样才可确保今后不留后患。现如今宣抚司因白沟战败而气沮退缩,但怎么可以将本朝这等要紧情况全部泄露给金人? 更何况女真人难道是可以亲近和结交的吗? 既然有人坚持要向女真借兵,今后必将误国! 你当尽快向圣上奏论此事。倘或圣上不听从你的意见,就请求罢去此次使臣之职,不可曲从、迎合、附和他们,以误国家大计。"④

于是马扩立刻写了一封陈述借兵女真利害关系的秘奏,竭力阐述本朝不可使女真兵马入关,而应当自己进兵先取燕京,以使金人口服心服,如此则边境可定。马扩估计到徽宗未必能够听从自己的观点,便在奏章中请求免去自己的使臣职事,又自告奋勇提出,愿意亲率步骑万人,进袭辽人意料

① 《通鉴长编纪事本末》卷一四三《金盟》下。

② 《北盟会编》卷一〇,宣和四年十月"赵良嗣与乌歇等赴金人军前"条,引《茆斋自叙》,第70页。

③ 《通鉴长编纪事本末》卷一四三《金盟》下。

④ 《北盟会编》卷一〇,宣和四年十月"赵良嗣与乌歇等赴金人军前"条,引《茆斋自叙》,第70页。

不到的地方,攻占燕京,平定五关,以杜绝女真觊觎燕京之患①。然而,马扩的意见对已经死心塌地并且急于想要借兵女真以取燕京的徽宗以及童贯之流,丝毫不起作用,他们甚至连给马扩回复这样冠冕堂皇的表面文章也懒得做。吃了"闭门羹"的马扩最终只得无可奈何地跟着赵良嗣前往代州而去。

第二节　再使金营,宋使艰难谈判

恒山有北岳之称,横亘于代州和应州之间,在宋辽时是两国的界山,其间有著名的雁门关和茹越寨等雄关隘口,北宋初年,英勇的杨家将就曾经驻守于雁门关等地,遏制了辽军的南下侵扰。但是现在,山河巨变,恒山已成为宋金之间的一道界限了。

时在宣和四年的十月,天气寒凉,百草凋萎。赵良嗣和马扩等人从代州向北翻越险峻而荒凉的恒山,进入了金军占领的应州地界。抵近宋金边界驻扎的是金朝名将粘罕部,其营帐贴近恒山而立,隐隐中显示出一种踏破恒山、放马而南之势。粘罕是马扩第一次使金时的相熟,两人现在算是第二次相会。既然已经到了金人的地盘,宋使作为"送伴"金使乌歇、高庆裔返回的任务算是完成了,于是,马扩向粘罕大致介绍了这次来访的使命,要求能够尽快见到金主阿骨打。次日,粘罕令兀室权充接伴使,以铁骑两百护送赵良嗣和马扩前往阿骨打驻地奉圣州。赵良嗣和马扩各携带了一名随从,其余人全部暂留在粘罕军中。一行人向东偏北方向赶路,在路经蔚州城时,马扩第一次看到了金军攻战中的残暴,偌大一座州城眼下竟然是"悉无人烟,人皆逃避",完全被洗劫一空。在马不停蹄连续赶了五程路后,十月二十六日(辛亥),赵良嗣和马扩等人抵达了奉圣州②。阿骨打会见了赵良嗣和马扩,并接受了宋朝《国书》以及徽宗的御笔《事目》,但他并未和宋使深谈什么。

---

① 《北盟会编》卷一〇,宣和四年十月"赵良嗣与乌歇等赴金人军前"条,引《茆斋自叙》,第70页。
② 《通鉴长编纪事本末》卷一四三《金盟》下。

次日，阿骨打令其皇叔蒲结奴、相温以及二太子斡离不（完颜宗望），相约宋使在一座避寒的毡帐中开始了正式的谈判。双方谈判内容均是通过"通译"进行转译的。金人对此次谈判作了充分的准备，蒲结奴一上来便指责宋人中断两国通使，道："上次本国遣曷鲁、大迪乌去贵朝商议割还燕地事宜，不料贵朝并未再遣使回报本朝，这便是意欲断绝双方交往。故而现如今本国也难再提什么海上之约了。"这是一个令人不安的信号，即此时的金朝已经在想推翻马扩第一次使金时金人就燕云十六州对宋朝作出的许诺。

对此赵良嗣答复道："本朝敦守礼义，以前与贵朝订立之信约，分明还在遵行，至今未曾失信于贵朝。"赵良嗣的辩解软弱无力，毫无硬朗之气。

蒲结奴道："去年本国特地遣使人去贵朝商议夹攻这一如许大事，大金军马当时也屯兵不动，以候贵使回报夹攻事宜。不料本国枉然翘首相望了半年多时间，致使延误出师之期。后来贵朝又不再派遣使者相报，仅仅回了一封咫尺之书，仅仅派了数名士卒送本国使人归国，这难道不是想断绝往来吗？"

赵良嗣道："当时本朝回书中就有'并如初议'的说法，哪里有什么断绝往来之意？"

金军的出师时间远比宋军要早，所以在夹攻的问题上也占据了有利地位，所以蒲结奴故意问道："本国军马正月时开始进兵大辽中京，贵朝又是在何时出师的？"

赵良嗣道："本朝三月末方知大金人马已经到了中京，即遣太师童贯率兵相应，五月开始进攻契丹，这难道不是已在响应双方之约了吗？"

蒲结奴道："本国军马攻取西京，按理贵朝应当从应州和朔州一带出兵夹攻辽朝。但是本国军马自从去年十一月出师以来，征战荒野、风餐露宿已有半年多时间，而贵朝于今年五月份方才开始驻军雄州，那里和西京之地相差千余里地，你们却心安理得地谋取利益，如此行止岂能谓之夹攻？"未等赵良嗣回答，蒲结奴又抛出了一个令人吃惊的消息："适才本国皇帝有令，去年贵朝不复遣使便是失信，今年虽然出兵又不符前议，这些都暂且放下，不要再多说了。现如今本国想把新取之西京一路交还贵朝，然而因为天祚帝尚在,大金如果不能夺得燕京,恐怕就要成为后患,所以,本国皇帝已在打算择日亲自前往攻打燕京。但是,本国皇帝非常清楚贵朝赵皇帝还是想要两国和好之诚心,所以不忍两国就此断绝了盟好关系,等到大金将燕京平定了之后,还或者不还给贵朝,到时候再作商量。现如今西京却已经是平定了的,就此奉还给贵朝,贵朝可差军马前来交割。"①在此,金人第一次透露了已经准备出兵攻取燕京的企图,尽管没有对燕京的最终归属下结论,但是显然已经在为平定燕京后与宋朝的讨价还价留下余地,也就是说,金人攻下燕京后可以将其归还宋朝,但是一定得以重金作为交还条件。而将西京云州割还宋朝,应该是阿骨打有所得而有所失的策略,既然要想在燕京这个更为诱人的目标上有所要求,那就得让出西京来,这也是一种合乎逻辑的讨价还价②。

对金人突然提出的要甩开宋人自取燕京的军事企图,宋使显然没有思想准备,赵良嗣乍然听到对方这个图谋,吃惊不小,情急之下气急败坏地道:"原先大家商量好的要将燕京地盘割还给大宋的,现在既然燕京得不到了,那么西京俺们也不要了!"

赵良嗣这是急怒之下的赌气话,却被精明的金人抓个正着,斡离不接口就道:"燕京之归属还是未了之事,且待两国使人到时候再作商量,而西京则是已经了结之事,现在归还给贵朝,你等却说不要了,那俺们就不敢强送给贵朝了。"斡离不坐实赵良嗣不要西京之言,还要反诘道:"这西京难道我大金硬要送给你等不成?"

———————

① 《通鉴长编纪事本末》卷一四三《金盟》下;《北盟会编》卷一一,宣和四年十一月一日条,引《茆斋自叙》,第79页。

② 《北盟会编》卷一一,宣和四年十一月一日条,引《茆斋自叙》:"当时缘郭药师已降,刘延庆已逼燕,故有割云中之意",第79页。但是,既然金人对郭药师已降、刘延庆已逼燕京心存顾虑,则先前直言要夺取燕京(是否相还却要再说)就不合逻辑了,所以,当时金人未必已经探悉刘延庆率兵业已逼近燕京。

3－1　**契丹地理之图**　图为元刻本《契丹国志》中的"契丹地理之图"，是目前已知唯一的辽国舆地图。宋辽白沟河界，燕京名关松亭关、居庸关和古北口，以及马扩曾经所到之地如登州、云中府以及女真部落等，都有标明。

　　马扩见赵良嗣失言，急忙抢过话头道："燕京之归属系双方累次已经约定之事，更不需再作商量！现如今贵朝只有先行交割了西京予本朝，贵朝这段情义方能显现其中之诚意。"马扩在此断然否定把早已确定属于宋朝的燕京再节外生枝地拿来作讨论，认为这是不容商量的已定之事，言下之意，在这个问题上，双方没有必要在此饶舌。而对于西京，马扩要求金人尽快交割，这也是你金人对于前约有无诚意的问题。

　　然而赵良嗣又头脑发昏，不明事理，还反问马扩道："本朝军马现如今尽数往攻燕京，怎么可能去西京交割？"

　　幸好这时金朝一方的译人一时没有领会赵良嗣的话语，马扩又急忙替赵良嗣改口道："贵朝倘或现在先交割了西京，本朝即有河东军马可来换防补缺。燕京地界现如今已驻扎了本朝各路大军，只等着攻取燕京城。贵朝将西京和燕京一并都交割给了本朝，双方便是太平无事。"

　　这时，相温插话道："既然贵朝不要西京了，却须禀告本朝皇帝知晓。"说罢便起身欲走。他还是想坐实赵良嗣之失言,将西京赖了不还宋朝。

眼见得金人已在作独吞燕京的准备,西京又拿不回来,赵良嗣这时才真有点慌了,他赶忙道:"本朝与大金国通好五六年,贵朝大军还未到上京时,两国便已约定燕云之地归我大宋。现如今贵朝出尔反尔,难道将置信义于不顾吗?更何况,良嗣等人此次出使所奉御笔,是先燕京而后西京,也还是有个次序的。"

蒲结奴道:"而今本国先将西京归还贵朝,待贵朝已经很优待了。贵朝大军日夜围着一个燕京城却不能取下,而等我家兵马打下了,再临时商议燕京城之归属,有何不可?"

赵良嗣道:"大国所行必定遵循上天之誓。前年贵朝皇帝与良嗣握手道:'我已将燕京答应给了贵朝,即使我家得了,也是如此',还指天为誓。窃以为贵朝皇帝恪守信义,怎肯违背上天呢?"赵良嗣这番对答还是很得体的,对金人的出尔反尔既用大道理来约束,也用事实加以驳斥,使得金人一时也无言以对。

双方在燕京和西京这两个地方的归属问题上僵持不下,第一次谈判也就此不欢而散。

隔了一天,金人再次召集宋使议事。这次金人好像做了一点让步,蒲结奴和相温对宋使道:"本国皇帝有旨,昨日所论西京之事休要再作理会。那海上之约原本也是贵朝单方面想要断绝的,现如今且看了赵皇帝御笔亲书来议的面上,特将原定燕京六州二十四县之汉地、汉民答应还给贵朝。但是,上述之地官府所属钱物,奚人、契丹人、渤海人世居之地,以及西京、平州、滦州等地,并不在本国许诺还给之范围。如贵朝军马先入燕京,则本国军马将借条路归国,但燕京所有官府钱物仍然要归大金所有;倘或贵朝不能入燕,那就等本国打了去吧,仍然依照上面之约,但休要再提什么夹攻了。"①据说,这时候金人已经听说宋军杨可世、高世宣以及辽军降将郭药师已率兵攻入燕京城,所以才有将燕京六州二十四县划归宋朝的说法,但实际的让步

---

① 《通鉴长编纪事本末》卷一四三《金盟》下;《北盟会编》卷一一一,宣和四年十一月一日条,引《茆斋自叙》,第79页。

非常有限,昨天已经说出要将西京还给宋朝的,隔了一宿就不还了,而且,原先在平州、滦州等地归属问题上已经作出的让步,现在也不认账了。

赵良嗣这时表现得比较强硬,争辩道:"两国原先约定山前、山后十七州归于大宋,而今只说到燕京六州二十四县;昨日还讲到要将西京还给大宋,今天又不答应了,这是为何? 平州、滦州原本属于燕地,而且先前曾约定两国以榆关为界,则平州、滦州应该是在燕京辖区之内。"赵良嗣先就金人只答应将燕京六州二十四县划归宋朝之事提出质疑,然后就金人想要"借道归国"的提议抬出了徽宗这块"牌子"道:"本朝皇帝御笔《事目》上称,如果贵朝兵马因为乘胜追袭契丹兵马,那就需要过关了①。但是,而今各位说大宋兵马平了燕京贵朝也要往平州、滦州借路,似有不妥,因为本朝倘或真的拿下燕京,势必分兵屯守各个关隘,而大金人马想要打从这些关口借道经过,又岂敢听任贵朝擅自而行?"

蒲结奴和兀室听赵良嗣居然一口拒绝了借道的要求,勃然大怒,道:"你家还未攻下燕京,已经如此拒绝我国,实在是不想与我国通和吧! 何况你家兵马最近被燕人打得一败涂地,倘或旬日之间还不能攻下燕京,岂不是还要仰仗我大金之力呢?"

金人一怒之下揭了宋人的痛处,虽然可能还不知道宋军最近已经再次被辽军击溃,但总归是将宋军不堪一击的软肋狠狠批了一下,而且仿佛一下子推翻了宋使谈判的"靠山",竟使赵良嗣软了下来,道:"本朝兵马眼下正待与大金兵马一起夹攻燕京,大金兵马不如乘本朝还未攻下燕京之时,早些发兵前往燕京,这样两方面都无所妨碍,最好。"这既是拙劣的掩饰,更是在乞请金人出兵燕京了。

赵良嗣这个等同于"乞兵"的回答对巴不得有此"特邀"的金人来说,真是正中下怀! 蒲结奴应声道:"大金军马当立即行动,但是,这里双方业已商

①《通鉴长编纪事本末》卷一四三《金盟》下原文作:"如本朝兵马因追袭乘胜,更须过关"。此段文字《北盟会编》卷一一引赵良嗣《燕云奉使录》又作:"兼御笔《事目》;如贵朝兵马因追袭乘势,更不烦兵马过关",宣和四年十一月一日条,第78页。根据童贯和刘延庆早先提出的借兵女真的主张,是要让金军过居庸关南下攻打燕京,故这里应作"如贵朝兵马因追袭乘胜,更须过关",也即借兵女真以复燕的意思。

定之事,休得再作更改!"说罢,顾自离去。

其实,赵良嗣这时候的想法也很实在,徽宗御笔所指第一目标是不惜代价要拿到燕京,尽管只有区区蓟、景、檀、顺、涿、易这"六州"之地,但总算第一要务是搞掂了。可是,假如答应金人的要求给他们让出一条归国之路,就很有可能节外生枝,因此必须咬紧牙关拒绝金人借路的要求。至于西京云州等地,那是御笔所指的第二目标,大可以先搁置争议,以后再谈。

赵良嗣回到住地,想到蒲结奴说的"特将原定燕京六州二十四县之汉地、汉民答应还给贵朝",以及"大金军马当立即行动"这两句话,感到借兵金人之事已经如愿以偿,获取燕京已经十拿九稳如锦囊探物一般,也就是无论燕京为谁拿下,最终将归属于宋朝。这也是此次使金最为根本的目的所在。他禁不住喜形于色,忽起兴致,吟诗一首道:

> 朔风吹雪下鸡山,
> 烛暗穹庐夜色寒。
> 闻道燕然好消息,
> 晓来驿骑报平安。①

赵良嗣也算得上是一个文字用力颇深的人,宣和二年那次使金,恰逢金军攻下辽朝上京,他随阿骨打参观了上京宫廷大内居室以及五銮、宣政等殿,对于故国的败亡他毫无怜悯之心,却兴致勃勃地吟诗道:"建国旧碑胡日暗,兴王故地野风干。回头笑谓王公子,骑马随军上五銮。"②如果纯粹从诗歌创作的角度来看,他即兴做诗的功夫和诗的意境,堪称不俗。但如果从一个故国人的角度来看,就有点不近人情了。而从马扩的角度来看,从一个有正义感和有头脑的宋人的角度来看,赵良嗣属于急功近利的"小器"之人,一味想着不择手段取得燕京,金人仅仅答应将燕京及其六州二十四县还给本朝,便沾沾自喜,以为大功告成,而毫不考虑后果或后患,置国家长期的利益安危于不顾,这是其一;金人仅仅说是要遣使一同去宋朝商议燕京之地的归

---

① 《北盟会编》卷一一,宣和四年十一月一日条,引《茆斋自叙》,第79页。
② 《北盟会编》卷四,宣和二六年三月日条,引赵良嗣《燕云奉使录》,第25页。

属,他便以为燕京之地已经归属于本朝,而置眼前变幻莫测的时事风云于不
顾,这是其二。所以,马扩从心里非常鄙视赵良嗣的做派,听到他的即兴吟
诗,也未多想对方的感受和接受程度,便和诗一首,脱口吟道:

> 未见燕铭勒故山,
>
> 耳闻殊议骨毛寒。
>
> 愿君共事烹身语,
>
> 易取皇家万世安。①

　　马扩涉足外交是有极为深刻的经验教训的,半年多前他出使燕京,在已
经赢得了辽朝作出臣服大宋的决定,并派出议和使者的情况下,一个耶律大
石横插一杠,就将眼见得已经到手的全部成果一笔勾销,还差一点将自己的
性命赔将进去。所以,燕京之事宋朝在军事上远远未见起色,根本谈不上再
现类似东汉窦宪大破匈奴而登燕然山、命班固作《燕然山铭》勒石纪功的故
事,现在金人直截了当、颇为强硬地提出要夺取燕京的"殊议",更让人全身
心感到一种彻骨之寒,在这样的形势下,又怎么可能出现"闻道燕然好消息,
晓来驿骑报平安"的景象呢? 至于清人周春在其《增订辽诗话》中说,马扩因
见赵良嗣妄生边衅,预知金人之后必将败盟,故和诗隐喻讥讽之意②,这倒是
有点拔高了马扩这首诗的意义,因为在马扩看来,当务之急是要凭借自己的
力量全取燕云十六州,而不能是借兵金人以取燕京一地,这也是他和徽宗及
其代言人赵良嗣的分歧之处。

　　而现实恰如马扩所担心的那样,就在赵良嗣还自以为得计的时候,就在
燕京辽朝已经完全陷入宋金两军的南北夹击的形势下,宋军第二次伐辽战
争在燕京的军事行动,再次遭到了不可思议的逆转和挫败,以至于宋朝一方
在与金人的谈判中,彻底陷入了被动、无力的境地。

---

① 《北盟会编》卷一一,宣和四年十一月一日条,引《茆斋自叙》,第 79 页。
② 蒋祖怡、张涤云整理:《全辽诗话》,引周春《增订辽诗话》卷上,岳麓书社 1992 年版,第 84
　页。

第三节　宋军再败，马扩孤身入燕

马扩和赵良嗣使金的诏令是在九月十八日(甲戌)下达的。五天之后的九月二十三日(己卯)，驻守涿州的辽军"常胜军"统领郭药师突然率所部举城归降宋朝①。与此同时，易州人高凤也以城降宋。宋辽边境的军事形势随着这两个州城的突然易帜而出现了新变化，一向畏敌如虎的刘延庆于十月八日(癸巳)在降将郭药师的陪同下，率军出雄州渡过了白沟，并轻松占领了新城。这是宋军自伐辽战争以来第一次越过界河，而此时此刻辽军并未组织强有力的反击，而是不断收缩防线，一直退守到卢沟河以北。

在此有必要简要介绍一下郭药师：此人籍贯渤海铁州人，血统上好像非辽非金也非汉。还在辽军迭遭金军痛击之际，燕王耶律淳招募辽东饥民与征战女真的阵亡将士之亲属(多为汉人)为兵，使之报怨于女真，号"怨军"，而以郭药师为统兵首领。耶律淳称帝后，将"怨军"改称"常胜军"，并擢升郭药师为诸卫上将军、涿州留守。耶律淳病亡后，郭药师认为燕京辽朝必亡无疑，便考虑以涿州及所部降宋。当时恰有风传"契丹欲再谋杀汉人，恐应南朝"，又听说易州降宋，于是郭药师率常胜军八千铁骑，举城投宋②。谁知，郭药师的倒戈竟有"破竹"效应，随着宋军渡过白沟，辽军节节后退，居然不敢接战。

前线形势一好转，宋朝君臣便沾沾自喜。十月五日(庚寅)，宋军尚未有进兵燕京的实际举措，徽宗即大笔一挥，改燕京为燕山府，附近涿州和易州等新收复的以及待收复的一共八个州城，也一视同仁，一律赐名改称③，就差一个正式的庆祝典礼了。

十月十九日(甲辰)，数路宋军会师涿州，并进军至良乡县卢沟河附近，

<hr />

① 《宋史》卷二二《徽宗纪》四，第410页。
② 《北盟会编》卷一〇，宣和四年九月二十三日条，引《燕云奉使录》，第66页。
③ 《宋史》卷二二《徽宗纪》四，第410页。

与萧幹、耶律大石率领的不满两万人的辽军隔河对峙。二十三日(戊申),刘延庆召集诸将商议入燕之计。会上,郭药师提出了一个大胆的设想,认为萧幹率辽军大部集中在此与我对抗,我军不如选派轻骑绕道由固安渡过卢沟河,经安次直袭燕京。郭药师还设想,宋军抵达燕京城下,城内汉民知道王师已至,必为内应,如此则燕京必得。这是一个具有奇谋意味并有一定政治条件作保障的军事方案,其可行性几乎是毋庸置疑的。刘延庆当即命大将杨可世和高世宣(号"高一箭")统领精兵六千,郭药师及其部将甄五臣则作为先导,实施这个奇袭行动。此外,郭药师还建议刘延庆,命其子刘光世"简师为后继"①,即选用精兵接应杨可世。

一切安排十分妥帖。当晚夜半时分,这支奇兵按照预先设计好的路线,

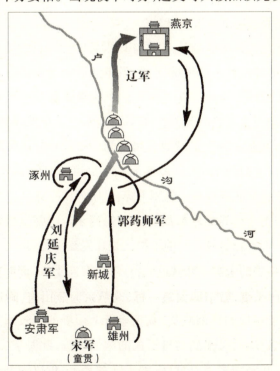

3-2 **宋军第二次伐辽战争示意图** 焦 俊 作

---

① 《宋史》卷三五七《刘延庆传》,第 11237 页。

绕过辽军盯防区域,悄悄渡过卢沟河,径扑燕京。

郭药师对前往燕京的路径不愧是轻车熟路,二十四日(己酉)天刚亮的时候,宋军偷袭部队的前哨已经神不知鬼不觉顺利抵达了燕京城下。宋军以五十人混杂在燕京东门迎春门外等待进城的百姓中,等到早晨城门一开,便发起突然袭击,杀死毫无防备的守军数十人,一举夺得迎春门。杨可世和郭药师随即率军入城,分兵七路,占领了燕京外城的所有七座城门。宋军的这次偷袭行动到现在为止进展得十分顺利,十分成功,以至于燕京城七城门易手,城内安定如常,"帖然不知兵至"①。而城内汉人随后得知宋军已经进城,惊喜万分,有一位叫马贤良的汉人当即献诗一首道:"破虏将军晓入燕,满城和气接尧天。油然靉靆三千里,洗尽腥膻二百年。"②在杨可世的指挥下,汉人还纷纷登城协助宋军守城。

但是,在如此大好的形势下,宋军却以野蛮的行动自毁好局。在最后一块辽朝属地皇城尚未得手的情况下,宋军却将手中刀箭指向了手无寸铁的契丹和奚人平民百姓,大开杀戒,"诛戮万计,通衢流血"③。这激起了契丹和奚人的愤慨,"契丹诸军皆效死战",萧后也随军登上皇城宣和门,亲自施放箭镞,鼓舞守军抵抗宋军。而战事正酣之际,宋军不少官兵却忙于饮酒作乐、抢夺财物,甚至奸淫妇女,已经毫无军纪可言,这样的军队已不成为军队,导致整个攻城部队的战斗力急剧下降,皇城久攻不克。

燕京城内,两个民族的军队展开了殊死搏斗。辽朝皇城随时随地都有陷落的可能,一个曾经盛极一时的王朝已处在岌岌可危、即将覆灭的最后关头。而靠偷袭得手的宋军本来兵员就不多,只有六千人,进城后既要分兵把守城门、城垣,又要逐条大街进行惨烈的巷战,加上部分无赖士卒脱离部队干那强盗勾当所造成的无谓减员,真正能派上用场的不过四千人左右。而经过一夜奔袭,进城后又遭到契丹军民的顽强抵抗,此时早已人困马乏,兵力渐蹙,现又顿兵坚城之下,也已经到了强弩之末、难以为继的困境。双方

① 《北盟会编》卷一一,宣和四年十月二十四日条,第74页。
② 《北盟会编》卷一一,宣和四年十月二十四日条,第75页。
③ 《北盟会编》卷一一,宣和四年十月二十四日条,第75页。

都在竭尽全力作最后的坚持,双方都在无比渴望地等待援军的尽快到来。萧后在听到宋军进城的消息后,即"密遣人召萧干等回",而萧干也已获悉宋军偷袭燕京,急忙率军而回,"昼夜来援"。而宋军在与契丹人巷战的时候,杨可世就已经向后方宣抚司派出快马,名义上是告捷,实际上则是求援。而按照宋军这次行动的部署,刘光世的接应大军应该离燕京不远了。这时候的形势已经明摆着,谁的援军最先赶到,谁就将成为胜者,主宰整个战局。

就在此时,郭药师得到报告,城外尘埃大起,必有援军到来。宋军诸将都以为这是刘光世的援军。是的,这是一支人们翘首以待的援军!可是这支援军来到了城外刚刚去世不久的燕王耶律淳新冢,竖起的却是四军大王萧干的旗号。宋军诸将在城楼眺望到这一幕后,"错愕瞠视",彻底傻眼了。而就在这时,这支援军以迅雷不及掩耳之势从燕京城南一个不为宋人所知的暗门突入燕京城内。辽朝皇城守军见状士气大振,几个城门同时大开,辽军铁骑大举杀出,与城外杀进的萧干援军一起猛虎般地扑向宋军。

这场战斗雌雄立决!已经到了山穷水尽的宋军此时再也无力厮杀,各个城门最先落入辽军之手,燕京城内成了辽军主宰的屠宰场,宋军陷入了被瓮中捉鳖的恐怖绝地。除了大将杨可世和郭药师乘着辽军尚未杀上城头的机会,冒死缒城逃脱之外,高世宣等一大批宋军名将以及常胜军将领甄五臣等全部战死,当初精心挑选的六千精兵,最后只有四百多人逃回①。宋军这次几乎得手的袭击,以刘光世援军不继这样一个纯技术问题的故障而功亏一篑,也上演了一出中外军事史上罕见的功败垂成的悲剧。

刘光世的援军不继,替他从根子上找原因,应该是他不折不扣继承了乃翁刘延庆"怕死"的遗传因子。在接下来的战事发展中,刘延庆将他们父子俩的这一特性演绎得淋漓尽致!二十五日(庚戌),大获全胜的萧干回师卢沟河,开始向刘延庆挑衅。此时,已经知悉燕京得而复失、偷袭惨遭败局的刘延庆已经完全吓破了胆,他慌忙向童贯的宣抚司乞求"那回"②军马。结果,同样惊恐于辽军挑战的宣抚司给刘延庆回了一个极为荒谬的答复,在回

---

① 《北盟会编》卷一一,宣和四年十月二十四日条,第75页。
② "那回"即"挪回",含有转移撤回的意思。

札中说道:"仰相度事势,若可以那回,量可那回。"这是一个模棱两可、极不负责任的回复,但刘延庆得到后却如获至宝,将这道回札视作自己"逃跑"的许可证。二十九日(甲寅)傍晚,卢沟河北岸突然"四野火发",刘延庆及其子刘光国、刘光世以为辽军开始大举进攻,惊慌失措,急忙自烧营寨,带头向南逃奔。刘延庆这一极为恶劣的"表率"行为,造成了极为严重的恶果,数万大军转瞬间发生了雪崩式的溃逃,黑夜之中人马自相践踏,坠崖落涧者不知其数,更多难以计数的军需物资不及运回,竟然抛洒了一百多里路。宋朝从神宗熙宁、元丰年间就开始积累下的大量武器、装备和粮饷等军需物资,就这样在一夜之间尽失于刘延庆之手。辽军闻讯立即纵兵追击,接连杀败已经毫无斗志、急于逃命的宋军,从卢沟河一直追杀到了白沟河①。宋军近一个月来取得的胜利果实一夕之间丧失殆尽,徽宗的第二次伐辽战争就这样再次以一种大崩溃的彻底惨败收场了。

第一次伐辽战争中,宋军再怎么败退,种师道还是在竭尽全力挽救败局的。而这次刘延庆则全然不顾大军的安危,想逃就逃,以至于这次战争的损失更为惨重,输得更为彻底,以至于宋朝从此也彻底打消了军事攻取燕京的念头,而宁愿厚着脸皮、不惜巨额代价去从金人手里"买"回燕京。而说到底,刘延庆能够无所畏惧、大胆出演这样一个畏敌如虎的"丑角",却是徽宗和童贯给他搭的舞台,徽宗和童贯才是这场悲剧的总导演,刘延庆至多不过是前台一个面目可憎的二流角色而已。

刘延庆的大溃逃也给正在奉圣州与金人谈判的宋使造成了极为不利的影响。金人很快就侦知宋军再次被辽军击败的消息,所以,他们对于尚蒙在鼓里的宋使的态度也越来越恶劣。这天,蒲结奴来到宋使面前,拿出三封信,第一封是宋朝知易州何灌发给大金某统领的牒文,内称宋军已经收复涿州和易州,提醒大金兵马不得再对上述地区迭加侵犯;第二封是宋朝灵丘和飞狐两县官府发往附近原辽朝地界招诱蕃汉民众归附宋朝的牒文;最后一封是早先受童贯之命差人游说易州土豪史成起兵献城而未果的赵诩②所写

---

① 《北盟会编》卷一一,宣和四年十月二十九日条,第77页。
② 赵诩原名董庞儿,率众为"剧寇"以反抗辽朝,契丹不能制,后被招降归宋。

的给辽朝某太傅相公的信①，信中说到女真人嗜杀不讲人道，请太傅相公再勿逗留，赶快归宋。蒲结奴很是辣手，强令赵良嗣将三封书信一一诵读一遍，然后责问道："飞狐和灵丘乃是山后土地，两国尚未商量议定，你等便来招诱人口，是何道理？"

对此，赵良嗣只好胡乱搪塞道："何灌不知两国边界具体划分，以致乱发文书。"

蒲结奴道："此事姑且放下不提。就同贵使不许大金军马借路过关一样，赵诩不许汉人归顺女真，其险恶用心也如出一辙，你等必定早有预谋，更何况信中还详说招诱各路汉蕃人口有'御笔'为凭。要知道，那些汉蕃人口应该收归本国，贵朝如此行为岂非违约？"

赵良嗣还要嘴硬，道："招降蕃汉百姓，乃本朝皇帝至大仁德，不欲他们遭受杀戮，让他们都有个归宿，这岂能说是背约？"

蒲结奴见赵良嗣纠缠不休，便抬出阿骨打的"牌子"道："刚才本国皇帝有旨要修《国书》，为了你家不肯借道和招诱汉蕃人口这两件事，便想再作更改，但是考虑到两国信约已定，所以也就不改了。"金人忽然提出要修撰《国书》、派遣使人去宋朝谈判，等于是认定在此与宋使饶舌实属无益。但金人又想留下一名宋使，以备不时之需，于是蒲结奴又道："只是两位国信使中须留下一人随从我大金军，这是担心贵朝兵马入燕之后据守居庸关，本国大军要借路而归，却无人明白知晓这件事。"末了，蒲结奴忽然语气一转，道："况且，你只知道阻止我大金军马过关，却不知你家人马又吃败仗喽！"其实，这时候金人已经完全清楚刘延庆率领的宋军已经大败亏输，逃回原地。

金人要在赵良嗣和马扩之间强留一人，也是其精明之处。但赵良嗣一听这话，竟然"汗流不能对"②。这时，马扩上前向赵良嗣附耳道："龙图原是燕人，所以不为女真人所敬畏。倘或一定得有人留下来，马某请留下吧。现

---

① 《北盟会编》卷一一，宣和四年十一月一日条，引赵良嗣《燕云奉使录》，第78页。"太傅相公"，《通鉴长编纪事本末》卷一四三《金盟》下作"李□温"。但此人应该不是李处温，一则当时李处温官拜太尉，而非太傅，二则李处温已有其故交赵良嗣写信给他，不太可能再出来一个赵诩和他套近乎。

② 《北盟会编》卷一一，宣和四年十一月一日条，引《茆斋自叙》，第79页。

在龙图宜安定心绪。"

赵良嗣愣了一阵子,徐徐答道:"两国外交从未有滞留使人之先例。"

蒲结奴回答得也很干脆:"这是本国皇帝之意。"于是拿出《国书》出示给赵良嗣等人看了。金使的人选也已确定,以孛堇李靖和王度刺(即耶律松)充国信使副,撒卢母充计议使。

赵良嗣看了金朝《国书》后道:"各位说的燕京即使由大金攻取,也还给本朝,但这个意思《国书》中写得不甚明白。"

蒲结奴非常不耐烦地道:"一句话就足够了,喋喋不休却是为何! 倘或一定要言而有信,那就到燕京来的使人跟前做个面约吧。"说着便指示赵良嗣入见阿骨打叩辞。到了一处庭院下,见有两人挺立其间。蒲结奴指着这两人对赵良嗣道:"这二人是燕京辽朝国妃即萧后派来请降的,他们称,如果大金不答应燕京辽朝称藩,那就退一步请求守御燕京之职,全力抗拒南朝。又说契丹军虽然势单力薄,但倘或只是对付南朝大军,却是绰绰有余——只是畏惧大金军马,一朝前来,即刻不支。"又当着赵良嗣的面对燕京二人道:"我已将燕京答应给了南朝,你等回去跟国妃、萧幹说,休得再与南朝交战,以免祸及平民百姓。"[1]二人恭恭敬敬应声唱诺。

傍晚时分,赵良嗣来见阿骨打辞行。阿骨打问道:"两位国信使究竟哪位留下来?"

赵良嗣仍然坚持认为,两国外交没有滞留使人的先例。

阿骨打不耐烦地道:"现如今正在行军打仗,岂是援引惯例之时?"一句话就将赵良嗣的主张堵了回去。

这时,马扩站出来道:"倘或非得要我等留下一人,马某希望让大使归朝奏报此次奉使详情,马某便请留下。"[2]

马扩以主动"牺牲"自己及时替赵良嗣解了围,也暂时缓和了双方各持己见、互不相让的僵局。说实在,在别人的地盘上,如果没有一支百战百胜之旅作声援、作呼应,赵良嗣纵然再怎么坚持己见,最终也只是饶费口舌。

---

① 《通鉴长编纪事本末》卷一四三《金盟》下。
② 《北盟会编》卷一一,宣和四年十一月一日条,引《茆斋自叙》,第80页。

此次使金,赵良嗣多次被金人无礼地指责和为难,终究没有给宋朝带回令人满意的消息,不是其争辩不力,而是在宋使背后没有一支强有力的军队作后盾,这才是导致赵良嗣此行无功而返的根本原因。没有办法,他只好将马扩留下,次日,也就是十一月三日(戊午),与李靖等金使一同启程回朝。是月二十一日(丙子),赵良嗣一行人抵达东京,为宋朝带来了金人的《国书》。宋金双方就燕云之地的新的一轮讨价还价,又在东京拉开了帷幕……

赵良嗣走后,马扩一人留在了金军大营之中。

不久,粘罕自广州(在辽宁沈阳西南彰义站)赶到奉圣州,参加了阿骨打的下一步军事行动会议。会上金人议定,由粘罕在南暗口(在北京门头沟境内)布下军马,阿骨打亲率大军直袭居庸关,另外,由挞懒率兵直趋古北口(在北京密云县境内)①。金军的作战意图非常明晰,由粘罕在燕京西边堵住辽人西逃之路,阿骨打和挞懒则率兵自北边偏西和偏东两个方向同时进攻燕京,这是一个想要彻底兜捕和解决辽朝的作战方案,而绝无网开一面的意思。十一月二十七日(壬午),金军按照既定部署,兵分三路,包夹燕京。十二月二日(丁亥),阿骨打率领的金军经过妫州和儒州,如入无人之地。

马扩跟随的是阿骨打这路金军,这也是他第二次从行阿骨打,而与第一次所不同的是,那是一次围猎行动,而这次则是真刀真枪的军事行动。

一路上,阿骨打喋喋不休地与马扩唠叨:"契丹国土十分中我家已取其九,只有燕京一分土地,我派人马三面围逼着,让你家自己俯拾即是,却怎么会如此辛苦、困难,奈何不了? 最初俺听说贵朝大军到了卢沟河,后来又攻入了燕京,我心里也十分欢喜,你们南朝的故地就叫你们收回了,我与你们分定边界,自率军马归国,也想早些见到天下太平。可是最近又听说都统制刘延庆一夜之间逃走了,这像什么样子?"

虽然刘延庆之败已是铁板钉钉、毋庸置疑的事实,但马扩却要维护本朝的形象,所以轻易不肯承认刘延庆败绩这个现实,回答道:"使人一直待在这个大营里,外边的战事真情不得而知。"马扩先是以对时事不明来抵挡阿骨

---

① 《北盟会编》卷一一一,宣和四年十一月二十七日条,第81页。

打的质疑,然后又扛出"兵法"来狡辩:"何况兵家进退乃是常事,恐怕不会是败退吧。即使刘延庆真的败了,也一定另有大军在其后面。"

阿骨打没有理会马扩的强辩。他当然不会与马扩去争辩刘延庆究竟是不是打了败仗,他关心的是大金这个盟友在治国治军上是否具备起码的公正性与合理性,是否存在类似"刑不上大夫"的弊政。为此,阿骨打只向马扩提了一个他自己感兴趣的话题:"像刘延庆这等统兵大将,败坏了军国大事,你家会有什么样的惩罚?"

马扩道:"将折兵死,兵折将死,这是大宋历来的军法。刘延庆果真是败逃的话,即便他做的官再大,也得行使军法。"马扩的这个回答,应该是他自己对于战场上应如何执行军法的理性解释,但与现实未必契合。远的不说,就几个月前宋军第一次伐辽战争大败之后,全军统帅童贯耍尽阴谋,将战败的责任全部推到了种师道身上,自己毫发未损。所以,马扩的这个回答在很大程度上,还是在以一种"谎言"来掩盖本朝的错谬,维护本朝的面子。而事实上,在官场上一点都不颟顸的刘延庆,最后凭借童贯宣抚司那份准许他"那回"的札子,逃脱了严惩,朝廷只是为他做了一段贬官"率府率"和安置筠州的官样文章,"未几,复为镇海军节度使"①,照样执掌重兵。刘光世援军逾期不至的罪责也以"降三官"了事,但照样带兵打仗,没过多久也是官复原位②。

阿骨打却对马扩的这番回答感到满意,不无感叹地道:"是啊,倘或对这等人不行军法,今后还怎么带兵打仗? 等再过一两天我等到了居庸关,抢关攻城,你看我家兵将中有敢逃走的吗?"阿骨打带着极为自信而又自豪的神情,也带着对大宋军队的轻蔑,率兵直扑居庸关。

十二月五日(庚寅),金军逼近居庸关。尽管金军早已所向披靡,但在兵临这一名闻天下的险关要隘时,还是准备着一番恶战。可是,出乎意料的是辽军未作任何抵抗,就在金军即将抵达关前之际,弃关而走。这天夜晚,萧后与萧幹、耶律大石终于放弃了刚刚经与宋军浴血奋战而夺回的辽朝最后

---

① 《宋史》卷三五七《刘延庆传》,第 11237 页。
② 《宋史》卷三六九《刘光世传》,第 11479 页。

一个京都——南京燕京城。为逃避金军的包抄,他们走了一条非常怪异而艰险的路,向东偏北方向直奔松亭关(在河北宽城西南),从而与阿骨打的三路进兵路线彻底错向,最终摆脱了金军的追捕,辗转逃至辽朝大西北的夹山地区,也即天祚帝的藏身之地①。

六日(辛卯),阿骨打率领的金军占领居庸关。入关之后,金军摆了一个整齐的军马队列,阿骨打与其子宗幹骨仑郎君②并马向南而立,各支军马则三面整旗而立,自粘罕以下女真诸郎君皆披甲戴盔,全副武装,相对排列两行,侍立一旁。金人摆了这么整齐的一个军阵,阿骨打却没有检阅或誓师的意思,而是招呼宋使马扩上前,道:"我已派了使者同你家大使一起南去,现如今想必已到了贵朝汴京。尽管我已将燕京答应给了你家赵皇帝,如今真要去打了,你却必须得和我们一起去燕京城走一遭,那里的契丹等番官百姓,即是我要的,得归于大金;所有汉儿人家,当然就都属于贵朝了。我现在要派人入城去招诱契丹人来投降,你敢不敢相随一同前去招降汉儿?"原来,阿骨打摆下如此隆重的一个排场,一则要炫耀大金的军威,二则当面与马扩再次确认燕京城内不同民族人口的归属,三则也是试探一下马扩有无亲身前往燕京的胆量。

这时,马扩显示出一名真正军人勇敢而果断的气概,道:"使人留在这里,原本就是为了了却军国大事,有何不敢?"

---

① 萧后同萧幹、耶律大石逃离燕京行至松亭关后,内部产生分歧,发生分裂,萧幹力主去奚王府立国,大石则主张去夹山投奔天祚帝,双方差一点兵戎相见。最后双方各走各的路,萧幹自立为奚王,但最终却被部下所杀。大石和萧后投靠天祚帝,结果,天祚帝杀萧后,并责问大石:"我在,汝何敢立淳?"大石严正答道:"陛下以全国之势,不能拒一敌,弃国远逃,使黎民涂炭。即立十淳,皆太祖子孙,岂不胜乞命他人耶?"天祚帝无言以对,赐酒食,任为都统。后大石奉命袭击金军,兵败被俘。金军强迫他带路袭击天祚帝行帐,成功俘获天祚之子秦王等宗室多人,得车万余乘。为敌带路,这也是大石人生中最不光彩的一页。阿骨打对大石十分赏识,赐之以妻。大石却另有心计,不久带领部属逃离金营,再次回到天祚帝的行帐。保大四年(1124),天祚帝意欲出兵收复燕京,大石强烈反对,两人矛盾激化,大石率铁骑二百逃离天祚帝行帐。大石出走后不到半年,天祚帝终被金军追捕俘获。而大石则聚集力量,向西拓展,最后称帝,建立了一个称雄于西域和中亚地区的帝国,史称"西辽"。

② "宗幹骨仑郎君"《北盟会编》卷一二引《茆斋自叙》作"骨仑郎君"(并未说明具体人名),宣和四年十二月六日条,第85页。傅朗云辑注《金史辑佚》所录《茆斋自叙》则作"宗幹骨仑郎君",吉林文史出版社1990年版,《长白丛书(四集)》,第121页。

阿骨打同样是以军人的角度审视和评判对方,所以对马扩这样坚决的态度抱有好感,禁不住露出一句女真话:"敢去时煞好!"①他和马扩约定,明天早晨马扩同女真使臣一起前往燕京。

当天傍晚之前,金兵游骑便已抵达燕京城。

入夜,阿骨打突然把马扩召来,道:"我原想亲率大军去燕京,准备与萧幹那厮好好干一仗。可是刚才探马来报,萧幹已同国妃一起直往东跑了。如此一来,我等明天应该就可以进城了。"

是夜四更时分,阿骨打再次将马扩召去,这时他的脸色十分难看,颇有怒色,道:"国妃与萧幹已经跑了,这是因为听说我大金军马已经入关的缘故。现如今听说你家军马也来争抢燕京,如果是这样的话,那咱们两国之间便没有什么好话可以说的了。"

阿骨打说这话实在是有所不知,此时的宋军压根儿没有与金军争夺燕京城的勇气和胆量。根据马扩得到的消息,前几天还是在十二月三日前后,萧幹的军队因为轻敌,在永清县(今属河北)遭到郭药师常胜军的伏击而挫败,折了数千人马②。于是,马扩答道:"贵朝使人早已同赵良嗣一起去了本朝京师,朝廷肯定不许有人来同大金抢夺燕京。即使万一本朝军马先入了燕京城,这其中有什么事也完全可以商量的。"听马扩之言宋军好像并无矛头针对金军的企图和打算,阿骨打的脸色这才渐渐缓和下来。

次日,阿骨打率军直奔燕京城。以宰相左企弓为首的残辽一群无耻的汉人官员虞仲文、曹勇义、刘彦宗等人,还有契丹官萧乙信等人,听说阿骨打即将进城,便作出了投降的举动,让统军萧伊逊打开了丹凤门,众人一窝蜂地跑到门外一座毬场内,投拜迎降阿骨打。阿骨打进城时发现,城头上的大炮连炮绳、席角等都还不曾解开,便知这燕京城不会再有人会对金军进行抵抗了。进得皇宫,阿骨打身着戎服,坐于万岁殿上,与金军众将领接受了辽朝众臣之降。这座宋军几经鏖战、付出惨重代价也没有得手的大辽京城,就

① 《北盟会编》卷一二,宣和四年十二月六日条,引《茆斋自叙》,第85页。
② 《北盟会编》卷一二,第84页。又同卷,宣和四年十二月六日条,引《茆斋自叙》"原注",第85页。

这样被阿骨打不费一兵一卒、一枪一刀,兵不血刃、轻松拿下。

彻底搞掂燕京城后,阿骨打在第二天把马扩招来道:"今天是我大金军马先到的燕京,你一路随行都已经看到了,现如今你可以回朝报捷去了。我已派人写了一封给你家宣抚司的牒文,就请一并带去。另外,我已派了五百骑送你回去。"送马扩一人回朝,却派了五百骑兵护送,阿骨打对马扩也算是非常敬重的了。马扩临走时,阿骨打又赐给他鞍马一副,其随行人员也有赏赐,而且还把被契丹人囚于燕京狱中的宋朝涿州将官胡德章①,也交给马扩带回宋朝。

阿骨打对于马扩算得上是仁至义尽了。然而,这并不代表全体金人都这么对宋使和颜悦色。马扩临行时,粘罕忽然派乌歇来和他说话,语气非常生硬地道:"传语童太师,上次海上之约时曾答应的水牛,如今因为两国相距甚近,我想求取十头,令送来。"②天知道是谁在何时何地与粘罕有过这样的应诺,有什么具体条款约定? 有什么文字依据? 好像都没有,但反正你们是答应过的,童贯看来也是知情的,你们就得把这些牛如数交给我们。粘罕在此突然变成了一个讨债人,冷酷无情,还有点无礼加无赖相。对于宋朝来说,粘罕的这种绝情在阿骨打过世之后,恰恰成为了金人的"流行色",终其金朝而大行其道。马扩非常"有幸"经历了这道"分水岭",体会到了两代女真人对于大宋截然不同的面色表情。

金军五百骑护送马扩一行人到了涿州,便自而回。马扩等人继续往南走,一直到了雄州,才找到了童贯所在的宣抚司,呈交了阿骨打托送的牒文。文内也就寥寥数字:"请发兵前来交割"③。而粘罕那个非正式的索牛"口信",马扩只字不提。

马扩从九月中旬接到徽宗的诏令启程奉使金朝,到现在回到宋朝地界,

---

① 宋将胡德章是在十一月二十七日(壬午)萧幹进攻涿州时战败被俘的。

② 《北盟会编》卷一二,宣和四年十二月六日条,引《茆斋自叙》,第85页。"十头"《金史辑佚》作"千头",第122页。十一世纪初叶,女真人开始定居生活,并随即出现农业经济。《高丽史》中有东女真酋长向高丽求要耕牛的记载:"东女真大相吴於达请耕牛,乃赐东路屯田司牛十头",(朝鲜)郑麟趾等:《高丽史》卷六《靖宗世家》,靖宗八年(1042)四月壬寅条,韩国首尔大学奎章阁藏本。

③ 《北盟会编》卷一二,宣和四年十二月六日条,引史愿《亡辽录》,第85—86页。

差不多过了两个半月。这其间，他作为赵良嗣的副使，作为大宋使团的副使，在身份上尽管朝廷给予了他前所未有的地位，但因为正使赵良嗣才是此次使金谈判宋朝一方的全权代表和辩论主角，所以马扩在这场艰难的谈判中，并未有太多的机会一展其雄辩之才，未有他在出使燕京时的那种激扬慷慨、舌战群雄的豪迈气概。但是，在国家利益遭到危难时刻，他挺身而出，勇于争辩，表现出其在外交上的不卑不亢、不退不让的一贯作风。而在赵良嗣惧怕被金人扣为人质时，马扩又以国家利益为重，主动请缨留在金营，以确保赵良嗣能尽快将此地的谈判详情传递到朝廷。一旦孤身无援无助时，马扩却浑身充满着敢斗的激情，锋芒铤亮，无所畏惧。正因为具有如此可贵的勇者之风，所以马扩也赢得了阿骨打的好感，言语之中，举手之间，颇多敬重。只可惜，作为马扩而言，当初使辽之后不过半年时间，他第二次进入燕京城，算得上是故地重游，本应备感欣慰，然而，这时的燕京城业已物是人非，大辽王朝土崩瓦解，大金人马主宰一切，他马扩作为大宋使者，却成了一名无关紧要的局外看客，眼睁睁看着城头变换大王旗，金人汹汹而来，辽人匆匆走过，而唯有遭遇两次惨败、付出惨重代价的大宋，此时此刻却素手一旁无所事事，没戏！就宋人的立场和视角来看燕京城的易手，这不能不说是令人感到伤悲、尴尬和羞辱的一幕。这一幕，还足以让人从心底生出无限的凄凉、无比的失望和无尽的遗憾，才下眉头，却上心头。

第四节　百万赎金，金人节外生枝

对于燕京，宋朝在军事上得不到，便想通过几个使者去得到，徽宗命王黼专门负责向金人赎还燕京之事，并下旨命前线童贯、蔡攸不得妄动，以听约束①。

赵良嗣和李靖等金使是宣和四年十一月二十一日（丙子）到达东京的。

① 《北盟会编》卷一六，宣和五年四月十七日条，引蔡絛《北征纪实》，第112页。

燕京已经成为金军锁定的目标,拿下它只是早晚的事情,所以金使此次来访的目的很实在,即要议定宋朝每年给予大金的银绢之数。

二十五日(庚辰),李靖等人面见徽宗后,即与王黼展开了谈判。宋人提出,除了燕京之地以外,按照原先的约定,希望将西京以及平、滦、营三州归还宋朝。但金使咬定阿骨打所许燕京六州二十四县不松口。双方谈判再次陷入僵局。

十二月二日(丁亥),李靖等人入辞徽宗,无功而返。次日,宋朝派赵良嗣和周武仲为国信使副,顺便也作为李靖等人的"送伴",一起回阿骨打军前,奉使目的乃是向金人许诺按照与契丹的"旧例"给予金朝"岁币",也就是每年五十万两匹,却在土地问题上要求金人归还西京以及平、滦、营三州。赵良嗣一行人走到雄州时,碰上了刚回本朝的为他赵良嗣回朝而自愿滞留金营的马扩。马扩问他此次奉使要谈些什么,他却十分冷淡,不肯相告。马扩原是他使金的搭档,而这次他却连奉使内容也不让与闻,说明他对马扩已经有所顾忌,也有所不合,而有意回避马扩。

十五日(庚子),赵良嗣和周武仲抵达阿骨打军前。结果,宋人的土地要求遭金人一口拒绝。阿骨打对赵良嗣道:"我听说贵朝一味依仗刘延庆十万大军,但是结果呢,他却不战而溃,一夜之间军士尽散,贵朝这点实力何足道也!而我亲率大军下燕山,现如今燕京已为大金所有,贵朝难道还想着要有燕京!"阿骨打一把将宋人索要燕京的大门关上了,令赵良嗣一时不知说什么好①。最后,金人提出,燕京是金军花了力气夺得的,你宋朝如想要回去,就得支付燕京当地的税赋给金朝。于是,阿骨打又派遣李靖、王度刺、撒卢母等人持《国书》使宋,以索取燕京税赋。

不久,赵良嗣跟着李靖等人在返回东京路过雄州时,再次与马扩相遇,对于这次奉使的谈判情况他仍然只字不提。这时候,童贯反倒对赵良嗣的举动产生怀疑,他对马扩道:"赵良嗣昨日递交到一本奉使'语录',其中一些内容与你所说的不同,更何况你是被金人扣留的使人,自然应当赴阙向皇上

---

① 《北盟会编》卷一六,宣和五年四月十七日条,引蔡絛《北征纪实》,第112页。《续资治通鉴长编拾补》按,阿骨打不许燕山及山后这段话,"不出于阿骨打,出于粘罕、兀室耳",第1431页。

亲作说明。本司已写好了奏状,你可以取河北东路驰马前去。"北宋王朝接待辽使时,为了不使对方探悉宋境的地理详情,作为其日后南侵的参考,往往在辽使入境后,由领路人员故意迂回绕道而行,所以一趟走来颇费时日。宋金初期的使者交往,宋朝也沿用了这个惯例,故童贯为让马扩尽快回东京报告使金详情,要他走河北东路这条"捷径"。

于是,马扩赶在赵良嗣一行人之前,先期到达了东京。进了宫廷,早有圣旨下达,有宦官陪送他去王黼的府第议事。王黼见到马扩非常客气,口口声声以"公"相称,这也是马扩第一次被当朝宰执尊称为"公"。王黼先是对马扩大加表扬了一番,道:"公在奉圣州金营期间与金人所论事理,其中对于燕京和西京等地的力争死争这些情况,朝廷甚为满意。"

马扩答道:"因为不曾料到刘延庆会突然遁走,女真人必将先于我军入关,所以不得不与之相争。"

马扩这次赴阙,按照童贯的意思是要向朝廷说明他这次使金的一些具体情况,其中应该包括对赵良嗣"语录"所记事项的核对。但是,王黼对"语录"问题似乎不感兴趣,也不多说,而是站起身,摆出一副礼贤下士的样子向马扩咨询起应如何对付金人,他问道:"根据时下形势,公有何见解?"

马扩打从燕京返回雄州宣抚司后,对于此次奉使金营多有所见所感,并写下了一封《徐制女真三策》的札子。现如今王黼这一问,正中马扩下怀,当即取出这封札子交给王黼。马扩在札子中写到:

> 燕地乃中国北户,自祖宗以来,有志恢复。比者海上交结女真,已许割还,但缘刘延庆遁走,失入燕之机会。今女真先入据之,轻我兵弱,已肆侮慢。当此形势,于复地未为急,而防后患乃急务也。愚请于复地之间,条画徐制女真三策,以杜后日之患。若女真果以山前、山后故地、故民尽还本朝,将用我故民守我故地,关山险阻,易为捍御,虽倍益岁赐,则所入足偿所出,得以复境土而绝后患,是为上策。倘女真必欲割留平、滦、营三州,不全归燕地,则宜各守所得,彼得燕山,使守燕山,我得涿、易,即守涿、易,比类高丽、夏国,少与岁赐,彼必欣然听命;若虑日后侵陵,则于广信以北,横斜多筑城垒,严屯军马,仍开掘涿、易两河为

塘泺,连接沮洳,直抵雄、霸,彼来则御之,退则备之,是为中策。若且听金人奉圣州之约,止割燕京六州二十四县,全与契丹旧币,姑苟目前之利,徐为善后之计,是为下策。舍此三者,若汲汲于求地而不计劳费,增岁币,益礼数,兴板筑,姑防一隅,用新附之众,徼幸战胜,徒劳交往,事或隳成,一旦使女真得志,殆将取侮于四夷,是为无策。今女真虽乘胜气锐,但兵少而力分,加之天祚未灭,张毅抗衡,国内空虚,新民未附,我若严备边防,屯集大军,示以威信,遣一介辩士议之,彼方内顾不暇,未必不成上策。惟朝廷议而行之,不可缓也。①

马扩在这篇札子中点明了宋金关系中出现的新情况和新形势,即金人经过这场燕京之争,已经非常清楚地看到了宋朝武备不振、兵弱将怯的弱点,并且凭借先占燕京之利,轻视宋人,态度傲慢,在两国关系中,在两国军事实力对比中,宋朝已明显处于下风。面对这样的不利形势,马扩提出了当务之急不应该急于去谋求夺回燕京,而应该更务实地想方设法去提防很有可能出现的金人侵凌之大患。为此,马扩还提出了在制服和控制金人的过程中可能出现的三种对策,并逐一加以分析和评价,划定为上中下三等。应该说,马扩的这篇札子观察敏锐,深思熟虑,颇有远见,在宋朝上下目光还停留在如何从金人手中赎回燕京城之际,他已经在琢磨如何消除日后更为可怕的金人入侵的后患,第一次提出了当今对于金朝外交已经处于不利的形势,第一次提出了必须制服和控制金人,以扭转日渐被动的外交和军事形势。而他对"三策"的分析也颇切实际,明智而务实,一旦付诸操作,对扭转当今形势颇有裨益。

然而,出人意料的是宋朝当局者的眼光、思路、决策和举措,无一不是与马扩所思所想大相径庭。王黼在读到"姑苟目前之利,徐为善后之计,是为下策"时,叹了口气,问道:"何谓'姑苟目前之利'也? 公之下策,乃朝廷之上策。只是在公所说的下策中,倒是还需要更添些'物色'。"王黼毫不掩饰地提出可以考虑采取的是其中的"下策",而且,为了确保得到燕京这一"目前

---

① 《北盟会编》卷一三,宣和五年正月初四条,引《茆斋自叙》,第90—91页。

之利",还要更添一些"物色"。王黼在心中再明白不过了,手面阔绰的皇上现如今就是要尽快得到燕京,为此而不惜在现有的五十万两匹"岁币"基础上再多付一些代价也是心甘情愿的。至此,收复燕京已经异化成为宣和君臣的一种攫取显赫功名、追求耀眼功勋的"面子工程",至于在收复过程中所发生的危害国家利益的行为和隐患,统统可以在所不惜,在所不顾。宣和君臣竟然如此堕落,实在让人咋舌!

于是,马扩忍不住顶撞了一句:"更添物色,便是无策!"

王黼也不生气,问道:"如果确实如公所说,金人席卷南下,本朝又当怎么办?"

马扩在札子中已经说得非常清楚了,当下是要想尽办法消除日后之患,而王黼却偷换概念,反问马扩现在如果金人南侵,又该如何,真不知道王黼是狡猾,还是弱智。但马扩这时候还是耐下心为他解释道:"金人现如今还忙于内部争权夺利,自顾不暇,未及图谋南侵。但是他们一旦消除内忧,就会倾力谋我,以遂其志。马某今日所论,实在是想消除异时之患,还望公相深思!"

王黼却道:"金人既然号称虎狼之暴,难道还有什么自顾不暇的事情?"在这次谈话中,王黼对马扩起初还是比较尊重的,但这个反问带有很强的情绪化色彩。金人的虎狼之暴原是马扩使金时的所见所感,他王黼并不如此认为,现在却以马扩之见反诘马扩,反映了他现在对马扩已经从尊敬逆转到了反感。接下来的话更是以上压下,已经不讲道理了:"更何况朝廷重大决策已定,现如今又要差遣公作为计议使使金。与金人谈判中该刚则刚,该柔则柔。只要能够取回燕山府,便是最大功劳,其他什么也休要再说!"

就这样,马扩对于时局的判断、思辨、见解,乃至解释、争论等等一切努力,再次被掌权者摈弃和终结,其一腔热血、满心希望再次落空,而成为徒劳。

又过了数日,到了宣和五年(1123)正月初一(乙卯),这天,李靖等金使又赶到了东京,来此目的就一个:索取燕京税赋。宋朝照例全权委托王黼与其谈判。谈判中,在金使的一再坚持下,王黼最终应允了金人的税赋要求,且提出本朝直接支付银绢以替代税赋。李靖听罢大喜，认为这样最好，省事省力，并追问王黼银绢之数。王黼虚晃一枪，说已有圣旨，将派遣赵良嗣前去金主跟前议定。这等于透露了宋朝的一个秘密，就是在支付金人税赋一事上，徽宗早有准备，早有成算，也就是早几天王黼对马扩所说的，朝廷重大决策已定。现在的情况变成了不是要不要支付金人税赋的问题，而是应当支付多少的问题。

于是，仅仅几天时间，李靖等人便结束了在东京的此次访宋使命，于正月初五（己未）辞别徽宗而回。与此同时，宋朝再次差遣龙图阁直学士大中大夫赵良嗣、朝散郎充显谟阁待制周武仲为国信使副，另遣马扩为计议使，携带《国书》一起同金使前往燕京阿骨打军前，许诺以银绢替代燕地税赋付给金人，而双方需要谈判的是确定一个具体的银绢数额。需要说明的是，原来赵良嗣出使或与马扩，或与周武仲同行，此番赵良嗣和周武仲作为国信使副，宋廷又增派马扩作为计议使，显然是非常重视这次使金谈判，而也暗藏有制约赵良嗣的意思，毕竟在前面争议西京归属一事上，马扩在事后的奉使"语录"中如实记录了赵良嗣的失态，而赵良嗣的"语录"中竟然回避了，这也让童贯察觉怀疑到其中的问题，而有奏本要马扩赴阙加以说明。后来王黼虽然没有对赵良嗣的失态大做文章，但大致情况还是清楚的。

正月初八（壬戌），赵良嗣、周武仲和马扩一行人与金使一起启程离开东京，二十三日（丁丑）走到雄州，隔了两天，在二十五日（己卯）抵达燕京阿骨打军前。当时，燕京城内因为刚刚经历过一场宋辽两军的鏖战，建筑损毁严重，是以金军诸将帅占据的好房子均在燕京郊外。对于宋使这样的国宾级来客，理应腾出一所完整的房间用以安置，但金人偏偏将宋使安置在城内一处废弃的寺庙中。残垣颓壁无以抵挡彻骨之寒，宋使只得以毡帐作为临时使馆栖身。宋人的地位在金人眼中一再走低，已经到了连最起码的接待礼节和待遇都没人来关心的地步。

金人关心的是其利益问题。宋使抵达燕京时，李靖便先索要了宋朝的《国书》以及徽宗御笔《事目》的副本，带回去研究。次日，宋金双方开始正式会谈，这次阿骨打委派了兀室和杨璞到宋使馆舍议事，会场上就几位谈判主角,左右闲杂人员一律屏退在外,显示了这场谈判非同寻常。

兀室首先发话道:"割还燕地,两国交好,这件事主上已经许诺,我等也不会轻易失信。但是,早些时候赵龙图和周侍郎来此说起的偿还大金税赋一事,现如今贵朝皇帝的御笔《事目》中却说,每岁才给十万两匹,还没有一个大县税赋收入之数,此事又怎么可能谈成呢?"

赵良嗣等人答道:"早先'海上之盟'所议大金尽还燕民、燕地于大宋,是以每年将原先给予契丹的银绢之数输与贵朝。而今贵朝已不把平、滦、营三州列入割还大宋之协议中,又要带走燕京城中汉民以外的所有显官、富户、官民和工匠,在此情形下,本朝还要每岁再添十万两匹,付出也不少了。"

兀室等又道:"最初'海上之盟'说好的,燕京本地汉族人户应该归于南朝,而燕京城中原汉人以外的外来人口应该归于北朝,然后两边一起进兵夹攻契丹,双方军马各不得过了相关隘口,这原想要贵朝乘本朝大军连胜之势,自己就近攻取燕京。现如今贵朝不能自取燕京,却坐等本朝军马取了燕京再送还给贵朝,让贵朝坐享地土之利,而本朝取一些税赋财物,有何不可?更何况那些税赋尽出于燕京土地,又没有动你贵朝一草一木,何苦这般吝惜?原先有约定,燕地外来人口应该归于北朝,像郭药师常胜军,其中多半是燕北之人,那郭药师也是铁州人。但本朝唯恐贵朝要这支常胜军派用场,所以也不想要这支大军了,所以仅仅带走一些燕京辽朝显官以作相抵。倘或贵朝不想让这些人离开,那只将郭药师及其常胜军遣送回原籍故地,也行。而像平、滦、营三州,原本不属燕京所管,奉圣州商议时也不曾许诺给贵朝,所以休得再说!"

赵良嗣再三争辩,但兀室等人之言越来越强硬,于是,赵良嗣取出两纸徽宗御札,备述徽宗皇帝之圣意,即要使两国亲近和好。赵良嗣身上原带有三纸御笔札子,其中一张写明再添十万两匹(便是昨天李靖已经取走的那张),另外两张则各写再添五万两匹,现在全部取了出来,便是答应金人再添十万两匹,那么,合计该是许诺再添二十万两匹,也就是说,加上原先给予契丹的"岁币"五十万两匹之数,宋朝答应每年给予金朝七十万两匹。

兀室等人见赵良嗣松口让步,俱有喜色,道:"这就将贵朝御笔进呈主上。"这样,双方的第一回合谈判总算是有个收场。

当晚,李靖过来向宋使道:"贵朝御笔我家皇帝见了,与诸郎君商量后觉得,这点税赋之数也不多啊!"当初金人获悉宋军出兵北伐,唯恐宋人攻取燕京、占领各个关隘后,金朝连"海上之盟"宋朝所许的五十万两匹"岁币"也得不到了,所以赶紧遣使宋朝,要争回那五十万"岁币"。现在金军占领燕京后,一夜之间胃口急剧膨胀,连宋朝开出的七十万价码都嫌少了。此时此刻,宋朝已经完全处于被动应付的局面,除了软弱无力的讨价还价之外,别无良方。而金人则狮子大开口,极尽勒索、敲诈、要挟和责难之能事。

第二天,兀室过来道:"昨夜收得贵朝流星快马送来的文书,却是给赵龙图和马宣赞的。这文书中为何擅自将'燕京'改作'燕山府'?本朝皇帝已说定了,不须再讨论什么税赋之多寡,但只要贵朝除了给予契丹的'岁币'数额之外,每岁再添一百万贯,并依照估价折成绫锦、罗绸、木锦、隔织①、绵丝、木绵、截竹、香茶、药材、细果等物品。本朝已开具了需要折价给予的物品清单。倘或贵朝还想减少一分一毫,那就无法成就两国和好大事。而且,驻守涿州和易州的常胜军,还有原先属于契丹燕京所管的官员和百姓,自然应该归还本朝。且请贵朝军马退出涿州和易州,因为本朝皇帝已定下日子,将亲自巡视边防。"金人的指责在赵良嗣听来也许早就习以为常了,但是在五十万"岁币"之外,金人赫然提出"每岁再添一百万贯",这是一个足以令人震惊的消息!一个新崛起的偏远民族突然向大宋提出如此巨额的"岁币",绝非是一两个诸如利欲熏心、贪得无厌等形容词所能描述的那么简单,在这笔巨额款项背后,深层次的是金人早已看透了宋朝的懦弱、昏聩、颟顸,还有好大喜功,说得再直白一点,此时的宋朝业已成为金人虎视眈眈的一块肥肉,鲸吞其肉不过是早晚的事儿。而且,这新添的一百万贯金人还不要现金,要宋朝折成香茶、药材等实物来支付,在经济上又狠狠抠了宋人一把。因为,原先宋朝虽然岁输契丹五十万两匹,但是通过设置边境榷场,与契丹进行易货贸易,"以我不急易彼所珍,岁相乘除,所失无几"②,而今悉以金人指定的实

---

① 隔织,即缂丝,也称刻丝,是宋代时期一种极具技术难度的丝织工艺品。
② 《北盟会编》卷一四,宣和五年二月一日条,引《茆斋自叙》"原注",第96页。

物作抵充,宋朝连榷场上的一点小算盘也没法子拨弄了。

赵良嗣等人还想据理力争,兀室却没耐心和他们饶舌了,断然道:"事已决定,更无移改! 请使副安排来日朝见本朝主上,即便朝辞而回。本朝也不再差遣回使了。"明摆着这新添的一百万贯硬要你吃不了兜着走。

次日,宋使来到阿骨打营帐拜辞。这时候,阿骨打已经住在了契丹皇帝渔猎时居住的行帐"拔纳"之中,宋使到来的时候,只见帐前排列着原先契丹奉行外交礼仪的阁门官吏,原班人员皆穿戴着朝服,见宋使已到,引唱舞蹈,表演隆重。宋使朝见金主的礼仪是,每入帐门,称之为上殿。

宋使进帐后,阿骨打道:"我已言定,岁添一百万贯! 一字不依,更休来商量,便请交送常胜军过来,并且退出涿州、易州兵马,从今往后咱们也别讲什么和好交往之礼数。我将在二月初十日巡边,各位使人尽快回去,在此之前要将贵朝之意如期再来告诉我,不得妨碍我举兵巡边。"阿骨打的这番话几近最后通牒,而且不容你琢磨推敲,须得即刻作出选择,因为宋使是在一月二十五日抵达阿骨打军前的,双方讨价还价,几个回合打拼下来,到现在已经过了三天,也就是一月二十八日,阿骨打却要赵良嗣等人赶在二月初十日之前将远在东京的宋廷答复传递给金人,这样一个非常苛刻的期限明显就是要刁难宋使。

赵良嗣道:"燕京相去本朝京师三千里路,加之正月之日已近结束,在这么短的时间里叫我等往返来往,如何跑得过来? 臣等只有到了雄州,派遣快马将贵朝要添一百万贯的消息上奏朝廷,再等快马将本朝的意思回传过来,这样才有可能来得及。"

赵良嗣的这个解决方案立足于将金人要添一百万贯的消息传达给宋廷,阿骨打当然不会反对。于是,宋使立即启程而回,次日晚上就回到了雄州,写成此次奉使"语录"就派快马递交进京。

宋使方才急急而去,燕京这边辽朝的降官们却忙碌开来了,大家七嘴八舌向阿骨打劝谏,不要将燕京城还给宋朝,因为他们早已切身感受到,宋朝连已被金人打趴下的辽朝,一直以来都是心怀畏怯的,远的不说,最近这次的刘延庆败走,便是最好的明证。那个左企弓更是要在阿骨打面前露一手,细加推敲了一首诗道："并力攻辽盟共寻，功成力有浅和深。君王莫听捐燕议，一寸山河一寸金。"①阿骨打听到左企弓这首诗，心里油然而生败盟之意。二月一日（乙酉），也就是在赵良嗣和马扩等人刚刚南渡卢沟河后，金人立即将卢沟桥及其附近供旅客止息之所一炬焚毁，这意思明摆着就是想要断绝与宋朝的往来。

对此情形，马扩的看法是，最近有传言天祚帝的军马又占据了西京，辽朝旧臣张毂则率兵据守平州，未降金人，而金人又忙于集中力量要将燕京所得财货护送归国，无暇分兵拒抗，所以才大肆索要"岁币"，并且扬言要举兵巡边，都是为了使本朝有所疑惧而不敢轻举妄动，以达到其稳固自防的目的。马扩的意思是，金人现在所处的形势并不妙，无非是在虚张声势，本朝完全可以拒绝其巨额勒索。

但赵良嗣不这样认为，他道："虏人自用兵以来，未尚有过败衄，怎么可能会有自防之念？"

马扩道："小心防守、勇猛战斗乃兵家之道。今下女真兵少力分，又处于危险境地，怎会不加自防？所以扬言举兵巡边，乃是逼迫和试探朝廷之意，最终是为了稳固自己的防守。马某前些日子所论《徐制女真三策》，对照现在的形势，正好可以用上。还是请求朝廷召回使副，或者就让马某一人赶赴京师，向朝廷禀议女真这等心机。"以马扩的想法，朝廷应尽快严备边防，屯集大军，向金人示威，然后以成"复境土而绝后患"的上策。

然而，赵良嗣对马扩之言毫无共鸣。马扩转而又想写一封陈述己见的文书递呈童贯，要他相帮发送给尚书省经抚房，也就是转交给王黼，希望能得到这个当朝权臣的支持。可是，真的是应了"道不同，不相为谋"的古训，马扩显然不懂徽宗以及童贯、王黼之流的心思。一门心思只想收回燕京的童贯一口拒绝了马扩的提议，认为皇上肯定不会计较这百万税赋之数，只要能够早日了却燕京归宋之事，早日班师回京，便是"上策"。马扩让他或者另请他人来传达这封文书，童贯就是不肯。

---

① 佚名：《宣和遗事》前集，见《宋元平话集》，第323页。《北盟会编》卷一四，宣和五年二月一日条引《茆斋自叙》记载的左企弓这首上阿骨打诗仅为后两句，第97页。

到二月六日(庚寅),宋朝突然显示出极高的办事效率,徽宗以御前金字牌将答复金人的《国书》快马传到雄州,并且指派赵良嗣、周武仲和马扩等人自雄州再往阿骨打军前计议。果如童贯所言,《国书》中对于金人的漫天要价居然全盘接受,一口应允,答应支付金人替代燕京税赋的一百万贯,另支"岁币"五十万两匹银绢。而且,"睿智"的徽宗皇帝似乎已经料到可能会有马扩之流惹是生非,在《国书》之外另降一道专门约束宋使的御批,严厉要求:"不许更生他议也!"①

马扩原以为金人目前正处于天祚帝、张毂以及宋朝等三方的"围攻"之下,未料自己却身陷徽宗、童贯以及王黼、赵良嗣等一群绝顶大人物的"围攻"之中,最后寡不敌众,殚精竭虑的谋划设想再次以彻底破灭而告终。

第五节　靡费巨资,宋朝换得空城

徽宗的御笔还有一个指令,就是要求赵良嗣、周武仲和马扩等人与金人"议山后事须力争,如不可争,方别作一段商量"②。这个指令乍听起来还是比较务实的,可是整段话的意思又不十分坚决,以一个还可再商量的含糊其辞,为与金人争夺山后西京的谈判失败预先给自己找一个遁词,并有可能直接影响宋使与金人力争的刚度和强度。

二月九日(癸巳),赵良嗣一行人赶在阿骨打规定的期限内,提前一天回到了燕京。十一日(乙未),宋使拜见了金主阿骨打。礼节上的程序走过之后,金人出面谈判的兀室、曷鲁两人来到了宋使的住地,双方再次坐在了谈判桌前。

因为已经知悉宋朝送来的《国书》内容,所以,这次金人的态度显得分外喜悦。兀室道:"本朝皇帝已知贵朝所许燕京税赋和'岁币'之数,十分欢喜,以为现在两国大事已定,剩下来还要商量的只不过是一些两国交往中的礼

---

① 《北盟会编》卷一四,宣和五年二月一日条,引《茆斋自叙》,第97页。
② 《通鉴长编纪事本末》卷一四三《金盟》下。

数。"

马扩见这次谈判气氛和缓,迥异于早几次剑拔弩张的舌战情形,便悄悄提醒了一下赵良嗣,道:"便可理论山后之地。"

不料,此时赵良嗣却不愿去据理力争山后西京,回道:"此事慢慢来。"

马扩道:"御笔有令须得力争山后之地,这如何是好?"对于山后之地的谈判,同样是徽宗御笔的指令,马扩看到的是"力争",而赵良嗣看到的却是"不可争",这充分反映了两个人的思想境界和为人作风。而此时此刻,马扩抬出御笔的"力争"诘问那个上不了台面的"不可争",使其最后不得不争,取得了不错的效果。

在马扩的逼迫下,赵良嗣只得鼓起勇气,语气缓慢地向兀室道:"贵朝所要燕京税赋不可计数,本朝皇帝心胸大度,一言尽许,一无所吝,一一都依从了。直到现在,平、滦、营三州贵朝总是不肯商量,唯有山后西京土地和人民,原先一并属于汉家所有,贵朝也曾答应还给本朝,却至今还未了结。如今燕京归属大宋之事已了,倘或能将西京一同早早还给大宋,这便是大金对本朝之情义。"

周武仲也在一边帮腔:"使人来时本朝皇上可是一再叮咛,要尽快了结西京事宜,这也是本朝十分关注之事。"

赵良嗣等人勉勉强强地动之以情,对此,强横的兀室却根本不买账,道:"西京这路先前在奉圣州时确曾许诺还给贵朝的,可是龙图说不要了,所以后来只说燕京的事儿。西京之事而今更是休要再提!"

兀室一句话就想把刚刚才打开一丝缝隙的涉及山后西京等地的谈判大门关死。然而,坐在一旁的马扩不干了,他断然抢过赵良嗣等人的话头道:"山后汉家故地,自从两国海上之约时,就已说定要归大宋,我等使人岂敢说不要!后来每次只要说起燕京之地,则西京即在其中,这是因为贵朝已经许诺由本朝收取山后之地。现如今燕京既然已经还给大宋,要知道西京远隔于燕京西南,贵朝却想要了去,但这等远的一块地方,贵朝如何占守?听说贵朝又想将山后西京送与别国人家,那还不如归还本朝,让本朝尽得故地,如此才可让人看到贵朝欲与本朝结好之诚意。"

　　马扩的寸土必争使得双方的谈判很快就陷入僵局,兀室等人悻悻而去。

　　金人走后,赵良嗣等人便迁怒马扩不应该去争山后之地,认为这么一争,必定连带已经谈妥的山前燕京之地的事情也砸了。马扩却不以为然,道:"山前、山后邻接相连,互为表里,缺一则不可守。更何况御笔令我等力争,岂可不去尽力相争?"

　　马扩还是抬出御笔作为争辩的利器,令赵良嗣无话可说。

　　但是,出人意料的是,在宋使住地一连三天不见兀室等人的影子。金人不来,就仿佛将西京之事连同一班宋使统统晾在了一边,让赵良嗣备感慌张。他又将一肚子的气撒在了马扩身上,道:"我本来不想去和女真人理会西京这档子事情,而公一定要说,现如今必是连山前燕京归还的事儿也糟了。"

　　马扩还是坚持原来的观点,道:"御笔令我等要力争西京,安得不说?"

　　赵良嗣道:"但只要在回去的'语录'中,添上数段我等如何力争的话,就足够了。"

　　赵良嗣要弄虚作假,马扩不答应,责问道:"臣事君以忠,岂能作伪!"

　　马扩这一声责问令赵良嗣有些紧张,但他还要强辩,道:"兀室三日不来,这一定已生变故。所以刚才我想叫李靖来,让他转告兀室,西京之事休要再谈。也是周侍郎说的,姑且再请公一起面议一下。"

　　马扩道:"幸亏周侍郎让你叫我过来,倘或龙图一个人与李靖了断西京之事,那么,日后在朝廷御史台上,你就有麻烦事喽!"

　　赵良嗣听马扩这样说话吃了一惊,又十分窘惶,不无委屈地道:"我的意思只要了却燕山之事,即是我辈功德,只是担心因为去争山后之地,连累败坏了收复燕京之事,宣赞何苦这般曲解我意?"

　　"不然!"马扩断然否定了赵良嗣的观点,"我等为朝廷赢得全燕之地,尽复五关,仅仅付出给予契丹'岁币'之数,使国家幅员万里,并且因机借势,控制强敌,消弭今后山前、山后可能长久处于唇亡齿寒之大患,如果能够这样,方可称是功德。但是,现如今本朝既未得到平、滦、营三州,又失榆关和松亭二关,'岁币'之外,每年还得再增一百万贯付给女真,耗尽大宋国力,将就此开始！而且，本朝不取山后，则燕人志向不一，争端在即，祸隙难料，还有什么可以自称功德的呢？”

赵良嗣还要争辩，道："即使虏人答应将西京归还我，必然会再度要求增加'岁币'，而朝廷之力已竭，怎么可能再拿出钱来？"

马扩道："龙图是皇上近臣，倘或能够为皇上指明山前、山后互为表里形势之利害，使朝廷停罢浮费和不急之用，以为据守山前、山后之军资，当是绰绰有余。我公见过本朝与西边夏人是如何争夺边地形势的吗？虽一城一堡，必力战取之，而攻占之后对一城一堡之修筑功夫，也在所不计。因为所谓要塞，即为敌我必争之城，必须志在必得。我料虏人之意，西京在其西南数千里，必不能守，必将归我，我等暂且稍等片刻。"

赵良嗣道："即使虏人现在将西京还给本朝，公审视今日朝廷之情势，又如何守得住？"

马扩道："得而弃之，这全由皇上决定。"

十四日（戊戌），就在赵良嗣还在忧虑烦恼时，兀室和杨璞突然出现了，告诉宋使道："西京土地经诸位郎君与臣下商议，以为当初大金兵马取得西京时，围攻了四十天方才打了下来，军人死伤无数，得来不易，还不如送与河西家和毛揭室家①，颇能换得一些进献财物。但唯有本朝皇帝说了：'赵皇心胸大度，我要南朝岁添一百万贯物品，赵皇一字不改，千年万年过来，大金得到之好处该是多少？而今赵皇仅仅求取一个西京，我又怎么可能违逆相拒呢？何况我在奉圣州时，心里就已经答应了，不若将西京就给了南朝，也让南朝和本朝同结盟好，也胜于送给河西家。不过，西京归了南朝，那里所有人口却要遣送带回大金。'"阿骨打说得煞好听，但最后的转折之言，却透露出他灵活的外交策略和过人的精明思路：不纠缠于一城一地的得失，却将当时最为宝贵的人力资源搜刮殆尽。也就是说，如果按照阿骨打的意思操作，宋朝将继燕京城之后，再次得到一个更为彻底的空城。

这当然是难以接受的！于是，赵良嗣又和金人争辩起来，道："西京州城

---

① 河西家即西夏，宋人谓之夏国。毛揭室家即鞑靼，也就是蒙古。

已蒙贵朝答应归还本朝,但既然是给了土地,岂有不给人户之理？倘或本朝空得那里田地,却无人来打理,这事怎么做得了？何况那里兵荒马乱之后,所在残破,这么一点儿人户,最好还是一道答应给了本朝。"

兀室道:"本国军人与契丹厮杀了八九年,受了苦辛不少,方得西京,现在已经将西京土地给了贵朝,本国只要人户,有何不可？就好比西京土地咱们两家平分一样,我也应该得到一半的。"

赵良嗣道:"两朝既然已经和好如一家,贵朝已答应归还西京土地,这便是贵朝对本朝之信义和情义,但却不给人户,这件事就不完整了。还不如把人口一起答应给了本朝,做个人情,也算是将此事做完整了。"

兀室道:"给了土地,更要人户,却还要讲什么道理,这叫我等如何商量？大抵土地应重于人口,土地已答应给贵朝了,贵朝却得寸进尺连人口都要,也别无报答,更无致谢,这怎么说得过去？"

双方再次僵持不下。这时,兀室提出要宋使和他一起去见粘罕,言下之意就是让更高级别的长官来定夺此事。

粘罕和他在战场的作风一样,谈判起来也是狠话连连。他道:"西京土地应该也不算少了,已给了土地,又来要人口,还要说本国贪财,这不符合情理吧？而且,西京土地归属事宜,原先都是两朝皇帝相互敬重并据理而定的,贵朝皇帝要再添些物事,大金皇帝难道就不需要再添些物事了？给予西京乃是好事,大金皇帝曾道:'便将西京给了贵朝,却不要贵朝一件物事',贵朝皇帝却道:'西京要了,却还要再增加一些物事才算说得通。'使副只以为贵朝答应百万之物已经太多了,所以再也不能更添一些物事。而其实便是有再多的银绢,又怎么可能买得到土地？更何况贵朝原先给予契丹之银绢'岁币',也不该算作人情。按理来说,契丹土地本朝都已全部拿下了,岂有不得那些银绢之理？"

这时马扩插话道:"郎君们难道不知道吗,本朝给予契丹银绢'岁币'因为当初和契丹厮杀了很多年后,双方讲和了这才给了三十万两匹。后来又因为契丹说服了河西家人,叫他们向本朝称臣,这才又添了二十万。"

粘罕与马扩已是多次见面,而与宋使直接谈判还是第一次,但他已在谈判中鲜明地表现出自己的性格特点，即"且笑且言"。他笑道："贵国与契丹厮杀了多年，一直到了打不过了，才送与银绢'岁币'。要不咱们如今且把西京这事放在一边，两下厮杀一阵，待你败时，再多送些银绢给我；我败时，不要你一两一匹，不知各位意下何如？"粘罕尽管是且笑且言，但正是他，早已洞悉宋朝军政的昏庸和懦弱，是以非常张狂地要与宋朝一决高下。这也是金人第一次提出要与宋朝兵戎相见！尽管这其中含有戏言的成分，眼下未必会动真格的，但它应该让宋人引起足够的警觉，即两国时断时续的盟好根本靠不住，宋金之间的争战将是迟早之事。然而，绝大多数宋人，尤其是朝廷最高层面，并未从中警醒，或者是根本就不想在这方面有所觉悟，依然一味地热衷虚名，好大喜功，即使是后来金人已经全力以赴准备灭亡大宋的时候，依然浑浑噩噩，丧失了积极防御侵略的时间和机会，以至于受到了金人极为猛烈的致命打击。

对于粘罕的公开"叫板"，赵良嗣并未与之相争，而是以"和事佬"的面孔打起了圆场："马宣赞之言别无他意，而是说本朝与契丹原来曾有过厮杀，后来才讲和了，比不上咱们两家本无相争、长久交好、万世所无的好事。"

赵良嗣的和颜悦色让金人比较受用，兀室道："如此说话还差不多。"

粘罕、兀室站起身，带着赵良嗣等人面对阿骨打居处的方向道："本朝百官、军人等都不肯答应送以西京，唯是皇帝要与贵朝永远交好，特地送以西京土地和人口，而且也不想要贵朝逐年输送财物。只是本国军人奋勇厮杀，夺得西京也不容易，所以还请贵朝专门确定一个赏赐本国军人之数，究竟是多少。"粘罕终于松口了，答应将西京连人带地一并还给宋朝。

粘罕一松口，兀室也跟着道："此事本朝皇帝也有吩咐，大金可以将西京人口和土地都归了贵朝，却应该得到一些回赠礼物吧？"兀室还想再从西京之事中榨出一些油水来。

马扩接口就说："倘或贵朝将西京百姓和土地都归了本朝，朝廷岂无相谢之礼数？"马扩的意思很明确，就是先将西京人口和土地悉数归宋这一大前提敲定，其他问题可以再谈。

兀室道："这件事也要派遣使人去贵朝商议。必须说明白了，本朝只要一年之数,赏给在西京那里出力之军人,这事便算了结了。"金人对西京捏捏放放,也无非是想再敲一笔竹杠,但这笔"一年之数"的竹杠究竟是多少,兀室没有明说。

接着金人又转达了阿骨打之言:"双方订立《誓书》这件事也要尽快了结,这是关系万年永远之大事,双方'誓言'各自最好说得重一点,这样才好。"

于是,金人指派银术可孛堇为正使、王度剌为副使出使宋朝。拿兀室的话讲,银术可是一名"煞近上的官人",算是阿骨打的贴身近臣,以他为正使,将这个金人使团的规格比以往一下提高了许多,而且还带着金人拟定的两国盟誓"草案"。兀室还特别转达了阿骨打要宋朝善待银术可的特别关照。这都说明了金人很看重银术可的这次出使。

又过了两天,二月十七日(辛丑),宋使向阿骨打辞别后,和金使一起离开燕京,同往东京。①

三月一日(甲寅),两国使团一起到达东京②。五日(戊午),银术可一行人于崇政殿拜见了徽宗。金使此次来访的目的很明确,一是索取和商定所谓的赏赐攻取西京将士的银绢之数,二是商定两国的结盟《誓书》。但是,金使一到东京,银术可等人就"屡乞花宴"。因为有阿骨打要求宋人善待银术可的嘱托,徽宗无以拒绝,只好特许银术可等人参加了一场在集英殿举行的

---

① 马扩此次与赵良嗣、周武仲的使金谈判详情,见《北盟会编》卷一四,宣和五年二月九日条,引《茆斋自叙》和《燕云奉使录》,第98—100页。又,金使出使之日,《金史》卷二《太祖纪》作"癸卯(十九日),银术哥、铎剌如宋",第40页。

② 《北盟会编》卷一五,宣和五年三月一日条,第103页。金使三月一日抵东京,《北盟会编》卷一四作"二十八日(壬子),金人国信使副勃堇宁术割、耶律度剌,计议使撒卢母,持《誓书》草来著誓,并求军卒取西京赏赐",宣和五年二月二十八日条,第102页;《北盟会编》卷一五引《茆斋自叙》作:"三月日(《金史辑佚》作"三月旦"),使人至馆"(马扩此处记载似有脱漏,未见确切日子),宣和五年三月一日条,第104页;《东都事略》卷一一作:"三月乙卯(二日),金国遣宁术割、王度剌、撒卢母来",第86页。

"春宴"①。本来花宴也好，春宴也好，在宋人眼里，都是皇帝对外国使臣和本朝重臣的殊礼，也就是说，没有一定爵位或名望的人对此只能是徒咽口水罢了。以往出使宋朝的金人地位一般，加上宋廷常以"蛮夷"相视，所以根本不可能有这样隆重的礼遇。现如今来访的孛堇银术可是阿骨打的亲贵，也是金朝开国重臣，于是，金人开始力争这项高规格的接待礼遇。从中也可以看出，金人对于两国关系中的礼节方面极为讲究，力求自己在两国交往中于礼节上绝无亏欠，同时，金人对于宋朝的物质生活，尤其是宫廷生活也表现出了艳羡的心理，而这种物欲后来也成为刺激金人最终发起侵宋战争的缘由之一。宋室南渡之后，宋金双方由战逐渐而和，互通使节，"故事，北使来朝，例锡花宴"②，花宴终成宋朝款待金使时不可或缺的一项礼遇。

集英殿"春宴"结束后，银术可在向徽宗拜别时切入正题，问道："愿闻犒赏西京大金将士的金帛之数？"

徽宗提出了二十万的数额，银术可嫌少，要求再增加一些，徽宗没有答应，银术可只好告退。

银术可退下后，徽宗在与留下的使金官员的对话中道出了拒绝银术可请求的心理，他问赵良嗣道："金人要求增加'岁币'之数，又想迁走西京人户，索取不已，怎会如此贪心不足呢？"③仅仅为了早有约定归宋的燕京和西京两地，金人一而再、再而三地索要钱物，到手钱物数额之巨已经创下了宋朝历代外输"岁币"的最高记录，还不满足，令一向手面阔绰的徽宗也不胜其烦了。

---

① 《通鉴长编纪事本末》卷一四三《金盟》下。花宴，又名"赏花曲宴"，始于宋太宗，初为皇帝与宰相、近臣在宫廷后苑赏花时的一种宴会，详见《宋史》卷一一三《礼》十六中的"曲宴"一节，第2691—2692页。春宴，宋朝宫廷中在春季时举行的盛大宴会，也是花宴中最为隆重的一种，详见《宋史》卷一一三《礼》十六中的"宴飨"一节，第2683—2691页；蔡絛：《铁围山丛谈》卷一也有详细记述，中华书局1983年版，第18页。辽朝接待宋使的宴请，因礼仪有皇帝赐花和宋使簪花，故也称"花宴"，详见《辽史》卷五一《礼志》四中的"曲宴宋使仪"一节，第851—852页；参见《续资治通鉴长编拾补》卷四六"徽宗宣和五年四月壬午条"按语，第1427页。金朝后来在接待外国使者时也沿袭了类似辽朝的宴礼，详见《金史》卷三八《礼》十一中的"曲宴礼"和"朝辞礼"两节，第866—869页。

② 《建炎以来朝野杂记》（乙集）卷四，"北使宴见斋禁不用乐"条，第572页。

③ 《通鉴长编纪事本末》卷一四三《金盟》下。

赵良嗣解释道:"女真贪暴,唯利之从,其他则在所不恤。"和马扩一样,赵良嗣与金人打交道有切身体会,通过频繁地与金人口舌之争,他已经非常清楚阿骨打及其郎君们的喜好与嫉恶,清楚他们无餍的欲望,而且,他更清楚当初的"联金灭辽"到现在所产生的"恶果",即为宋朝引来了一个比辽朝更为强悍、也更为贪婪的对手。所以,现在赵良嗣如此作答,也算是提醒徽宗,让他对今后的事态发展有所心理准备,同时,也想为自己今后脱身作一伏笔。

马扩却没有赵良嗣这样复杂的心机,只是觉得赵良嗣的言语并未说中要害,便突然发言道:"这完全是因为本朝兵不立威,才导致如此情况!"他直截了当、一针见血地指出了宋朝因为军事上的错失,致使自陷于一个极为被动、不利和尴尬的境地,听凭对方的一再勒索,不要说没有强硬的还手之力,便是讨价还价的还口之争竟然也是下脚发虚。而军事失策、兵威不立的责任,倘或要追究起来,别说童贯、刘延庆之流,便是徽宗本人也脱不了干系。马扩的这个回答非但直率,而且尖锐,充满了火药味儿。

徽宗既没为赵良嗣之言惕然警觉,也没有为马扩之言嗔恼作色,他似乎仍沉浸于对金人欲壑难填的愤恨之中,道:"女真贪暴,残民害物,即使是黄巢也不如,这般举止如何能长久呢?"他把金人比作唐朝时的黄巢,但这两者全无可比性,可见他真的是遇事不明。而接下来他倒是说了几句大实话:"然而,对方既然入关先占据了燕京,朕恐为后患,所以不惜岁增百万作为利诱,以解决目前两国在燕云土地上之纷争。现如今既然连同山后之地也答应还给本朝,也足见其归顺本朝之意,这也是卿等力争的结果。"

这时候,赵良嗣也说了一句大实话:"与女真争议山后之地,马扩出力最多。"这话说得颇有良心,体现了赵良嗣厚道的一面。

徽宗道:"听说马扩读过不少书啊。"

赵良嗣代为回答道:"马扩系武举出身。"

马扩这时候也谦虚了一下,道:"臣系嘉王榜尘忝,久被陛下教育。"

嘉王即徽宗的三子赵楷(后为郓王),最受宠爱。徽宗发起伐辽之役,本来想以赵楷为元帅的,让他借机名扬天下,不料宋军在白沟大败亏输,徽宗只好作罢。现在马扩说自己非常荣幸忝列嘉王之榜，又十分谦逊地认为久得陛下教育，让徽宗听得非常高兴，道："倘或不曾读书多少，安能出使之时随机应答？"这也算是徽宗对马扩的一个较好的评价，言下之意也有自夸知人善任的意味。选帅不当，造成两次伐辽战争的惨败，而且直接导致宋朝糜费巨资方才赎回原先已经与金人议定的燕云之地，身为天子的徽宗难辞其咎，对此，天下人心知肚明，徽宗自己也明白只是暂时没有人敢对当朝皇帝公然抨击罢了。而现在明摆着的事实是，一班使人居然能将已经衔在金人嘴里的燕京和西京之地硬夺回来，他徽宗选用使人好像还是十分得当的。

徽宗对马扩的赏识是发自内心的，因为就在当天晚上，马扩接到了一道御笔亲书的任命书：

"马扩特除武翼大夫、忠州刺史，兼阁门宣赞舍人。"①

武翼大夫是正七品的武官官阶，忠州刺史是虚衔，阁门宣赞舍人则是外交上专司接引的武官。马扩出使燕京时童贯就将阁门宣赞舍人这个官职借了给他，接下来几番使金，也就一直借着未还，现在算是真除。数月之后的六月份，宋朝"收复"燕京了讫，论功行赏，马扩又转一阶，升为武功大夫、和州防御使②。马扩在宣和二年九月第一次随父使金时，从武官最起码的从九品承节郎"起家"，通过多次出使金营以及出使燕京辽朝，到现在宣和五年，在这么短短的两三年时间中，就成为一名中级武官，也算是脱颖而出了。难能可贵的是，马扩是以一种赴汤蹈火、不畏艰险和强项不屈的做事态度和为人作风赢得现在这个地位的。至于实绩，马扩确实为宋朝取得了诸多利益，但是，这些通过力争而来的成绩，后来基本上被徽宗之流的倒行逆施所抵消，成为了水中月、镜中花，所有辛劳最终转成一场空。

三月六日（己未），宋朝以吏部侍郎卢益（借工部尚书之衔）和赵良嗣为国信使、马扩为副使，与银术可等金使一起离开东京北上。宋使这次持《国书》及《誓书》再往燕京阿骨打军前，主要使命是商议金人交还燕京和西京的

---

① 《北盟会编》卷一五，宣和五年三月一日条，引《茆斋自叙》，第104页。
② 《北盟会编》卷一七，宣和五年六月一日"郭药师除检校少保"条，第123页。

具体日程①。

马扩在临走之前,还专门去拜见了领枢密院事郑居中。在当朝宰执中,郑居中是少有的一位反对联金灭辽的官僚。马扩非但不反对联金灭辽,而且还身体力行,屡有作为。相比之下品级较低的马扩不可能自己上门去见这位与自己意见相左的显官,也就是说,按照常理应该是郑居中为了某种目的而主动邀请马扩去的。果然,郑居中见到马扩即征询固守山后之道。

马扩没有立即接题作答,而是问道:"朝廷打算依靠谁来固守山后之地?"

郑居中道:"现在朝中诸公纷纷提议,欲启用当地豪杰之士,让他们世代相守山后之地。"

马扩却道:"山后地区自汉代筑云中、朔、武等郡以来,很好地起到了削弱匈奴作用,比如汉文帝时任用魏尚守山后,匈奴不敢犯边。现如今山前、山后互为表里,已成为本朝边防要害之地。即使当地百姓颇有战斗力,仍不可完全依赖他们来守山后,更何况这些地方自从遭受金人蹂躏之后,烧掠殆尽,富豪散亡,侥幸存活之人也是苟延残喘,契丹至则顺从契丹,夏人至则顺从夏人,金人至则依顺金人,王师至则依顺王师,他们只有一个企望,就是免遭进一步的杀戮,咱们岂能依靠这等人来固守山后之地?"

马扩的意思是说,朝廷必须以对边备要地负责任的态度,安排一支强大而听命的力量介入山后地区,挑起防务重任,对此,郑居中问道:"如果是这样的话,那当用多少军马则可?"

马扩道:"唯多益善。倘或担心军费过大,那也需要三万人:一万人屯驻云中,其余的分成要害之地,然后挑选贤能将帅,委以守土重任。朝廷如果能减少平时那些无谓开支,节余钱物用以戍守山后之地,这样对付三五年后,人心乐业,整个山后边防也就妥当了。"

---

① 《通鉴长编纪事本末》卷一四三《金盟》下。卢益借兵部尚书之衔,《北盟会编》卷一五作"假工部尚书"和"试工部尚书",第104—105页;佚名编、金少英校补、李庆善整理:《大金吊伐录校补》第二〇篇《南宋回书》也作"试工部尚书",中华书局2001年版,第67页。是当时宋金两方保存的档案显示,卢益使金之职均为借工部尚书。《北盟会编》卷一七又载:"卢益正除兵部尚书",则卢益回宋后又被补为兵部尚书之职,第123页。

郑居中又问："云中守臣用张孝纯如何？"

马扩道："张孝纯长久主持太原军政，通晓山后人事之脉络情形，如果再有两位统兵官相辅，则完全可以一试。"

难得马扩是一位真正熟知山后现状的明白人，郑居中听了大为中意，全盘认可马扩的意见。素昧平生的郑居中算是少有的本朝赏识马扩的要员，但是，郑居中却偏偏在三个月后突然去世，他所听到和称赏的马扩对于山后的一切见解也随之钉进了棺椁之中。这既是马扩的悲剧，更是这个王朝、这个民族和这段历史的悲剧。

三月十三日（丙寅），宋使卢益、赵良嗣和马扩带着《国书》来到燕京地界①。宋使到达涿州时，阿骨打即派韶瓦郎君和高庆裔制止其继续前行，却让银术可等人先回燕京②。

金人为什么要在涿州阻止宋使上燕京？这在宋人的著述中留下了答案：宋使滞留涿州乃是在等候宣抚司"拨足赏军银绢"③。阿骨打太精明了！此时他已经得报徽宗只肯出二十万两匹犒赏金军夺取西京的将士，便要将这五十万"岁币"和一百万"代税赋"之外的真金白银先拿到手。此时他要的是实际利益，而不是一纸空文。于是，两手空空如也的宋使便被金人理所当然地阻止在了涿州。

马扩等人在涿州过了数日，等宋朝宣抚司送到犒赏之用的银绢二十万两匹④之后，这才得以继续前行。十八日（辛未），宋使方才抵达燕京。

第一批钱物到手，金人这才开始有兴趣对宋朝的文书咬文嚼字、吹毛求疵。宋使才到，兀室和高庆裔等人就跑来，先索要徽宗皇帝依金人之草而著誓的亲笔《誓书》，细加研究，然后当场就指责宋朝《誓书》的书写字画不够严

---

① 《大金吊伐录校补》第二〇篇《南宋回书》，第66页。
② 韶瓦郎君和高庆裔到涿州，见《北盟会编》卷一五，宣和五年三月十八日条，引赵良嗣《燕云奉使录》，第105页。银术可先回燕京，参见《马扩事迹编年》卷三，第95页。
③ 《通鉴长编纪事本末》卷一四三《金盟》下。
④ "二十万两匹"是徽宗在东京所许之数，之后宋金双方并未就这一数额再作争论，《北盟会编》卷一五，宣和五年三月十八日条，引赵良嗣《燕云奉使录》也作"二十万两匹"，第106页；而《北盟会编》同卷，宣和五年四月二日条，引马扩《茆斋自叙》作"三十万两匹"，应是刊误或误记，第107页。

谨,又唠叨了一大通细小而不值得计较的琐事。对于这种没来由的指责,宋使当然也不买账,以致双方再次发生争执。金人态度十分强硬,屡次声明拒绝接受这份《誓书》,要求宋使拿回东京去重新写过,更换了再来。

卢益真是气不打一处来,争道:"这可是本朝皇帝的御笔墨迹啊!这已经充分显示了本朝尊崇大国之意啊!"

但这份大宋皇帝的亲笔《誓书》金人正眼都不瞧,他们硬是不信这就是徽宗的笔迹。最后,还是宋使作了让步,为了一封《誓书》,"凡改更三四不已"①,派人在燕京和东京之间来回奔忙。那边宋廷明明知道这是金人的刁难,但也都委委曲曲地顺从了,一直更改到完全符合金人的"口味"。

文字上翻来覆去地一番穷折腾后,金人还不肯罢手歇息。过了几天,兀室、杨璞和高庆裔一起来了,这次他们又生一事,道:"《誓书》字画之事就暂且不提了,即如《誓书》所载'两界逃人彼此无令停止',现如今本朝向贵朝索取应该归属于大金国的南逃人口,贵朝却只推说没看见,不肯送来,这岂不是违了誓言?如此明显的违誓贵朝尚且不怕,更要《誓书》作啥?"一番横加指责之后,便直接点名要人了:"最近发现,原燕京辽朝官员赵温讯、李处能、王硕儒和韩昉等人越境去了南朝;还有一个叫张轸的,更是带了本国银牌逃过南界去了。现在必须先把这等人一一送回,方才可以商议交还燕京之具体时间。"这几个人都是辽朝的知名人物,所以金人盯住不放,一定要索回。

兀室道:"即如过去逃走之人,都是些契丹奴婢,贵朝就说不晓得姓名,说找不到了,那也罢了。但知名之人像郭药师和董庞儿这两个,你等休要说也没有看见哦!现在只将这两人送来质当于本国。"

一般情况下,与金人论辩,马扩因为是副使之职,所以多由赵良嗣等正使应对,但现如今他见金人之言实在不像话,便不等卢益和赵良嗣开口,上前反诘道:"郭药师和董庞儿原是契丹之时就投降过来的,这干贵朝何事?倘或像你这般说话,那么数十年前之事岂不是都可以套进《誓书》中了?这样一来还有完没完!"②马扩的诘问词严义正,咄咄逼人,但兀室仍然咬住赵

① 《通鉴长编纪事本末》卷一四三《金盟》下。
② 《北盟会编》卷一五,宣和五年三月十八日条,引赵良嗣《燕云奉使录》,第106页。

温讯不放。

面对金人的强横态度,赵良嗣服软了,想告知宣抚司将这些辽朝官员遣送回去。而卢益和马扩均认为不可,道:"赵温讯等人听说已经到了京师,现如今如果悉数送回金人,不惟失去燕人之心,而且这些人必定怀恨在心,必定会将本朝虚实尽告于金人。所以,这件事非同小可!何况眼下已近四月天气,越来越热,金人在此也难以久留,何愁他们不交还燕京?为何他们一提索取,我等即予满足?金人得一求十,何时才有个完?"

然而,赵良嗣最终还是"力排众议",于四月二日(乙酉),和撒卢母等人一起亲自赶赴雄州宣抚司要人(当然还包括索要一切不愿跟随金人东归而南逃的燕京契丹人户)。七天之后,他们绑缚了赵温讯,送还给金人①。粘罕接到这名"叛逃"者后,出人意料地为他松绑,赦免其罪,并且还以温言安慰他。表面上看,金人索要原辽朝官员好像是在故意刁难宋人,但其实金人此时已有更为重要的政治目的,就是利用原辽朝官员相对比较熟悉宋朝军政情况的这个长处,达到今后如何更好地对付宋朝的目的,说得再直白一点,金人此时已经在作图谋吃掉宋朝的准备了。

在索回赵温讯后,金人仍不遗余力压榨宋人,一会儿责怪银秤不准,一会儿又提出要借粮十万石,极尽无赖之能事。在宋朝全力以赴的配合下,金人该满足的满足了,该得到的得到了。眼见得在疲惫不堪的宋人身上似乎再也榨不到什么油水了,金人这才答应定在四月十四日交割燕山,以及山后最初陷于契丹的地区,并差遣杨璞携带《国书》和《誓书》为报聘使②。

四月十一日(甲午),宋使一行人向阿骨打告辞。阿骨打这天特意坐在契丹皇帝的跋纳行帐中,座前整整齐齐安排着俘获的辽朝原班教坊乐工,大作"花宴",送别宋使。一班辽朝降官以宰执左企弓为首,次第朝拜,捧觞为阿骨打祝寿。尽管阿骨打看上去心情不错,但是马扩还是敏锐地注意到,此时,他形神憔悴,已经病得不轻了。

宴会中,阿骨打对卢益等人道:"贵朝终于得到了燕京,这等大事就你等

---

① 《通鉴长编纪事本末》卷一四三《金盟》下。
② 《北盟会编》卷一五,宣和五年三月十一日条,引《茆斋自叙》,第109页。

几个使人谈定了,功劳不小啊! 来日你等使人走好。"别以为阿骨打是在赞扬宋使,其实,他一语道破了宋朝军事的不振和孱弱,军事上得不到的东西,现在不得不依靠几个使人凭借嘴巴讨回去。倘或不是身染疾病,急于东归,阿骨打未必会就此放弃燕京。

十三日(丙申),宋使回到了雄州。宣抚司童贯等人获悉金人即将择日交割燕京等地后,仍不敢相信金人的应诺是真的,于是留下马扩一人,让他到时候随同宣抚司一起入燕,以备缓急之时有个知晓外交,能派用场的人。同时,让卢益和赵良嗣陪同金使杨璞一起前往东京①。

四月十七日(庚子),也就是金人交割燕京之日后的第三天,童贯和蔡攸方才领兵抵燕。在付出各种巨大代价后,自石敬瑭于936年割让幽云十六州之后一百八十七年,宋军作为汉族武装力量第一次未遭任何军事抵抗,和平地、军容严整地进入了燕京城。

但此时的燕京城几经战乱以及金人的掳掠搜刮,"城市邱墟,狐狸穴处",基本就是一座"空城而已"②。城中有幸躲过这场浩劫的残余民众一边捧着香火迎导自己的军队进城,一边欢呼道:"契丹既灭,大金归国,王师入城,复见天日",城中仅有的人家几乎全都走到了庆贺的行列中③。

而即使这样,宋军在进域之际,还是上演了一出"闹剧"。

宋军入燕的先头部队是李嗣本和姚平仲两部人马。李部进城后不久,迎面突然望见一支军队也在向城中开来,打量其行头装束绝非宋军模样,而燕京一带辽军势力早已肃清这是众所周知的事,那这拨人马一定是大金国的兵马了! 众人不禁大吃一惊,整个队伍顿时就像炸了马蜂窝似的,四散而逃,一片混乱。其实,这支向燕京城开来的军队是作为童贯宣抚司先锋的郭药师所部常胜军——其来头当然与一般宋军不同。郭药师见状也吓了一跳,急忙派人四处安抚,费了好大劲儿,才把李部将士安定下来。

---

① 《通鉴长编纪事本末》卷一四三《金盟》下。
② 《北盟会编》卷一六,宣和五年四月十七日条,引《平燕录》、封氏《编年》和王安中《入燕录》,第112页。
③ 《北盟会编》卷一六,宣和五年四月十七日条,第111页。

这么一来,童贯和蔡攸也是心有余悸。幸好当初有远见,留着马扩在身边,便向马扩问道:"众人都担心金人会来劫寨,你以为如何?"

马扩道:"马某可保证其一定不来。各位休要这般担心。"①

马扩信心十足地打了保票,演了这场庸人自扰闹剧的宋军这才在燕京城里驻扎下来。但是,透过这出闹剧可以看到,宋朝大军已经沉疴在身,面对早被金军扫得落花流水的辽军犹自患上了沉重的"恐辽症",而对于从未交手且从未照面过的金军,今天居然也以毫不掩饰、毫不做作的全真表演,在满怀喜悦的燕人面前诠释了什么叫闻风而逃。在童贯和刘延庆之流的"调教"下,宋军已然在骨子里染上了"恐金症",而且和"恐辽症"一样,病入膏肓! 而更可怕的现实还在于,从徽宗到王黼、童贯之流,根本无视这种严重病症的存在,燕京收复后,宣和君臣完全陶醉在庆功、狂欢、升官和发财之中,还有谁会在这场疯狂庆祝中,不合时宜地去诊视、解剖和诊断这个已经腐烂发臭的痼疾,并为之施展必要的外科手术呢? 所以,后来也难怪金军南侵,兵锋所指,如疾风所过,又一次上演了一场摧枯拉朽般的大扫荡。

十九日(壬寅),也就是宋军收复燕京后的两天,金朝派遣撒卢母带着阿骨打的一封御押书信和燕山地图来到燕京城。阿骨打的这封书信讲的是什么并不重要,重要的是撒卢母就此又生出一个让宋人头痛的事端,便是要童贯和蔡攸以拜受之礼来接受阿骨打的这封信。宋朝这两位当事人对此惶惧不堪,这该如何处置呢? 如果向撒卢母行拜受之礼,朝廷一旦知道了,恐怕就不好交代了。可是眼前撒卢母硬逼着他俩一定要行这个大礼,这又如何回应对付呢?

撒卢母此来还有一个事儿,就是那天李嗣本和姚平仲率军进驻燕京时,有位宋军的运粮夫不知什么缘故,抢夺了燕京城外属于金人的牛马,这还不算,双方起了争执后,那运粮夫一不做二不休,杀了一名女真人。所以,撒卢母还来讨偿人命以及被抢的牛马价钱。

最后,童贯和蔡攸还是把马扩找来问事。马扩一听这事,也不与童贯和

---

① 《北盟会编》卷一六,宣和五年四月十七日条,第111页。

蔡攸多说,而是直接找到撒卢母,道:"倘或要说御押,就该一如本朝御押一样,而以前本朝累有御笔带到,又何尝使粘罕元帅以下郎君拜受过?贵朝这般做作也太过分了吧!"马扩寥寥数语就把撒卢母猖狂之气给灭了,撒卢母无言以对,只好答应不拜。接着,马扩又拉着姚平仲一起二对一和撒卢母磨嘴皮子,最后,金人要向运粮夫偿命和索要牛马价钱这件棘手事也总算摆平了。童贯和蔡攸少不得向撒卢母厚赂一番,撒卢母也就满意回去了①。

童贯和蔡攸在已经更了名的燕山府住了十天,才启程赶回东京,他们有理由要在朝廷的庆功盛典中论功行赏。六月一日(壬午),童贯和蔡攸一起回到东京,与此同时,他们还带来了一名早已名闻朝野的要人——郭药师。收复燕京让徽宗欣喜若狂,除了不惜笔墨歌功颂德之外,凡是参与这件大事的人均得到了褒奖,包括对辽朝降将郭药师,也是恩泽不尽,除检校少保、河北燕山府宣抚副使、同知燕山府。卢益和赵良嗣也各有所除,马扩则转武功大夫、和州防御使②。

但事实上,宋朝君臣还远远没有到弹冠相庆的时候。燕京及其六州二十四县算是收复回来了,可是,且不说这次靡费巨大代价收复的燕京乃是一座空城,真的值不得有什么好高兴的,就说山后之地,以西京云中为要害的大片故地金人不要说寸土未交,便是交还的日期也不曾说定,宋人收回山后故地这件事充满了变数,夜长梦多。此外,辽朝天祚帝至今下落不明,那个四军大王萧幹自称"奚王",辽朝旧臣依然拥兵自重等等,宋人还有的是烂摊子要收拾。而更为严重的是,宋人的钜费并没有使金人的欲望得到满足,相反,却刺激起他们更大的胃口。不久,阿骨打去世,金朝反而加快了变招的速度,调整了自己的战略方向,开始悄然谋划败盟南侵,向曾经的盟友张开了血盆大口……

回过头来,我们再检讨一下宋朝寻求"海上之盟"到现在收复燕京的整个历程中的功过得失。

宋朝立国以来,历代皇帝对于收复幽云十六州的想法没有变,但是手法

---

① 《通鉴长编纪事本末》卷一四三《金盟》下。
② 《北盟会编》卷十七,宣和五年六月一日"郭药师除检校少保"条,第123页。

各有不同。太祖赵匡胤因为考虑到当时的军事实力尚不能与契丹匹敌,采用了设"封桩库"这样的理财手段。太宗赵光义打下北汉,便与契丹兵戎相见,但是两次惨败让他不得不休兵罢战。真宗没有能力去做收复的事情,辽军深入中原打上门来已经让他叫苦不迭了,能和对手订立"澶渊之盟"已经让他很满足了,收复幽云十六州早成了非分之想。之后的仁宗、英宗、神宗和哲宗,对幽云十六州也只有想想而已,最多咬牙切齿说说而已,却是毫无办法。相比真宗以下的各位祖宗,徽宗能有"海上之盟"这着棋子,说明他至少全盘继承了恢复幽云十六州这段宋室的传统情结,并且还能在正面与契丹硬拼死打早就成为惨痛教训的现实面前,想出了迂回前进、联金夹攻的办法,迈出了颇具创意、颇有作为的一大步,这是他超越前辈值得历史肯定的地方。从当时的形势来看,宋朝虽然和辽朝保持了百余年之久的和平,但是无论宋朝一方还是辽朝一方,均没有因为两朝有了盟誓而高枕无忧,相反,两朝的明争暗斗重来就没有停止过。而在宋朝一方,因为有屈辱不平等的年年都要发作一次的"岁币"隐痛,因为失去幽云十六州非但造成了"卧榻之侧他人鼾睡"的尴尬局面,更有自家门户洞开根本无法让人安睡的隐患,宋朝的朝野上下在骨子里就一直将辽朝视为最大的敌人,瞪大眼睛等待着良机的出现,而一举置契丹于死地,还我河山,复我衣冠。而金人在其崛起之际其最大的敌人恰好也是辽朝,而且,和宋朝一样也根本没有想到后来彼此会成为厮杀的对手。所以,宋朝一旦有了能够搞垮辽朝的机会它岂能放弃!联合金朝一起夹攻辽朝,既是非常现实的政治需要,也是非常可行的军事策略,应该说其目的性、方向性和可操作性均无可挑剔。陈乐素先生认为:北宋欲借金之力以灭辽,"其本来目的,原在于恢复原有之疆土,此种思想绝不能谓为谬误"[①]。

但是,徽宗迈出的这一大步却是非常蹩脚的一步!

首先,有了收复燕云的动机,却没有与之相配套的正确想法。一是在与金人的谈判中,究竟想收回燕云这一地区的哪些地盘都没有搞清楚;再则先

---

① 《求是集》第一集《宋徽宗谋复燕云之失败》,第 55 页。

是傲慢待人,给金人使者封官,向金人颁发诏书,一付居高临下的嘴脸,后来又主动提出将给予辽朝的"岁币"转交给金人,真是自甘堕落;而当两次军事行动遭到失败之后,更是冒出"我出钱,你出兵"的怪异想法,一味想着不劳而获,坐享其成。

其次,有了收复燕云的动机,却没有与之相吻合的有力行动。宋朝聚集了当时其最精锐的西军开赴宋辽边境,原来应该积极作为,乘辽朝两面受敌之危机,狠狠干它一家伙。可是徽宗却出了一个荒唐的"御笔",严格禁止将士跨越界河行动,将这支大军变成了一种摆设,以为可以威慑辽人,妄想不战而胜。童贯先是叫赵良嗣写一封谕降书,派遣从辽朝逃来的张宝、赵忠而人去游说耶律淳,结果耶律淳看到谕降书后却将张宝、赵忠二人杀了。童贯知道游说不行,"乃募马扩自雄州赍书入燕招谕",这些俱是一些幻想不劳而获的"偷懒"做法。马扩出使回来后,宋军这时已在军事上受到挫折,没有见到童贯之流如何厉兵秣马,积极防御,童贯幕僚赵良嗣却对马扩所言辽朝当政者李处温的信息大感兴趣,仍然指望这个曾经和自己有过盟誓的"辽奸"能说动辽朝缴械投降,在军事上总想着坐享其成,根本没有充分准备、认真谋划、合理部署和积极出击。第二次伐辽战争中,依靠辽军降将郭药师的计策,宋军奇袭燕京迎春门得手,却在后续大部队的调动上选将不当,督师无方,使得这支靠偷袭得手的宋军面对"奄奄一息"的辽朝竟然大败亏输,创下了中外军事史上罕有的功亏一篑的战例。

其三,有了收复燕云的动机,却没有与之相组合的长远计划。从最初的种种错误想法,到实施过程中的种种错误做法,到最后以巨大代价赎来燕京一座空城,几乎看不到宋朝有哪一步是走得漂亮的,是可以令人喝彩的,没有,哪怕是半步也没有。燕京收复了迄,似乎也就大功告成,而燕京一路由谁来镇守?整个收复地区的边防如何巩固?与金人的边境摩擦如何应对?余下没有收复的山后云中等地如何与金人交涉?种种问题看不到有哪位宰执和显贵去系统思考,更谈不上有什么思路和筹划。

燕京如愿以偿得到了,宋朝政要妄自欣喜,懵懂不知血光之灾已经悄然逼近,大祸即将临头!

栏杆拍遍，

无人会，

登临意。①

——题词

第四章　大厦将倾　独木难支

第一节　金主病亡，盟友反目成仇

　　宣和五年的暑热渐渐来临，在燕京等地差不多驻扎了半年的金人终于打起行囊回东北了。

　　在将燕京之地归还于宋的交涉中，金人对宋人一再敲剥索取，而宋人则一再忍让应诺。宋人每一次忍让应诺，都进一步激起金人勒索更多利益的欲望，而且，更要命的是，金人从宋人的忍让中看到了一个十分富裕却又十分虚弱的国家，以至于像粘罕这样叱咤风云的人物，早就打起了侵宋的主意。粘罕最初限于对宋朝认知的不足，故在与宋人打交道之中，态度十分谨慎。还在"海上之盟"初期，即马扩第一次随父使金时，金朝高层在商议是否答应将燕云十六州归还宋朝这一问题时，绝大多数人都不同意让宋人坐享

① 《稼轩词编年笺注》卷一《水龙吟·楚天千里清秋》，第31页。

其成,唯有粘罕持谨慎态度,认为"南朝四面被边,若无兵力,安能立国强大如此? 未可轻之"①,并得到了阿骨打的认同。然而,不争气的宋人在夹攻辽朝的军事行动中屡屡挫败,其软弱无能的"命穴"暴露无遗,让粘罕看清了大宋这只纸老虎的真面目。于是,在后来与赵良嗣和马扩的谈判中,粘罕第一个站出来挑衅,要与宋人"厮杀则个"②。尽管降附金人的左企弓等辽朝大臣劝说阿骨打不要将燕地归还与宋朝,金人还曾经一度焚烧卢沟桥及其附近馆舍,想要断绝与宋朝的往来,但阿骨打还是完成了与宋朝的最终和谈,确定了双方的版图界限。而就在最后宋人前来交割燕地之时,粘罕还建议阿骨打撕毁既定条约,拒还燕京,而与宋朝以涿州和易州一线为界,昭示了他粘罕已经开始想要侵吞宋朝土地的野心。然而,阿骨打断然拒绝了粘罕的这种得寸进尺,认为"我与大宋海上信誓已定,不可失也!"但在同时,阿骨打又说了一句很"活络"的话:"待我死后,悉由汝辈。"③

阿骨打这句话透露了许多潜在的信息。第一,他想在有生之年中与宋朝和平相处,不愿在历史上落下一个"败盟"的坏名声,这也与他征战多年,疲于奔命,而想晚年时候过个安宁日子的心理有关。第二,他向粘罕许下了这句"活络"话,也充分表明了他非常清楚和理解粘罕等人强烈的觊觎大宋的欲望,并知道在自己身后根本无法再驾驭粘罕等人的行为,宋金之间冲突在所难免。第三,他向粘罕的许诺也透露了他的身体健康情况,对于今生他也许已有来日无多的感觉,所以不经意间道出了自己死后的安排。

阿骨打的这句话还决定着一个时局的变化与否,也就是说,只要阿骨打还活着,粘罕等人断无"败盟"侵宋的可能,他能活多久时间,宋金眼前的盟友关系便能维系多久时间。然而,事实是,阿骨打很快就走到了自己生命的尽头,于是,宋金之间的纷争,乃至于最终的战争,也接踵而来了。

在四月十一日(甲午),细心的马扩在最后一次向阿骨打辞别时就已经发现,阿骨打形神憔悴,已经病得不轻。六月初一(壬午),正待东归的阿骨

---

① 《北盟会编》卷四,宣和二年十一月二十九日条,第29页。
② 《北盟会编》卷一四,宣和五年二月九日条,引《燕云奉使录》,第98页。
③ 《北盟会编》卷一五,宣和五年三月十四日条,第109页。

打因病被迫暂住鸳鸯泺。到六月十五日（丙申），阿骨打自知不起，便命粘罕等人"驻兵云中，以备边"①，在其临终之前走完了最后的也是极为重要的一步棋子，即占据云中，不再放弃山后之地，在西北方向楔入一枚随时可以打入宋朝版图的钉子，从而与东北方向始终不肯归宋的平、滦、营三州形成可以两头并进、大举南下的态势。由于从平、滦、营三州到燕京，再到云中山后地区这条已经形成的东西走向的宋金边境线上，金人掌控着东西两头要地，宋人仅仅只有中间燕京这一个点，所以，即使燕京一带的形胜之利为宋人所占据，金人仍然可在与宋朝的对峙中取得更为主动的位置，采取更为灵活的策略。在走完了这步极具战略眼光的举足轻重的棋子后，没过几天，在六月中旬时候，阿骨打与世长辞②。他没有等到天祚帝被俘、辽朝彻底覆灭，或者徽宗和钦宗被俘、宋朝残破不堪的那一天。

阿骨打病亡之后，根据女真人兄终弟及的制度，粘罕、斡离不等金军实力派人物尊阿骨打之弟吴乞买为帝，是为金太宗，改天辅六年为天会元年。

金太宗刚刚即位，宋朝就派人提出要讨回山后西京等州县。尽管阿骨打给宋人的最后一封《国书》中一言未及云中之地，但当初在马扩的力争之下，金人是有口头许诺的，而且宋人为补偿当初金军攻占西京云中时所付出的代价，在交割燕京城时就向金人支付了二十万两匹的犒赏。但到现在，宋人的现款早已付清，山后之地却一直未曾交割，银货并无两讫。所以，阿骨

---

① 《金史》卷二《太祖纪》二，第 41 页。
② 阿骨打逝日诸史记载颇异。《系年要录》卷一记作："宣和五年五月十三日（乙丑）"，建炎元年正月辛卯条，第 8—9 页。《通鉴长编纪事本末》卷一四三《金盟》下，以及《宋史》卷二二《徽宗纪》四均记作五月，第 412 页。《金史》卷二《太祖纪》则记作："八月二十八日（戊申）"，第 42 页。《续资治通鉴长编拾补》卷四七注释："《三朝北盟会编》系六月十九日庚子，阿骨打殂于军前"，第 1450 页。然考诸上海古籍本和四库全书"文渊阁"本《北盟会编》卷一八，均将阿骨打殂于军前系于六月九日庚寅至二十一日壬寅之间，并无"六月十九日庚子"一说，第 128 页。马扩既然于四月十一日见到阿骨打业已病重，则其病逝当在五六月间较为合理，逝于八月似乎为期过晚，故本书于此从《北盟会编》记载，将其逝日系于六月中旬。又，阿骨打辞世后先葬于上京会宁（黑龙江阿城）；天会三年（1125），谥武元皇帝，庙号太祖；十三年，改葬和陵（后称睿陵）；贞元三年（1155），迁葬于今北京西南房山一带。《马扩事迹编年》卷四引北京市考古研究所 2002 年于房山所发现之金陵为阿骨打睿陵，误；因出土碑文汉字为"睿宗文武简肃皇帝之陵"，对应墓主实为完颜宗辅，即讹里朵（又作窝里嗢），后来攻破五马山寨的金军统帅就是此人，详见《金史》卷一九《世纪补·宗辅》，第 408—410 页。

打的《国书》虽然语焉不详,但并不妨碍宋人对于山后地区提出正当的要求。金太宗因为刚登基,非但对宋政策尚且拿捏不准,即使对阿骨打临终前安排粘罕重返山后镇守云中的用意也未加揣摩细想,所以对于向宋朝归还山后土地这笔欠账,也没有意识到是可以"赖账"的,还打算予以满足。然而,粘罕和斡离不的头脑都清醒着,两人一起提请金太宗不要履约割让山后州县与宋。金太宗起初还振振有词地说:"先皇帝尝许之矣,当与之"①,还想践约,但终究经不住粘罕的劝谏,最后只将武州和朔州两地割还给宋朝②,山后地区最关键的西京云中则仍然占着不还。

阿骨打病逝以后,金朝一直未将其死讯通报给宋朝。拖延了半年,到了来年宣和六年(1124)正月六日(乙卯),金朝的"讣书"才姗姗来迟。金朝在长达半年时间里将阿骨打的死讯捂着不让宋朝知道,现在总算"解密"了,派了奚人富谟古和汉人李简作为国信使副造访宋朝③。但这"国信使"的名头后来生出了多种"版本",很是蹊跷。先是"遣留使"的称号④,也即按照当时的外交惯例,将先君的一些留遗之物送给其生前有友好关系的国君。这个称号与其通告阿骨打死讯的身份还算是吻合的。但据马扩的记载,富谟古和李简同时还有"谢登宝位使"的称号⑤,其使命也就是向宋朝通告大金吴乞买已即皇帝位。一使三名,这也是宋金外交史中罕见的一个例子。金人如此做法的目的至今已不可考,但从富谟古和李简后来进入宋境的异常行为来看,其使宋的根本目的却是另有图谋。

第二节　张觳之死,宋朝授人以柄

金太宗即位后,并没有将阿骨打的死讯马上告知宋朝,而是将平定平州

---

① 《金史》卷七四《宗翰传》,第1695页。
② 《金史》卷三《太宗纪》,第48页。
③ 《北盟会编》卷一九,宣和六年正月"金人遣国信大使奚人富谟古"条,第133页。
④ 《北盟会编》卷一九,引《宣和录》,第133页。
⑤ 《北盟会编》卷一九,引《茆斋自叙》,第133页。

张觉的叛金投宋事件作为其当政后的第一件重大军事行动。

在宣和五年二月份，即宋金双方使者还在为燕京之地归属问题讨价还价时，阿骨打就将平州改称为南京，以刚刚投降的原辽朝辽兴节度副使张觉为南京留守。张觉又作张觉，马扩出访燕京时，当时为礼部郎中的他曾作为辽朝派遣的馆伴全程陪同马扩①。五月二日（甲寅），正是阿骨打大起燕京辽官与人口迁归东北之际，据守平州的张觉听从辽臣李石的建议，突然出兵截住路经此地的辽朝降臣左企弓、虞仲文、曹勇义和康公弼等人，列数其罪，然后将其全部"缢杀之"②。别以为张觉是个义胆侠肠、豪气干云的忠义之士，他其实是摇摆多变而又毫无远见之人。他降金不久，见阿骨打东归，便在平州叛乱，竖起了反金的旗帜，并奉天祚为帝，但很快又发现自己在平州势单力薄，远在西北那头的天祚帝自顾不暇，音讯也不相通，哪会有一兵一卒的声援，他张觉在这头奉其为帝奉了也是白奉。于是，在李石的策划下，他一甩头又投靠了宋朝，于六月五日（丙戌）将平州献给了宋朝③。当时宋朝燕山路安抚使王安中以及同知燕山府事詹度偏偏都是愚蠢且又贪婪的人，笑纳平州之献，又将此事报告东京的朝廷。而徽宗和王黼偏偏也都是一样的见识，为眼前这块天上掉下来的"馅饼"怦然心动，不作细想，便要张口尝鲜。倒是赵良嗣对这桩事情看得清清楚楚，提出反对意见，认为照此做法肯定将惹恼金人，"必失其欢，后不可悔"，还建议一不做二不休，杀了进京议降的李石，绝了这个后患。然而，赵良嗣这种"不合时宜"的言论先自惹恼了徽宗和王黼，官职一下被"削五阶"④。于是，在这之前由赵良嗣和马扩等人与金人屡争而不得的平州，就这样被徽宗等人想当然地轻松划入了大宋的版图。

平州得来全不费功夫，但金人并非省油的灯，这个至关重要的事实偏偏被利欲熏心的徽宗君臣所忽略了。事实上，当时平州叛金投宋的局面发展趋势再清楚不过了，尽管当时阿骨打有恙在身，金军暂时可能不会大举出兵

---

① 《北盟会编》卷六，宣和四年五月"宣抚司募马扩入燕招谕"条，引《茆斋自叙》原注："张觉（乃后来据平州者）"，第42页。

② 《辽史》卷二九《天祚纪》三，第348页。

③ 《宋史》卷二二《徽宗纪》四，第412页。

④ 《宋史》卷四七二《赵良嗣传》，第13735页。

平叛,但这种局面应该是短暂的,因为以金人在宋金边境东西两头的战略部署来看,金军绝不允许东路方面在平州这个绝对的要冲之地存在一支敌对势力,所以,对平州采取军事打击是迟早的事。而一旦金军对平州发起攻击,势单力薄的张觳肯定难以招架,于是,张觳要么向宋朝请求援兵,要么就战败逃入宋境,以求得到宋朝的收容,这也是明摆着的局面,张觳自己就说过:"必不得已则归中国(宋朝)。"①这两种可能性最终无论哪一个出现,对于已经接纳了平州的宋朝都毫无中立可言,都应当早有准备,无论是唱红脸还是白脸。但是,宋朝当国宰执衮衮诸公偏偏就无一个人来操这份心。

果然,张觳叛金不久,金人即派遣南路军元帅阇母(又作栋摩)率两千骑兵自锦州出动平叛。双方在平州附近恶战多场,结果张觳非常走运,在兔耳山(河北抚宁西)大败阇母。另外一种说法是,当时阇母出兵平叛,但时逢暑日天气,天时不利,兵力不济,在平州讨不到什么便宜,只好悻然收兵。临撤兵时,金军还在平州城门上大书一帖:"夏热且去,秋凉复来。"②金军是被击败的,还是自己主动撤走的,都无需再去甄别,重要的是金军被赶出了平州地区,这才是张觳要大吹大擂的事实。一封平州守军击退金军的捷报很快就奏报到宋廷,宣和君臣闻讯自是喜不自胜,以为取得了莫大的军功,即以平州为泰宁军,加封张觳为节度使,并以银绢数万犒赏其军③。

但是到了十一月,阿骨打的后事已经了结,天气也早就转冷,马肥弓劲,非常适合征战行动,金人便腾出手来要彻底收拾张觳了。这次出马的金军统帅是声望卓著的二太子斡离不,他合并了阇母的军队,从锦州附近向平州进袭。斡离不是用兵老手,他没有贸然向张觳正面硬攻,而是瞅准了机会再动手。正巧张觳听说宋朝犒赏(一定是赏其大败阇母之功)将至而出平州城迎赏,金军便乘机突然发起攻击。宋朝君臣举措多有乖张,连其赏赐也来得实在不是时候,原本出城喜迎赏金的张觳却意外地迎来了金军的利箭快刀,即使想躲也躲不掉了,于是,双方在平州城东恶斗起来。结果,有备而来的

---

① 《宋史》卷四七二《张觉传》,第 13736 页。
② 《北盟会编》卷一八,宣和五年六月"金人军马来平州,张觳拒退之"条,第 128 页。
③ 《宋史》卷四七二《张觉传》,第 13737 页。

金军大破平州守军。金军此次来势极为迅猛，张瑴连退逃进城都来不及，心一横，只好一口气连夜逃往燕京，连平州城里的父亲和两个儿子的死活也不管了。

王安中当初贸然接受了张瑴的平州之献，这会儿也贸然接受了这个败军之将的逃亡，却又预感到金人可能不会放过张瑴，便自作聪明地将他藏匿在一个甲仗库中。斡离不破平州后，将张瑴的家小斩尽杀绝，即向燕京方面索取张瑴，言辞极为严厉。王安中招架不住，心一慌，便斩下一颗相貌有点像张瑴的人的头颅献给金人，企图蒙混过去。叵耐斡离不精明得很，岂能吃你这个冒牌货瞒过了？金人随即进行军事恫吓，扬言进攻燕京，动静闹得极大。王安中原先既然非常仗义地收留了张瑴，现在理应一以贯之，与金人抗争到底，但他实在算不上一个"义士"，面对金人的恐怖威胁，他慌忙奏报朝廷，以"惧起兵端"为由，要求朝廷尽快同意把张瑴交给金人。徽宗显然也被吓着了，乱了方寸。于是，一个出卖张瑴的诏令很快传到了燕京。最后，张瑴从那个乱糟糟的仓库里被拖了出来，也落得跟左企弓等人一样的下场，被"缢杀之"。当然，因为要对金人有所交代，所以他还有其独特的"待遇"，就是死后砍下他脑袋，还得配上一个木盒储放，这样"函首"献给斡离不，以便验明正身①。

张瑴事件这场几乎造成宋金"走火"的危机就这样算是对付过去了，但其后患无穷！燕京城不只一个王安中在操持事务，常胜军岂是吃干饭的？常胜军前些时候刚刚大败曾经让宋军吃足苦头的萧幹之兵，最后居然还让萧幹的脑袋也搬了家，"传首京师"，算是为宋朝取得了空前的大捷，也正自得意呢！现如今乍然听说张瑴这位曾经一个阵营里的战友如此不可思议地被宋朝给出卖了，死得如此惨不忍睹，纷纷起了兔死狐悲之心，不少将士竟然潸然"泣下"，郭药师更是咬牙切齿发一声问："金人想要张瑴就给张瑴，如果想要我药师，莫非把我药师也给了金人不成！"②郭药师是一名始终兵权在握的降将，他能直截了当发出这样的诘问，便很清楚地表明，张瑴事件让辽

<hr>

① 《宋史》卷四七二《张觉传》，第 13737 页。
② 《宋史》卷三五二《王安中传》，第 11125 页。

朝的归降将士感到寒心，并对软弱的宋朝存下了二心，不会再有什么耿耿忠心了。由此也产生了一个很现实也很急迫的问题是，燕京这个如此重要的边境重镇，因为主要就靠常胜军冲锋陷阵，现如今这一地区整个防御体系的稳固性和可靠性，一下变得捉摸不定，摇摇晃晃而不可预测。这让王安中感到十分惧怕，想想哪一天常胜军先下手为强，将他王安中连同燕京城一起出卖给金人，那真是一件很恐怖的事！于是，王安中主动向朝廷提上辞呈。朝廷在王安中的"力求"下，最后加上童贯对王安中也看不顺眼，终究罢了其职，另派蔡靖出任燕山府地方长官。

张瑴事件的危害还在于，金朝从此找到了一个"败盟"侵宋的借口，而且还叫得十分脆响。对于金朝来说，如果想在宋金关系的千里之堤上找到一个可以决堤溃围的缺口并非难事，欲加之罪何患无辞，但现在是宋人主动授人以柄，自己挖掘出这个可能给宋朝自己带来极大灾难的缺口，让金人求之不得，连其绞尽脑汁另外寻找一个借口的心思都免了。宣和君臣的举止如此乖错，大宋不亡，更待何时！

平州自从张瑴逃离之后，该城曾经一度又被张瑴部属夺回，直到第二年（宣和六年，天会二年，1124），东路金军在阇母的率领下，终于彻底攻占了张瑴部属坚守的平州。与此同时，粘罕在西边也采取了积极措施，稳固对山后地区的控制。至此，金人重新构成了对宋朝东西两头钳形攻略的态势。

第三节　割地未果，马扩屡言备边

宣和六年正月六日（乙卯），宋人收到了金朝有关阿骨打的"讣书"，但报丧的使者人还在蓟州呆着。徽宗在得到阿骨打死讯后，"辍朝五日"，随后差遣张璙为大使，马扩为副使，前往蓟州迎接金使富谟古和李简南下使宋。

马扩此行在路经燕京时作了短暂的停留。当时王安中还在燕京主政，于是，马扩同他就治燕事宜开展了一场讨论。王安中是继王黼和郑居中之后第三位找马扩讨论"边事"的显官，这从一个侧面也说明马扩业已成为这方面的专家。两人这次讨论的主题是如何制约渐成尾大不掉之势的常胜军。因为当时宋朝已将燕京地区大片田地授予常胜军,想让这支军队通过农耕自给自足,同时又打算在来年夏熟以后,先减后罢中央朝廷对其的薪饷支出。对于这个比较纯经济的政策,马扩结合自己对燕京边地守御的战略思考,提出了自己的思路。

马扩道:"燕地作为新收复之边地,必须理清几个方面事宜在治理过程中孰先孰后之序,有个轻重缓急。首先应当缮治'篱落',其次当招抚流民,再其次当建立一支弓箭手队伍,最后才是处置常胜军耕田这件事。至于停罢常胜军薪饷,尤宜延缓,应该等待其开垦耕地完成之后,方可停罢。"王安中此时最头痛的事就是常胜军渐已肆无忌惮,桀骜不驯,而马扩指出,只有先巩固新收复的州县边防,招抚因战乱而流离失所的百姓,安定民心,然后建立自己的常备军弓箭手,才能回过头来处置好常胜军的问题。这一强基固本的思路,在当时燕京新地宋军边备不振、人心浮动的情形下,无疑是一种高明之见,也体现了马扩对于边地形势的清醒判断和对于边事的潜心研究。

马扩还进一步为王安中提出了实现这一思路的具体路径,道:"马某当初随军入燕时,诸路正兵有十五万多,后来童宣抚班师而回带走一部分以外,燕京一带应该还有八九万人。其中挑选三万人作为常备战守需要,余下还有五六万,再除去各处虽在编制却不能尽职者之外,可以作为役使者还有三万人。将这三万人一分为四,分派到蓟、景、檀、顺四州,再于每个州当地雇募一万多人,这样,每个州城可得两万多人来修缮城池。而算一下每个州的雇工费不过五万贯,另外再添五万贯作为犒赏之用。假如能安排这四十万贯费用,一个月就可以将残破的四州城池修筑加固。如此,边城一旦巩固则疆土可守,人心也就自然安处,易于安抚——此为'缮篱落'之策,也是最为重要之举措。燕地自从女真大军入关以来,众多军民士庶为逃避战乱往往逃窜于荒山野谷之间,宜派人召唤劝导,宽大体恤,让他们能够回到各自原籍家乡——此为'招流民'之策,宜摆在其次位置予以实施。燕地自从遭受战乱,大片田地荒废,对此应当招置一批弓箭手,效法当年陕西所用'新边法',允许各种身怀武艺、勇敢青壮之士投往充当垦荒之主,每户给田二顷五十亩,由官府给予耕牛、战马和种子,并派出将官统领分管他们。这样一来,不唯荒田得以复耕,而且凭藉这支弓箭手镇守边地,也足以制伏那些新归附者之心——这个'置弓箭手'之策应当再其次实施。至于常胜军现在所要钱粮,也不宜即刻停罢不给,致使其因无所依恋而变得无所顾忌。不妨将契丹皇室一直以来特意自留放牧的那些牛马和闲田,分给常胜军,依仿前面'置弓箭手'之法,由官府给予耕牛和种子,等到两三年后他们耕垦有成,再逐渐减少以至于停罢朝廷给予之薪饷。若能如此,则对内无侵夺民田之患,对外有开垦之功,等到塞外动荡之局平静下来,便可再议减裁戍兵之策——这也是治燕之关键!"

从这段话中可以看到,马扩对于边事不仅研究已透,而且提出的解决问题的策略也十分得当和可行,难能可贵的是他的以诚待人之心,对于并无深交的王安中,他能知无不言,言无不尽,完全以国家利益为重。可是,马扩说了半天,王安中却露出一脸无奈,道:"现如今已经将田地给予常胜军了,眼下头痛之事乃是他们大肆侵夺百姓耕地,而且那些荒废无主之地也早被侵占去了,休想再有谋划之策。如你所说这等办法,我等又凭什么来实施呢?可惜啦,刚才所言这等对策已过时了!"①这已经在批评马扩的建议是不切实际,是在放马后炮。而作为一介使者,马扩兴许可以和金人展开一番剑拔弩张的论辩,但他却不可能直面相责燕山路要员处事的软弱无能和姑息养奸,于是,他的满腔热情和精心谋划就这样被王安中寥寥数语给封杀了。

但是,马扩并未就此罢休,他仍然在找机会鼓吹他的"治燕之策"。

五月二十七日(癸卯),至迟在正月初就已经到达宋朝蓟州地界的金朝大使富谟古和副使李简(他俩现在的官衔分别是辰州管内都亨董和清州防御使),在延宕了近半年时间之后,才抵达东京。他们在宋境路途上花费的时间之长,即使在"海上之盟"初期宋金双方使者取道海路往来,单趟路途的耗时,也从未见有如此之夸张,这只能理解为金使一路上另有图谋而故意拖

---

① 马扩与王安中论燕事详见《北盟会编》卷一九,宣和六年正月二十九日条,引《茆斋自叙》,第133—134页。

延时日,而其中一个重大的嫌疑,就是对于今后可能有军事目的考虑的地理和城塞进行了留意、考察,甚至是实地踏勘、描摹绘图都有可能。这在当时固然没有留下任何把柄,但在后来那个觊觎杭州西湖之美色的金主完颜亮当政时,确实有将负有特别使命的画工充作使团人员,进入南宋临安城进行偷绘活动的事例①。

按照《三朝北盟会编》的记载,此次金使的异样行为也引起了宋朝的一次异常调动。徽宗差遣黄潜善和王宗濋充馆伴,接待金使,但同时又差遣马扩充送伴,前去太原宣抚司②。按理,只有当金使回国时,才有"送伴"一职的任命,现在金使刚刚抵达,双方必要的外交程序和会谈均未展开,就给马扩来了一个"送伴"的指令,而且,也不是去陪伴金使,而是南辕北辙、风马牛不相及地去了在太原的童贯宣抚司,与情不合,与理不通。倒是清人黄以周《续资治通鉴长编拾补》按语中不知引据何书道:"五月二十七日,其(指金人)二使入国门,嗣诏马扩罢送伴,前去宣抚司"③,马扩去太原宣抚司的前提是先被免了"送伴"一职,似乎与情理颇合,但马扩此时何以先有"送伴"之职在身,仍不可解释。此外,从时间上讲,是年八月十一日(乙卯)谭稹落太尉、罢宣抚使之职,而由一度失宠于徽宗而致仕的童贯取而代之④,则马扩不可能在五月二十七日就前去宣抚司见童贯,若有见童贯此事,也必在两个半月之后。

然而,从马扩自己的《茆斋自叙》记载来看,马扩当时还是有所"受命"才去太原见童贯的⑤,或者说,对于金使这次来访的异常举动,宋朝之中还是有人觉察到的,而马扩最终是被点了将,受命去太原与童贯商议相关的对策。而从时间上考证,马扩前往太原面见童贯当在八月中旬以后。

金使富谟古和李简早在五月二十七日就已经到了东京,在逗留了一个半月后,又以"谢嗣位使"的身份继续赖在东京不走。到七月十一日(丙戌),

① 宇文懋昭:《大金国志》卷一四《海陵炀王中》,齐鲁书社《二十五别史》2000年版,第114页。
② 《北盟会编》卷一九,宣和六年五月二十七日条,第135页。
③ 《续资治通鉴长编拾补》卷四八,第1478页。
④ 《宋史》卷二二《徽宗纪》四,第414页。
⑤ 《北盟会编》卷一九,宣和六年五月二十七日条,引《茆斋自叙》,第135页。

宋朝派了掌管"酒膳"的膳部员外郎王麟和马扩一起"接伴"金使,则可以看出,金使在东京基本上已无正经事可做。马扩当然也很无聊,在这次与金使的交往中未记下什么见闻、谈论或感触之言,唯一留下的是此时作为王麟接伴副手的马扩官衔,居然有很长的一大串:保州、广信、安肃、顺安军廉访使者①。马扩著述《茆斋自叙》,因徐梦莘《北盟会编》以及《系年要录》、《通鉴长编纪事本末》等书的引用,而得以大部分留传至今。各书引用《茆斋自叙》时,唯有清朝四库全书本的《北盟会编》将《茆斋自叙》作者标称为"马廉访"(其余均径称马扩),其廉访一衔在文献中的最早记录可追溯于此。

富谟古和李简继续在宋朝泡磨时间,又过了两个多月时间,到九月二十七日(庚子),方于东京皇城紫宸殿辞别徽宗,打道回府②。不算这两名使者从金朝启程以及后来回程的日子,就从进入宋境算起,此次使宋单程就差不多花了十个月的时间,也算是创下了宋金外交史上在正常情况下使臣逗留时间的最长纪录。这其实已经是一种很不正常的现象,虽然史料没有记载这两名金使为何会如此之久"恋栈"于宋境,以及他们在宋朝的一言一行,但唯一可以解释的就是别有用心。

金人对于宋朝的别有用心,不但反映在有异样行为举止的金使身上,而且更清晰地反映在了抢占宋人云中山后之地而不还的言谈举止之中,对此,马扩要在是年十一月出使云中金营时才深有体会。

当金使还在东京磨蹭时间之际,马扩"受命"跑了趟太原,与童贯就边防事宜作了一次讨论。以当时宋朝在燕云十六州沿线的军事部署来看,燕京方面的防御力量基本依赖于常胜军,郭药师成了事实上的东部统帅;而云中及其山后之地尚未收复了讫,于是宋朝边务的最高统帅童贯及其宣抚司便只能驻扎于河东太原。现在的形势是明摆着的,东部的郭药师跋扈专横,尾大不掉,俨然一个离心离德、还颇有野心的宋版"安禄山",燕京一带防务的可靠性大受置疑;西部这边童贯也好不到哪里去,不但退守太原"二线",而且连个云中城是个啥样子的都没有望见过,等于是宋金尚未开战,云中以及

---

① 《通鉴长编纪事本末》卷一四四《金寇》上。
② 《通鉴长编纪事本末》卷一四四《金寇》上。

山后地区的险要之地,便已"失陷"于强敌之手。于是,整个燕云十六州防线就像一条松脆的大麻花,随便往哪里施加一点压力,"嘎嘣"一下立刻粉碎。所以,马扩所受之命,应该就是和童贯商议如何加强太原以至燕京一线的防御力量,以防金人的入侵。应该说,这也是宋朝第一次从朝廷的高度开始重视该如何防御金人南下。

现在童贯这边亟待解决的问题是,怎样尽快收复金人曾经答应交还的云中及山后之地,然后才谈得上如何去守御西线。燕京那边问题的关键则在于如何妥善处置常胜军,提高东线防御力量的可靠性和稳定性。而以童贯现在的权位,他是云中山后和燕京山前两大块地区防务事宜都有责任要去管的。是以童贯见到半年前去过燕京的马扩,便问起那里现如今的情况。马扩则将自己对朝廷授予常胜军田地的利害关系分析,和自己向王安中建议的治燕之举的步骤次序,一一向童贯作了汇报。

童贯闻言大为吃惊,道:"我曾暗自考虑常胜军今后必将成为祸患,想将其削除了如何?"童贯这话想表明他对常胜军的后患是有明智的预见和判断的,但提出的解决方案却较为鲁莽,颇欠思量,和他做事一贯的粗蛮作风倒是十分吻合。

马扩对此先自谦了一句道:"便是像马某这等愚笨之人,也知常胜军今后必将为患。"随后他话锋一转道:"然而,直到如今金人对我燕京防务颇有顾忌,未敢即刻恣意兴兵相犯,就是因为对这支军队有所忌惮。所以,倘或将常胜军立即削除,不但金人会因此跟进、觊觎燕京之地,而且这支军队也会即生变乱,此乃自找麻烦,还不如凭借这支军队而多考虑如何因势利导来得稳妥。"

童贯问道:"有何法子?"

马扩再次以一个知无不言、言无不尽的诚实人的本色,倾其所知而道:"如今郭药师常胜军只不过三万多人,但多半是勇武能战之骑兵。太师如果真的能在陕西、河东与河北这三路方向,先挑选精锐马步军十万人,分为三部,再挑选几名智勇、器量和见识均不亚于郭药师者,分别统领这三部人马。然后一部驻守于燕京,与郭药师对门儿安营扎寨,以作制约;另一部驻守于广信军(河北徐水县)或中山府(河北定县),还有一部驻守于雄州或河间府(河北河间),这样形成犬牙交错、相临相靠之势,一旦与金人有事,使郭药师常胜军进则有所依托,退也有所顾忌。如此,则金人即使对我朝另有图谋,哪有这等容易就敢上前的?"马扩主张对常胜军利用和牵制并重,而不是粗放简单的一削了之,说明在他眼里,当时宋朝对外形势随着辽朝的破灭,已经从宋金结盟关系转为宋金对抗关系,宋金之间逐渐升级的摩擦才是主要矛盾,而朝廷与常胜军的矛盾不过是次要矛盾罢了,这种看法完全符合当时的实际情况和特点。

对马扩的赞画之策,童贯一口称赞道:"甚好!"却又表示这十万之众一时三刻也不怎么容易调集,而要另作筹划。这几乎等于是在说,你马扩的这些个法子好是好的,但俺童贯用不了。

马扩这次的倾诉衷肠,又算是说了白说。但他并未善罢甘休,再次兴辞而道:"如今国家挫威于金人,皆因刘延庆不战而逃所致。倘或当时再度起用种师道,率领更多精锐西军进取燕京,也不至于像刘延庆这般贻误国家大事。每每念及于此,马某便暗自叹恨!"言下之意就是因为你童贯举措多有失误,选帅失当,这才造成现在大宋在金人面前威风扫地的尴尬境地。

马扩这番话最终还是让童贯心有所动,后来童贯提请朝廷在河北设置四大总管,就是采纳了马扩的这次建言①。只是四大总管对于燕京防御和常胜军的动静不闻不问,啥事不管,而王安中被童贯罢官后,继任燕山府长官的蔡靖也不比他的前任能干多少,四大总管加上一个蔡靖,对金人的入侵未起丝毫的阻止、迟滞或延缓的作用,童贯在选帅上仍旧未脱用人不当的诟病。这都是后话。

十一月,童贯突然开始了改善边务的举措,其第一步就是派遣保州廉访使马扩和邠州观察使辛兴宗前往云中面见粘罕,商议交割云中事宜,将该收回的山后之地尽快收回。

童贯非常重视马扩等人的这次出使。马扩临行前,童贯特意召集了李

---

① 马扩与童贯的这次对话详见《北盟会编》卷一九,宣和六年五月二十七日条,引《茆斋自叙》,第135页。

宗振、辛企宗、辛永宗、孙渥、姚友仲、杜常、兰整等幕僚和亲将十数人，和马扩、辛兴宗等人一起环立于童贯四周，大家以金杯酌酒，次第而饮，算是给马扩和辛兴宗饯行。其间，童贯问众人："山前燕京一路委任之帅用人不当，其人无能，以至现在生出弊端。而今若能将山后之地取回，选择一名堪任守臣就非一件小事，你等大家各尽所知，举荐一下中意人选。"

李宗振等人从陕西六路到河东、河北的各路知名武臣，全部提了一个遍，却没有一个中童贯之意，"皆摇首"。末了，童贯道："你等举荐之人只可做太平地方之守臣，而山后之地乃是新复边地，须是一名文武兼通、智勇公廉，而且知悉各国人事情况之人，方可委以重任。"未等众人作出反应，童贯脱口而出："非吾马宣事不可也！"①

虽然童贯自己与文武兼通、智勇公廉这样的才艺和品格绝无关联之处，但他用这番话评价马扩应该还是公允的。这是马扩继金使银术可来访之际同赵良嗣一起廷对时受到徽宗褒奖以来，又一次得到本朝权贵的高度评价。但从这次童贯的言谈来看，一方面马扩的才学、见识、为人和品格得到了极高的评价，同时从另一个方面也可以看出，德才兼备的马扩并未被"众人"所了解和接受，一个被童贯视作非他莫属的人才，在诺大一个宣抚司幕府中，竟然无一人看中，无一人提及。马扩第一次和童贯打交道，应该是在宋军首次北伐时他应募出使燕京辽朝的时候，那次他从燕京九死一生回来后，因其力主坚守以待反攻的主张，与那些童贯僚属的退逃心意相左，惹恼了"众人"，为"众人"所不容，以致马扩受到了当众谴责，但马扩的勇敢和辩才却给童贯留下了不错的印象。从那以后，马扩南来北往出使金营，在与金人的外交文字和策略上与童贯有过对答。再后来就是不久前马扩对于治燕之策的与童贯的对话。从童贯这次对马扩的"慧眼相识"和几近于亲昵的称呼来看（不称马扩今衔"廉访使"，而以当初他童贯借予的"宣赞舍人"之衔相称，且昵称其为"马宣"，还冠以"吾"），说明经过不多的几次接触，马扩的才识和胆略已给童贯留下了很深刻的印象，同时，童贯拉拢马扩、视为心腹的意图也表露无遗。

---

① 《北盟会编》卷一九，宣和六年十一月"童贯遣保州廉访使马扩"条，引《茆斋自叙》，第138—139页。

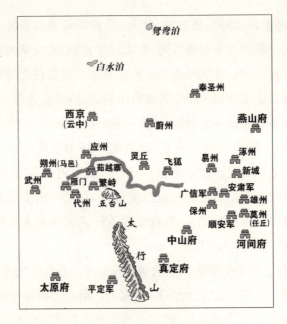

4-1 山后形势图 焦俊作

在如此一番评定之后,童贯转而问马扩道:"倘或由你来镇守云中,需要多少军马?"

这个问题还是比较务实的,马扩也就如实回答:"当用三万人。"

童贯面露难色,道:"如今国家财力不足,是否还可以再减少一些人?"

马扩道:"至少非两万人不可。因为倘或云中需要屯扎一万人,那么另外一万人驻守于其他各要隘处,分兵之后即显得人少了。"

童贯道:"两万人还可以措置。"这就算是答应了马扩的要求。接着,又问马扩道:"倘或朝廷每年以三百万贯用于山后军需,你这里凡有荐举适用之人也都依从任用,如此则几年可有所成?"

马扩道:"山后养兵要想一年有成则太费力,两年则稍显宽裕省力,三年则这些人马必可得力,大事可成。"①

---

① 《北盟会编》卷一九,宣和六年十一月"童贯遣保州廉访使马扩"条,引《茆斋自叙》,第139页。

对于云中山后地区今后的边防事务,童贯并未尸位素餐不作不为,或者好大喜功胡作非为,而是作了比较务实的考虑和预测,从这点来看,童贯也不是毫无作为的庸人,他在主观愿望上还是想在守御山后中有所成就的。然而,由于在大局上童贯(包括整个宋朝上层)并未看清金朝国策已经作了根本转变,已经以宋为敌,即将倾力南侵,所以,他还是按照业已落后的思路想去讨还云中山后之地,这无疑是与虎谋皮,自讨无趣,而且,更为严重的是,后来马扩在与金人的谈判中发现了对方的图谋,回来后及时向他作了提醒和建议,但他仍然固执己见,执迷不悟,以至最终错失了构筑防御体系严防金人入侵的时机,边境关隘了无守备,金军一动,千里崩溃,家国颠覆,天下荼毒。因此,童贯依然不能逃脱历史的罪责。

十一月三十日(癸卯),马扩和辛兴宗抵达粘罕帅府所在地云中。出乎马扩等人的意料,一向驻守于云中的金帅粘罕踪影全无,只留下一个兀室暂且代理元帅职权。

粘罕的“失踪”隐藏了金朝的一个重大秘密。早在四月间,金帅斡离不在收拾了张毂叛乱之后,突然派人向宋朝河北燕山府宣抚使谭稹提出,要借以前宣抚司曾经答应过的二十万斛粮食。谭稹丈二和尚摸不着头脑,起初以二十万斛粮食一时三刻难以筹措为托词,继而干脆以本司从来不曾有答应借粮的片纸只字作回绝。但是,金人一口咬定确有其事,声称这是去年四月赵良嗣答应下来的事。谭稹还算是头脑清楚的,他以赵良嗣口头答应之事不足为凭,断然拒绝了金人所谓的借粮之请。

金人虽然没有借成粮食,却有了新的责难宋人的口实。到了八月份,粘罕和斡离不东西两路军马一齐出手,向山后蔚州、朔州和应州等地发起突然袭击。当初金军追逐天祚帝时,将“海上之盟”规定应归属于宋朝的辽朝西京云中府攻占了,云中所辖州郡随之均归降金军。后来金军转移去争夺燕京,降金的州郡守臣又纷纷“争叛金人,纳土归大宋”。现在,金军又卷土重来,一举攻陷蔚州、朔州和应州以及飞狐、灵丘两县,并杀蔚州守臣陈翊,以迅速、强硬和血腥的实际行动,向宋朝宣告了"绝交割山后之意"①。同时,金人向宋朝送来书信,将去年招纳张瑴的老账和今年拒借粮食的新账一并算来,责怪宋朝不仁不义。

招纳张瑴的老账早已了结,"亏负"的宋人只能任由金人的唠叨,虽然听得耳朵起茧,总算无需付出实质性的物事来让对方息怒。拒借粮食的新帐却不然,因为它使"金人愈怒,欲败盟入寇"②,需要宋人有个具体动作以为交代。于是,谭稹不幸成了替罪羊,正好他又与童贯议论不合,便被罢官、贬官,靠边站了。而正当宋朝穷于应付金人的责难时,粘罕却离开了云中府,"归国谋南侵"③,金人已经在策划准备将边境的小磨小擦升级到"鲸吞"整个宋王朝的大规模军事进攻,一句话,金人已经早早地将灭亡大宋的企图提到议事日程上来了。

尽管粘罕不在云中,但留下来权且代理元帅职责的兀室也不是一盏省油的灯。马扩等人一到云中,他即派人指令宋使要向他行"庭参"之礼。马扩当然断然拒绝了这一无理要求,认为会见像兀室这等"人臣"不当有此等礼仪。

兀室传话道:"贵朝谭宣抚那时派来之使臣参拜我等,即行'庭参'之礼。"

马扩坚持己见,道:"谭稹因为凡庸无知,已被朝廷罢黜。"将兀室抬出来的谭稹一下打了回去。

双方争论好长时候,兀室见奈何不了马扩,便使高庆裔过来传话道:"二位观察(他将马扩的'防御使'之衔认作是与辛兴宗一样的'观察使')既然不肯行'庭参'之礼,我也不敢强行逼迫,但也不敢就此相见。"他强硬地拒绝了宋使的来访,并且还抛出了不见的理由:"第一,有关山后土地割让与大宋之事,因为粘罕国相暂离回朝,是以我在此也不敢专擅;第二,贵朝招纳了许多燕京逃亡之契丹族官员和富民,而双方所立誓书明文规定'各不得收纳叛

---

① 《北盟会编》卷一九,宣和六年八月条,第136页。
② 《北盟会编》卷一九,宣和六年九月条,第136页。
③ 《北盟会编》卷一九,宣和六年十一月三十日条,引《茆斋自叙》,第139页。

亡',贵朝显然已经失约在先了,所以,山后土地虽然属于大金答应要割还的,但现在也难以就此进行交割。"兀室不但拒绝面见宋使,更狠的是还放出了拒绝交还山后之地的信息,这也是金人第一次声称拒还云中山后土地。由此可见,虽然粘罕还朝未归,但金人对拒交山后土地于宋朝的主张早已确定,所以,兀室能非常准确地向宋使传递这个信息。当然,就此认为粘罕、兀室之辈贪得无厌而赖山后土地之帐,未免小觑了金人的抱负,金人对宋朝有着更大的求索,紧紧抓住山后这一战略要地不放,这不过是为了大规模侵宋的军事准备需要,更大的动作还在后面,这也是粘罕回朝谋划的核心问题。而宋人一直对不能收回山后之地而耿耿于怀,却一直没有提防金人更大的野心和更严酷的打击。由此可见,在观念上,宋金双方完全不在一个档次上。

对于兀室的此番传话,马扩当即予以驳斥:"契丹官员和富民逃归本朝,这本账原本应该算在张觳身上,属于张觳之罪,而本朝早已斩了张觳首级函送贵朝,而且,那些官员和富民无论是已发现的,还是躲藏在山谷中的,现如今也尽已搜寻遣回于贵朝,便算不上什么'收纳叛亡'。至于贵朝,像你等曾经说过的,对山后之地更无别样谋划,但等到交还了蔚州,却又放出兵马夺取了去。本朝担心由此而导致双方纷争愈演愈烈,是以暂且将蔚州守军撤将回来。而且,本朝已对谭稹惩处有加,再以边事委予童太师处置。本使在此也望你等转告贵朝,早早将山后之地还予本朝,也使两国黎民安居乐业。贵朝倘或轻信群臣之妄言,则两朝和好大事何时可以告成?"应该看到,马扩驳斥兀室之言并非其目的,而晓以两国和好之大理,则是这番话的中心所在。从马扩的内心出发,他绝不愿意看到宋金两国刀兵相见。虽然金人的言辞越来越难听,举止也越来越具有"火药味",但他还是努力在以理服人,而没有以过激的言行去抗辩争论,去刺激对方。从这点看,马扩还是具有维护和平大局的意识的,只不过金人眼中的"大局"已经纳入了征服大宋的轨道,纵然有一万个马扩,也难以挽回金人业已启动的杀心。

但马扩的诚意至少让传话的高庆裔有所收敛,他居然向马扩作起解释来:"前些时候,有人说蔚州一带有贼兵出现,所以本朝才出动军马前去剪除,后来收到贵朝宣抚司文牒,于是就将抓到之贼兵悉数放了,这件事也就到此为止了。如今所说山后之地已是答应要还给贵朝的,最后肯定不会反悔的。但是,贵朝也要实实在在地恪守誓言,不要触犯和惹恼了本朝。咱们女真人纯良诚实,绝不会有妨害贵朝之处。这之前本朝累有文书发给贵朝,只要早点将契丹官员和富民遣送过来,便可将山后土地交割了。"①只可惜高庆裔人微言轻,哪怕他是真心实意想把山后之地交还宋朝的,他说的这些话也不作数,说了也白说。

马扩和辛兴宗终究没有见到兀室,有关宋朝将收回山后之地的实质性内容一个字也没得到,两手空空,于十二月上旬回到了太原。童贯想尽快收回山后土地,着力整顿边务的第一步设想也因此而破灭。

但马扩也不是一无所得,他在一路上还是通过自己的观察发现了重要的情报。在他回到太原后,童贯询问一路的见闻,他道:"金人正在训练汉儿乡兵,增加飞狐和灵丘两地驻军,同时又多次指责本朝接纳张瑴之事,要挟勒索契丹官员和富民,凡此种种皆可看出,金人真的隐藏着叵测之心,希望太师赶紧考虑置办边备。"②马扩还具体提出了简明实用的边备之举:"调集陕右精兵前往燕山府,相助郭药师守御,以防金人不测入寇",对此,马扩还向童贯几乎是带有警告意味地盯了一句:"不可忽也!"③

按照常理,马扩此次向金人索取山后之地未果,加上金人加紧练兵增兵的实情,以及喋喋不休地责难张瑴事件和索取契丹官民,不难得出金人包藏祸心的结论,是以马扩的判断也并非有多少特别高明之处,事实明摆着就是如此。然而,就是对这样一个显而易见的情势,童贯竟然不以为然,还振振有词道:"金人国内至今人心未附,岂敢如此擅启边衅?我当亲去燕山府将常胜军处置妥当,并且筹划调好河北诸镇将帅之兵,如此则金人便是敢来侵我,也不会误事。"在最前线也是最重要的燕山府的守备上,童贯还是一味依

---

① 马扩此次使金的过程详见《北盟会编》卷一九,宣和六年十一月三十日条,引《茆斋自叙》,第 139 页;《通鉴长编纪事本末》卷一四四《金寇》上。

② 《通鉴长编纪事本末》卷一四四《金寇》上。

③ 《北盟会编》卷一九,宣和六年十二月条,引《茆斋自叙》,第 139 页。

赖于郭药师的常胜军,而丝毫不想增兵加固第一线的防御力量,并以为在二线的河北地区摆上几路人马形成纵深防御体系,就足以抵挡金人的入侵,这几乎是一种毫无军事常识的却带有赌徒心理的守备思路。试想,燕山一线形势险要,是为边境守御的急所要地,一旦为敌突破,偌大个河北平原还有何险可依? 而押宝在郭药师身上,殊不知常胜军自张毂事件之后,包藏二心已是路人皆知的事实,又岂能专恃于它以守险要? 后来的事实证明,金军一战而破常胜军,便如决堤洪水,长驱直扑东京城下,如入无人之境,这从宋人的军事措施来看完全是童贯一手造成的恶果。

而云中山后之地,童贯起先也同马扩的意见相一致,打算尽快收回,但是马扩这次使金无功而返后,童贯再也没有锲而不舍地去同金人交涉,这其中也缘于他在朝中的一次权力之争的失败。童贯派马扩等人出使云中收地未果不久,翰林学士宇文虚中就向徽宗建议道:"云中斗绝一隅,纵可取,亦不可守。"对于宇文虚中的言论,童贯没有自己直接上书争辩,而是让马扩和李宗振等人出面写了两道疏奏,申言云中"可取之策",上交朝廷。其时蔡京当朝,想要认同童贯的主张,但宇文虚中与李邦彦串通合谋,力争于御前,最终使徽宗弃用蔡京和童贯之说。于是,从"海上之盟"起宋使就与金人无数次力争的云中山后之地,就这样被"画旨留候",搁置于一边了①。

第四节　天祚被擒,再倡防患未然

宣和七年(1125),还在正月里的时候,北方又发生了一起重大事件:一直龟缩于夹山几乎已经被人遗忘的辽朝天祚帝,以一种荒谬可笑的自投罗网式的举动,被金军俘获。

其时金朝的战略目标已经转移到了宋朝身上,粘罕为此而暂离云中,回国谋划。根据马扩《茆斋自叙》的记载,当时天祚帝从鞑靼借得三万骑兵,腰

---

① 《北盟会编》卷二一五,绍兴十五年十月引安成之《枢密宇文议燕保京记》,第1548页。

板突然硬了好多,自我感觉良好,复国信心极度膨胀,正好又打探得粘罕不在云中,以为山后地区金人兵备空虚,可以乘机下手,便率契丹、鞑靼之联军直扑云中。

金军代理元帅兀室算得上是文武全才的人物,他刚以动嘴不动手的一套"文斗",让前来索取云中的马扩无功而返,现在,他又略施小计,以一套"组合拳"让前来攻取云中的天祚帝一败涂地,最终束手就擒。当时金军在云中一带尚未集聚起大军,又兼粘罕返朝未回,所以,面对气势汹汹的天祚之兵,兀室没有硬拼,而是采取了伏击的战术。他首先迅速调集蔚州、应州、奉圣州以及云中府的汉儿乡兵,并将这些战斗力相对较弱的兵马作为抵敌的先锋,却将精锐的一千多女真骑兵埋伏在一个山谷间。汉儿乡兵与契丹、鞑靼的联军接战后,果然不支而退,联军乘势追击。就在天祚帝以为得计时,那埋伏山间的一千多女真骑兵突然从联军的背后杀出。遭到意外打击的鞑靼骑兵首先溃乱,大败而逃,剩下的天祚帝怎经得住女真精骑和汉儿乡兵的夹攻,往南冲着宋朝边镇武州方向落荒而逃,复国的美梦瞬间破灭。

兀室的精明与果敢在这场战役中表现得淋漓尽致。在一举击败联军后,他几乎没有歇口气,便极为英明地分出刚刚杀败鞑靼人的一半骑兵五百人,命字董娄室率领,穷追天祚帝。

天祚帝往武州地界逃奔是为了南投宋朝。按照蔡京之子蔡絛《北征纪实》的说法,天祚帝最初躲进夹山不出,童贯就"遣人诱之",徽宗甚至还与天祚帝约定,只要他归顺大宋,徽宗愿"待以皇兄之礼,位燕、越二王上,筑第千间,女乐三百人,礼待优渥"。天祚帝闻讯后"大喜",并且即与宋人"约期相接"。而此番童贯撬走谭稹,再度出山,径往河东履任,其实便有冲天祚帝而去的目的,是为了"密迎之"。而金人也早已掌握了宋朝与天祚帝暗中勾搭的全部实情,只是因为一直无法攻入夹山,是以任由往来,以待天祚帝有朝一日自己走出夹山,再将其一举擒获①。从天祚帝这次一场大败即南奔武州的举动来看,蔡絛的这一记载还是符合事理的。

---

① 《北盟会编》卷二一,宣和七年正月"粘罕在云中获天祚"条,引《北征纪实》,第154页。

武州在今山西神池东北,金太宗即位之初将它和朔州一起还给了宋朝,其东面相距当时宋朝在这一地区经营多年的重镇代州也就百余里。当时金军的五百追兵同样也是疲惫之师,根本不可能对武州或是代州构成军事威胁。所以,天祚帝几乎已经是到了宋朝地界,几乎不用再坚持多少时间,就有可能得到曾有百年盟好的兄弟之国大宋的庇护,从而摆脱金军的追击,历史也许还会给他翻本的机会。但是,这时候出现了一名僧人,让曾经丧失了太多机会、如今早已没有什么机会的天祚帝,从此再也没有了任何机会。这名僧人一直追随于天祚帝左右,眼见得一行人将至宋境,他突然拦住了天祚帝的去路,大声劝谏道:"陛下不能去南朝! 南朝为懦弱之国,必不敢收留或隐藏陛下!"这位没有留下名号的僧人似乎早已听说了张觉的故事,他直截了当向天祚帝指出了投奔宋朝的危害:"陛下倘或投宋,必遭女真索取!"这番话是有新近活生生例子作背景的,由不得天祚帝不信。僧人进一步建议道:"投宋已是耻辱,为女真所获也是耻辱,同样是耻辱,却不可一辱再辱!不如径直投归女真,也不失为王爵之封。"

就像当初徽宗许诺天祚帝归宋以后位在赵氏贵族燕王和越王之上一样,僧人最后这句"不失为王爵之封"的话,还是打动了天性自私贪婪的天祚帝的心,他终于下了决心,原地稍息,不走了。真的是没过多久,穷追穷寇的金军骑兵出现了、追到了,天祚帝未作任何抵抗,束手就擒。娄室见到天祚帝后,还是给予了不同一般的尊敬,他跳下战马,然后出人意料地向这名已经穷途末路的皇帝作了一个跪迎的动作,然后自己北面以对天祚帝,接受了天祚帝的"拜降"[1]。

娄室俘获天祚帝后,兀室即派兵专程护送这名末代皇帝到金朝的东北故地。金朝果然封天祚帝为"海滨王",让他在东海之滨的一隅了此余生[2]。

天祚帝被擒,宣告了辽朝这个曾经盛极一时、罕有其匹的中国北方王朝灭亡了。天祚帝"有幸"成为辽朝的亡国之君,为辽朝的历史作了一场无人喝彩却是必不可少的"谢幕"。

---

[1]　《北盟会编》卷二一,引《茆斋自叙》,第153页。
[2]　天祚帝后死于金天会六年(1128)。

不过,如果将天祚帝的这场"谢幕"看作是与宋人无关的、仅仅是辽人和金人之间的"二人转",则未免太小看了这最后的"谢幕"对于历史的深刻影响。随着辽朝的覆灭,维系宋金之间友好关系的最后一纸,即在"海上之盟"签下的早已薄脆得不行的夹攻辽朝"协议书",也算是走到了历史的尽头,宣告终结。金人对于宋人的使狠、施暴和入侵,从此之后连一张薄纸的阻拦也不存在了,一个盟友从此全力以赴发动了灭亡另一个盟友的残酷战争。从这个意义上说,天祚帝很不自觉地在为一出悲惨闹剧完成"谢幕"的同时,又为一出新的血腥大戏的上演揭开了"序幕"。

三月间,童贯安排准备了一批银绢,离开太原,东越太行山,经真定府、河间府、莫州和雄州,于二十九日(辛丑)入燕山府,名为犒赏常胜军,实为整治燕山军政,打算狠狠收拾一下郭药师,至少也要煞煞他的威风。

身为保州廉访使的马扩当时正好在保州履任,因童贯相招,便经莫州,在任丘与童贯会合。马扩见到童贯后,即以兀室已经擒获天祚帝相告,并再次提醒童贯,"宜急备边,以防女真为患"。按理来说,马扩此时身居保州,对于相距较近的燕山府及其附近金人的动静应该有所掌握,这不足为奇,但他却对远在山后武州地区发生的天祚帝被擒事件也有一定的掌握,反映了马扩对于边事的关注度。而更难能可贵的是,马扩并未因为天祚帝被擒而兴高采烈,而是意识到宋金关系即将发生重大转折,两国之间即将有事,亟待未雨绸缪。马扩的这种感觉还是基于金人不厌其烦地以张瑴事件责难宋方。倘或金人要与宋人修好,当放眼今后,共谋未来,而今耿耿于陈年旧账,必有后图。是以马扩觉得粘罕一旦回到云中,必将生出不测风云。

对马扩的建议和担忧,童贯表面上是表示赞同的,道:"我这次去燕山府葺治兵马,正是为了防备女真生事。"可事实上,童贯到了燕山府仅仅替换了一个没有兵权、无足轻重的首席文官:罢去王安中,而由蔡靖接任宣抚使,兼知燕山府。而在日渐要紧的军事方面,对常胜军未动其一根毫毛,反而赏以大批银绢。郭药师依然拥兵自重,无人奈何得了。

这缘于童贯刚到燕山府辖境时,就吃了郭药师的"迷魂汤"。那时,郭药师只带了数骑随从出迎童贯,礼节上似乎很简慢。但到了易州地界时,已经行过见面礼的郭药师突然向童贯行了个跪拜大礼。这让童贯很是惊异和纳闷，问道："你现在也是太尉官衔，和我都一样的，为何出此大礼？"

郭药师答得很认真："太师乃是我父，药师只知跪拜父亲大人，焉知其他？"

如此亲生儿子一般的孝敬之言，让这辈子早已断子绝孙的童贯感到非常受用，飘飘然昏昏然，早将原先马扩等人对他的提醒抛于九霄云外。而且，郭药师还让童贯见识了一下自己的用兵之才。某天，郭药师邀请童贯检阅常胜军，一行人到了郊外山野之间，却不见人迹。童贯又很纳闷，便问郭药师咋回事。郭药师卖个关子，笑而不答，自己下得马来，然后走到童贯跟前，突然拿出一面小旗子挥动了一下，霎时，四面山上铁骑滚滚而出，却不知有多少人马，日光照射之下，铠甲闪亮，军容赫赫，致使童贯一行人"皆失色"。就这样，郭药师及其常胜军给童贯留下了美好的印象，童贯幕僚后来有机会见到徽宗，还十分卖力地为郭药师说话，声称郭药师绝对有能耐抗拒金军①。

童贯在一手操纵任免蔡靖和王安中的同时，又奏请朝廷在河北路设置了四大总管，即中山府辛兴宗、真定府任元、河间府杨惟忠和大名府王育，这总算是听从了去年马扩对他的建议，为燕山府一路的防御构筑了有一定纵深的依托体系。然而，这四大总管在具体治军方面，却以一种敷衍了事的做法，将马扩最初勾画的"选精锐马步十万"的美好蓝图一笔勾销了：四镇筹划边备，在最基础的征兵选兵上，皆采取了招集"逃亡军人"以及"诸处游手人充军"的办法②。这等于是，四镇的设置纯粹是摆摆样子的（中山府辛兴宗后来报告了许多金人入侵前的情况，总算还干了一些很有价值的情报工作），网罗一批逃兵和游手好闲者凑个数，算是有行动可交代了，至于练兵强兵之举，先歇着吧。就在金军加紧军备、边警日近之际，宋朝的国防兵备和国家利益，却被这些国家"干城"视同儿戏一般对待，整个河北地区便如上演了一

---

① 《北盟会编》卷一七，宣和五年六月"童贯、蔡攸以郭药师来朝"条，引《北征纪实》，第123页。

② 《北盟会编》卷二二，宣和七年三月条，引《茆斋自叙》，第159页。

出空前的"空城计",其规模越大,危害越大,灾难越深。也难怪后来金军一动,所向披靡。而即使金军不来,有朝一日郭药师做了"安禄山",反戈一击,河北之地恐怕也无人能挡。由此而见,北宋的灭亡,其根本原因并非金人的强大,而实在是自己的无能和不作为。

童贯浑然不知业已种下如此重大的祸害,眼前所见便是自己日渐丰隆的爵禄。五月五日(乙巳),徽宗朝廷将收复燕山府的这笔莫大的功劳算在了童贯名下,打算兑现当初神宗皇帝的遗训:"能复全燕之境者胙本邦,疏王爵。"①六月六日(丙午),童贯在东京被进封为"广阳郡王"。徽宗终于无畏于朝野内外的冷嘲热讽,为一名宦官加封了空前的爵位,童贯也走到了其宦途的极致。

此时此刻,在当朝这些权贵眼中,只有马扩是个不合时宜的人,经常"乞请"枢密院屯兵中山府和真定府。原来,六月中马扩探听到粘罕已经回到云中,而且金人正在修葺飞狐和灵丘两县的城防设施,云中以及山后之地更无归还宋朝的意思,便向领枢密院事的童贯和蔡京密报了金人的这一新动向,并且建议尽快调动精锐之师陕西"西军"屯扎于中山、真定一线,另外再征选边地的智勇者协守易州重镇,"以防女真不测之变"②。

马扩对于已经部署了的河北四镇显然不予信任。最初他的如意算盘是将西军调到燕山府与常胜军唱对台戏,牵制郭药师,让他有所顾忌而不敢轻举妄动。现在这个想法明显已经不可能了,而河北四镇明摆着是个"画饼";形同虚设,派不上用场的,所以再不济,也要调西军来镇守河北要地。然而,童贯恰恰就是河北四镇这个"画饼"的画师,其间的研墨、铺纸、奋笔和落款,无不倾注了他童贯的心血,岂能一朝废之!那蔡京已是耄耋老朽,这等烦心的事又岂能入得他的耳朵!于是,就亟待加强边备这一当务之急,马扩的又一次努力得到了童、蔡二人"不报"③的回报,而又一次落了空。对于边事,马扩已经屡次三番向不同大臣和徽宗皇帝奉献了自己全部的心血和智慧,倡

---

① 《宋史》卷四六八《童贯传》,第13661页。
② 《北盟会编》卷二二,宣和七年六月"马扩申宣抚司"条,第160页。
③ 《北盟会编》卷二二,宣和七年六月"马扩申宣抚司"条,第160页。

议和倾诉了自己的全部见解和谋划，但一腔热血和满怀希望竟然无一得到积极的回应和反响，更遑论付诸有效的行动。奸佞当道，忠良不行，这已经不是马扩一人的悲剧，而是一个王朝、一个民族的莫大悲剧！

第五节　山雨欲来，最后一次使金

天祚帝被擒，是在宣和七年正月间的事儿，金人一直到这年七月间，才以"告庆使"的名义派来了渤海人李孝和与王永福，通告灭辽这桩宋人早已知晓的"旧闻"。金使造访，马扩便得到了朝廷新的差遣，充当李子奇等人的接伴使副，接待金使。看来，朝廷将马扩当成了外交上的能人是不言而喻的，但可悲的是，徽宗君臣却让他去充当了一名类似酒肆"招待"的角色，要他陪伴着金使一路行至东京，却压根儿没有打算用他的脑子。

按照宋人朱胜非的说法，金人擒获天祚帝后，"即谋南侵"，当时一共派了三拨儿使者往东京跑，第一拨称"报谢使"，使命为通好宋金双方关系；第二拨就是李孝和与王永福的"告庆使"，向宋人报告捉得天祚帝的喜事；第三拨称"贺天宁使"，是天宁节①时的常规礼节性贺使。这三拨儿使者让宋人应接不暇，忙得不可开交。但叫宋朝破费几贯小钱并非金人的本意，这些外交使者均另有"窥觇道路"的使命，为今后金军大举南侵打探路途远近、地势险阻，使者之名不过是为了不引起宋人怀疑的幌子而已②。

九月二十四日（壬辰），李孝和与王永福在马扩等人的陪同下来到东京"告庆"，徽宗诏令官衔更高的宇文虚中和高世则作为金使的高级"全陪"，这样，马扩就算完成了这次伴使的任务。而就在同一天，河东地方长官向朝廷报来了两条关于边务的信息，一条是，马扩曾经劝告童贯，说粘罕这次回到

---

① 当时宋朝定徽宗诞辰为天宁节，即十月初十日。

② 《北盟会编》卷二一，宣和七年二月条，引朱胜非《秀水闲居录》，第157—158页。《大金国志》卷三《太宗文烈皇帝》一也称："金人既获天祚，连遣三使聘宋：初曰报谢通好也；次曰告庆得天祚也；又次曰贺天宁节也。使传继来，河朔至京供亿疲弊。其实窥觇道路，使之不疑"，第21页。

云中,必有图谋入侵的异志,当务之急宜调集西军十万,出巡边境前线,这样做不但可充实边备,同时也可以弹压威慑胆敢轻举妄动者,但是马扩说了半天,童贯就是"不听"①。另一条是,粘罕回到云中后,着力于筹划南侵,颇下功夫②。虽然相关史料记载中并未说明河东这些情况是谁报来的,但从完全掌握童贯与马扩的谈话内容,而且洞悉粘罕近况来看,奏报者很有可能就是当时的河东安抚使张孝纯。

这次,河东奏报引起了徽宗的重视,当即诏令童贯行使宣抚使之职责,再去太原走一趟,对金人是否真有入侵之意查个究竟。童贯受诏还没有离开东京,徽宗又接到张孝纯的奏报,称有金使至太原,指名要见童贯,乃是要商议如何向宋朝交割云中山后之地。徽宗十分相信金人要交还山后土地的"诚意",马上又诏令童贯赶快出发去太原与金使商谈山后交割事宜,无得逗留。

可是,不久从中山府接二连三发来的金人最新动态则完全不是这回事儿:

——十月五日(壬寅)中山府奏报:探报,粘罕与耶律余睹统领女真军马前来蔚州柳甸,正在大点军兵;

——十八日(乙卯)中山府奏报:探报,金人选派女真军兵一万五千人,以及辽东一路选派的渤海军五千人、奚军两千人、铁离军③两千人,分道前往平州和云中府,并已屯驻于两路;

——二十一日(戊午)中山府奏报:探报,金人正在本国选派女真正军以及汉儿军,渐次前来云中府等处。又奏:金人于蔚州和飞狐县等处屯驻聚集军马,收集粮草——各路探报均称金人欲来侵犯边界;

——十一月三日(庚午)中山府奏报:探报,粘罕下达行文命令,要求云中府所辖各县主管之乡军,每人均要带足规定的军械物品以及行军营帐,赶赴云中府缴纳,并于山西一带增派屯驻兵马;

---

① 《北盟会编》卷二二,宣和七年九月二十四日"河东奏报粘罕经营南寇"条,第160页。
② 《通鉴长编纪事本末》卷一四四《金寇》上。
③ 铁离即铁利,部族名,原为唐朝黑水靺鞨诸部之一,后属渤海国。

——十七日(甲申)中山府奏报:探报,金人平州都统命令所属各县选派丁壮充军,并有一路军兵前来奉圣州屯驻。①

中山府报来的这雪片似的军情奏报言之凿凿,全都反映了一个严峻的事实,即金人已在东西两线厉兵秣马,全面备战,这不能不让人对金人交还山后土地的"诚意"发生怀疑。其实,金朝内部在粘罕和斡离不两位实力派人物的竭力倡导下,早已确定了侵宋的方略,十月七日(甲辰),金太宗正式下令,"诏诸将伐宋"②,已经单方面拉开了全面战争的序幕,金人声称要交割云中山后之地,实为蒙骗宋人的烟幕弹。然而,徽宗朝廷还真吃金人给蒙住了,毫无积极对策,即使哪天金人真的动手了,"惟仗药师,谓必能与之抗,不足忧也",以这样的侥幸心理赌徒似地押宝在郭药师一人身上,以致"内地略无防御"③。倒是去了太原的童贯此刻却担当了一个十分重要的任务,先前徽宗诏令要他去搞清楚金人是否真有败盟之意,这会儿又诏令他与金人商议,要收回云中山后之地。金人要侵宋就不可能将山后之地还给宋朝,而要将山后之地还给宋朝就不太可能侵宋,所以,这几乎是相矛盾的两个诏令。于是,十一月十九日(丙戌),童贯以宣抚司的名义差遣马扩和辛兴宗为使副,持军书(即宣抚司文书)前往云中粘罕军前,只说圣旨要求讨还蔚、应两州以及飞狐、灵丘两县,其余州县则悉还金国,暗中则窥探粘罕有无南侵之意④。

马扩临行时童贯再三交待:"见到粘罕,休要与他争那些个无聊的礼数,只将大事了却了就行。只谈交还蔚、应两州及飞狐、灵丘两县就可以了,其余土地尽数划给金国,这样就差不多算是完事了。但要打探清楚粘罕到底有无南侵之意。"至今已经没有文献可以证明,将一直为宋金争议焦点的山后土地问题突然降格,而变为甩卖的物事,这是童贯擅作主张,还是徽宗另有诏令。而将马扩此行的主要目的确定为刺探金人的真实企图,即童贯所

---

① 中山府接连奏报金军动向见《北盟会编》卷二二,第160—161页。
② 《金史》卷三《太宗纪》,第53页。
③ 《北盟会编》卷二四,宣和七年十二月十日条,引《北征纪实》,第177页。
④ 《通鉴长编纪事本末》卷一四四《金寇》上;《北盟会编》卷二二,宣和七年十一月十九日条,第161页。

谓的"大事",除此之外还要明确告诉金人,山后之地除了两州两县,余下土地大宋都不要了。这样做的后果不堪设想,因为即使马扩打探得金人真的安分守己,边境各处平安无事,宋人也将自己做下一笔蚀本买卖,由此而失去山后大片土地,包括云中府等战略要地。

马扩和辛兴宗一行人从太原北上代州,然后取道通往应州和云中的边境戍口茹越寨,进入金人实际控制区。才抵茹越寨,马扩就听到了一则令人不安的消息:粘罕已经差遣前不久从宋朝隆德府(治所在今山西长治)逃往金人那边的义胜军,先期从五台山、繁峙县边界山路向南进兵,而另外一路从易州逃往金人的常胜军韩民义部,则从飞狐、灵丘一带向南进兵,探听宋朝边防虚实。

马扩闻讯立即写信备述金军的最新动态及其危害,请童贯紧急调遣各路军马赶赴边境前线,统一调度,做好防备。马扩派人将此信以"急递"方式直送宣抚司,企望童贯能乘其与金人谈判之际,尽快调兵遣将,完成布防——在马扩心目中,这才是最为要紧的大事。

马扩一行人进入金人地界,即刻受到金军的粗暴对待。金兵阻止宋使前行,声称必须得到元帅(即粘罕)的命令,方可进入云中府,硬是让宋使滞留边界以等待粘罕的许可令,而且这一等就是数日。马扩一行人以无比的耐心坚持不退,一直等到粘罕的准许之令下达。此时的粘罕早已不是当年马扩初使金朝时与其并辔打围、雪原逐鹿的郎君,而是抹着黑脸要向宋人大开杀戒的凶神恶煞。粘罕严令宋使的随从吏卒不得越境,只允许马扩有三人随行,并且杀气腾腾地严阵以待马扩的到来①。

见马扩等人到来,粘罕便极不客气地要对方向他行"庭参"之礼。前次马扩到访云中欲见兀室时,对方也是以"庭参"之礼相逼,马扩虽经力争,兀室终究不肯相见,以致马扩不得已空手而回。此次马扩照例还是像上次对付兀室一样同粘罕力争"庭参"之礼的不恰当。

但粘罕不是兀室,他比兀室更为厉害,即使同样算是一军之将,而现在

---

① 《通鉴长编纪事本末》卷一四四《金寇》上。

的形势也已经完全不同了。粘罕以"庭参"之礼设为双方谈判的入门"门槛",态度更为严厉,措词更为强硬。这是因为无论在意识观念上,还是在具体措施上,他均已充分做好了侵宋的准备,箭已在弦,刀已出鞘,是以对于马扩的争辩,他反击的力量更大,说话的底气更足。他反问马扩道:"使人而今是衔朝廷之命,还是为童贯宣抚司所遣?"

粘罕一句话就使得马扩等人"不能答"。倘或是为朝廷所派,按国信使之礼,马扩当然无需向并非金朝国主的粘罕行"庭参"之礼。但现下是在粘罕的元帅大本营,粘罕是这块地盘上金人的最高首领,而马扩却是作为童贯宣抚司派往金营的使者,与国信使的级别不能相提并论,也即对粘罕他不能不以"庭参"之礼拜见。此外,马扩临行前童贯关照的那句话,"见到粘罕,休要与他争那些个无聊的礼数,只将大事了却了就行",也多少起了让马扩放弃争辩努力的作用。最后,马扩等人被迫向粘罕"皆拜之如见阿骨打礼"①。马扩后来在其《茆斋自叙》中对自己向粘罕行"庭参"之礼这一严重的外交失礼行为避而未说,却通过对童贯事先相关交待的记述,通过"参粘罕"②这样的含糊其辞,很隐晦地将这段经历记录了下来。

双方第一回合的较量,粘罕大胜。

接下来,粘罕问道:"宣抚司文书中也没说别有啥事,两位承宣使前来此地又有何事需要商量?"

马扩道:"两朝自'海上之盟'以来,至今交好已有数年。贵朝先帝大圣皇帝与本朝皇帝均以义气相交,彼此之间原有约定,从来不曾错失。贵朝答应割还燕京之地给本朝,本朝也答应每年给予贵朝'岁币',双方对于这些均立有誓言,也是为了两国永远和好。现如今山前燕京之地已经还给本朝,只有山后土地尚未交割完成。其间也因为童太师辞官离职,本朝暂且将此事委任谭稹。却因谭稹不知此事来龙去脉,其幕府又用人不当,遂有不周之事发生。而今主上已经罢黜谭稹,再用童大王处置山后之地交割事宜,完全是因为他和元帅国相(即粘罕)均始终主张两国和好,也比较容易商量,同时也

---

① 《通鉴长编纪事本末》卷一四四《金寇》上。
② 《北盟会编》卷二二,宣和七年十一月十九日条,引《茆斋自叙》,第161页。

是希望早些完成这件国家大事,使两国百姓安居乐业,各享太平。是以这次差遣马某等专门上门禀告,并希望能尽快知晓山后土地贵朝究竟于何时交割本朝。”

粘罕是位在谈判桌上寸步不让的厉害角色,听马扩一番话后,他即笑道:“你家是不是没有人可以使唤了,只将大事委任宦官?”童贯以宦官之身包揽宋朝对外军政和外交之大权,曾经在使辽之中被天祚君臣当面嘲笑:“南朝人才如此!”①。而宋朝对于辽人的如此侮辱置若罔闻,依然我行我素,义无反顾,以致童贯日渐显赫,成为一名经久不衰的“跨时代”人物,并再次从金人嘴里“赢得”了类似辽人的耻笑,这也是甚为罕见的历史笑话。粘罕先是对宋朝的用人之弊不痛不痒地讥刺一下,然后再转入正题道:“山后土地归于贵朝最初是答应过的,那是因为本朝大圣皇帝之恩情,只为报答赵皇‘海上之盟’交往情义,而且各自也立下誓书,要永远和好。但没想到,大圣皇帝刚刚驾崩,棺椁未及运归本国,原先议定之两国边境土地均未交割完成,贵朝就违誓背约,暗中接纳张瑴,接纳燕京逃去之契丹职官和民户。本朝累次前来追取,贵朝只是虚行文书,夸耀幅员万里,国富民众。本朝虽然是个小国,却从来不敢失掉道理,现如今正想要同贵朝大致辩个是非曲直。”

粘罕话说得非常文气,一点儿没有咄咄逼人的火药味,但这最后一句话则明摆着已是在向宋朝宣战了。马扩闻声并不感到惊诧,因为根据他平时的留意和观察,粘罕自从擒获天祚帝之后,受刘彦宗、余睹和萧庆这帮辽朝降臣的怂恿和诱惑,早存了侵宋的念头。前不久驻扎在隆德府的义胜军叛逃,虽然太原方面派了王禀和耿守忠追击,但仍有三千人逃到了金人一边,而且将宋朝边境的虚实和盘托出。还有驻守易州的常胜军首领韩民义,因为与守臣章综有怨,竟然率其部属五百人逃去金营,见了粘罕道:“常胜军只有郭药师还有报国之心,其他将领如张令徽和刘舜仁之徒,因为张瑴被杀一事对宋朝都心存怨望。”因此,刘彦宗和余睹之辈力劝粘罕图谋宋朝,而且不必召集很多人马,筹集很多粮草,大军所到之地因粮就兵即可搞掂。在刘彦

---

① 《契丹国志》卷一〇《天祚皇帝》上,第80页。

宗和余睹等人的鼓动下,粘罕决意入寇,是以就有了这番意同宣战的说话。但是,马扩还是想竭力挽回局势,是以在此并未与粘罕硬争,而是耐心劝解道:"天祚失道,任用奸邪,天厌人离,故为贵朝所破。本朝也怨其悖礼败盟,是以相助贵朝,一起讨灭辽朝。现在国相也许还想要山后之地诸多州城,不想全部交还本朝,这也是可以商量的,双方也无需突然失和。因为一旦到了两国之间开战交兵,那不知要几时才能罢兵休战? 更何况本朝又岂能为这点儿还未交割地土,就同贵朝大动干戈? 当然,交割山后土地这件事也非同小可,其中利害所系还望国相深思!"

粘罕听出马扩最后那句话好像话中有话,便问道:"你意下还想如何?"

马扩请粘罕暂请左右回避退出,粘罕不肯,道:"我家国中论事,不兴屏退左右的做法,要的就是大家都知道。"

马扩道:"此系两国大事,在尚未商定之际,恐人四下传播,以致生出许多异议,则难成事。"

粘罕露出一个不无嘲讽意味的微笑,挥了一下手,令左右悉数退去。

马扩道:"马某来时童大王要我回复国相如下意思:本朝因为谭稹不干大事,却经常生事,以致听从了李石和张毅私下请降之事,主上也自知这是个失误,所以希望国相但念往昔共同灭辽之旧好,不为深较,只要两朝生灵平安,即便是已经答应的山后土地,也只要交割了蔚、应两州即可,其余全部交给贵朝。童大王说了,这个建议倘或承蒙允诺,便告示一个确切日期,双方各自安抚边民。而日后国相不管想要何物,但请见教,童太师当自一一奏上,应允满足。"

童贯的意思将宋朝畏战的心理表露无遗,只要不发兵打我,你要什么我都可以给你。马扩转达童贯这层意思也是想竭力避免战争的爆发。但是,对箭在弦上的粘罕来说,山后这点土地他现已压根儿看不上眼,此时此刻他眼里紧紧盯住的是泱泱大宋整个的花花世界,于是,他又一次粲然而笑,道:"你家还想着要蔚、应两州? 我若将这两州与了你家,那我和西京百姓又将不得地方安身了。山前、山后乃是我家旧地,还罗嗦什么啊! 你家现在的土地却当割取些给我家,这才是反省过失,算是赎罪。"粘罕打着"为民请命"的幌子拒交山后土地，已是咄咄怪事，大言不惭声称"山前、山后乃是我家旧地"，更是强词夺理，也算是第一次亮出了自己的心里话，而如此野蛮索要宋朝固有土地，则第一次透露了金人对于他人土地的垂涎欲滴。后来金军第一次围攻东京时，提出要宋朝下诏割让中山、太原和河间三镇，便是要在法律上满足和实现其对于宋朝土地的具体要求。

对于粘罕的极端无理和恣意挑衅，马扩仍以最大的诚意为挽回局势作最后的努力，道："本朝自海上遣使与贵朝交往以来，短短数年之间，双方使者往返，本朝起用了多少人力应酬？供给贵朝之需，其中又耗费了多少钱财？这原来是为了两朝和好。而今国相却听任奸人戏耍、玩弄，竟然想找个借口和本朝争吵。且贵朝现在所用之要人，尽是些契丹旧时职官，这等人一味想着挑拨离间，搅和生事。而咱们两家万一不得已而交兵，则肯定各有损折。况且本朝河东、河北一带城池坚固易守，军民皆习战斗，倘或战事仓猝而起，民众必定据城坚守，你等哪就这般容易攻打得破？不过是掳掠得少许城外四乡之村民，纵有所得，这点利益也是尽入军人之手。而战事倘有所失，则害在国家。况且，两国交兵，杀了一个南人，即是与契丹报仇；杀了一个女真，也是与契丹报仇。如今贵朝尽灭契丹，又得南朝金币，当可早早休兵了，使两国各享太平，这才是上策，岂可这般轻易就说要打要杀！马某受命出使贵朝已久，不敢不为两朝极尽忠言，还请国相深思再三！"

马扩的回答既指出了金人的无情无义，也作了适度的针锋相对，但最后还是归结为较有诚意的劝告。这在金朝灭宋的立场尚未明确和确立时，或许还有点作用。然而，金朝现已做好了全面侵宋的准备，寒光刺眼的长刀已经出鞘，战争的车轮已经启动，因此，马扩这番"苦口婆心"显得多么的苍白无力，无济于事。

粘罕道："你说得也煞好！"他这么敷衍一句，已经是很给马扩面子了，"只是你家说话，多生捎空①。你等几位使副就此告辞吧，我会专门再遣使人去你家宣抚司商议大事。"临结束这次谈判之前，粘罕还要指责一下宋人说

---

① 《北盟会编》卷二二，宣和七年十一月十九日条，引《茆斋自叙》原注："谓虚诳为'捎空'"，第162页。

话不算数,却毫不顾忌自己一方在山后之地交割问题上的说话不算数。

翌日,马扩等人准备告退,但出乎意料的是,金人设在使馆中的饯行宴席非常丰盛,洋溢着的热情跟粘罕言语中的强硬态度形成了极大的反差。而意想不到的事还有,作陪的撒卢母在席间闲谈中突然忍不住露出笑口,对马扩道:"我家招待使人只此一回了!"

这句话等于赤裸裸地地宣告:金人已决意入寇!①

马扩此次使金就此结束,这也是他此生最后的一次出使。从收回山后土地这一宋朝的基本要求来说,这次出使一无所获,无疑是失败的。即使是在外交礼节这样的细上,马扩等人终以"庭参"之礼拜见粘罕,也是很失败的。而从童贯的打探金人是否真有南侵之意的要求来说,又应该说还是有所得的,无论是出使路途上的所见所闻,还是粘罕等人毫不掩饰的言论,均清晰明白地反映出金人的入侵行动迫在眉睫。对此,马扩尽了最大努力向宣抚司作及时反映,也提出了颇有实战意义和价值的建议。然而,马扩还是低估了金人行动的迅猛,他知道金军入侵在即,却始终没有进一步留意和打探金军究竟何时出击。而且,原先马扩对于金人动态了解颇详,现在自己仅限于云中山后地区活动,所以关键时候,他对山前燕山府一带的金军动向却了解不足。金人侵宋的战争率先在东线由斡离不揭开大幕,马扩在粘罕营中却未有丝毫的察觉,这还情有可原。可是他从云中回到太原,粘罕大军跟着出访金使接踵而来,这点马扩竟然也是毫无察觉,情况就十分严重了。加上童贯对于金人入侵之事始终心存侥幸,以致马扩前面在茹越寨发出的预警几乎没有收到任何效果,以致金军斩关破城,长驱而入,宋人方才如梦初醒,才知大祸临头,而此时此刻为时已晚,惨重代价不可避免。一个民族陷入妻离子散、水深火热之中,一个国家陷入国土沦丧、国破家亡之境,相比之下,马扩等人以"庭参"之礼拜见粘罕,又何足挂齿?

---

① 马扩此次使金详见《北盟会编》卷二二,宣和七年十一月十九日条,引《茆斋自叙》,第161—162页;《通鉴长编纪事本末》卷一四四《金寇》上。

第六节　金人败盟，童马分道扬镳

平州，宋人几次三番谋取燕云时的不明之地，张瑴叛金投宋得而复失的是非之地，现在成了金军大举南侵的始发之地，也成了宋人的祸害之地。斡离不是从平州起兵的，兵锋所向，直指燕山府。

十一月二十一日（戊子），宋朝按照惯例，在年底派出的接伴金国贺正旦使傅察，正在清州（河北青县）等候金使的到来，但在这天，他没有等到使者的辎车，却等来了拥兵突至的斡离不。傅察被擒，不肯降金而被杀，成了金军向宋朝开战后第一位殉节的宋朝官员。接着，斡离不大军连陷清化、檀州和蓟州，扫清了燕山府的外围据点，然后直薄燕山府。十二月六日（癸卯），郭药师常胜军与斡离不大军激战于燕山府以东三河县白河两岸，郭药师初胜后败，溃逃而回。十日（丁未），斡离不在没有遇到任何抵抗的情况下，拿下了宋朝当初花费巨大代价从金人手中赎回的燕山府。郭药师作出了他一生中第二次投降和做第三国武臣的选择，率全军降于金军。起初还"引佩刀将自刭"，打算"誓死报国"的蔡靖，一度还因不听劝降被郭药师关了禁闭，"锁于家"，但估计是经历了一番激烈的思想斗争后，最终还是"以燕山府降"，臣服了金朝①。被宋朝朝野依为干城的燕山府以及常胜军，就这样像个秋后蚂蚱蹦跶了几下就算完了，而且，郭药师还成为金军南侵的向导，成为金人灭亡宋朝的得力帮凶。燕山府失守，宋朝又回到了当初面对辽朝的被动局势，整个河北"豁然开朗"，完全暴露在了金军铁骑的面前。

十二月一日（戊戌），就在东线金军已经动手之时，马扩从云中返回太原。到了宣抚司，马扩便将此次往来云中的经历报告和同粘罕的谈判对答记录一并呈交童贯。尽管马扩此行童贯是要他们去打探金人有无南侵的企图，尽管马扩在茹越寨就已经向童贯发出了预警报告，但童贯内心深处根本

---

① 《宋史》卷四七二《郭药师传》，第 13739 页；《金史》卷一二五《蔡松年传》，第 2715 页。

就不相信金人会败盟而来,而且就在眼下,所以,看罢马扩这份使金的详情报告,童贯还是吃了一大惊,道:"金人国中百事初定,边境之地就这点人马,怎敢就此做下如许大事?"他简直不敢相信,灭辽不过一年的金人,竟敢对大宋擅启兵端,真是胆大妄为!

在此之前,从九月到十一月,河东、河北(中山府)就传来有关金人败盟的各色迹象的警耗,马扩也曾就金人的危险动向多次向童贯提出警告和应对之策,但均遭忽略或冷遇,于是,马扩忍不住发言相责:"马某去年出使云中回来,便以金人叵测之心回覆大王,劝大王选取十万大军,分统三路以弹压和襄助常胜军,便是已经预知金人会有今天败盟之举。而后马某在任丘和大王讨论金人已擒天祚之事可能所致后果,在保州向大王申乞紧急备边,在京师又劝大王提领十万大军出巡压境,并尽快和金人计议山后土地交割事宜,这都是因为马某已知金贼对本朝接纳张毂叛降耿耿于怀,又为契丹降臣怂恿刺激,是以必生不测之变,但是大王皆不相信!"马扩说到这里情绪颇为激愤,不但第一次对童贯当面责难,而且还第一次对金人以"贼"相称。可是事已如此,马扩只能面对现实,规劝童贯,他道:"马某观今日形势,金人必乘我边境无备,长驱而入,大王必须速作提防。"

对于马扩的"秋后算账"和指责,童贯赶忙解释道:"我自收到你从茹越寨发回之信,看了你的报告,即发文至太原、真定、中山、河间以及燕山等各路府城,令它们分别做好相互策应、彼此相助之准备,并且令郭药师准备安排军马,出城下寨。现今倘或集合太原府各路正军、民兵、义勇、胆勇、义胜等军,肯定会有数万人。我最近已下令调派胆勇军人马赶赴边境,更令李嗣本于代州近城郊外踏勘可以屯扎十万人之寨地,昨日李嗣本又曾摆开军阵,炫耀兵威。或许金人闻得我军如此声势,也未必敢这般轻易杀将进来。"①童贯还在心存幻想,期待金人之不来,而不是依靠自己的努力,"先为不可胜,以待敌之可胜",而使金人之不来。且义勇、胆勇、义胜等军(李嗣本所部便是义胜军),均为战斗力薄弱的地方军队,排了几个方阵,走了几个方步,又

---

① 《北盟会编》卷二三,宣和七年十二月一日条,引《茆斋自叙》,第167页。

怎么可能唬住金人的百战之师？又怎么可能抵挡金人的虎狼之师？马扩曾经建议调集精锐的西军前来备边，此时即使付诸实施，也已经是远水不救近火了。

十二月三日（庚子），马扩回到太原不久，粘罕元帅府派出的金使王介儒（即宣和四年燕京辽朝访宋之使）和撒卢母便接踵而来，他们给童贯宣抚司带来了一封声讨宋朝之罪的檄文《谍南宋宣抚司问罪》，其中措辞多有指责，但翻来覆去无非就是宋人接纳张毂和契丹官员及富民等几桩陈年旧帐，了无新意。事实上，金使此来并非就是为了给童贯带来一篇责骂呵斥的官样文章，他们更实在的是为宋人带来了一场全面战争。粘罕此时已经从云中府起兵进攻宋朝忻州（山西忻县）和代州等地，而就在王介儒和撒卢母出发的同时，粘罕也发兵南进，"直薄马邑（山西朔县东北）而营"①。是以王介儒和撒卢母在太原摆出了极为傲慢的嘴脸，并以一种极为不逊的言辞向童贯转达了粘罕已经起兵南下之意，这也意味着金人正式向宋朝"宣战"了。

此时的童贯对于汹汹而来的金使，表现出一脸的和颜悦色，殷勤有加。听说粘罕已经起兵，居然还不识时务、作惊讶状地问道："这等重大国事，且待好好商量再定，贵朝怎么就有了起兵之事？"言下之意金人起兵还得事先同他商量，颟顸得真是好笑！

撒卢母没好声气地回道："军马已起，更待商量做甚？"

王介儒不紧不慢地道："本朝大起军马而来，若是让贵朝手忙脚乱了，好商量时就该比较估计些得失了。"

显然，撒卢母唱的是红脸，非常强硬凶狠，没有商量的余地，而王介儒则是白脸，这话中还另外有话，似乎还有商量的余地。童贯这次听出了王介儒的言外之意，正好也给自己找个下台的台阶，当即说道："使人先去使馆休息，马上会有馆伴前来说话，有事尽管指教，一定答应！"在金人的武力恫吓下，童贯已先自乱了阵脚，禁不住露出奴颜婢膝的本色。

充当馆伴之职接待金使的两人，一位是机宜朱彦通，另一位就是马扩。

---

① 《大金国志》卷三《太宗文烈皇帝》一，第22页。

陪同撒卢母等人到使馆住下后，朱彦通即问道："粘罕国相每每声称举兵之意，究竟是为了什么？"

撒卢母还是板着脸、不讲情面地道："大兵已起，更不须商量！"接着，他有恃无恐地道出了一个重要军情："元帅国相军马从河东路进兵，二太子（即斡离不）军马从燕京路进兵，却不杀戮人民，只是传檄抚定。"这是金人第一次向宋人直言自己的用兵方向，而此时金军大举入侵的车轮已经启动，所以宋人即使对此有所应对，也为时已晚。

朱彦通不无指责地道："两朝讲好已经多时，而今贵朝却不通任何音讯，便起大兵而来，这是什么道理？"

王介儒反唇相讥："只因为贵朝违背道理，以致如此。"

马扩上前道："兵者凶器也（战争乃是引起祸端的不祥之器），故而也为天理所憎恶嫌弃。贵朝虽然吞并了契丹许多国土，也是凭藉本朝声威气势，方能尽灭契丹。而今贵朝一旦不顾两朝以前之情义与誓言，便要举兵发难，侵我大宋，却不想想本朝乃是立国百年之大朝，有如许规模之国家、军民和实力，倘或朝廷有所省悟，对于边备稍作整治，又岂能轻易让人打将进来？贵朝最多不过是掳掠一些边境小民人户而已，但日后干戈漫漫，却不知要几时才能安定下来？"

撒卢母依然一脸强横，道："元帅国相倘或畏惧贵朝实力，恐怕也就不敢长驱直入了。现如今元帅国相檄书刚刚传到，马承宣也需看到本朝起兵之理。"

双方针锋相对，互不示弱，王介儒却有点耐不住了，道："事已至此，大家在这里斗口做甚？马承宣倘或能劝说童大王赶紧奏请朝廷，只要说将河东、河北两路土地割与大金，两朝以黄河为界，大金便可保全大宋之宗庙社稷，这对你来说也称得上是报国之举。"

原来如此！

王介儒刚才和童贯的话中有话，原来是要开具金人"保全"大宋的价码，让宋朝以土地换和平，否则，大金灭你家国，毁你宗庙，也是你咎由自取。撒卢母板起脸说的"不须商量"原来是虚晃一枪，是为王介儒的这个"好商量"

作铺垫、作烘托、作帮衬。粘罕在马扩使金时就提出要宋朝割地"赎罪",王介儒此行目的,原来就是向宋人挑明了金人已经看中你家房前屋后具体的哪块水田、哪块旱地,趁早奉上,免得玉石俱焚。王介儒原来是要宋人对这个指定的"土地买卖"好好思量一番,比较估计一下其中的得失或者性价比什么的,这也算是对宋人网开一面"好商量"了。原来如此!

"这等事情谈何容易!"马扩断然拒绝了王介儒的"好商量",道:"看来贵朝听信狂悖之言,却把本朝当作残破没落之契丹辽朝看待,只恐怕以后贵朝自己蒙受之祸患也会不小啊!"

马扩的强硬反倒使一直没有笑脸的撒卢母露出微笑来,但这种微笑却有一种得意之色,让人难以琢磨。

双方的对话就此不了了之。朱彦通和马扩离开使馆赶赴宣抚司,将与金使的谈判内容详细报告童贯。童贯听到金人硬要割取河东、河北土地,并要划黄河为界的要求时,慑于对方这种咄咄逼人的声威,先是心惊,随之丧气,继而发愣,转而忧愁,又显愧色,再是烦闷①,真像是五味瓶陡然间摔碎了,各种滋味颠倒翻搅得很不是滋味。好一阵子后,童贯才终于回过味来,急忙令朱彦通和马扩拟写一份签上他俩官衔的报告,连夜准备好了以备上奏。然后,他又召集宣抚司参谋宇文虚中、机宜范讷、王云、朱彦通等亲信幕僚,召开紧急会议,商议赶回东京,入朝禀议金人败盟之事②。

童贯想溜了!

其实,早一天马扩向他汇报云中使金见闻经历、详述粘罕败盟之举,并提醒他赶快行动提防金人入侵时,童贯已经"阴怀遁归意矣。"③只是这次王介儒和撒卢母的要价太凶,粘罕大军又来得太快,着实让他措手不及,心惊胆战。

---

① 童贯这番乱糟糟的心理,散见于《宋史》卷四六八,第 13661 页;《北盟会编》卷二三,宣和七年十二月三日条,第 168 页;《通鉴长编纪事本末》卷一四四和陈均《宋九朝编年备要》卷二九,四库全书"文渊阁"本等文献记载。

② 马扩使金回太原与童贯对答,以及与接踵而来的金使的对答,详见《北盟会编》卷二三,宣和七年十二月三日条,引《茆斋自叙》,第167—168页。

③ 《通鉴长编纪事本末》卷一四四《金寇》上。

经过亲信幕僚的谋划和推敲，童贯终于为自己的临阵脱逃找到了一个"赴阙"的说法。七日（甲辰）一早，在例行的坐衙会议中，童贯把河东安抚使、也是太原最高行政长官张孝纯及其儿子机宜张浃请到场，当面告知对方，鉴于当前金人已经败盟入侵，自己和宣抚司全体人员将于明日"赴阙"，前去朝廷禀议大事，太原与河东抵御金军之事就辛苦你安抚使作主了。此言一出，张孝纯大感意外，愕然良久，方才相与力争，认为在此危机关头，童贯当在太原召集各路大军，并力抵抗金军入侵，否则将导致人心"骇散"，整个河东路也将沦陷敌手，且河东路一失，则河北路也将不保，所以，张孝纯强力要求童贯驻司太原。然而，张孝纯的竭力挽留却遭来了童贯的怒目相顾，他以自己是宣抚使，没有守土职责为由，断然拒绝了张孝纯的要求。双方越说越僵，张孝纯愤然而起，鼓掌大呼道："平常但见你童大王摆下威风要多大有多大，这会儿临到有事，却如此胆怯懦弱，更不顾自己身为朝廷大臣，当为国家捍御强敌，患难与共，只想着自己逃窜，这是什么节操！"①然而，张孝纯的冲冠一怒破口大骂，丝毫拦不住童贯开溜的双脚，第二天，也就是八日（乙巳），童贯率领他的宣抚司僚属，头也不回地撇下了太原以及一城军民，往南、往东京方向急急而去。

此时此刻，马扩又在哪里呢？

张孝纯七日大闹衙堂，顶撞童贯，其间马扩未置一言。马扩非常清楚童贯振振有词的"赴阙"之说，乃是其亲信幕僚成事不足败事有余的"谬懦之议"②。其谬，就在于主动向敌示弱，因为你童贯一旦退出太原南逃，就等于是让粘罕印证了辽朝降臣刘彦宗等人当初提议败盟侵宋时所谓的宋人懦弱怯战的说法，以致金人南侵气焰更为嚣张，结果必定是形势越发恶化，更难遏制，更难控制。但是，马扩也不同意张孝纯的宣抚司连同童贯一定要驻司太原的观点，他认为，当今抗金战略要地不在河东太原府，而在河北真定府。为此，马扩急就了一道札子呈送童贯。

马扩在这道札子中首先对童贯幕僚的"馊主意"进行了驳斥，认为粘罕

---

① 《北盟会编》卷二三，宣和七年十二月七日条，第168—169页。
② 《北盟会编》卷二三，宣和七年十二月七日条，引《茆斋自叙》，第169页。

此次大举入侵,是因为最早有刘延庆的不战而逃,继而有张毅事件的处置失当,于是听信了刘彦宗、余睹和萧庆这帮辽臣的怂恿,又乘我边备空虚,所以才敢毁约败盟,两路来侵。但是,现如今战争才刚刚开始,侵入我大宋境内之金贼军马还不多,当务之急全在于大王乘机应变,尽全力筹划抵御之策。且金贼对我心存顾忌有四,心存侥幸有三:一是顾忌郭药师麾下常胜军勇于战阵;二是顾忌我河东、河北两路各州坚城可守,终不能攻;三是顾忌我敛收军民守城,养锐而不轻易出战;四是顾忌我选用几路领兵大将,照应各路州城,待其无功而退,则大举出击,前后邀击掩杀——此乃金贼之"四忌"。而其侥幸之心,一是大王退避而走,诸帅群龙无首,军民沮丧泄气,不能更相应援;二是我不急于立即筹划以河北、河东两路重兵掩护京师根本之地;三是我对辽朝归降官另眼看待,不予重用,由上疑而至下惧,自己造成混乱——此乃金贼之"三幸"。马扩通过对金人"四忌"和"三幸"的分析,提醒童贯不要被其幕僚的"谬懦之议"所惑,应该尽快振作起来,有所作为。

如何作为,马扩在札子中进一步提出了"移司真定"的策略。马扩的理由是,河东路一带地势险要,关隘甚多,而且当地人习知征战之事,金贼必不能长驱直入。唯有河北路方面,虽然雄州、霸州至顺安军一线边界有河塘、沼泽可凭以为守,但广信军、保州、中山府和真定府一带,尽是坦途,无险可依,万一常胜军有变(马扩对郭药师总是放心不下),燕山失守,金贼兵马乘胜南下,必将与太原之敌形成两路长驱南渡之势!所以,愿大王审时度势,抓住时机,尽快移司入驻真定府。而真定与太原相邻不远,两地足可相为应援,更何况,真定府城坚粮多,加上若有大王据守,左右又多为西军将领,熟悉守御之道,金贼虽已入境,但也绝不敢越过真定而南下京师。兵法有云:"攻者常自劳,守者常自逸",所以我军定可挫败金贼锐兵于坚城之下。①

马扩的判断十分准确,思路非常清晰。在他眼里,童贯的宣抚司这一朝廷在整个北方的最高军政机构,不能斤斤计较于是否一定要坚守太原,而是应当立足于、着力于坚守之地是否能够真正捍卫京师这一国家根本之地的

---

① 《北盟会编》卷二三,宣和七年十二月七日条,引《茆斋自叙》,第169页。

全局。马扩根据河东与河北两路地势险要的不同、太原与真定两地空间距离的接近，以及两地民众习知战事程度的差异等实际情况，策略性地将整个北方防御系统的要害之地，定位在了真定府，以走对这一步棋，来盘活河东、河北两路战局，从而为京师筑起一道坚强的防御体系。应该说，这步棋极具战略眼光，倘若真的付诸行动，宋朝对金军的入侵当有一拼，整个抗金战争形势应该不至于像后来那样急转而下，变得不可控制。而后来战局的发展，也反过来证明了马扩这步棋的正确性，真定因为没有强有力的兵将守御，也未与太原构成犄角相守、互为应援的形势，故而斡离不竟然可以不顾而南，长驱直入，杀过黄河，一举困住东京。而太原军民在张孝纯和王禀率领下，在外援断绝的情况下，竟然足足坚守了九个月时间，粘罕的西路大军长期顿兵于太原坚城之下，而无法与斡离不的东路大军会师东京。最终，太原因为断粮而不攻自破，真定也没有起到多少军事价值，太原、真定不守，金人东西两路大军一起饮马黄河，东京也就岌岌可危，大宋也就崩溃在即。这当然是后话了。

回过头来再看童贯，他接到马扩的这道札子后，笑道："难道真有这般大的紧急要事，此兄怎么动不动就写来札子，滥发己见！"这已经是一种嘲讽的笑声。以这道札子对当今形势和采取对策的分析论述而言，即使匆匆一阅，也断不会作出如童贯这样的结论。童贯对这道札子的不屑一顾，完全是因为马扩"移司真定"的建议与其"赴阙禀议"的念头，在心理方向和价值取向上存在着南辕北辙的分歧。

但是，在国家面临生死存亡的紧急关头，马扩已经再也无法忍受或接受自己的真知灼见再遭冷遇和敷衍，他竭尽全力再次劝谏童贯道："大王掌握国家这般大之军权，不单单于几路州城，即使天下之人也都视你为举足轻重之关键人物，是以值此紧急关头，正当尽力报国之时，就大王而言，已处于不得不勉力而为之境地。何况当初交结女真、恢复燕山等事，都是大王一手操纵做下的，而今捅下了如此窟窿，也必须由大王自己给补上了。这不是说因为别人不知金人情伪，不能补得，即使能补得，也不可让别人来补上了，以夺了大王这段功劳。是以马某此言不但关系国家利害，也关系大王一身利害，是以还请大王深思,休要为众人苟且之议所惑。"

马扩多少次与童贯说长道短,言语所及均是国家和朝廷的利益,而唯独这次他却为童贯的利益着想。这也是马扩急中生智,揣知童贯的为人心态,想换一个角度说话,以求童贯入耳入脑,最终接受"移司真定"的建议。然而,马扩知道童贯想溜,却不知道童贯这么急于想溜。和童贯大谈"国家利害",固然是对牛弹琴,即使说到其"一身利害",也未必能使童贯真的会为此利所趋。权衡利害关系向来是童贯的强项,怎么可能在今天这个节骨眼上为马扩这几句话所"迷惑"了? 能够逃离金军的势力范围,能够远离北方这块是非之地,这才是眼下唯一能为他童贯所趋的最大之利,除此之外就都是害了,这点,童贯心里要比任何人(包括马扩)都要清楚明白。

童贯已经不顾一切做好了逃奔的各种准备,对于马扩的"移司真定"之说,碍于他也是站在自己利益的角度上说话,一时也想不出什么理由来驳斥或反对,只好言不由衷地称道:"甚好,明日即去真定。"

马扩走出宣抚司,就有童贯的幕属孙渥迎上前来,他一脸忧愤,一把握住马扩的手呼喊道:"吁! 子充,如何是好? 自此以往,天下定见土崩瓦解!"在孙渥看来,大宋已经死定了,虽然他心有不甘。恰在此时,正好又有一条坏消息传来:金军已经攻破马邑县,游骑已至代州城下。形势更趋紧急,也更加剧了这里的紧张气氛。

马扩急忙拿出给童贯的那道札子的草稿,递给孙渥看,还希望以此宽慰对方。不料,孙渥看了以后不以为然,道:"大王倘或真的能照此建议去做,那还有什么办法比这更好? 但是,这道札子恐怕不会有什么结果。"孙渥是童贯的幕僚,他深知童贯的喜好与做派,所以尽管十分赞同马扩的"移司真定"之论,但也十分清楚马扩的这番努力一定是白费的。

次日(即八日)一早,马扩碰到朝廷派在宣抚司的几位监察官员,他们也已知悉马扩这道札子中的主张,便当面向他称赞道:"听说马廉访提请大王移司驻守真定府,此论妙甚!"

马扩见有人赞同自己的观点,很是高兴,颇有些得意地道:"兵家贵在知己知彼,不可一见敌人之威便吓破了胆,忘却了自己其实也是有实力的。倘或大王能听我之计而一一行之,金贼不足破也。"

高兴归高兴,马扩也知道这件事的成败关键是要尽快让童贯敲定并确实加以履行,于是,带着这份好心情马扩又去敲童贯的门了。见到童贯,马扩直截了当地提醒他,"宜早过真定",因为马扩担心燕山路若有不测,金军将立即逼近真定。

然而,在童贯看来,不是金军有可能逼近真定,而是你马扩在为你所谓的"移司真定"逼迫我童贯。于是,昨天还对马扩嘿嘿而笑,并且还亲口承诺"明日即去真定"的童大王,今天突然翻脸不认人了,怒斥马扩道:"你只为你之家小在保州,是以一心要我将宣抚司移驻真定,却只为保护你一家老小也!"

保州确实离真定很近,宣抚司移驻真定对于保州的安全一定会有积极影响,这也不假。但是,谁都知道,当初因为"海上之盟"要从登州出海北上,所以马扩一家为了出使金朝的需要,一直就住在离登州不远的牟平县。后来,马扩频繁出使燕京等地,又任保州廉访使一职,便将家室迁居于临近边境的保州,实在也是出于为公的着想。现在童贯以小人之心度君子之腹,反叫人看出他是倒打一耙,而急于自己逃遁。

马扩更是感觉到了童贯的恐惧心理。因为其亲信幕僚的危言耸听,童贯早已丧失勇气,这时候就知道一个"逃"字。马扩当然不会去同情或抚慰他那已经变得十分脆弱的心,但从当下国家命运前途的角度看问题,他又必须去鼓动童贯的意志,让那颗已死之心勃勃而有生机。于是,他大声道:"大王既然如此说话,那就是不顾国家之患难危急!马某愿意听随大王去京师,然而却不忍见到大王有此一失,名节扫地,为天下鄙弃骂杀!"

慑于马扩的凛然正气和激烈言辞,童贯一时说不出话来,良久才找了一个不是理由的理由,问马扩道:"你难道不知我这一路而来,并无大军随行,又如何去抵御这等强大之敌?"

马扩道:"大王若往真定,何患无兵? 不但河北各地可以前往挑选,尽有可用军马,而且正如当年赵国大将廉颇身在燕国而思用赵人,河北民兵慷慨勇武,也完全可以调拨任用。"马扩是非常看重并且看好民兵这种地方武装的,也因为早有这种想法,所以,后来他上真定五马山团结聚集十万忠义民兵,扛起抗金大旗,就成了顺理成章的事。

童贯无话可说,其参谋宇文虚中却站出来替他帮腔,道:"往日收复燕山之役,听说出兵之际河北人民往往举城恸哭,官员督押而行,却有在路上自经的,如此现状岂能与廉颇那时相比?"

关于河北"赵人"之勇,宇文虚中振振有词地以事实证明今古情势早有所变,自以为是,但他却只知其一,不知其二,不知今日的攻守形势已变,民心也随之而动,情势又有所变。所以,他的论调当即遭到了马扩的反驳:"前日朝廷兴兵收复燕山,只缘天下久已太平,河北军民不惯征调遣发,故而人心憎恶怨恨。今日却是敌骑入寇,河北首当其冲,百姓人民又有谁会不顾自己家乡土地、保护自己骨肉生命? 在此人人自力为战之时,又有什么可以顾虑的? 倘或派人稍加统领,河北军民尽系死战之士。"

马扩言辞犀利,咄咄逼人,却又句句在理,逼得宇文虚中无话可说,也逼得童贯无路可退。童贯看着马扩,下意识做了一个下里巴人的搔耳朵动作,发出一句似是而非的问话:"如何才能筹得三万人马在此? 马承宣所言之事(即移司真定)却要做来试试。"

马扩敏锐地抓住了童贯此话"是"的一面,不及其余,道:"倘或大王果真能给马某三万人马,马某就可将其当作十万大军使用。"

马扩的这句豪言壮语又逼得童贯不好再作改口或推诿,最后,童贯只得发出任命:差遣马扩专门赶赴真定、中山两府,招募忠勇、敢战军马,并由马扩出任统领掌管。

童贯的这道命令仍旧没有将"移司真定"落到实处付诸实施,而是将之变易为"募兵真定",其内涵与分量和马扩的本意大不相同。但童贯又任命马扩前往真定和中山招募兵马,对河北战守部署总算也是有所为了,而关键是马扩已经看清楚童贯非南辕而不往,因此,"募兵真定"虽然同"移司真定"不可同日而语,但童贯居然能够作出这样的决定,并且委之于马扩,这已经可以说是差强人意了。马扩并不计较童贯的这道任命含有视自己为害群之马而借机清理门户的意思,只要河北有兵可募,真定有兵可用,能够与太原形成犄角之势,担当起捍御京师的重任来,马扩也就遂愿了。所以,马扩还是接受了童贯对他的这个并不彻底的妥协。①

马扩和童贯之间的矛盾就这样暂时得以解决了。几乎没有什么耽搁,两人就一起离开太原启程了,一个往东,一个往南,真正是分道扬镳。从此以后,两人各自走上了截然不同的路途,再无谋面的机会和可能。

马扩向东直奔真定而去。在跨越太行山的路上,他前思后想,又发现因为走得匆忙,其实还有好多要事和实际问题未及向童贯说明,原路退回去再找童贯商量,显然已是不可能的事,但等到了真定再投书宣抚司,又将耽误好多时间,于是,马扩就在途中利用间隙时间,梳理出一些急切之事,写成一信申报童贯。

信中开具了如下事务:一是请求宣抚司尽快调拨一批战盔马甲,倘或一时难以置办,也可下令相关州县,将库存的破碎陈旧铠甲加以连缀修补,每天大约完成数百套,则个把月时间就足够使用了。二是请求调拨一批战马,只要去内地选马,即刻就可以解决千匹之数。三是恳请童贯委命涿州等地赶紧招募忠勇、敢战之人,另择将官统率,使各州县能够互相应援。另外,说服归朝人中有武艺勇气者,激励他们加入行伍,使为前锋,同时,将其家小移近靠南的各州各军,厚加供养周济。四是请调动陕西五路精兵,取近路发赴河北、河东,以使协助各镇守御。五是请调拨胜捷军一千人交付他马扩暂作卫兵,也以为招募军马之本。六是恳请国家万一遭遇不测之险,金人南渡黄河,边防失守,则依照唐朝玄宗故事,奉大驾入蜀,而委任一名大臣留守京师,以图恢复。

尽管马扩提出的这六件事,每一件事都不是一时三刻就能做到的,但童贯得到马扩这封书信后,却表现得十分大方,出人意料地"皆从之"②。这种异常之举并非童贯幡然悔悟的结果,而是他一味想着南逃,完全处于一种敷衍了事状态的真实写照。童贯的"皆从之",重复和延续了他过去无数次对

---

① 马扩献计"移司真定"详见《北盟会编》卷二三,宣和七年十二月七日条,引《茆斋自叙》,第169—170页。

② 《北盟会编》卷二三,宣和七年十二月八日条,引《茆斋自叙》,第170—171页。

于马扩肺腑之言的推搪、敷衍和阳奉阴违。而马扩对于这个国家付出的全部心血和智慧,在童贯那里换来的至多是一张花花绿绿的空头支票,有名无实,无济于事。

大宋王朝经济繁荣,文化发达,科技领先,这无疑都是货真价实的。然而,这些货真价实的文明并未给它带来足以称雄于世的光荣和骄傲,原因之一,就是它被无数的、类似童贯这样的空头支票给出卖和断送了!

落日塞尘起，
胡骑猎清秋。①

————题词

第五章　两陷牢笼　一再举义

第一节　突遭诬陷，身陷真定大牢

　　肇始于政和七年（1117）夏秋之交的这场历史巨变，在经过了近十年时间的酝酿，终于从一股北方不期而至的呼啸劲风，演变成风起云涌席卷大半个中国的战争风云，宋金两国从最初的结盟一步步走到了今天的交恶。

　　风云际会之时就是人物辈出之日。然而，世人瞩目的徽宗皇帝在这场关系到国家命运前途的巨变中，没有表现出应有的作为和气概，带领举国臣民同仇敌忾，抵御外侮，却极不光彩地步童贯后尘，也成了临阵脱逃者。

　　宣和七年（1125）十二月二十三日（庚申，公元 1126 年 1 月 18 日）一大早，早朝的徽宗忽然接到丞相李邦彦进呈的一封书札，打开一看，禁不住吓了一大跳。原来，这是童贯带回来的由金使王介儒和撒卢母捎来的《谍南宋宣抚司问罪》。

---

　　① 《稼轩词编年笺注》卷一《水调歌头·落日塞尘起》，第 48 页。

童贯是在十二月十六日(癸丑,公元 1126 年 1 月 11 日)逃回东京的,他带回了金军分两路入侵的消息,却将那份具有檄文性质的"问罪书"隐而不发,只是私下将檄文送给当朝大臣议论,最后以"恐伤天子意"为由,单单瞒着一个徽宗。童贯因为畏惧金军而从太原擅自逃回,当朝宰执、枢密院大臣乃至御史台官员中,居然无一人出面进行诘问或弹劾,而徽宗好像也没有想惩处他的意思。于是,童贯临阵脱逃的罪责就这样蒙混过关了。而徽宗自己在听到金军大举南侵后,最先想到的是要塞天下之议,叫臣下替自己草拟和公布了两篇官样文章《罪己诏》和《罢花石纲指挥》,也算是自责和悔过了。

然而,徽宗终于还是看到了那封金人"檄文"的原件。金人在书中明确提出这次发起的"问罪之师",是要"收复"原先割还宋朝的燕京及其所辖各州县土地,以及宋朝必须无条件"先行归还朔、武等州"的土地,除此之外,檄文还保留了金人对大宋皇帝的"不逊"之言,保留了金人要与宋朝"决一胜负"的嚣张气焰①。这些直截了当的火爆措辞令徽宗惊恐万分,霎那间就把他一向的冠冕堂皇剥夺殆尽,却将其懦弱而无用的原形曝光天下。看到金人"檄文"的徽宗"涕下无语,但曰'休休…… 卿等晚间来商量'。"到了晚间与大臣商量时,徽宗又一度出现了"气塞不省,坠御床下"的险情。更为恐怖的是,他昏厥复苏后,竟然示意自己已经半身不遂,口不能言,只好以左手画字与大臣交谈。当晚,徽宗突然作出内禅之举,将自己坐了二十五年的帝位指名传给了前来探病的太子赵桓,将一件黄袍叫人强行加诸儿子那瘦弱而不情愿的身上,吓得毫无思想准备的赵桓惊出了一场病②。

当年太祖赵匡胤陈桥驿黄袍加身是一场早有预谋的演戏,而今徽宗通过"气塞不省,坠御床下"以及半身不遂的种种铺垫,然后突然将黄袍忙不迭地硬塞给儿子赵桓,也未尝不是在演戏。只不过赵匡胤出演的是一个豪气干云又颇多心计的狠角色,而徽宗给人留下的印象则是一个地地道道的窝囊废!此时此刻,他一心只想着尽快逃离东京这个是非之地,"意切于避

---

①《大金吊伐录校补》第三〇篇《牒南宋宣抚司问罪》,第96—97 页。

②《北盟会编》卷二五,宣和七年十二月二十三日条,第190 页。

狄"①。所以,他禅让帝位的真实目的就是推卸责任,而拿太子顶缸。于是,迫于父亲的"坚命立之",赵桓没奈何黄袍加身,接过了宣和朝廷的这副烂摊子,就在二十三日这天夜晚算是即了帝位,称作"孝慈渊圣皇帝"(庙号为钦宗),又将来年的年号改为"靖康",并且按照惯例大赦天下。于是,徽宗皇帝摇身一变而为太上皇帝,便可以名正言顺地对在劫难逃的大宋千百万臣民和大好江山撒手不管了,可以挥别京师的云彩,名正言顺地去"亳州(安徽亳县)烧香"②、溜之大吉了。窝囊废在处置军国大事时固然是颠顶委顿、束手无策,但打起自己的小算盘来总有过人之处。

马扩自从在太原和童贯各奔东西后,径往保州,"取家属南归"③,先将家属安顿妥贴。马扩似乎已经认识到这场战争的残酷性和长期性,是以先为自己解了后顾之忧。至于取家属南归于何处,马扩自己在其《茆斋自叙》没有详说。后来金军攻破东京,向宋朝索要马扩家属,马扩聚义西山抗金,金人又往真定搜索马扩家属,两次均有所得,从这一情况来分析,马扩很有可能将家属安顿在了东京和真定府两地。

按照童贯的授命,马扩将在真定和中山两地招募军马,并独自统领新军。所以,安顿好家属后,马扩便前往中山府履职。但这时候形势突变,中山府境内传递金军入侵消息的烽火已经接连举示了五把。或许是考虑到战火已经逼近中山,一旦金军围城,将无兵可募,所以,马扩没有再去中山,而是在次日折返到了真定。

---

① 《北盟会编》卷二五,宣和七年十二月二十三日条,第190页。
② 靖康元年正月三日,斡离不率军渡过黄河。是日深夜,赵佶以前往"亳州烧香"为名,在童贯、蔡攸和朱勔等人的"护卫"下,逃离东京,见《北盟会编》卷二七,靖康元年正月三日"太上皇东幸亳州"条,第198页。
③ 《北盟会编》卷三二,靖康元年正月二十七日条,引《茆斋自叙》,第235页。

5-1　金军第一次南下进军图　焦　俊　作

马扩初到真定,就受到了当地长官真定府路安抚使刘韐的欢迎,当即被委任为"提举四壁守御"①。这是一个战时掌管全城防御系统的要职。在第一次伐辽战争中,刘韐曾经是童贯宣抚司的参谋,和马扩同在一个司里公干,马扩出使燕京的无畏精神和所作所为,他应该是非常清楚的,将真定府如此重要的军事职位交给马扩,说明刘韐还是非常了解和信任马扩的。尤其是战争已经打响,军事人才远比诗人墨客要吃香得多,这点刘韐也是非常清楚的。然而,身为"客将"的马扩却与刘韐之子新授浙西市舶提举刘子羽②,某日因为具体职务上的事情发生了激烈的争辩,双方不欢而散,结怨颇深。按照后来马扩的回忆,刘子羽当时去找了真定府路分钤辖李质,两人商

① 《北盟会编》卷三二,靖康元年正月二十七日条,引《茆斋自叙》,第235页。
② 刘子羽官衔,《系年要录》卷四作"直秘阁",第98页。

议"同谋潜害"马扩。

马扩驻守真定,正赶上徽宗内禅,钦宗改元。靖康元年(1126)正月七日(癸酉),钦宗登基的诏书下到了真定。眼见得新年伊始,皇帝换位,马扩期待着形势跟着有所转机,又适逢钦宗下诏让天下人"实封直言"①,马扩便提笔写了一封奏札,派人秘密送往东京,上达朝廷。马扩这封奏札的内容几乎全是如何对付金军入侵的建议。在守御方面,马扩认为金人此次南寇,步骑兵不过两万人左右,眼下又值初春,天气即将转暖,金军势难久留于中原,所以还请钦宗坚守京城,切勿轻易出兵。在募兵方面,建议朝廷无论官马私马,尽行收取,这样不愁得不到三万匹战马,同时,招募勇敢能战之士,各授兵器铠甲,训练并检阅后,每五千人为一支队伍,分屯于要害之地。在反攻方面,建议秘密传檄各路勤王之兵,让他们并力齐进,同时,预先告诫河东、河北各州城,多方部署邀截之兵,金人不过二月中必然退师,到那时京师之兵追袭其后,河外之兵邀击其前,那时金军正被大河所阻,形势蹙迫,王师乘机夹击,可使金军匹马不回②。

马扩这道密奏究竟有无送达钦宗御案之上,现在已经无考;可以让人知道的是,马扩终究没有等到什么好消息,等来的却是一场飞来横祸。

正月二十七日(癸巳),这天一大早,按照例行公事,马扩前往府衙拜谒刘韐,然后准备坐下商议事宜。他屁股还未坐稳,就听得刘韐一声呵斥,命其跪下。

马扩吃了一惊,一抬头,发现此时庭院里不知什么时候,已经布满了全副武装的军士。

只听刘韐怒喝道:"你竟然胆敢谋反,拖出去,立即斩首!"

变生俄顷,命悬一线,但马扩反应极快,一下就明白了刘韐要杀他的缘由,当即大呼道:"天下局势已经到了不可收拾的地步,正是用人之际,安抚岂可听信小儿辈诬陷,而欲残害朝廷士大夫乎!"小儿辈即指刘子羽。

---

① 钦宗:《诏中外臣僚民庶实封直言》,详见《北盟会编》卷二六,第196页。"实封"即密封的奏折。

② 《北盟会编》卷三二,靖康元年正月二十七日条,引《茆斋自叙》,第235—236页。

马扩指责刘韐是听信了其子刘子羽的谗言而欲置他于死地,使刘韐不得不先要为自己辩解一下,道:"此事不干他的事!"

马扩不依不饶地质问道:"本人与令嗣刘提举的过节,众人共知,怎么可以说不干他的事?而且安抚倘或一定要斩人,也须责成相关文状,上报朝廷,以待朝命,不是吗?"

面对马扩接连两个诘问,刘韐一时无言以对,刚刚还在大呼言杀的他,这会儿已经说不出一个"斩"字,只好对左右道:"将马扩送交有司关押。"

就这样,马扩被一个"莫须有"的罪名关进了真定府的大牢。但他暂时摆脱了性命之忧,也算是躲过了一劫。

马扩获罪之因,这在当时还另有说法。宋人笔记中说,马扩当时身上至少有以下几个疑点:一是马扩最后一次出使云中金营返回时,人还未到太原,"而敌骑已长驱南下矣";二是刘韐认为马扩长期担任使金之职,"知金之情伪,心颇疑之",所以当马扩奉童贯之命募兵河北,在路过真定时,刘韐"遂留不遣",有意除掉马扩;三是马扩在真定某日未向刘韐报告,自己暗中派遣了一名士卒去保州,结果此人为巡逻者所获,这让刘韐对马扩的形迹产生怀疑。在这种情况下,刘韐之子刘子羽对乃父道:"马扩始终参与同金人的边事谈判,却不以金人虚实尽告朝廷,致使戎马深入,震惊京师。而且又暗中派人出城,怎么可以保证他能真心对待真定守御?不若声明他之罪责,然后诛而杀之,这样或许可绝后患。"于是,刘韐决意杀死马扩,以一种"突然袭击"的方式擒住马扩。但他又因为马扩不服而大声抗辩,终于没能当场杀之,最后不得不将马扩系狱审罪①。

其实,这些"疑点"也仅仅是疑点,绝不是什么确凿的证据。一,说马扩似有引狼入室之嫌,这完全是空穴来风。因为当时宋人对于金军即将入侵毫无准备,金人完全可以按照自己定下的时间表来决定进兵的具体时日,又何须多此一举,一定要等马扩来了,再尾随他之后进兵?二,刘韐因为马扩往金人那边多跑了几次腿,就认为他与金人有猫腻,有瓜葛,这完全是一种

---

① 《独醒杂志》卷八,"马扩使金脱归被疑"条,载《宋元笔记小说大观》第3册,第3269—3270页。

瞎猜胡想，毫无事实依据可言。三，马扩暗中派人去保州，这事虽然没有让刘韐知道，但此时保州还是宋人的地盘，马扩派出的人并无投敌之嫌，又有什么可值得怀疑的呢？而且，要知道马扩家小曾住保州，他自己还担任着保州廉访使之职，所以，于公于私，马扩都有正当的理由派人去保州处理属于他个人职责范围的事情。更何况马扩所派之人已被抓住，却为什么没有掌握马扩阴谋勾结金人的确凿证据？按照马扩自己的说法，他在钦宗即位后，曾"密遣人入京，具画一奏札"，则这里所谓的"潜遣保州之卒"与"密遣入京之人"，虽然前往方向不同，但秘密派遣的性质却是完全相同的，兴许就是同一人。

至于刘子羽的观点，则完全是一种对通敌嫌犯宁可错杀、不可漏杀的心态，又拿得出什么经得起推敲的证据？

然而，刘韐毕竟不是鲁莽之人，他在当时完全可以作出立斩不赦的决定，却终究没有下这个决定，而是多少为马扩之言所动，将马扩是否真有通敌之实，交给了自己并不掌管的司法系统来调查判明，这说明他刘韐还是讲道理、明事理和重事实的，至少，他想真正搞清楚马扩是罪有应得，而不想让人指骂，在此事的背后，还有一段马扩与自己儿子刘子羽的恩怨，他杀马扩是受了儿子的左右。从这点来说，刘韐以一种"莫须有"的罪名逮治马扩，这固然是一种严重的错谬，但他还有做人的"底线"，也就是不能妄杀一个好人，这又是值得肯定的地方。刘韐后来的生命"谢幕"也颇多相似，在东京陷落金军之手以后，他拒绝了金人的招降录用，坚守他做人的"底线"，最终守节自尽，颇具民族气节，值得后人尊敬。

第二节　金军破城，马扩意外逃脱

马扩身陷囹圄后，刘子羽立即草就了一封奏折，以"约虏人献城"为名，向朝廷"弹劾"马扩。不久，到了二月份，朝旨下到真定府，并未信从刘子羽的诬告而立斩马扩，而是令提刑司置院对此案进行"检勘"后，再将马扩如何勾结金人、出卖真定的具体犯罪事实,上报"闻奏"①。于是,马扩再次幸运地躲过一劫。

这道朝旨能够传达到真定,真算得上是个奇迹。因为这年的正月三日,斡离不率领的东路金军渡过了黄河②,七日,金军完成了对东京城的包围,开始大举进攻。而宋朝则"京城戒严,城门昼闭,令百姓上城守御"③。第一次东京保卫战,直到二月九日(乙巳)斡离不撤军才告一段落。所以,在宋金双方已经开始决战于东京城下之际,这封对于东京城守并不带来裨益的朝旨,竟然能够非常审慎地行文措辞,成文后又迅速完成一系列必要的颁发手续,然后派人行经兵荒马乱的路途而及时将其送达到真定,这应该算是一个不大不小的奇迹。而对于这道朝旨所议的主人翁马扩来说,此时此刻他并不奢望还会有什么奇迹之事发生,他现在亟需的是对他的公正审判,本案应该有一个公正的判决。如果从这个角度看问题,马扩应该对这道朝旨感到基本满意了。因为,这道朝旨第一要求相对独立办事的提刑司来负责本案调查,而没有直接交由刘韐主政的真定府来处置,这比较符合当时的司法惯例和程序,相对来说也较易得出客观公正的结论;第二,这道朝旨没有简单依据刘子羽报告的情况下结论,而是要求将本案的具体事实调查清楚后,再上报朝廷,这就意味着马扩之命掌握在朝廷之手,而暂时脱离了刘韐父子那把高悬头顶随时即落的屠刀的笼罩。钦宗即位之初,马扩就上有一道如何御敌的密奏,但可能时局混乱,钦宗未必就能见到这道奏疏。而马扩蒙冤系狱后,真定府却收到了这样一道要求合乎司法程序审案的朝旨,这在当时金军已经大举入侵,宋朝渐已陷入混乱的形势下,可谓是一道极不容易的朝旨,它无论是否出自钦宗的本意,客观效果上却颇为实际地暂缓了对马扩极为不利的判决,使马扩暂离险恶处境,并将本案拖延了下来,终使马扩找到脱身绝境的机会。

朝旨是要提刑司置院负责本案的彻底查究,提刑司又将本案交给了深

---

① 《北盟会编》卷三二,靖康元年正月二十七日条,引《茆斋自叙》,第236页。
② 《北盟会编》卷二七,靖康元年正月三日条,第198页。
③ 《北盟会编》卷二八,靖康元年正月七日"斡离不犯京师"条,第208页。

州兵曹毕璠，由他负责具体的调查和裁决。但是，毕璠正待结案时，朝廷又拜授刘韐为河北制置使，同时，因为担心新任真定地方长官看刘韐的脸色行事，所以朝廷又另外委派了一名东京路的官员来调查本案。这样一来二去，时间到了七月份，马扩仍属于钦宗特别诏令要求调查的案犯，关押在"右狱"之列待审①。这也就意味着，从钦宗二月份的那道朝旨下达真定府之后，直到现在，刘韐父子都不曾有机会干预本案。不久，刘韐忽然收到新的朝旨，命他以宣抚副使之职前往辽州（山西左权县）募兵，以解救太原之围②。就这样，本案在还未了断之前，作为原告的刘韐（还有刘子羽）就离开了真定府。在刘韐父子离开真定府之前，也没有再听到他们父子俩为难马扩的事发生。但是，马扩也并未因此而走出真定大牢，没有人再来调查或关心本案，也没有人出来作主将他释放，他继续作为一名要犯被锁系在狱，既不知道自己的命运和前途，更不知道大宋的命运和前途。

与坐牢的马扩相比，当年炙手可热倡议"海上之盟"的相关大臣（其中一些还是马扩的上司或同僚）是气数已尽，一个个都走到了自己人生的尽头。三月二十七日（癸巳），早就失宠的赵良嗣以"结成边患，败契丹百年之好，使金寇侵陵，祸及中国（宋朝）"③的罪名，被诛于郴州（今属湖南）贬所。七月二十一日（乙酉），贬官至潭州（湖南长沙）的蔡京因病亡故，逃脱了被杀的命运，这在当时被杀的"六贼"（蔡京、王黼、童贯、梁师成、李彦、朱勔）中，他算是唯一逃脱斧钺之质的幸运者。"媪相"童贯就没有"公相"蔡京那样"走运"了，八月二十三日（丙辰），他在前往贬所、途经南雄州（广东南雄）时，被朝廷派人追杀，函首赴阙。

马扩当初和童贯分道扬镳，走进了真定，不幸也走进了牢狱。但他同时又是幸运的。台湾学者黄宽重先生评述马扩这段经历时说道：

> 马扩基于报国热忱，奔走招募敢战之士，以图力挽狂澜，不料到真定府后却因私人恩怨而惹祸，成了阶下囚，使他的救危计划无法实现，

---

① 《北盟会编》卷五七，靖康元年十月"马扩自真定府狱中脱身"条，第425页。
② 《宋史》卷四四六《刘韐传》，第13164页。
③ 《宋史》卷四七二《赵良嗣传》，第13735页。

只能坐视疆土沉沦。不过,牢狱之灾,却也让他躲过了可能难逃一死的噩运。缘童贯长年主持宋金外交,马扩和赵良嗣都是贯重要外交幕僚。宋金冲突以来,负责内政、外交的大臣,成为朝臣批判的对象。徽宗禅位后,太学生与言官奏论童贯、蔡京、王黼等人的罪状的声势高涨。在强大的舆论压力下,童贯被迫致仕,安置吉阳军,后被杀于南雄州。推动联金外交的赵良嗣被指为"构成边患,几倾社稷"的首谋者,死于郴州。倘或马扩随从童贯赴阙,也许免不了受劾、获罪。此外,他在真定职司防御,金人既陷真定,安抚使被俘遭杀,扩也难以自全。因此,真定入狱,反而为他日后抗金活动开展契机,未尝不是一件幸事。①

黄宽重先生的这一分析颇为辩证,合乎历史的真实性。

到这年的九月之前,宋朝数度组织援军企图解围太原,但均遭败绩,损兵折将,包括当时宋朝名将种师中(种师道之弟),也阵亡于距太原仅有百里之遥的杀熊岭(在山西榆次市东北要罗)。九月三日(丙寅),太原终因粮绝而被金军攻破,合城军民饿死战死者十之八九,总管王禀投汾河而死。张孝纯坚守太原,颇具忠义气概,然城破命危之际,终不能言行如一,失节降金,后来还出任刘豫伪齐丞相之职,愧对一同浴血奋战而宁死不屈的王禀以及太原合城军民。太原不守,刘韐被钦宗召还东京,直到他最后杀身成仁,其间再也没有去真定府。与乃父一同欲置马扩于死地的刘子羽,在刘韐死后去了四川,成为川陕宣抚使张浚的重要参谋,指挥节制吴玠、王彦等抗金名将与金军展开了殊死战,为扭转岌岌可危的四川战局发挥了十分重要的作用,也在宋朝反侵略反压迫的民族正义战争中,书写了非常重要和光彩的一笔,功不可没! 这也是后话。

再说马扩,从正月二十七日(癸巳)被刘韐父子诬陷关进真定大牢后,一晃眼就是大半年。到了十月六日(戊戌)这天,牢门外忽然出现一名老狱卒,见马扩道:"廉访为何还不离开这里? 番人都已入城啦!"②这是一个晴天霹

---

① 《马扩与两宋之际的政局变动》,第224页。
② 《北盟会编》卷五七,靖康元年十月"马扩自真定府狱中脱身"条,第425页。

霹的消息！

原来，斡离不的东路金军正月七日进抵东京城下，开始了攻坚战。东京军民在李纲的组织和指挥下，击退了金军的数次猛攻。斡离不一时无法攻克东京，粘罕的西路军又被牵制在太原城下，无法前来会师，而宋朝主力西北边防军在种师道的率领下赶来勤王，于正月二十一日（丁亥）抵达东京，一时间，东京周围云集了各路勤王军达二十多万人，给斡离不造成了极大的威胁。但斡离不是一位出色的军事领袖，他没有惊慌失措立即拔寨而逃，而是利用被宋人骂为"社稷之贼"①之一的宋朝主和派太宰李邦彦等人，勒索黄金五百万两、白银五千万两、绢帛百万匹，并要宋朝割让太原、中山和河间三镇。其间宋将姚平仲夜袭金营失利，李纲和种师道被罢免，但随后在太学生和广大军民的示威请愿下，李、种二人复职，宋军再次击退金军的强攻。二月九日（乙巳），斡离不见各地宋军源源而来，形势日渐危险，这才未等财帛足数，即领兵北退。然而，宋朝在李邦彦等主和派官员的操纵下，力阻对金军尾追掩袭，拒绝召集大军屯扎黄河两岸，致使种师道郁愤而死，而李纲再度罢相，被排挤逐至江西。钦宗自毁长城，铸成大错，其末日也就为时不晚了。

金军北退后，即加紧了对宋朝河北、河东等地的攻略。差不多在粘罕的西路军攻破太原城的同时，东路的斡离不也开始了对真定城的强攻。真定城被围之后，全城军民"且战且守，相持四旬"②，战斗颇为持久激烈，关押在城内大牢中的马扩对此却是一无所知。到十月六日（戊戌）③，经过一个多月的猛攻，斡离不终于攻破了由新任真定府路安抚使李邈守御的真定城。

马扩乍然间获悉真定城破的消息，并未惊慌失措拔腿就跑，而是折返跑回狱中将金军破城的消息告知了其他狱友，并且迅速将他们身上绳索之类的束缚尽数除去，然后大家一起逃出了牢狱。斡离不显然没有想到"海上之

①　《宋史》卷三五二《李邦彦传》，第 11121 页。
②　《宋史》卷四四七《李邈传》，第 13178 页。
③　真定城被金军攻破的日子，也即马扩逃离真定城前往西山和尚洞山寨的日子，《系年要录》卷四"原注"作"（靖康）元年十月丁酉（五日）"，第 98 页。

盟"时就有多次交往的"也力麻立"马扩就在真定城的大牢里,所以也未作特别搜捕和防范,被马扩变易了服饰,蒙混逃出城去。

以斡离不对马扩的"重视"来看,倘或知道马扩就在真定城中,金军断不会让他轻易脱逃而去。在攻陷真定城后,斡离不便派出杨天吉、王汭等人到东京,除了例行公事般地对宋朝君臣作一番咆哮、诘责和索要金帛财物之外,还提出了索取蔡京、童贯、王黼、吴敏、李纲以及马扩等九人及其家属①。所以,马扩逃脱牢狱、逃离真定城,事出突然,却又是侥幸之至,这在金人固然没有想到,在马扩本人也没有想到。

5-2 真定府形势图 焦 俊 作

马扩逃出真定城后,直奔西山和尚洞山寨。当时在真定府一带结集着两河义兵,各据寨栅,屯聚自保②。西山和尚洞山寨便是义兵屯聚的山寨之一。在经历了半年多之久的冤狱生涯后,马扩意外地"落草"于一个山寨,揭起

---

① 《靖康稗史注》卷二引韦承《瓮中人语》,第55页。《瓮中人语》在此讲述金人索取九名宋臣及其家属,仅点名到李纲之前的五人,而未及马扩,但《大金吊伐录校补》第一八八篇《天会四年冬,元帅伐宋,师次高平……》中讲到粘罕派撒卢母使宋,索取宋朝九臣时一一具名,马扩名列其中,第498页。

② 《北盟会编》卷五七,靖康元年十月"马扩自真定府狱中脱身"条,第425页。

了他反抗金军入侵的大旗,从而由一名摇唇鼓舌的使臣一变为喋血沙场的斗士,由一名随时随地将掉脑袋的阶下囚一跃而成为远近闻名的抗金领袖。

第三节　领袖义军,血战沙场被俘

金军对于宋朝军民的顽强抵抗,采取了各种各样的对策,其中之一便是利用宋朝君臣的软弱无能来达到摧毁宋人抵抗的目的。斡离不攻克真定城后,便派出杨天吉、王汭等使人,前往宋朝索取蔡京、童贯、王黼、吴敏、李纲、陈遘、詹度、马扩和张孝纯九人及其家属。十一月十七日(戊寅),杨天吉、王汭等人抵达东京,将相关索取文书递交到了宋廷①。同一天,斡离不的金军逼近东京近郊,朝野大震,东京再次戒严。

宋朝对杨天吉、王汭这拨人还没有搞掂,粘罕那边派来的使人撒卢母后脚也到了东京。粘罕是在十一月十六日(丁丑)从太原起兵南进的。十七日(戊寅),粘罕抵达高平(属山西)后,即派撒卢母出使宋朝,向钦宗递交文书一件,一是传达"兴师问罪之意",二是要和宋朝讨论"割河为界",三是要宋朝分别派出大臣前往河东、河北各地,传令这两路据守不降的军民向金军交出城寨,四是要求宋朝写好"听命不违"的《国书》以作回答。撒卢母携书上路,十九日(庚辰)渡过黄河。此时的黄河上下并无一兵一卒守卫,守河宋军早已闻风溃散,所经之地,只有当地百姓相聚一起,"藉藉有语",看到撒卢母等金人路过,"往往瞋目相视"。二十日(辛巳),撒卢母到达东京。次日,撒卢母在崇政殿拜见了钦宗,递交并说明了所送文书之意,同时,又拿出一份名单,上面开具了九个人的姓名,要求宋朝拘押这些人的家属送赴大金军营。这九人是:

---

① 《北盟会编》卷六三,靖康元年十一月十七日条,引《宣和录》,第475—476页。又《北盟会编》卷六三道:十七日"粘罕遣杨天吉、王汭、撒离母等十三人持书来议黄河为界事",第475页。而《大金吊伐录校补》第一八八篇《天会四年冬,元帅伐宋,师次高平……》称,粘罕所遣使人为撒卢母,未提及杨天吉和王汭,且撒卢母比杨天吉和王汭晚三天于二十日才抵东京,第498页。此从《大金吊伐录校补》,即杨天吉和王汭当是斡离不所遣。

蔡京、童贯、王黼、李纲、吴敏、陈遘、詹度、马扩、张孝纯。

撒卢母带来的这个名单与对杨天吉、王讷等人带来的名单完全一致(只有蔡京和童贯两人的排名次序有所不同),但撒卢母的名单将这些人统称为"干戾人"①。干戾人,即关涉违逆之罪的人。在《大金吊伐录》中,至今还有一篇《取干戾人札子》,其中所谓的"干戾人"人数则翻了一番,为十八人(还不算童贯的两名养子):"童贯(有子师杨、师孔等)、蔡京、蔡攸、王黼、李纲、李弥大、刘韐、王安中、马扩、詹度、陈遘、吴敏、徐处仁、折彦实、折可求、吕仲、张孝纯、王禀。"②

以金人开具的九人名单而论,上述九人大致可分四类人:童贯、蔡京和王黼等人为一类,主要是"海上之盟"主谋者,也是宋朝对金政策的主政者,金人索取他们是因为这些人应该为今天宋金关系的破裂买单,承担全部责任;李纲、詹度和陈遘等人为一类,主要是东京和其他一些重镇的守臣,金人索取他们的意义和价值比较侧重于军事方面,即扣押其家属为人质,以此要挟他们举城而降;吴敏曾为当朝宰臣,也是一类,金人索取他应该是想在朝政上也给予宋朝一击;张孝纯则属于"另类",这时候他已经投降金军,金使来此主要是为了他而向宋朝索回其家属,以解后患。马扩则很难归于上述的某一类别中,他既不是"海上之盟"的主谋者、宋朝对金政策的主政者,也不是某州某城的守臣,更不是皇帝的近臣,所以,倘或一定要将其归于某类,因为参与"海上之盟"的缘故,恐怕也只能与童贯、蔡京和王黼等人为伍了。假如是这样的话,从政治上来说,马扩居然能跻身于当朝重臣之列,那金人真是错爱他了;但从历史上说,马扩与一班误国害民的历史罪人相与为伍,那又是莫大的耻辱。

撒卢母抵达东京后的第三天,即二十二日(癸未),宋廷即作书向粘罕作了回复。这封以钦宗名义作答的回信先是表态说:"今日之咎,自知甚明。"然后满足金人的土地要求,"准割黄河为界",而且明确指派聂昌和耿南仲二

---

① 《大金吊伐录校补》第一八八篇《天会四年冬,元帅伐宋,师次高平……》,第498页。

② 《大金吊伐录校补》第一○八篇《取干戾人札子》,第312页。

人,分别负责向金人交割河北、河东两路州府军县的土地和人民。接下来就是满足金人对相关九名"干戾人"索取的要求,称"蔡京身亡,王黼、童贯已诛,马扩不知所在,吴敏涪州安置,李纲夔州安置,张孝纯先知太原府,詹度河南安置,陈遘见知中山",并表示其中一些人身在远处或不知去处,准备彻底寻找,以遵循金人之令。这封回信还特别开具了一张带有说明性质的清单,将金人索取的"干戾人"近况加以扼要说明:

蔡京:责授节度副使,昌化军安置,已死。

童贯:责授节度副使,吉阳军安置,已诛。

王黼:责授节度副使,卫州安置,已诛。

李纲:责授节度副使,夔州安置。

吴敏:责授节度副使,涪州安置。

马扩:昨任真定府路廉访使,今不知存亡。

詹度:河南安置。

陈遘:见知中山。

张孝纯家属:闻在徐州或南京。①

在上述九人当中,宋廷唯独对马扩的情况语焉不详,既"不知所在",也"不知存亡"。在这九人中,论官场上的标准,马扩官衔的确远远低于其他八人,所以,对于马扩近况不甚了解似乎还情有可原。但现在宋廷的解释却是一种毫不了解,这其中肯定有问题,因为作书人似乎浑然忘却了马扩乃是钦宗特别诏令要求调查的案犯,且朝旨曾两次对真定府有关部门作出过具体审案的要求。我们今天已经无从知晓这个细节中的事实真相,只能以这样的现象来判定,即这种含糊其辞对马扩应该是相当有利的。因为,这九人中,除了陈遘还坚守在中山府(后被其部属所杀),除了张孝纯已经被俘失去悬念,只有马扩的处境最为险恶,最难预料,真定城被攻破,身陷牢狱毫无自由的他太容易被金军所俘,或者被乱军所杀!所以,作书人如果是一位马扩的同情者,如果是一位有心人,如果还以为马扩仍被监禁在真定城的大牢中

① 《大金吊伐录校补》第一〇三篇《宋主回书》,第294页。

未能脱身,而将这样一个重要情况向金人隐瞒不报,则必定不会引起金军在真定城中对马扩的严密搜捕,以让他有逃脱的机会。历史的细节往往是最能说明事实真相的,但历史的细节又往往以一种不能自圆其说或含糊其辞来造成历史的模糊不清,对于后人来说,对很多明显值得探究的历史细节也只能以一种大致合乎情理、常识和逻辑的方法,去作一种尽可能接近历史真相的推测,仅此而已。

在马扩"落草"河北山寨的同时,粘罕和斡离不的大军分头并进,最终,东西两路金军终于会师东京城下。东京军民此后虽然作了长达一个多月的顽强抵抗,但钦宗君臣却信赖装神弄鬼的"六甲兵",撤去城防,大开城门,而以"六甲兵"出阵,作法却敌。结果可想而知,金军一阵痛击,"六甲兵"一哄而散。就这样,在是年闰十一月二十五日(丙辰),依靠宋朝君臣的极端愚蠢和荒唐之举,金军最终轻而易举地拿下了东京。走投无路的钦宗和太上皇徽宗步了辽朝天祚帝的后尘,双双成为金人的阶下囚,北宋灭亡。

金军攻陷东京以后,除了大肆索要金银财帛、图籍仪器、赵氏宗亲、后妃公主、百工倡优等之外,再次将注意力放在了"干戾人"身上。闰十一月二十八日,宋廷派遣秦桧和李若水与金人议和。粘罕和斡离不向宋人提出:一是要太上皇和皇子出城入金营作为人质;二是要宋朝专门派遣皇帝近臣与已经答应划归于金人的相关州、府、军、县长官的家属各一人,一同前往各地交割土地;三是要宋朝将"干戾人"童贯、蔡京、蔡攸、王黼、李纲、李弥大、刘韐、王安中、马扩、詹度、陈遘、吴敏、徐处仁、折彦实、折可求、吕绅、张孝纯、王禀,以及"归朝人"滕茂实、范直方、李嗣本、蔡靖、高世友、赵良嗣、折可存、张观、杨忠敏、张谦、张翼等人的家属,送交给金人。①

金人这次开具的"干戾人"名单人数已经扩大到十八人,马扩再次榜上有名。只不过金人已将这次索取的重点放在了他们的家属身上,即使其中一些人已经死了,对其家属也不放过,而且,索取的范围进一步扩大到了"归朝人",这其中既有归于宋朝者,也有归于金朝者。

---

① 《靖康稗史注》卷四引李天民辑《南征录汇》,第96—97页。金人索取"干戾人"之一的吕绅《大金吊伐录校补》第一〇八篇《取干戾人札子》作"吕仲",第312页。

对于金人的索取，宋廷唯命是从，专门给那些已经在纸面上割让给金人、而事实上仍在坚守不降的州府军民下了一道命令，称金军只有将这些朝廷已经割让的州府拿到手了，才肯收兵罢休；而且警告这些州府的首长，金军还要将他们的家属扣为人质，押在军营之中，只有将所在州府老老实实地交割给金人，他们被扣为人质的家属才会被放回；至于金人索取的"干戾人"，即使其中一些人已经死亡，即使其家属已经四处星散，仍然要想方设法搜索取到①。这种"一个都不能少"的口气，显现了宋廷倾力满足金人要求、积极配合金人行动的决心。

金人大肆索要马扩及其家属，已经在西山和尚洞山寨落脚的马扩却毫不知情。此时此刻，马扩已经彻底抛弃了所有包袱和顾虑，全身心地投入到了抵抗金军入侵的民族解放战争中。在民间武装普遍缺乏必要的军事常识和素养的现实情况下，马扩以其武举出身的名头、武艺高强的能力和保州廉访使（虚衔为和州防御使）的地位，很快就被周围各山寨推举为首领。

马扩对眼前众多山寨推举他为首领的现实非常清楚，这些来自乡里农村的义兵原先大多就是农民，他们肯定不缺忠义报国之心，但据守各山寨基本上是为了"屯聚自保"；他们一定不缺舐血刀锋的勇气，但对军事技术和战术知识却是缺乏概念的；他们的人数也不在少数，但从军事组织的要求来衡量，却差不多可以算作是乌合之众。所以，马扩开诚布公地要求他们先做到行为有序，令行禁止。他在推举仪式大会上昭告大家道："各位山寨义军弟兄们，你等都是忠义豪杰之士，现如今推举马某为首领，那首先就非得先将上下名分搞清楚了不可。只有先将上下名分弄端正了，才可以发号施令，严守军法，不然的话，一切淆乱无序，安能成事？"

众人应声道："咱们大家就听您的！"

于是，马扩站在众人的前头，率领大家摆好香案，点起香烛，南向而拜道："咱们在此遥望京师朝廷，禀承皇上之命而建功立业，也是借我大宋国之神威，以图最终战胜金贼！"

① 《大金吊伐录校补》第一二九篇《宋告谕合交割州府官吏军民指挥》，第348—349页。

马扩跪拜祷告之后,南向而坐,接受了各路山寨义军的叩拜之礼。

末了,马扩再次昭告众人道:"从今往后,山寨中一号一令有敢违者,正军法!"①

经过这场仪式后,马扩算是西山和尚洞一带各路山寨义军的领袖了。这是他第一次带兵,也是第一次奔赴战场,与装备精良、久经沙场的金军作正面交战。与金军搏杀的密度和难度都非常大,有时候义军一天就要与金军作十多次鏖战,山寨各军又是由刚刚召集起来的农民新兵组成的,不要说基本的战略战术问题,就连最起码的武器甲胄也是既缺又劣,其艰难困苦可想而知。但就在这样的艰苦环境中,马扩及其各路山寨的义军一直坚持抵抗到靖康二年(天会五年,1127)的四月。

四月的河北平原,时有雨水兴作,连绵相接的田地里的小麦此时也已经挂穗了,经过几场雨水的冲洗变得绿油油的,在风里抖擞精神,与江南春夏之际的漫漫绿茵相比,其勃勃生机不让半分,而赏心悦目的壮阔景象则更胜一筹。本来擅长在这片土地上劳作的山寨义军,在这样一个本该充满田家乐的季节里,终于为他们的缺乏战争经验而付出了沉重的代价,连带马扩也遭遇到了他一生中的又一个重大挫折。

一天,马扩突然接到一个邻寨捎来的口信,说是他们那个山寨的义军已经出击,将同一支金军大战一场,希望马廉访能够亲自赶赴现场观战。

这位山寨之主一定是个豪气万丈的头目,面对如狼似虎的金军,他毫无畏惧,大有不斗上一百回合誓不罢休的英雄气概。但是,他违背了当初推举马扩为首领时许下的听命诺言,未听马扩号令而全力出击,这等于是目无军纪,自作主张。更为严重的是他违背了一个军事常识,那就是知己知彼。这名头目并非是有意要冒犯马扩的权威,他邀请马扩莅临战场观战,绝没有对马扩颐指气使的意思,而是想在马扩面前表现一番,并希望得到马扩的嘉许。可能是有感于这名头目的敢战作风,作为各路山寨首领的马扩,此时也违背了他当初昭告众人时作出的一切行动听指挥的凿凿之言,居然动身前

---

① 《北盟会编》卷九〇,靖康二年四月"马扩在河北山寨与金人战被执"条,第672页。

往观战。这也反映了在具体的军事行动中,义军并非如马扩最初要求的号令必须归一。面对超强战斗力的金军,义军似乎更热衷于以一场真正的激战来显示自己的勇气和斗志。但有时候,鲁莽之举和敢战作风几乎是难以区分辨别的。

马扩一赶到战场,看到了双方摆下的阵势,就感到问题十分严重。以他的军事知识判断,这支金军人众势大,装备精良,如果像现在这样正面硬碰硬地交手,众寡不敌的义军绝非其对手,必败无疑。然而,这时候箭在弦上不得不发,阻止已是绝无可能。双方很快就恶战厮杀起来。结果,仅仅凭藉一股锐气而勇往直前的义军在各方面均占优势的金军面前,犹如拍岸惊涛,终究不能撼动对方而一败涂地,不得不退却败逃。

义军的溃败给在一旁观战的马扩出了难题。一方面,毫无接应后援的溃军一旦遭到强敌的穷追,势必全军覆没。而另一方面,马扩还有种种顾虑:义军这次战败,日后如果山寨众人追究起责任来,因为自己亲临战阵而无法挽回败局,恐怕是难以逃脱罪责的;而且,自己当初又是从金军占领的真定城里逃来山寨的,万一有人因为这次战败而胡乱怀疑自己与金军有所勾结,那又怎么说得清楚?真定府牢狱之灾毕竟对马扩影响太深刻了!在如此进退两难的情形下,在败局已定毫无悬念的形势下,马扩不得不采取了逆势出击的冒险之举。他的如意算盘是,与其今后面对无端指责而有口难辩,还不如现在亲自与金人血战一场,战场上兵刃既接,血肉横飞,必可消解别人对他的置疑。所以,马扩几乎就是为了证明自己的清白,就不顾一切地横槊跃马,杀入战阵。

在义军已经溃逃的情形下,并无部众一起参战的马扩很难得到有效的支援,当他骑马冲进金军大队人马之中时,竟然没有一个人能跟上和他并肩作战。但马扩毫无惧色,单骑一人纵横于金军阵中,一根长槊连刺带挑,顷刻间即杀死数名金军。杀人是为了给自己的忠诚和清白作个证明,并无扭转战局的奢望,于是,已经达到目的的马扩又往回杀出重围,打算返回山寨。就在马扩几乎可以脱离战阵安然而回之际,金军中一名将领突然驰马杀出,直取马扩。这名金将来势迅猛,转眼间就赶上了马扩,于是,两人在离开大队人马的旷野中你来我往大战起来。双方的武艺似乎是势均力敌,但马扩缺乏马甲保护的坐骑与金将重甲战马相比,顿时落了下风。交战中,马扩坐骑的肚子上不幸遭到了金将致命的一击,扑倒在地,而翻滚落地的马扩也终被金军所擒。

这支金军的首领是副都统杓哥,他得知捉住的是马扩后,即把马扩押送至真定府。真定府原是马扩的牢狱,现如今他重回真定,落入的却是金人的牢狱,真是物是人非!

金人在真定府的守臣韩太师原是马扩的旧识,他没有怎么为难马扩,而是设席与马扩共坐对话。言谈之间,韩太师突然令手下带出马扩第三子马祖亨,并且出示了金军统帅斡离不发来的一张要求真定府搜寻马扩家属的文榜。他还进一步向马扩道出了其家属的情况,称:"公之家属,已尽为大金所擒,原在二太子(即斡离不)军中,昨晚已经来到真定城,可去相会。"

原来,当初马扩在西山和尚洞举兵抗金时,当地金人便向斡离不作了报告。斡离不在"海上之盟"时即与马扩相识,他非常清楚马扩的才识,于是,就派人去东京搜得马扩家属,押在军中。不久,斡离不又将马扩第三子马祖亨以及指令搜寻马扩家属的文榜,派人送至真定府。至此,马扩散处在东京和真定府两地的家属基本上都落入了金人之手。而现在韩太师先让马扩见到其第三子马祖亨,以此证明了自己的一言一行绝无虚妄欺诈成份。但他又声称,马扩和一家老小团聚是有条件的,那就是投降金人。对此,马扩毫不犹豫地加以拒绝了。韩太师以马扩家属为诱饵的第一次劝降,由此也遭到了失败。

马扩在真定城被关押了数天之后,从东京启程押送包括宋室太上皇在内的一行俘囚凯旋北上的斡离不抵达了真定。这样,两位旧识又见面了。斡离不可以说此次来真定就是为了劝降马扩的,他以一种直率的态度和朴素的语言诚恳相劝道:"你既非南朝宰相,又非领军大将,何必如此自讨苦吃?我早就知道你是一位忠义之士,所以特来相劝。在我大金国里,除了'都元帅府'和'大宗正府'这两府的官职你做不得外,其余的只要你看好,都可以做的。"和韩太师的劝降方式不同,斡离不是以高官要职相许,以待马扩的归降。在斡离不眼里,都元帅府掌管国家征伐大事,大宗正府掌管皇族内部事务,马扩当然不适合在这其中谋职,而其余的职位他认为无一不可。可见,斡离不对这位当初一起驰骋雪原的"也力麻立",至今仍有极高的评价和相当的好感。

但马扩依然不为所动,简简单单几句话就回绝了斡离不的一片"好心":"马某一家世受国家爵禄,今国家患难,马某宁死不受好官!"

斡离不讨了个没趣,只好作罢。

可是过了几天,他又来说服马扩归降,态度的诚恳一如既往。斡离不不同于一般金人,他和马扩有过一起跟随阿骨打打围的愉快经历。马扩多次出使金营,和粘罕、兀室、撒卢母等人有过很不愉快的争执,却唯独没有和斡离不有所龃龉,所以,马扩和斡离不之间应该或多或少仍保留着一些"友谊"。另一方面,斡离不以大金二太子和东路军元帅之尊,放下了多少军政大事再次亲自前来劝降,对马扩是充满尊敬和诚意的。所以,马扩这时有点感到情面难却。但马扩的头脑十分清楚,他的意志也没有任何问题,投降金人对他而言不成选项,绝无考虑的空间。于是,他对斡离不道:"倘或必不得已,马某愿求得数百亩田地,耕而食之,以终老母之寿。"

马扩这种"让一步"的表态,既给了斡离不面子和台阶,也清楚地表明了自己退让的"底线",而且,他打算以一种自力更生的方式养家糊口,已经是一种不食周粟、不与合作的意思。对此,斡离不已经不能再有什么意见了,因为如果再硬逼下去,马扩以死抗争,自己也十分无趣。现在马扩愿意呆在真定耕田养母,这意味着马扩还是在自己的掌控之中,这与"软禁"其实也没有多大不同,今后应该还有软化马扩的机会。所以,斡离不终于顺从了马扩的意愿,答应了他的要求。就这样,马扩在经历了一场生死抗争之后,又幸福地得以全家团聚①,尽管这种幸福被金人紧紧地封锁在了真定城内。

斡离不果然是位说到做到的人,在真定城里划定了一块田地给马扩,算是履行了自己的诺言。

---

① 马扩抗金被俘及金人多次劝降,详见《北盟会编》卷九〇,靖康二年四月"马扩在河北山寨与金人战被执"条,第672—673 页。

然而，马扩在得到极为有限的自由后，一个新的问题接踵而来。他现在不是孤身一人，他需要养活一家老小好几口人，这经济来源如何解决呢？耕种的田地是有了，但种子下地、庄稼生长得有时日方能收获，而一家人眼面前的生计又如何解决？马扩不得已只好去请求斡离不，道："耕田收获需要时间，不可能马上就有吃的。希望你能让我开一家酒肆，如此则有点小本生意，也可自己养活自己了。"

马扩的这个要求尽管仍包含了自食其力、不与妥协的意思，但也是合情合理的。对此，斡离不几乎没有多加考虑就很大方地答应了。

斡离不以这样一种给予有限自由的方式，将马扩"软禁"在了真定城内，见暂时不会有什么问题，这才放心地率兵离开真定，继续北上。斡离不或许以为自己有的是时间，先把押送太上皇等宋俘北上这件要事办妥了，今后再找时间再找机会劝降马扩不迟。可是，上天真的有不测风云，这年六月二十一日（己卯），强壮如牛的斡离不冒暑打毬，而以凉水浇沃胸背，意外得了伤寒病，不治身亡①，终究没有再见到马扩。

第四节　五马山寨，再举抗金大旗

斡离不离开真定府之后，马扩就开始实施一个极为秘密的潜逃计划。他利用酒肆这一来往人多且杂的特点作掩护，暗中物色靠得住的人，作为自己与外界联络的传信人。这年入冬以后，在真定府西南方向不远的五马山上，有位接受宋朝武翼大夫之衔的义士赵邦杰，聚集了一批忠义乡兵，安营立寨，抗击金军②。马扩通过广泛结交往来于酒肆的客人，终于同五马山寨通上了音讯，里外相应，准备逃亡。他们很有耐心地等待着时机的到来。

---

① 《大金国志》卷五《太宗文烈皇帝》三，第44页。

② 《系年要录》卷一三，建炎二年二月庚辰条，第292页。该书以五马山属庆源府，而《北盟会编》卷一一五引"原校注"而认为："五马山属真定"，第844页。赵邦杰聚义时日，《北盟会编》卷一一七认为是在"靖康元年冬"，第856页。

还在马扩被俘后的不久,在这年的五月一日(庚寅),徽宗第九子赵构即位(后称宋高宗)于南京(河南商丘),将这年改元"建炎",历史也由此跨入了南宋时期。

建炎二年(1128)二月二十七日(辛巳),时逢寒食节,这在宋朝时也是一个放假祭扫先茔的时节。经过事前的周密策划,利用寒食节出城扫墓人众的机会,也利用看守金军的一时疏忽,马扩假装跟随城里一户大姓人家出城送殡,成功逃出了真定城。当时随同一起逃离真定城的还有他的亲属和挚友一共十三人,他们在赵邦杰义军的接应下,直奔五马山寨安身①。

5-3　**五石马**　*最晚在唐代就已经存在了,五马山因此而得名。*

5-4　*五石马中的一匹带有唐代风格的石马。*

五马山位于今河北赞皇县以东约五公里处,山上有唐朝时期的五匹石马雕像,故名②。山上岩隙出泉甚甘美,名"白马泉"③。相传古时有一"五马将军"来此游逸田猎,一时渴甚,就在求泉而不得之时,坐骑马足忽然下陷,地底随即涌出泉水,"白马泉"因以为名④。五马石雕至今仍然保存基本完好,现为河北省文物保护单位。而今赞皇当地一位乡土文化研究者赵胜先

①　《北盟会编》卷一一五,建炎二年二月"马扩得信王"条,第844页。
②　五马山主峰铁壁关(即相关历史文献所称之铁壁寨)的高度,现今一般书上的说法是340米,但也有不同的标注。国家测绘总局1967年航摄、1969年调绘、1977年第一版的《赞皇县》五马山标高为349米,朝天关(即朝天寨)位置标高为322.5米;1998年8月出版的《河北省赞皇县地图》(内部用图)标高为340米。
③　《读史方舆纪要》卷一四《北直》五,第646页。
④　陈梦雷编纂、蒋廷锡校订:《古今图书集成·方舆汇编·职方典》卷九四,引《真定府志》,中华书局、巴蜀书社1985年版,第8614页。

在其《寻马记》中有这样一段文字描述现在的五马山：

> 笔者亲自到五马山朝天关与铁壁关旧址去考察，发现两关所
> 在，相距约五里，虽隔有山谷，但山势主脉为南北一线。相互照应，
> 有山路可通。高处为关，下处为寨，沟头可屯军马，谷壑中部可住
> 义军家属。两关各设独立寨门，而天然水源，亦有两处。朝天关
> 下，即今五马山寺前，立有五匹石马。相传为东晋时白马将军畋猎
> 至此发现泉水饮马之处。有两穴石井出于五马之西，常年有水，天
> 旱不绝，可供朝天关营寨用水。铁壁关山势更为奇峭，西为绝壁，
> 南向为沟谷。大寨顶端，有天然石崖构成的寨厅，可容存百数十
> 人，水源则在东南沟谷中腰，亦是泉水，泉水旁至今尚存有和尚庙
> 遗迹旧址。此处山峦，人迹少至，时过九百余年，"大山峪"东坡缓
> 处仍遍布砖、瓦、瓮、坛、罐、碗碎片，俯拾皆是。草石间，有人常能
> 拾到箭头、铜钱(宋钱)等物。以砖瓦碎片情形而论，当初屯集居住
> 人数，当不下数万人的规模。真想不到时隔近千年，此处尚有此
> 景。风过草低，林木有声，古战场营垒虽不可见，但也是可以想见
> 的。

马扩"复奔"①五马山寨的消息传出后，引起了附近各山寨义军的极大反响，众人欣喜雀跃，并再次一起推举马扩为众山寨的首领。假如当初马扩第一次被推举为各路山寨义军首领，是因为其出众的军事之才使然的话，那么，这次他再度众望所归，被共推为附近众山寨首领，则应该缘于他曾经血战金军的光荣故事。

---

① 今人赵胜先:《寻马记》(未刊稿):"这里(指《北盟会编》卷一一五,建炎二年二月"马扩得信王"条)用复奔的说法,即可看出马扩原来就在五马山'和尚洞'。"参见《马扩事迹编年》卷五《五马山寨》,第131页。

5-5　《续修赞皇县志》书影

　　然而，马扩并未沾沾自喜于这种被认可和被拥戴，他知道自己远没有号召天下的资格和影响力，聚集河北豪杰义士共同抗金，需要有更具权威的人物来主持。恰在此时，他获悉了一个重要情报：民间传闻，太上皇第十八子信王赵榛与父兄一起被押北上，途径庆源府时从金营中逃脱，隐匿在真定府一带①，据说他自称姓梁，在某地以"点茶"为生②。马扩闻讯后，当机立断，选择了一个风高月黑的晚上，亲率一支义军突然劫了金军的营寨，赶到赵榛的暂住地，将其"夺迎以归"。之后，马扩和赵邦杰在五马山郑重推举赵榛为

---

①　《宋史》卷二四六《信王榛传》，第8728页。

②　《北盟会编》卷一一五，建炎二年二月"马扩得信王"条，第844页。"点茶"《系年要录》卷一三作"摘茶"（第292页），似不准确。点茶即泡茶的意思，但应含有一定的茶艺表演成分在其中。徽宗在朝时嗜好茶宴，多有茶艺之举，故赵榛在宫中耳濡目染掌握些许茶艺之技，而今在民间茶馆中为人泡茶，藉此谋生，也不足为奇。且中国茶树种植大致在秦岭至淮河一线以南地区，河北地区绝少有产茶之地。据作者亲临五马山所在之地的河北赞皇县考察，该地区也仅以盛产大枣、核桃和柿子为名，未闻有茶叶出产。钱士升《南宋书》卷二七《马扩传》认为赵榛"流落民间，为茶肆佣"（齐鲁书社2000年版，《二十五别史》第15册，第427页），当是接近事实的说法。

山寨领袖,一是"总制诸寨"①,二是"倡义举兵"②。马扩这一极具政治思考的举措收到了显著效果,赵榛以信王名义大集抗金义士,"两河忠义闻风响应,受旗榜者约数十万人"③。五马山寨犹如一面插在金军后方猎猎飘扬的战旗,一道坚强挺立在燕赵大地上的脊梁,成为了河北地区民间抗金壮举的一个典范而备受敬仰,它不畏强暴,不怕牺牲,不屈不挠抵抗外来入侵的民族节气,也成为一种骄傲而载入了史册。

《三朝北盟会编》记载当时接受标有信王榛名号旗榜的人数约数十万众,固然有点夸大其词,但信王名号广播两河地区,举兵响应者"甚众",或者如《宋史》所称为"十余万"④,应该是事实。而由此产生一个问题,却是至今仍有较大争议、难以定论的历史悬案,即五马山的这位信王究竟是否真的是徽宗之子赵榛?

信王榛是真是假,宋、金两方的文献所述颇有差异。据《宋史》称:"榛亡,不知所在,或曰后与上皇同居五国。"又称:"绍兴元年(1131),邓州有杨其姓者,聚千余人,自称信王。镇抚使翟兴觉诈,遣将斩之以闻。"⑤《三朝北盟会编》称:"(绍兴元年四月)翟兴杀伪信王杨糠糜之子。沿河守御官王兴报,大河北岸有兵千余人,其首领自称'亲王'。翟兴命王兴招延渡河,厚其供馈,以兵卫之。既行移,则称'信王',或称'邓王',或自谓是'渊圣',文檄不一,盅惑众听,意在诱结将士,动摇边境。兴察之,其为首领者觉之,乘夜潜遁。兴委都统制董先追袭,至商州获之,乃邓州杨糠糜之子也。识证甚明,遂并其党杀之。"⑥《系年要录》也有翟兴杀杨某之事的记载⑦。

金朝一方的相关文献则另有说法。《靖康稗史》引《宋俘记》称:"榛,天眷二年(1139)六月十九日,殁五国。曾娶田氏,天会六年、九年、十年、十二年、

---

① 《宋史》卷二五《高宗纪》二,第455页。

② 《北盟会编》卷一一五,建炎二年二月"马扩得信王"条,第844页。

③ 斡离不许马扩开设酒肆,马扩借机逃离真定,在五马山奉信王榛为首领,俱见《北盟会编》卷一一五,建炎二年二月"马扩得信王"条,第844页。

④ 《宋史》卷二四六《信王榛传》,第8728页。

⑤ 《宋史》卷二四六《信王榛传》,第8729页。

⑥ 《北盟会编》卷一四七,绍兴元年四月"翟兴杀伪信王杨糠糜之子"条,第1066—1067页。

⑦ 《系年要录》卷四三,绍兴元年四月条,第793页。

天眷元年,历生五女。燕人赵恭,曾托榛名,号召山贼助宋。榛以疑狱收禁。"①

《靖康稗史》又引《呻吟语》称,建炎二年(天会六年,1128)八月二十九日,信王长女生。绍兴元年(天会九年,1131)十二月,信王次女生。绍兴二年(天会十年,1132)六月二十四日,沂王樗、驸马刘文彦(《宋史·沂王樗传》作刘彦文),首告太上左右及信王谋叛。千户字堇接打曷、即习古国王,接其词。七月,遣使诘问。太上遣莘王植、驸马宋邦光,渡河往辩。坚请太上自往。又遣少帝及信王榛、驸马蔡僗、内侍王若冲往议,始许在行宫引问。沂王、刘文彦承诬,使者请太上处置,却之。使者宣命赐死。九月,信王三女生。绍兴三年(天会十一年,1133)九月初五日,信王四女生。绍兴五年(天会十三年,1135)五月,信王五女生。绍兴十年(天眷三年,1140)六月十九日,信王薨②。《宋俘记》与《呻吟语》所载信王榛生女之事及卒年近似,惟纪年有差异。《三朝北盟会编》也有说到信王榛与沂王樗、刘文彦对质之事③。

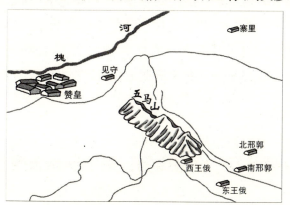

5-6　**五马山形势图**　五马山周围的村名大都与五马山寨抗金有关,如"见守"村、"寨里"村、"东王俄"村、"西王俄"村、"南邢郭"和"北邢郭"等,详见第七章所引《五马山古战场》一文所述。焦　俊　作

---

①　《靖康稗史注》卷七引可恭《宋俘记》,第 182 页。
②　《靖康稗史注》卷六引《呻吟语》,第 146、157、158、160、165 页。
③　《北盟会编》卷二一一,绍兴十二年八月"徽宗皇帝梓宫至自金国"条,引王若冲《北狩行录》,第 1521—1522 页。

今人徐兴业在《中国古代史话》中称："信王赵榛的真伪问题,迄今仍是历史上的一重疑案。马扩的自传《茅斋自叙》和另一人执笔的《续茅斋自叙》,对这件事言之凿凿。核对其他史料,马扩自传,事多可信。但始终跟随徽宗北行家属中也有一个信王赵榛,两个赵榛出现在同一期,两者必有一假。我们宁可相信马扩所说的是实,但这不是问题的症结。问题症结是在当时的条件下,捧出一个赵氏宗室来做义军名义上的首领,对义军的发展可能起相当大的号召作用。马扩、赵邦杰采取这项措施有其必要。"①此外,今人王汝涛在《靖康稗史注》中称："颇疑金方为安定人心计,谓五马山寨之信王为非真。"②

在此,徐兴业先生"宁可相信马扩所说的是实"的观点还是颇为接近历史的真相和历史的可能,因为后来马扩向高宗呈交了信王的亲笔信,作为"第三方"的高宗来判断这个信王,也作出了"何疑之有"的定论③。而倘或马扩炮制一个假冒的信王,却要让这个冒牌货的笔迹瞒过具有极高书法造诣的高宗之眼,误认此人乃是其"货真价实"的胞弟,并且授予这个远在河北的信王以元帅之衔,还要命马扩率兵北上相援,这在事理上、逻辑上几乎都不太可能。

第五节　突出重围,南下扬州求援

马扩和信王榛在五马山寨住了一个多月后,虽然远近义士响应日众,力与敌抗,但也暴露出许多问题,让人越来越感到"底气"不足。马扩和赵邦杰此间"累与金战,皆获小捷",但是义军缺乏必要的营帐之具,河北的早春二月正是春寒料峭之际,数万义军却"昼夜暴露",苦不堪言。作为战斗最基本

---

① 徐兴业:《中国古代史话》下册,上海教育出版社 1982 年版,第 125—126 页。
② 《靖康稗史注》卷三"信王榛"注释,第 72 页。
③ 《北盟会编》卷一一六,建炎二年三月"信王遣马扩赴行在乞兵"条,引曾三省《续茆斋自叙》,第 848 页。

的武器装备也十分匮乏,严重影响了义军的战斗力。加上丁壮从军,田地抛荒,"民事失时",今后粮食也是个大问题。此外,赵榛虽然头上顶着一个"信王"的帽子,可他却没有为有功之人加官晋爵的权力,这也就意味着山寨只能靠一时的忠义激情凝聚人气,而缺乏有效手段来长久稳固人心。这些困难已经严重制约了义军的发展,倘或不能尽快解决的话,五马山寨等一大片抗金据点最终被金军攻破消灭,恐怕只是时间问题。

马扩和信王不甘就此坐以待毙,指望已"驻跸"扬州的高宗能援手一把,便"两发使人",向高宗求援。然而,当时大河上下,"兵戈方炽,道路梗塞",虽然已经两次派人南下,但估计完成使命的可能性极小。别的不说,即使所遣之人最后能够抵达扬州,能凭什么进入朝廷庙堂? 又以什么为凭,让高宗朝廷相信五马山寨的抗金现状和面临的困境,最终为之心动而发大军北上相援? 为此,经过一番斟酌,信王决定还是由马扩率兵亲自前往扬州。马扩本人曾经是朝廷命官,这点绝对是货真价实的,远比派一名要让朝廷连其身份都要狐疑猜测一番的陌生人去要强得多。另外,信王特意亲笔写了两件文书让马扩带上,其一是封作蜡丸以为今后呈送高宗和朝廷的正式奏本,该文件后来保存在《系年要录》和《宋史》中:

> 自金人劫迁二圣,举族三千余口,悉驱而北。臣至庆源府,谋审得免,今在五马山。臣窃见邦杰与扩累与金战,皆获小捷,其忠义之心坚若金石。臣自陷金营,颇知其虚实,敌今稍惰,皆怀归心,且屡败于西夏,而契丹亦攻之。今河北、河东十陷七八,惟山西一带诸寨乡兵,约十余万,力与敌抗。但昼夜暴露,民事失时,率皆困窘,兼阙戎器。臣多方存恤,借补官资,使忠义之徒竭节不变。惟望朝廷早遣兵来援,不然,久之恐反为敌用,则河南难保。宜乘此时,速取所失州县,以副民望。臣愿陛下念祖宗创业之艰,二圣播迁之艰,于布衣小官中,选其先公后私、为国家效死之人,付以事权。即下明诏,委臣总大军,与诸寨乡兵约日齐举,决见成功。仍给空名诰敕二万道,及河东、河北兵马元帅印,付臣佩之,臣粉身碎首,所不敢惮! 况于陛下,以礼言则君臣,以义言则兄

弟,其忧国念亲之心,恭想无异。兴言及此,不觉流涕。①

其二是捎给东京留守、抗金名臣宗泽的一篇《咨目》,该文至今仍保存在《宗泽集》中:

> 某咨目顿首,上呈领尹元帅延康台座:春和,伏惟辅国宣劳,神相忠勤,台候多福。某切以国家多艰,金人入寇,两犯京城,劫迁二圣,下及血属三千余口,长驱北去。某到庆源,遽谋逃窜,得敌中忠义数人为力,遂脱膻网。今具河北事宜利害敷奏圣上,窃恐奸臣贼子障蔽难达,某素知公梗概敢为,竭节报国,遂再具奏,烦公多方缴奏,使之得到御前,得兵速至,不胜万幸。自余更翼上为庙朝,倍保台重,前膺大拜,祝望之至。不宣。②

马扩此行未必一帆风顺,马到成功,所以,当他告别信王时,两人都意识到这也许就是最后的一面,今生今世恐怕再也难以相见了。但又企望就此成功,以解五马山寨的危局。于是,信王在马扩临行前,又亲笔作了两首诗为他送行,其一云:

> 全赵收燕至太平,
> 朔方寸土比千金。
> 羯胡一扫銮舆返,
> 若个将军肯用心?

其二云:

> 遣公直往面天颜,
> 一奏临朝莫避难。
> 多少焦苗待霖雨,

---

① 《系年要录》卷一四,建炎二年三月条,第305页。《宋史》卷二四六《信王榛传》,第8728——8729页。《宋史》所载为节录本。

② 宗泽:《宗泽集》卷一《信王咨目》,浙江古籍出版社1984年版,第6页。

望公只在旬月间！①

信王的第一首诗直言燕赵大地乃是大宋保家卫国之根本,寸土千金,放弃不得,而且期待有谁能够振臂奋勇,用心抗金,以迎还二圣回朝。这与高宗几次三番沮阻宗泽等忠臣义士的恢复之举,担心父兄归来夺了他的皇帝宝座,其心境迥然相反。信王曾经作为金人的囚徒被押北上,途中的种种屈辱和艰辛自不待言,因此,现在送行马扩时发出这样的心声,合乎一名知耻图雪的皇子的胸臆,其耿耿之心又岂能是民间巧言令色、冒名顶替的无赖所能伪造得出来?

这第二首诗是写给马扩本人的,既向马扩郑重托付此去面见圣上的千斤重担,又渴盼他早去早回,为五马山久旱的"焦苗"带来"甘霖"及时雨。这份重托之情,这颗切盼之心,又怎么可能是一般人所能体悟,并能作如此描画!

三月初的一天,马扩带上山寨为他挑选的五百名随从出发了。临行之际,信王亲自相送至山下,作别时再次握住马扩的手,先是仰天叹息,继而泪流涕下,泣道:"惟天知公忠义,无以家属为念,勉力此行!"这种生离死别之情又夹杂了些许无可奈何之意,让人感慨不已。

就这样,马扩作别了五马山,告别了亲属家人,往南而行……

一路上,马扩尽可能避开金军控制的州城和官道,而走"大盗"据守的险要之地。当时所谓的"大盗"良莠不齐,既有趁火打劫的强人,也有结寨自保的义士,对来自五马山寨的马扩而言很难说是敌是友。但有一点是他们的共同点,就是至少到现在,他们仍然坚持独立,不与金军合作。马扩利用他们这一共同特点,每到一处寨子,便扎下部属,自己单骑扣关,说明此行奉信王使命南下请兵的重任,而且,有可能则和这些山寨之主结为兄弟,相誓恪守忠义,报效国家。马扩的义胆侠气、推心置腹和宽厚胸襟,感动了沿路大多数寨子的头目首领,他们无不踊跃而来,欣然相从。时值戎马倥偬,便是

---

① 《北盟会编》卷一一六,建炎二年三月"信王遣马扩赴行在乞兵"条,引曾三省《续茆斋自叙》,第848页。

一张白纸也难找到,马扩便撕开自己的衣襟,记下了所到之处的头领姓名和大致情况,并向他们声明:"等马某到了朝廷,即先请命封你等为官。"马扩不是在开空头支票,他以最大的诚意联络和团结一切抗金力量,为重返五马山寨、收复河北失地,播下可以燎原的火种。当马扩历尽千辛突出金军重围,来到黄河边时,更有附近山寨的首领亲自前来驾船,将马扩及其随从送过大河。这也从一个方面充分显示出马扩的人格魅力。在沿途各路忠义豪杰的帮助下,马扩终于来到了宋军实际控制区,在三月十日前回到了故都东京城。

靖康二年四月,金军将东京城里的财物搜刮殆尽,然后尽俘徽、钦二帝及其太子、后妃、公主等赵氏宗室以及部分显官共三千多人,离汴北去。金军临走前夕,立张邦昌为傀儡皇帝,国号"大楚"。但金军一走,不得人心的张邦昌只做了一枕黄粱梦,迅即倒台,东京复归宋朝。是年七月,东京留守宗泽"入京师治事",募兵守城,沿河筑垒,积极筹备,力图恢复。宗泽还派人联络两河义军(如太行山王彦"八字军"),彼此呼应,互通声气,抗金形势顿显起色。

眼下马扩突然归来,带来了信王和五马山寨的消息,引起了宗泽的高度重视。宗泽之后在三月十日(甲午)写给其家属的一封信上曾提到,跟随马扩一起来的承节郎刘晟向他递交了一丸信王的"蜡封奏状",以及信王写给自己的一封《咨目》,他看了《咨目》后,即刻就决定派遣其儿子机宜宗颖携带这封蜡书,"恭诣行在投进"[①]。马扩也向宗泽呈上了信王亲笔题写的那两首送别诗。因为这些书札信件,使得宗泽毫不怀疑信王的真实性。于是,马扩提请宗泽护送他早日赶赴扬州行在,宗泽当即表示同意,而且还建议道:"不若先以诗进呈,如何?"对此,马扩也表示了赞同。

在宗泽的一手安排下,马扩一行人和宗颖一起,从东京进抵扬州。此时,马扩清点从五马山寨带来的随从,已经"不满百人矣!"由此可见,马扩一路上与金军多有拼杀,在付出了沉重代价之后,才得以回归本朝。而宗泽和

---

① 岳珂:《宝真斋法书赞》卷二二《宗忠简留守司二札家属吾友三帖》,商务印书馆《丛书集成初编》1937年版,第325页。

宗颖父子则是马扩重返本朝的关键人物，因为他们的引领，马扩才得以面见高宗，而更重要的是，马扩当初在真定"勾结金人"的重罪就此不了了之。

抵达扬州后，在宗颖的协助下，马扩很快就得以入朝觐见高宗，呈上了信王托付的"蜡书"，然后又向高宗报告了自己的遭遇和经历。马扩道："臣陷身于金虏之日，适遇太上皇帝车驾北狩路经真定之时。当时太上皇帝就问内使张恭道：'有何臣僚在此？'张恭对以臣在。太上皇帝遂令张恭密传口旨于臣，令臣有机会回归南地见到官家时，可使对虏人用兵。太上皇帝还说，虏人最是无信，只有我兵胜了，我才可以归朝。"

马扩这番话，使高宗潸然泪下，他挥泪道："朕素闻卿乃忠义之士。即加褒谕，下殿拜谢。"

这是一次较为简短的对话，马扩并没有为自己受到诬陷而羁押于真定府大牢的冤屈进行申辩，也没有多说自己在西山和尚洞与五马山寨抗金的故事（五马山寨的事情自有信王亲笔"蜡书"奏报，无需多说），而是将一段他自己从未告诉过第二个人知道的秘密，如实透露给了高宗。高宗乍听之下，十分激动，即从言语上和官职上对马扩予以了褒奖。到这个时候，马扩面见高宗的时间虽然非常短暂，但收到的效果还是十分明显的。

然而，就在马扩将要步出大殿时，却发现了这样一件事：也是很偶然地一瞥，马扩发现殿内刚才退在下边不吭一声的宰执大臣（其实就是汪伯彦、黄潜善等人），这时候环立在高宗面前，仿佛在向高宗说什么事情，却又听不真切他们具体在争论些什么。马扩侧耳细听，终于远远地听见高宗有些尖利的大嗓门厉声道："信王是太上皇帝之子，也是朕之亲弟，朕岂能不认得他之书迹！何疑之有？"高宗说话的口气显得很生气，连珠炮似地向大臣们反复质问同样一句话："何疑之有？"

谁听见高宗这一连串高八度嗓音的发问，都能明白君臣之间这会儿在争议什么问题。马扩当然很清楚自己所面临的处境，倘或信王是个冒牌货，那他马扩的忠义之名即使再响亮，也将统统一笔勾销，而且很有可能不是牢狱之灾，而是灭顶之灾！但这时候已经没有马扩说话的机会了，信王是真是假，只能是坐等判决。

很快,马扩就等到了圣旨的宣判,乃是:"除信王河外兵马都元帅。"

这是一个令人振奋的结果!

如果从名分这个角度来说,这道皇帝之命让人感到满意的倒不在于授予了信王究竟是一个什么样的职官,而是它承认并给了信王一个合法的身份,这将大大提升五马山寨在两河地区的影响力和号召力,而且,眼面前马扩的困境也迎刃而解。

接下来颁给马扩的"制文"这样道:

> 制曰:顷戎虏之内侵,属都城之失守,逼宫闱而远适,历险阻以备尝。肆眇躬之缵承,济多难而恢复。追袭之兵继遣,勤请之使屡驰。抚时序以既周,怅初心之未遂。忽览章疏之近奏,始闻行役之独留。盍既言归,伫宽遐念,乃陈手足之助,愿效忠孝之诚。慨然肚图,副朕本旨,宜就颛于临制,庶尽总于营屯。以迎二圣六宫之还,以慰两河诸镇之望。特授马扩拱卫大夫、利州观察使、枢密副都承旨、河外兵马都元帅府马步军都总管,节制应援军马使,俾将兵应援。①

这篇"制文"例行官样文章四六骈对的式样,前面至少一半的文字都是废话,后半段才明确提出要迎还二圣六宫、慰藉两河诸镇,算是说了一段良心话,而特授马扩一大串官衔,也是具有实际意义,非常有用的。而至关重要的是末尾的"俾将兵应援"这句话,这是对五马山寨最为重要的一个决策!换句话说,五马山寨最迫切期待和需要的就是得到这样实质性的支援。信王屡次三番派人南下,要的就是这个结果,而现如今马扩得到了、等到了这个结果,堪称不辱使命,也应该相当满意了。

可是,大殿中高宗对宰执们的厉声反问,犹在耳际嗡嗡作响,让马扩挥之不去,心有余悸。于是,趁着高宗对河外用兵已经摆出一副热心肠之际,马扩趁热打铁,提笔一气呵成讲了四件事,奏呈高宗,希望能得到理解和支持。这四件事如此道来:

---

① 《北盟会编》卷一一六,建炎二年三月"信王遣马扩赴行在乞兵"条,引曾三省《续茆斋自叙》,第848—849页。

其一曰：臣闻，秦武王遣甘茂攻宜阳，樗里子、公孙衍疾其行。茂患之，引曾子母投杼之事以讽。武王曰："寡人不听也，请与子盟。"于是，盟于息壤，以遣茂行。攻宜阳，三月不拔，樗里、公孙来争于前。武王不听，益发兵以佐茂，遂拔宜阳①。今臣疏远小人，捧皇弟信王之奏，仗孤忠，冒艰棘，请兵于朝。陛下断以不疑付臣阃外之任，臣当拊循战士，播宣王威，以图报称。愿陛下存武王之心，念甘茂之事，鉴前代之成败，明当世之嫌疑，俾臣得效愚忠，毕意攻取。惟陛下矜察！

其二曰：王师大举，机会神速，军期文字不可少缓。若依常制，下都堂然后以达天听，则事涉疑似或欲规避者，定逡巡藏匿，不以进呈。伏望睿旨令皇弟信王都元帅府专置一司，凡军期急速文字，不限夤夜昼时通奏，庶免误事。

其三曰：大将军受命专征，自唐以来用中贵人监军，夺权掣肘，每至败事。今二圣远狩，中原未靖，皇弟信王慨然有请于朝，陛下嘉其意，大发王师以付之，旦夕举兵，必期迎銮舆、靖河朔然后已。伏望圣断，罢差中贵监军，不惟今日易以成功，庶几后世取以为法。

其四曰：王师大举，金鼓器仗全不任用。窃观马隆募勇士三千，武库给以朽仗，隆以为非任臣灭贼意，遂给其三千军资，听其自入武库选利器，隆于是通凉州，解天子西顾之忧②。今兴师北道，迎二圣，定两河，责望成功。伏望特降睿旨，所给器仗尽选犀利者，以给大军之用。③

马扩奏呈的四件事，概括起来无非就是请朝廷用人不疑，让信王便宜行事，取消监军以杜掣肘之弊，给予利器以便战事之需。应该说这些都是很实际的问题，都有前车之鉴，所以马扩不想回避，而想解决，事先摆上台面都说清楚了，以免重蹈覆辙。马扩在其中援引了不少历史故事，说来更有史论和

---

① 事在公元前309年。宜阳，今河南宜阳西，战国时属于韩国。

② 事在279年。马隆，西晋武帝将领，受命出兵西北，收复凉州（甘肃武威），平定鲜卑羌戎之乱，

③ 《北盟会编》卷一一六，建炎二年三月"信王遣马扩赴行在乞兵"条，引曾三省《续茆斋自叙》，第849页。

史鉴的意味,其文史功底也由此可见一斑。宋朝武举考试除了弓马武艺之外,也同文科取士相似,文章义理也是一项基本功,这种考制使得马扩打下了文武兼长的基本素质。对马扩所奏"四事",高宗显得很有气度,"皆从之",还一口答应马扩率军过河以后,可以"便宜从事"①。

马扩当时的喜悦心情可想而知,于是,他一下子变得敢说敢为起来,见到一些看不惯的事情,哪怕不是自己分内之事,也好舞弄笔墨,写成议案,直言规劝。这反映在马扩起兵北征前的五月六日(己丑),朝廷突然接到御营使司的一封奏报,称马扩此前写来一件札子,道:"诸州县朝廷设在官道上之快马递铺(即驿站),因为兵火战乱已残破不堪,至今大多未及重新建造设置。而近来马某访闻诸处兵马出入于所经州县,却以官府出价雇用人力为名,向民户强行分派劳役,征收马匹,充作驿马、人夫使用,因而对地方骚扰极大。"鉴于马扩提出的是一个军队扰民的问题,御营使司建议朝廷除了官府指派之外,不得再有其他人向民户差遣劳役,而各路大军的头领、应援军马的军吏,以及奉使监司的官员,所需驿马、人夫可按照惯例专门调派。御营使司还请求朝廷停止一切过往官员擅自差遣驿站人夫的权力和行为,待战事宁息之后,重新恢复驿站的重要地位,"杜绝骚扰害民之弊"。对于御营使司这封由马扩引起的合理化建议,高宗予以的批复是"从之"②。

除了向高宗奏事,向有关部门提案,马扩在治军上也着实用了一番文字功夫。在枢密院调派的兵员还没有到位的情况下,他已经拟好了一篇用于大军出征之前的誓师"演讲"文稿。誓词的原文如下:

> 金贼逾盟,连年犯顺,劫迁二圣,邀致皇族,杀我人民,掠我子弟,夺我财帛,焚我庐舍,罪恶贯盈,天人共怒。皇帝孝悌之至,通于神明,追念父兄,痛入骨髓。兹者锡信王元帅之命,举六军问罪之师,委某出征,渡河取胜。尔等将士,素怀忠义,当报国恩,协心同力,扫荡金贼,迎还二圣,平定两河,奋主辱臣死之忠,副箪食壶浆之望。尔有功必加厚禄,

① 《系年要录》卷一五,建炎二年四月条,第315页。
② 《宋会要辑稿》第191册《方舆》一〇之四三,第7495页。

有罪必加显诛，信赏明罚，皎如白日。今大军一举，秋毫不得辄有所犯，迫其度越燕山，深入贼境，金帛财宝各有所得，尽以付尔，安危苦乐与尔同受。此言不易，各务遵承。①

马扩的思想、情感已完全沉浸在了"奋主辱臣死之忠，副箪食壶浆之望"的美丽蓝图之中，还真以为自己能够率军"度越燕山，深入贼境"，能够作为大宋中兴的一员，"迎还二圣，平定两河"，却丝毫没有意识到，这种崇高的理想与残酷的现实完全是格格不入的。当初徽宗第一次北伐辽朝时，马扩出使燕京，以一己之力舌战辽臣，迫使辽朝作出降宋决定，却因为没有估计到耶律大石竟然率军主动过河，大败宋军，以致几乎到手的外交成果一夜之间化为泡影，功亏一篑。如今，他又将因为没有充分了解到现实朝政的种种弊端和丑陋，而再次付出沉重代价，功亏一篑。

第六节 绝援绝水，喋血五马山寨

高宗并不是一位与其父兄水火不容的皇帝，从他刚刚接到马扩转达的太上皇消息和信王亲笔书信时来看，他当庭流下眼泪绝非是在演戏。高宗继承了徽宗善书这一遗传基因，在书法领域父子俩具有相似的发言权和权威性，这也是毋庸置疑的。在像马扩这样充其量只算得上是中级武官的人面前，他根本没有演戏的必要。而他在马扩不在场的情形下，力排众议，几乎有点固执地一口咬定信王的手迹是货真价实的，也证明了他其实是不会、也不想演戏的。后人甚至据此完全可以想像，他年少时和信王曾经同桌学书练字的兄弟情谊。随后颁发给马扩的圣旨也说明了他对马扩以及信王是绝对信赖的，也是真心诚意想助其一臂之力的。然而，这并不意味着他真的会始终不渝地将北伐这张牌打到底，不迎回"二圣"誓不罢休。他比谁都能

---

① 《北盟会编》卷一一六，建炎二年三月"信王遣马扩赴行在乞兵"条，引曾三省《续茆斋自叙》，第849页。

深切体会到金人是不共戴天的仇人,但信王书中和诗中口口声声要他"念二圣播迁之艰",希望能"羯胡一扫銮舆返",他自己在给马扩的圣旨中也信誓旦旦地称要"迎二圣六宫之还",这些都是经不起在更高眼界上和更深层次上加以推敲的。宦途老手汪伯彦、黄潜善等人只要稍微点拨、启发一下,就可以让他恍然大悟——太上皇和渊圣皇帝真的要回来了,那将置他赵构于何地? 或者反过来说,他赵构将置太上皇和渊圣皇帝于何地? 这手牌的结局不是明摆着的嘛,根本无需汪伯彦、黄潜善帮他翻开"底牌"。

原来十分平顺的形势就此突然中变!

根据高宗原先的旨意,马扩将以河外兵马都元帅府马步军都总管、节制应援军马使的身份,亲领军马北上渡河,应援五马山寨。但是,枢密院拨付给马扩的军马却是数队"乌合之兵"。马扩是职业军人,这种敷衍之举岂能瞒得过他,争辩在所难免。于是,高宗干脆再下一道旨令,在一批从洺州(河北永年东南)弃城逃到泗州(江苏泗洪东南)的军士和民兵中,拨了五百人随马扩前往河北应援信王,就算是给马扩解决了应援军马的问题。

马扩正自烦闷,忽然又意外地收到了一件密旨,称信王有反叛之相,要他马扩暗中加以防备,并稽查其反叛事实①。这不但是无中生有的一派胡言,更是居心叵测别有用心。高宗能够下达这样一个需要"脑筋急转弯"的密旨,其阴暗心理、荒谬做派,真是无愧于徽宗皇帝的"孝子贤孙"。

更多荒谬的事接踵而来。马扩勉勉强强整出一支人马,出发后还没有走到黄河边,又有络绎不绝的诏旨赶来,一会儿严令马扩军马"一人一骑不得渡河",一会儿又要求马扩必须"听诸路帅臣节制"。高宗当初对马扩的委任,对马扩有关"四事"奏呈"皆从之"的从谏如流,以及答应马扩"过河得便宜从事"等等给人的良好印象,现在突然被这些诏旨彻底颠覆。事到如今,早些天还被高宗亲口称作忠义之士的马扩,竟然也成了高宗君臣"左忌右疑"的对象,他们以一种"十羊九牧"式的多头领导和多方命令,牵制马扩,让他无所适从。这一切异象都非常清楚明白地向马扩传达了一个意思:用兵

---

① 《宋史》卷二四六《信王榛传》,第 8729 页。

河北的大门已经关闭,悬崖勒马,就此打住!

　　假如对防范和稽查信王反叛之事的密旨,马扩还可以让自己"便宜行事",甚至阳奉阴违地打个马虎眼,但眼下这道令他"一人一骑不得渡河"的诏旨,却可谓是断了他的一切念头。深深陷入掣肘困境的马扩,禁不住对着浊流滚滚的黄河发一声浩叹:"不可以成事矣!"①

　　高宗朝廷的荒谬事还没有结束。五月二日(乙酉),高宗忽然下诏,声称要返还东京。诏书是这样写的:

　　　　朕即位之初,踯躅近服。会李纲上江左之章,继执南阳之议,鸠工
　　蒇事,浸失时几。旋为淮甸之行,就弭寇攘之患。守中原而弗远,见朕
　　意之所存。昨稽时措之宜,默辨言还之计。设施有序,播告未先,或者
　　不知,尚乃有请,可无委积,以谨备虞。宜令发运司尽起淮、浙入京物料
　　及军需辎重等物,以次发遣赴京师。朕将还阙,恭谒宗庙,仍令三省枢
　　密院御营使司条具合行事件。应臣寮将士,自应天府扈从至扬州者,并
　　进官一等。②

　　高宗在诏书中"坦诚"自己即位以来不思进取,一直就在东京左近王畿之地徘徊不进,蹉跎岁月,但又"直言不讳"称,造成这种现状的责任,应该由"上江左之章"和"执南阳之议"③的李纲来承担,将自己一段畏敌不前的历

---

①　信王遣马扩赴扬州行在求援,至马扩应援遭到疑忌,无奈之下屯驻大名府,详见《北盟会编》卷一一六,建炎二年三月"信王遣马扩赴行在乞兵"条,引曾三省《续茆斋自叙》,第848—850页。马扩起兵北征究竟在何时,驻军大名府馆陶县又在何时,诸多文献均记载不详。《系年要录》卷一五引"原按"(第315页)称:"绍兴元年五月,马扩属官万俟虔家《乞恩泽状》云:'建炎二年七月,河北节制应援军马扩申奏起复从军前去,至当年八月,到大名府馆陶驻扎。'……而绍兴五年七月五日臣寮上言:'吏部取会到马扩公文,称建炎二年四月内恭禀圣训,渡河讨贼,责任成功,许便宜从事。至大名府馆陶县,方准朝旨,不得渡河。'"此外,根据马扩起兵之前奏呈"四事",高宗又忽然变卦屡次下诏予以掣肘,且马扩还要整编一支"乌合之众",也需时日,所以,按照常理推断,马扩四月得以觐见高宗并获任用,而其最后点齐大军兵发河北之日,至早也应在五月份了,而在收到"一人一骑不得渡河"的诏令后,虽然马扩听从了宗泽的"节制",但中间必定经历犹豫或争辩,种种周折和反复之后,最终能在八月份进兵到大名府馆陶县,也是合乎情理的。
②　《系年要录》卷一五,建炎二年五月甲申条,第316页。
③　高宗即位之初,曾下诏欲往东南江左避敌,李纲上书"极论其不可",并建议高宗暂时驻跸南阳(今属河南),最终"乃还汴都"。参见《宋史》卷三五八《李纲传》上,第11257—11258页。

史责任强行扣在了李纲头上,回过头来还要"表彰"一下自己"淮甸之行"的功绩和坚守中原的意志,然后道出自己要回东京老家的想法。而且,这次回东京显然不是做做样子的权宜之计,也不是心血来潮去看看五月东京好风景的"京师之旅",而是要有关部门尽起两淮两浙已经准备好的物品以及军需辎重等,运往东京,也即这次皇帝是打定主意要搬回家去住了。当然,如果仅仅说皇帝想回家去住,那境界也太低了,皇帝返回东京之第一要务,是前往宗庙拜谒列祖列宗,这彰显了皇帝的一片孝心,也是此次搬家行动的"帝德"所在。末了,一直忠心耿耿跟随左右的百官臣僚和三军将士,也将在此次重返东京的过程中得到"进官一等"这样不小的甜头。

奇怪的是,从去年五月高宗即位后没有多久,宗泽就有《乞回銮疏》上奏,到今年四月为止,在十个月左右的时间里,前后居然多达二十次恳请高宗返还东京①,而高宗(还应包括他的左右手黄潜善和汪伯彦)均漠然视之,无动于衷。这次毫无征兆地突然宣称要回东京了,真是蹊跷!莫非高宗终于为宗泽的耿耿忠心所感动,忽然觉悟了?很遗憾,宗泽最后第二十四次奏请高宗回京,直到为此忧愤成疾而死,高宗都不曾心动过一次!这次下诏说要回东京,其直接的也是唯一的原因竟然是一条空穴来风的消息,当时"或言榛有渡河入京城之谋",这才有了五月二日的还京之诏②。

原来如此!

原来高宗的还京仅仅是为了提防和堵截信王的还京,高宗的还京之举是为了压制和打消信王的还京之念。说得再直白一点,就是要采取一切积极手段,阻止信王这位众多难兄难弟中唯一的"漏网之鱼"另立中央,和自己唱对台戏。为此,哪怕是一条"莫须有"的消息也要引起高度重视,宁可信其有,不可信其无。而事实证明,信王压根儿就没有也不可能于现在返还东京,更不可能有抢夺东京而自立为帝的野心。不久,在搞明白了这的确是一场"虚惊"之后,高宗也就再次恢复其铁石心肠,再也不提返回东京这种劳民伤财的事情。至于曾经大言不惭说要还京拜谒祖宗,现在大可以黑着脸当

---

① 《宗泽集》卷一,第11—25页。
② 《系年要录》卷一五,建炎二年五月甲申条,第316页。

它是"屁话"一句。

马扩的大军还没有踏上河北的土地,金军已经再次大举南下。五月八日(辛卯),来自陕西和京东诸路以及东京和北京留守发来的警报雪片似地飞向扬州行在,俱称"金人分道渡河"①。高宗闻报后急忙诏令韩世忠和宗泽等人率部"逆战"②。

高宗下达"逆战"诏令,对于立志恢复旧山河的宗泽和马扩来说是求之不得,这绝对是一个进兵河北的好机会。这次,马扩得到了宗泽的大力支持,或者说宗泽也得到了马扩的一臂之力,反正最后马扩合法地在宗泽的"节制"下,斗胆将军队渡过了黄河,屯兵大名府(在河北大名东),准备由此进兵,直取洺州、赵州(河北赵县)和真定府③。

当时,按照宗泽的筹划和部署,除了马扩一军之外,还有王彦一军自滑州(河南滑县东)渡河,进取怀州(河南沁阳)、卫州(河南汲县)、浚州(在河南浚县东)和相州(河南安阳)等处,王再兴一军自郑州(今属河南)进兵西京(河南洛阳),入卫陵寝,另外还有杨进、王善、丁进和李贵等诸军头领各率所部,分路并进。宗泽预料,各路大军一齐过河之后,则两河一带各路山寨的忠义之民"相应者不啻百万",那些金军阵营里的契丹人和汉儿"亦必同心抵御金人"④,整个抗金形势将呈现一片大好的局面。然而,宗泽将这番苦心经营写进奏折,并第二十四次恳请高宗还京时,高宗依然坚定不移地再次将这道奏折漠视为废纸一张。宗泽壮志难酬,忧愤成疾,不幸一病而故,并且导致两河战事群龙无首,将士离散,人心瓦解,原本大有希望的两河抗金形势,

---

① 《系年要录》卷一五,建炎二年五月辛卯条,第320页。

② 《宋史》卷二五《高宗纪》二,第456页。

③ 《宗泽集》卷一《奏乞回銮仍以六月进兵渡河疏》,第29页。马扩北上真定援救五马山究竟率军多少,各类文献均无记载。据《续资治通鉴》卷一〇三,马扩在清平之役兵败数月后的建炎三年二月初,"金以数百骑掩至天长军,统制任重、成喜将万人俱遁",第2710页。时马扩因清平之败已被罢职,而同为败走之将的马扩副将任重仍统领着万人大军。此任重倘或就是马扩部属,则由此可推测,马扩北援五马山的人马大致可能在万人左右。文渊阁本和中华书局本《系年要录》卷二〇"任重"均作"俱重"。又《宋史》卷二六《高宗纪》三称:绍兴元年春正月庚戌,金人"又犯西宁州,守臣俱重迎降"。"俱重"是否即"任重",待考。

④ 《系年要录》卷一五,建炎二年五月辛卯条,第320页。"亦必同心抵御金人"《宗泽集》卷一《奏乞回銮仍以六月进兵渡河疏》作"亦必同心歼殄金人",第29—30页。

陡然间一个一百八十度急转而下。宋朝再次自毁长城,坐失收复故地之良机。

金军这次南下,起初并无特别的战略目的和战略目标,所以其主攻方向一直是多头的。从建炎二年正月间最初的战事来看,兀尤(完颜宗弼)破宋郑宗孟军于青州(山东益都),银术可取邓州(河南邓县),萨谋鲁入襄阳(今属湖北),拔离速入均州(在湖北均县西北),马五取房州(湖北房县),阇母克潍州(山东潍坊),撒离喝败宋军于河上,窝里嗢(完颜宗辅)击败宋将马括于乐安(在山东广饶北)等等①,战争的烽烟似乎在山东、湖北、河南等地全面燃烧,但均未取得全局性和决定性的胜利。

之后从二月至六月间,金军又频繁在河南和陕西等地用兵,攻城拔寨,多有破获,给予宋军以极大地打击,兵锋再次威胁到黄河以南地区,以致七月二十三日(乙巳),"宋主遣使奉表请和"②。然而,金朝到此时已经渐渐明确了战略主攻方向,就是挥戈扬州,要将刚刚即位、屁股都没有坐暖的高宗连带其小朝廷彻底铲除。于是,金太宗不但强横地拒绝了宋朝的请和,而且下诏"进兵伐之"③,又一次把对宋朝的战争作了升级。

然而在七月份,一件发生在金人肘腋之地的事件,将金军南下扬州的时间表整整拖后了半年之久。

七月二十二日(甲辰),金人意外地发现,真定府获鹿县知县张龚和燕山府潞县知县杨浩,正在暗中纠合约集五马山马扩、玉田县僧一行、中山府刘买忙④等抗金力量,准备谋攻真定、燕山、易州和中山等府州,为宋朝收复失

---

① 《金史》卷三《太宗纪》,第58页。此处的"宋将马括",考遍《北盟会编》和《系年要录》等宋人史籍以及《宋史》等,均未见有其人,且率兵达二十万之众。疑此马括即马扩,《金史》以音记之。《金史》卷二《太祖纪》曾将马扩记作"马宏"(第33页),为声之讹也。然当时马扩尚在真定金人监管之下耕田卖酒,待二月份方才逃脱至五马山,又于是年秋方率"乌合之兵"至河北馆陶、清平一带与宗辅交兵,失利之后即从济南方向渡河南撤,不应在今为山东广饶的乐安一带与宗辅对阵,且绝无可能有二十万之众。是《金史》这一记载的人名、时间、地理位置和兵员之数,均难以解释。俟考。

② 《金史》卷三《太宗纪》,第59页。

③ 《金史》卷三《太宗纪》,第59页。

④ "刘买忙"《北盟会编》卷九八引赵鸿胪子砥《燕云录》作"刘里忙",第727页。

地①。

根据宋人的说法，张龚原是从辽朝逃归宋朝的归朝官，官拜中大夫、集贤殿修撰之衔。金军横扫河北之后，张龚又归降于金朝，向原本也是辽朝官员、现为金朝汉人首席长官汉军都统刘彦宗讨得真定府获鹿县知县一职。好个张龚，"荷国厚恩，不忘忠孝"，建炎元年冬到获鹿县上任后，就开始暗中和五马山马扩、赵邦杰等人（但此时马扩尚在真定，并未上五马山），以及中山府周边的义军联络相约，准备在次年五月某天举兵反金，先收复真定府，再攻取燕山府。而那燕山府潞县知县杨浩，原先是宋朝在当地的一个巡检使，现在明着在为金人做事，暗地里也在为抗金积极活动，在建炎元年九月亲临玉田县某山中，与北僧智和禅师商议召集结聚南北各地的忠义壮士，"谋举大事"。之后，杨浩又于建炎二年三月间潜入燕山府城中，招徕南北抗金义士，据称已达万人，其目标是"若得三万，可以横行虏中，决报大雠"。继而，杨浩又深入中山、易州交界处某山中，相约燕人刘买忙。这刘买忙虽然年仅十八，但"豪勇俊迈，异于常人，远近无不推服"，他在山中集聚力量，挑选南北各地的少壮勇士，组成义军，邀击金人。建炎二年三月间，金军在燕山府结集了一千人马，前往易州山中擒捕刘买忙。但刘买忙所据之山险峻异常，难以进兵，金军只好派些军士守把山外路口，根本奈何不了他。由此而南北忠义之士投奔刘买忙的人越来越多，据称也已达上万之数，一时也让金人感到"未易可制"②。

然而，因为一些汉奸的告密，张龚不得不躲藏起来，最后"以疾告归"。杨浩的图谋也被金人侦破。当时徽宗和钦宗正好在燕山府，金军立即将二帝押离燕山，前往东北。宋室其他被俘的宗室成员也被一并迁至距离燕京一千五百里的通塞州③。由于文献的缺失，金人最后是怎么对付张龚和杨浩等人的，已经不得而知。只有五马山战事成为一段有文字的信史。

金人安顿好宋室二帝及其宗室成员之后，便下决心要在南征之前，先搞

---

①　《靖康稗史注》之六，引《呻吟语》，第 142 页。
②　《北盟会编》卷九八，引赵鸿胪子砥《燕云录》，第 727 页。
③　《靖康稗史注》之六，引《呻吟语》，第 142 页。

掎肘腋之患。于是,声震两河的五马山寨成了金军的重点进攻目标。

金军最初获得的情报说杨浩正在暗中约集五马山寨首领马扩,应该是将人头搞错了,因为当时马扩早已去了扬州请援,还没有领军向五马山进兵,其大军最多也就在大名府一带驻扎。但是后来五马山寨内部出现了问题,有叛逃的汉奸向金人和盘托出了马扩的南行请援之举,所以金军很快就意识到先前情报的不准确,以及马扩南下请援之举可能在两河地区产生对金人极为不利的影响,所以,驻守真定府的同知韩庆和、女真副都统韶合①,急忙将这一重要情报报告于东路元帅府右副元帅窝里嗢和左监军挞懒(完颜昌)。金军东路元帅府自从斡离不病逝后,暂由窝里嗢统掌帅印,他对马扩已经南下请援的情报极为重视,担心有朝一日马扩率军再上五马山寨,那时,整个河北局势将难以逆料,所以,他赶紧将这份情报又转达在云中西路元帅府的粘罕,并建议粘罕尽快派兵南下,一起围攻五马山寨。与此同时,以东路元帅府之令大集窝里嗢、挞懒、阇母等三部人马,不等粘罕西路大军赶到,即开始全力进攻五马山义军诸寨,"以绝扩之内应,以夺扩之归心"②。

这场战役打得非常激烈。起初,三部金军多方进攻,均未得手。可是天不照应,时逢秋旱少雨,各处山寨"多无井取水",只好汲于山涧溪流,但偏偏那个关键的汲道又为金军所断,数万义军顿时陷入了困境。最终,占尽优势的金军以断水之招,一举攻陷了五马山上的朝天寨和铁壁寨。战事结束后,众所瞩目的信王"不知所在"③,也"不知存亡"④。同为五马山首领的赵邦杰,他的命运也无人知晓。唯有马扩留在山寨的母亲和妻子再次落入了金人之手,被韩庆和抓获⑤。随着后来马扩北援五马山的失败,从此,马扩与其

---

① "韶合"《系年要录》卷一七作"副统素赫",第355页。《中兴小纪》卷四作"万户苏赫",第49页。本书第一章曾写到阿骨打因马扩武艺高强,而遣其弟韶瓦郎君携带貂裘、锦袍、犀带等七件珍贵衣物赏赐来访的宋使。韶合、韶瓦以及素赫、苏赫等,当为同一人。

② 《北盟会编》卷一一七,建炎二年七月"金人窝里嗢、挞懒、阇母共陷庆源府五马山寨"条,第856页。

③ 《北盟会编》卷一一七,建炎二年七月"金人窝里嗢、挞懒、阇母共陷庆源府五马山寨"条,第856页。

④ 《建炎以来朝野杂记》(甲集)卷一"伪亲王公主"条,第54页。

⑤ 《系年要录》卷一七,建炎二年九月条,第355页。

母亲和妻子南北相望,天各一方。如同当时千千万万妻离子散、家破人亡的宋人一样,国破之灾也为马扩带来了家破之难、离散之苦,而且,这种难以挽回的境遇,也更增添了马扩此生的悲剧色彩。

明人何乔新对五马山寨的陷落和信王的不知所终,有段评论道:

> 高宗之绪不延不亦宜哉!金人之祸赵氏举族北迁,信王幸而得脱,遂窜民伍,艰难万状。马扩奉之以节制诸寨,遣使入朝,真所谓空谷之足音也!为高宗者当如何授之以精兵,假之以重权,俾绥辑河北,藩屏汴都,以壮磐石之基,以广维城之辅可也。如其势孤力弱,则命宗泽与之掎角;金攻五马,则泽出兵援之,若攻汴都,则王出兵挠之,虽未能恢复旧业,两京必不至再陷,六飞亦讵至航海哉?顾乃横生猜忌,密饬马扩图之,五马被围,援兵不遣,以致诸寨皆陷,不知王死于乱兵欤,抑死于民伍欤?是高宗自戕其同气也!一念不善,天鉴孔昭,用剿其后,而大统之传卒归于太祖之裔,向之所以图榛,果何益之有哉?①

何乔新将信王之败联系到高宗后来没有子嗣继承帝位,认为是高宗罪有应得,这是一种认知局限造成的"稚语",不足一哂。但何乔新推论如果高宗善待信王,必能使河北与京师东京的御敌形势大为改观,这还是很有道理的。清人储大文则从信王的遭遇推断出高宗忌惮钦宗回归的阴暗心理,认为信王举兵乞援,而高宗却"密令马扩几察榛,且诏择日还京,以伐其谋。夫还京之诏不出于宗泽三表,而出于沮榛,遂使榛无援战败,不知所终。其于渊圣可知也"②,这样的推理是比较符合历史事实的。

五马山寨的陷落,从宋王朝的角度而言,它从此失去了一个足以影响两河地区的"敌后根据地",宋军也从此失去了一支可以相互呼应、声援和支撑的力量,原本有限的兵力分散在自两淮、襄汉到陕西和四川这条漫长的"横线"上,完全处于一种被动挨打的局面。而毫无后顾之忧的金军得以倾全力

---

① 何乔新:《椒邱文集》卷六《金袭信王榛于五马山寨,取之,榛亡走不知所终》,四库全书"文渊阁"本。

② 储大文:《存研楼文集》卷十《宋高宗下》,四库全书"文渊阁"本。

在这条"横线"上选择任意一点加以攻击,突破一点,即可动摇全线,蹂躏一片。这也是后来金军得以在这条"横线"上连续放手发起大规模战争的原因之一。

从军事这个层面检讨五马山寨陷落的原因,除了客观上因遭遇旱季而被金军抓住"缺水"这个软肋,导致山寨失守之外,最大的问题出在了山寨与马扩之间讯息的阻隔。金军从七八月间开始向五马山寨发起大规模进攻,而负责北上应援的马扩却毫不知情,仍然滞留在大名府一带,以至两相缺乏协同作战,金军得以全力以赴强攻五马山,而山寨却处在了孤立无援的困境。造成这种局面的深层次原因则是高宗朝廷对马扩北上应援的阻挠。按照马扩原先的步调,如果五月间能够起兵北援的话,一个月时间即可赶到五马山。如果是这样的话,马扩的援军恰好在金军到来之前与五马山寨的义军构成犄角之势,绝不会出现山寨陷于重围、孤军作战的困境。然而,高宗朝廷发出的种种诏令却羁绊了马扩的手脚,使他不能放手一搏,直到五马山寨被攻陷时,马扩之军才进抵与五马山直线距离还有一百五十公里左右的馆陶(河北馆陶县)①,坐失良机。而且,更糟糕的是,由于马扩错失了应援五马山寨的最佳时机,以至无形中为对手提供了一个各个击破的大好战机,金军就是利用这样一个难得的"时间差",在除去五马山寨这个后患之后,从容调转矛头,全力围攻又同样陷于孤军作战困境的马扩之军。

第七节　兵怯将懦,马扩兵败清平

马扩进兵到馆陶时,就从北面传来冀州(河北冀县)不幸陷落的消息。此次北征,马扩的终极目标当然是五马山。但后在十月十二日(癸亥),高宗因为粘罕大军往攻濮州,遣韩世忠领兵至东平府(山东东平)、范琼至开德府(河南濮阳),分道拒战。差不多在同时,高宗又差"见屯住冀州"②的马扩率

---

① 《系年要录》卷一七,建炎二年九月条,第355页。
② 《宋会要辑稿》第176册《兵》九之七,第6909页。

领所部与韩世忠、范琼等军互相应援。据此可知,虽然在事实上马扩从未驻军冀州过,但冀州原先也应是马扩进军的目标之一。因为金军势力的强大,宋朝在河北的未陷诸州多呈"孤岛"状态,自顾不暇。在此情况下,冀州因与五马山相距较近,故先往冀州驻扎,再与五马山寨作相应的军事协同,应该也是一个比较稳妥的方案,而且,这个军事意图也显然已为朝廷知晓。如今,冀州的陷落却使得马扩之军一时失去了进军方向。

坏消息紧接着又有传来,这次是从东面报来的军情,称:一支金军已在进犯博州(山东聊城)。事实上,金军在攻陷五马山寨之后,挞懒之军就开始向东南方向进兵,飘忽疾进,竟然突至马扩的侧后翼博州。从当时这一军事态势来分析,冀州失陷后,屯驻馆陶的马扩如果继续向西北方向五马山进军的话,其右翼势必将受到来自冀州方向金军的袭击。在两翼没有友军支持的情形下,孤军深入是兵家大忌!马扩如果原地按兵不动静观其变,处境同样危险,因为此时已经出现直扑博州的金军,博州又在馆陶的东南方向,两地近在咫尺,博州不守,则马扩的这支宋军很有可能将被金军截断后路,这样,马扩之军即陷于从五马山、冀州和博州这三个方面金军的合围之中。所以,无论是向北进攻,还是就地扎营,缺乏友军协同作战的马扩都将难逃险恶之境。

险情是明摆着的,谁看到金军这个架势,都会明白自己的处境将是凶多吉少。在这样的情形下,马扩率领的这支"乌合之众"(曾记否,其中还有五百人当初是从洺州弃城而走的逃兵),立即暴露出了严重的心理和意志问题,很多人是"彷徨不敢进",其副将任重、统制官曲襄、鲁班[①]、杜林等将官则干脆率部"望风奔溃"。偏偏这时候军中粮草匮乏,导致"众情汹汹,以顿兵不动为言",使马扩处在了几乎无法驾驭和指挥部属的尴尬境地。这支军队尚未与敌接战,在军心上、给养上和指挥上,均已败相毕露。

在这样内外交困的形势下,马扩作出了一个决断:"率众往攻清平(山东高唐西南清平镇)"。接应马扩这次军事行动的还有正从济南府方向赶来的

---

① "鲁班"《系年要录》卷一八作"鲁珏",第 355 页。

统制官张世昌一军。

马扩为什么要去攻取小小的一个清平县？清平县在他此次北征战役中究竟有何战略上的价值？

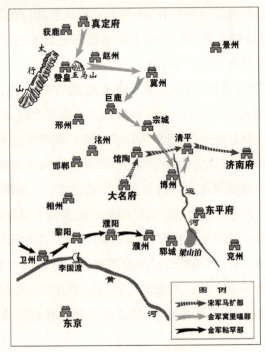

5-7 马扩北援图 焦 俊 作

清平县地处鲁西大平原，东望徒骇河，西临马颊河，正好处于这两条河流之间开阔地的中部。而这两条呈西南—东北平行走向的河流，也非什么险要天堑，对清平县的城防并无太大的军事价值。其南面的博州、西面的馆陶、东北方向的高唐，以及东面再远一点的济南府，都要比它更具战略意义。所以，清平县可以说是一个不能成为战略要地和战略目标的普通小县城。那马扩进兵清平县又有什么军事意图呢？

从马扩的进军方向来看，他这时候不往西北五马山方向进发，而往东进兵清平县，走的正好是一条南辕北辙之路。这说明，此时马扩应该已经获悉五马山寨陷落的消息了。按照常理，这时候如果继续坚持五马山这个目标和方向,朝西北进军,无疑是自取灭亡。馆陶之北的冀州比较临近五马山,但这时候也已被金军攻占,以马扩之军现如今这样一种士气低落的现状,根本不可能再北上去冀州打硬仗。往西是洺州和邯郸,这是两个值得付诸军事行动的要地,但现实情况是这一地区没有一支像样的宋军存在,孤军西进,风险同样极大。这时候往南撤回大名府是最安全的,也是最为简便易行的,副将任重等人"奔溃"的方向应该就是大名府。但现在马扩如果也循其逃奔的轨迹南下大名府,显然就等于宣告此次北征彻底结束了,这显然不是"欲大举收复陷没河北州郡"的马扩的选项。而在金军逼近博州,自己有被断后包围的危险形势下,不甘撤退的马扩只有往东向济南府靠拢了。如果将这支军队带到济南府,虽然远离了原先的行动目标五马山以及冀州城,但济南府是当时仍为宋军掌控的最北端为数不多的几个重镇之一,今后还可以在此待机而动。而马扩要去济南府,往博州行军必将与前来相攻的金军正面碰撞,对此也并无多少胜算。所以,马扩突然向博州以北的清平县进兵,实在是一种无可奈何之下的还想有所作为的避实击虚。

　　然而,马扩完全没有意识到自己在金军诸将心目中的地位,完全没有意识到金军在攻陷五马山寨后已将自己作为全力打击的第一目标。窝里嗢攻破五马山寨后,又马上获悉马扩已经率军北上,便与挞懒等人率军进袭博州,包抄马扩的后路,同时以快马向西路军粘罕通报了这一消息。粘罕当即留下兀室、余睹等人守云中,自己亲率大军南下,横跨太行山,再取道怀州和卫州方向东进,与窝里嗢的东路军对马扩之军形成合围夹击之势,明摆着想要一口吃掉马扩。当马扩从馆陶起兵向东偏北方向进发清平县时,在博州的金军早已侦知了马扩的最新动向,迅速采取行动,跟进咬住马扩之军。

　　围攻马扩的金军就是早些时候一起围剿五马山寨的窝里嗢、挞懒和阇母的原班人马。自宋金开战以来,这三人的军队均有不俗的战绩,其战斗力绝对称得上是强大的。而且,清平县所处的大平原地形这时候又实实在在地助了金军一臂之力。金军以骑兵为主,相比以步兵为主的宋军,平原地形对金军来说,无论是机动行军,还是对阵攻杀,均大占便宜。所以,马扩之军刚刚抵达清平城郊,尚未采取任何行动,金军已经从四野合围而来。

战斗在清平城南的郊外打响了!

孤军而来的宋军和三支金军展开了激战,马扩麾下的统制官巩仲达及其子巩元忠"皆殁于阵"。接近傍晚的时候,惨烈的鏖战还在持续不断进行着,伤亡惨重又明显处于劣势的宋军还在苦苦支撑,却不见原先约定赶来会师的张世昌军。原来,马扩急切盼望的这支援军没有向西直奔清平而来,却不知是什么原因走错了道,跑到了偏南的东平府境内,以致马扩之军陷入了孤军奋战的困境。在这紧要关头,宋军背后清平城的南门突然打开,从中突出一支生力军,相助金军向宋军阵后发起了猛烈进攻。这从背后砍来的一刀是致命的一击!身陷重围的宋军当即阵脚大乱,军马"散乱不整"。马扩部下武将中的统制官任琳见大势已去,"引众叛去"。文官中的吴龢、孙茂等人也"皆降金"①。也有碧血黄沙誓不投降的,主管机宜文字起复承议郎万俟虞和其子万俟刚中,在混乱中与敌相遇,身陷重围却死战不降,最后父子双双被杀②。败局已然不可逆转,遭受沉重打击的马扩眼见得"事不可济",不得不"敛兵"而退,向东突围,奔济南府而去……

走错路的张世昌军这时候才赶到清平附近,恰好与马扩的溃兵相遇。张世昌借此机会,在路途当中树起了"节制使牌",招收溃散逃兵,其兵力着实扩充了一把。

马扩奔波千里,喋血沙场,最后却因为高宗朝廷的多方羁绊,百般掣肘,有兵兵怯,有将将懦,以致军心不敌、给养不敌、指挥不敌、情报不敌、地形不敌、机动不敌、人众不敌、援军不敌,种种无法与敌相抗的因素,顺理成章地使得马扩的军事生涯,就此葬送在了一个名不见经传的小小的清平县城之下。作为五马山寨的首领,马扩北援五马山寨的壮志也随之彻底灰飞烟灭!作为一名武举出身的中级武官,作为一名长期参与国家重大外交事务的有识之士,马扩所有的理想、抱负和愿景,到此也彻底破灭!

---

① 《北盟会编》卷二二二,绍兴二十六年七月条,引《礼部尚书奉使金国待制张公(即张邵,卒于绍兴二十六年七月)行实》:"……有吴龢者、有孙懋(《系年要录》卷一八作"孙茂")者,尝为马扩属官,扩军退而龢、懋降虏",第1606页。

② 《系年要录》卷一八,建炎二年十月癸亥条,第359页。万俟虞,阳武(河南原阳东南)人,宣和、靖康年间尝为太学录,后于绍兴年间赠朝散大夫。

　　当然，仔细分析一下马扩的从戎经历，就可得出不能对马扩军事之举寄予过高期望的结论。马扩从武举及第，到真定受到诬陷而身陷囹圄之前这段时间里，长期面对和从事的多为外交方面的事务。虽然和辽人、和金人几乎所有的谈判都有军事背景或者军事内容，但在布兵排阵、练兵选将、行军宿营、侦探情报、攻防进退、奇正结合、给养辎重等等具体方面，却丝毫无涉。由此可见，马扩的军事涵养充其量就是《武经七书》或《武经总要》之类书本上的知识，而缺乏有价值的宿将名帅的言传身教，更缺乏真正管用的实战经验。从真定城中两次成功脱逃至山寨，马扩两次指挥的义军均是缺乏军事训练、有时还自行其是的乡民，与训练有素的正规部队相去甚远。南下扬州后，依靠一群溃逃之兵组建的这支北征应援之军，在士气和斗志上更是连山寨义军都不如，属于典型的乌合之众。所以，要在短时间内改变一支军队、锻造一支胜兵，以马扩一人之力显然是难以实现的。而马扩的悲剧也正是在这里，加上这次北征在内的一共三次短暂的领兵作战，均让他遇到了兵不兵、将不将的无奈现状。所以，若有人想期待他在军事上有所作为、有所建树，那其实是一种不合实际的奢望！

　　然而，马扩在河北两次树起抗金大旗，数度浴血奋战，一心想要力挽狂澜于既倒，为拯救这个深陷战乱的国家出一份力量，尽一份责任，这种不屈不挠的抗争精神也使得马扩在当时即赢得了民众的支持和响应，五马山寨一时成为两河义兵奋起抗金的一面耀眼的旗帜。更重要的是，马扩以及五马山寨的战败是一种英雄主义的失败，并没什么可羞耻的，也丝毫无损于他们的光辉形象，历史也因此将一座并不十分雄伟险峻的山峰、一群自发起来抗击外侮的普通农民和一位并无成功战绩的英雄人物永远地记载下来，并成为中华民族共有的宝贵财富。

　　台湾宋史学家黄宽重对马扩这段时候的所作所为有一段较为公允的评述：

　　　　从靖康元年十月起到建炎二年十月，前后二年间，是马扩一生中变动最大、也最能展现其英雄气概的时期。金人陷真定，使他由阶下囚一跃为抗金领袖，虽曾被俘，却在金帅的宽容下，扩大抗金基业，暗迎信王榛主持抗金大计。后来，又奉信王之命，南下向宋廷求援，高宗君臣表面上任他为官、派兵襄助，其实处处掣肘，让他无法渡河协助华北义军抗金，实现收复故土的愿望。反而在金人凌厉攻势下，因他所率领的乌合之众临阵逃脱，遭致战败的命运，他也受到贬官的惩处，无奈地只身南下，在江南渡过二十三年宦海浮沉的生涯。①

马扩一败涂地，残余溃兵又被张世昌招收而去，在济南府也呆不下去了，后来只得南下扬州行在，主动向朝廷"上表待罪"。马扩军中还有比马扩更早回到朝廷的，就是在馆陶就已南逃的副将任重、统制官曲襄和鲁班等人，他们串通一气，大肆诋诬马扩的所作所为，"以迎合当时之意"。"当时之意"是何意？相关文献语焉不详，而细究起来，无非是要严惩不听诸路帅臣节制、擅自进兵、孤军深入的领军人物。不多时，诏旨下来，对马扩处以"褫三官，并罢其兵职"的严罚②。

仿佛千里之堤的决口，马扩兵败清平也引发了数路金军的大举南侵。窝里嗢、挞懒和阇母三军联合击败马扩，顺势就挥戈南下，进攻河南。粘罕的西路军此时正由怀州、卫州一带向东而来，还没和窝里嗢等人会合，就听说窝里嗢等人已经在清平击败马扩，随后又趁势南侵，于是，粘罕也即刻调整进军目标，从黎阳（在河南浚县东）方向东渡卫河，直扑澶州、濮州（在山东鄄城北旧城）。粘罕的战略意图很明显，金军若能一举拿下澶州、濮州，即等于在宋朝的大名府和东京之间钉进了一枚楔子，大名府与东京的联络就将断绝，东京也将再次面对岌岌可危的形势。

当时，南宋朝廷听说澶、濮二州受到金军猛攻，急忙诏令御营使司统制官张俊领所部兵，由东京前去开德府（后来有人说张俊是中军统制，不可远去，于是宋朝又改变主意，留下张俊，另派统制官范琼接替张俊前往）；又令统制官韩世忠领所部兵，由徐州（今属江苏）前去东平府迎敌。在此之前，不知从哪里得来的消息称马扩目前正屯兵于冀州，于是又令马扩领所部兵马

① 《马扩与两宋之际的政局变动》，第231—232页。
② 马扩清平之役的前后过程，详见《北盟会编》卷一一八，建炎二年十月"马扩率兵攻清平不克"条，第866—867页。

与范琼、韩世忠互相应援,却不知此时马扩已经兵败清平,根本不可能与其他宋军形成协同作战①。从诏令马扩应援韩世忠等部一事即可看出,高宗朝廷在指挥调遣兵马中的消息闭塞、传令迟滞,与情报准确、灵活机动、行动敏捷的金军相比根本就不在一个档次上,所以,最终造成军事上的失利也是可以预料的。

果然,范琼、韩世忠两军对数道并进的金军并未起到多少阻止作用,十一月十五日(乙未),坚守了三十三天的濮州被粘罕的金军攻陷②。当时继任宗泽为东京留守的杜充,见此形势,担心金军下一步就将进攻东京,自己先乱了阵脚,不管三七二十一决开黄河大堤,以洪水阻止金军进兵。粘罕的金军果然被泛滥的黄河挡住了进攻东京的去路,也罢,他干脆挥兵向东与窝里嗢会师,然后合兵一起,一举攻下了宋朝号称"北京"的大名府,继而又进兵山东,攻打兖州(属山东)和郓城(在山东郓城东),搞掳之后转而又进军泗州(在江苏宿迁东南)和徐州,最后,将这次南侵的目标锁定在高宗朝廷的行在——扬州。

金军对南宋王朝的第一次摧毁性打击,即将拉开血腥的一幕……

---

① 《宋会要辑稿》第 176 册《兵》九之七,第 6909 页。
② 《系年要录》卷一八,建炎二年十月癸亥条,"原注"引赵甡之《中兴遗史》,第 359 页。

旌旗未卷头先白。①

——题词

第六章　浮沉宦海　蹭蹬余生

第一节　三千余言，痛陈时局之弊

建炎三年(1129)二月三日(壬子)。这是一个春寒料峭的季节，淮南高邮湖以西天长军(安徽天长)一带，寒风之中已见农桑初兴。劳作在桑田间的庄稼人这天突然见到一支骑兵队伍，约有五百多人，暴风骤雨般地自北而来，又风驰电掣般地朝着东南扬州方向而去。令人惊异的，不是这支骑兵队伍的剽悍和迅捷，而是他们色彩鲜明而又奇特的穿戴装束：身披金色铁甲，黄灿灿一大片好不晃眼；头戴毡制笠帽，白生生一长溜好不刺目——这是令当地人从未见过的一种女真骑兵的装束②。

这年的正月二十七日(丙午)，粘罕大军攻陷鲁南重镇徐州，打开了沿京杭大运河一线南下攻略江南的大门。粘罕一方面亲自率兵迎战赶来救援徐

---

① 《稼轩词编年笺注》卷一《满江红·过眼溪山》，第50页。
② 《系年要录》卷一九称："时金人自滕县以五千骑趋临淮，皆金装铁骑，白毡笠子"，建炎三年一月己酉条，第386页。掩袭扬州的便是这支金军。参见《北盟会编》卷一二〇，建炎三年一月三十日己酉条，第879页。

州的韩世忠军,另一方面,分兵"万人趋扬州"①,欲对高宗王朝予以致命一击。韩世忠军因众寡不敌,被粘罕击溃,于是,淮东地区金军纵横扫荡,如入无人之地,扬州城也处于风雨飘摇之中。

二月一日(庚戌),因为宋朝守臣的投降,金军不战而下楚州(江苏淮安)。此时,金军并未沾沾自喜于这种破竹之势,他们有更大的"胃口",就是要一口吃掉扬州的高宗朝廷。所以,金军几乎是马不停蹄,便急速南下,于二月三日(壬子)又一举攻破天长军。天长军位于扬州西北方向,两地直线相距大约五六十公里。已经近在眼前的"猎物"对于金军来说,有一种挡不住的诱惑,不等稍息,军中契丹都统马五便以五百骑先行,奔袭扬州城②。

高宗此时正在扬州干啥呢? 靖康二年宋俘被押北上,有通事人(即翻译)王成棣向金人讲述徽宗"五七日必御一处女"之事时,顺便也讲到了高宗更为变态的好色,道:"康王目光如炬,好色如父,侍婢多死者。"③虽然金军早已将河北、河南以及山东一带的大宋江山摧残得天昏地暗,日月无光,但这并不妨碍高宗对于女色的无厌之求,直到一月三十日(己酉)夜晚,从扬州西北的泗州突然传来消息,称金军已经渡过淮水即将杀到这里,高宗大惊失色④,这才意识到在扬州这个温柔乡已经混不下去了,仓皇下令亲军,连夜席卷"内币",搬运南下,打算立马走人。但黄潜善和汪伯彦却以为那不过是一些流寇乱兵而已,后来又派刘光世率军前往天长军,以为真有金军"光世必能御贼"⑤,可保无忧。为了以防万一,高宗又派出自己的亲信内侍邝询前往天长军打探情况。二月三日,正在路上的邝询突然听说金军已经攻陷天长军,一惊之下"遽奔还"。将近中午时候(巳时),高宗陡然接到金军将到的骇人消息,慌忙披甲上马,也不与众大臣打个招呼,顾自己逃出扬州南门,向瓜洲渡口狂奔。按照笔记野史的记载,当时是张浚派人向高宗传信金军将至:

---

① 《系年要录》卷一九,建炎三年一月丙午条,第385页。
② 《金史》卷七四《宗翰传》,第1698页。建炎四年四月间,马五在河南宝丰之宋村,被宋将牛皋生擒,详见《北盟会编》卷一三八,建炎四年四月"牛皋败金人于宋村"条,第1004页。
③ 《靖康稗史注》之五,引王成棣《青宫译语》,第123页。
④ 《系年要录》卷一九,建炎三年一月己酉条,第387页。
⑤ 《系年要录》卷二〇,建炎三年二月庚戌条,第389页。

"方伯彦、潜善豢安之际,外传北风极劲,而汪、黄傲然谓无事,故上亦不甚虞。比江都宫中方有所御幸,而张浚告变者遽至,矍然惊惕,遂病痿腐。故明受殂后,后宫皆绝孕。高庙中年不乐张忠献者,非独以和战异议,亦追归来望思之怒耳。"①邝询也罢,张浚也罢,总之,金军来袭犹如晴天霹雳,骇得正在尽情享受床第之欢的高宗惊出了一生都挥之不去的"痿腐",而且这根子里的毛病几乎遗传影响到了整个南宋王朝,成了一种骨子里的痼疾,提起还我河山一事,没见几个皇帝有振作雄起之象和坚毅进取之举,也同患了阳痿一般。

随同高宗一起夺路而逃的,只有御营都统制王渊、内侍康履等五六骑。吕颐浩、张浚等人闻讯后一起骑马急追,到瓜洲才追上高宗一行人。大家找到一条小船,急急渡过大江。日暮时分,高宗一行人终于奔走抵达了南岸的镇江府。

在金军连影子都还没有看见的情形下,作为一国之君的高宗不思奋起,号召天下同仇敌忾,却不顾百官臣下,抛弃广大军民,仅以一己之命为重,只顾一己逃命为切,其自私心理和怯懦性格暴露无遗。而更让历史不能饶恕的是,他的这次仓皇南渡,引发了一场空前的大崩溃,给宋朝军民带来了巨大的灾难。就在高宗向扬州城外狂奔之际,扬州街头恰好有人看见这惊弓之鸟般逃窜的一幕。于是,皇帝逃走的消息不胫而走,"军民争门而出,死者不可胜数"②,扬州城里城外顿时一片大乱。即使能够夺门而出,顺利逃到瓜洲渡口,拥挤之中、慌张之中、急切之中又哪里找得到渡船?于是在渡江之间,大臣民众溺水而死者也不计其数。高宗逃离扬州不久,马五金骑突至扬州城下,听说高宗已经南逃,便往瓜洲追击,一直追到江边也没有追上高宗,只好"望江而回"。金军未获高宗,遂将一股怨气悉数发泄于普通百姓,入扬州城,大肆纵火,尚在城里未及出逃的宋朝"臣民子女及金帛所储,为金人杀

---

① 陶宗仪:《说郛》卷二九,"高宗无子思明受"条,引《朝野遗记》,中国书店 1986 年据"涵芬楼"1927 年版影印,第五册。"痿腐",文渊阁《四库全书》本。陆楫:《古今说海》卷八八《说略》四,引《朝野遗纪》作"熏腐"。熏腐即腐刑,古代酷刑之一,在此代指为阳痿。

② 《系年要录》卷二〇,建炎三年二月壬子条,第390页。

掠殆尽"。① 从扬州到瓜洲的运河之中,早些天风声渐紧时已经是"公私所载,舳舻相衔",将狭小的运河塞得拥挤不堪,如今金军真的杀到了,这些舟船却因江潮不至,"尽胶泥淖中,金兵取之如拾芥,乘舆服御,官府案牍,无一留者"。② 由于高宗的不防御、不抵抗和不负责任,江南名城、自古繁华的扬州在毫无防备的情况下,突然间遭受了一场浩劫,区区五百金骑竟然破天荒地造成了"官军吏民死者数十万"③!

区区五百金骑,将一个王朝驱赶到了大江以南。南宋终其灭国,其历代皇帝再也没有跨越长江而涉足江北一步!

二月十三日(壬戌),高宗逃至杭州(今属浙江)。之后,对于这场浩劫,他连续下了"责己诏"、"避殿诏"和"俭约诏",而且还以驻跸杭州为由,大赦天下。接着,黄潜善和汪伯彦成了扬州溃败的替罪羊,被高宗罢免。高宗又下诏为太学生"意见领袖"陈东和欧阳澈平反,他俩因力谏黄、汪二相不可用,李纲不可罢,并建议高宗北上亲征、迎归二帝而被杀害,现在则追赠官禄,抚恤其家。这一连串的动作都围绕着一个目的,即安抚人心,以求得天下臣民对他的谅解和支持。

二月二十八日(丁丑),朝野臣民又看到了高宗在早一天签署发布的一道"求直言诏"。高宗在这道诏书中称,因为当今政事多有失误之处,所以,只要有关于治国之法或有益于国家边防的言论,即使是来自民间的治"病"之说,也允许广大士民直言陈奏。高宗在诏书还保证,对于向他直言不讳的人,"言之或失,朕不汝尤"。④

高宗这种种颇显诚意的诏令,让目睹国家遭受深重灾难的忠义之士,又对大宋燃起了重整旗鼓的希望。马扩就是这些人中引人注目的一位。

二月三日,高宗在扬州仓皇南逃时,被罢职的马扩就在扬州。他听说高宗已渡江南奔,也追随而南,但直到二月八日(丁巳),方才由扬州以东的泰

---

① 《系年要录》卷二〇,建炎三年二月壬子条,第391页。
② 《系年要录》卷二〇,建炎三年二月壬子条,第391页。
③ 《北盟会编》卷一二〇,建炎三年二月三日"金人入扬州"条,第881页。
④ 《北盟会编》卷一二三,建炎三年二月二十八日条,第899页。

州附近渡过长江。马扩不从扬州直下瓜洲过江，而是绕道泰州南渡，可见当时金人兵锋已及瓜洲渡口，也可以想见当时在金骑突袭之下宋朝君臣、军民争渡瓜洲的拥挤混乱场面，瓜洲这一津渡已然堵塞。

高宗“求直言诏”张贴后的第四天，即三月二日（庚辰），马扩以自己的亲身体验、深切感受和切肤之痛，撰写了一篇痛陈时弊、谋划将来的长篇奏书，上达高宗。奏书如下：

> 臣伏读二月二十七日诏书曰：“自今政事阙违，民俗利病或有关于国体，或有益于边防，并许中外士民直言陈奏。言之或失，朕不汝尤。”臣以是知陛下责躬行事，忧国爱民，真尧舜汤武之用心也。是以四方之士愿竭衷诚、采急务，为陛下献。臣一介武臣，不达政事，臣之所业，盖本于兵。臣尝观古人论兵，谓譬如对弈，两敌均焉，一著失误，终莫能救。是以古今胜败，率由一失一误，而况多失而多误者乎？臣观金贼猖獗，连年犯顺，劫迁二圣，几危宗社。斯非金贼精强固无敌于天下也，特我国家急难之际用非其人，凡所以为失误者多，臣试摭而言之，其误有四，其失有六。（按：马扩在此明确指出，导致目前政局危机的根本原因并非是金人的强大，而是大宋自己失误过多。从自身这一主观原因上找问题，而不强调客观因素，这个视角和立意非同一般，这种勇于自我揭短的精神也是一种可贵、务实和积极的态度。）
>
> 其始用人非才，不能乘机拓境，全示懦弱，取侮夷狄，其误一也。虏既退师，略不修备而禁止，莫敢言金人再来，其误二也。陛下应天顺人，乘时御极，不能导陛下西据蜀险，就陆路形胜以争天下，反使翠华奄处淮甸，重为贼困，其误三也。不能乘人心愤贼之时，激使忠义，力治兵战，以谋恢复，甘蹈覆辙，泥于请和，使势力日益穷蹙，其误四也。（按：从“海上之盟”联金灭辽时的示弱于金、“靖康之变”时城守军备的自废于金，建炎以来逗留扬州的坐困于金和求和于金，寥寥数笔，点到即止，写尽徽宗、钦宗和高宗三朝施政之大误。）

马扩在指出“四失”之外，又指出有“六失”应当引起注意：

> 初欲复燕，既自招金人之侮，彼既长驱入寇，是时，张孝纯帅太原，

童贯当移司真定,两镇助势,以遏燕山、雁门入寇之师,邀掩晋、绛,挫其锐于坚城之下,然后整兵论和,事无不济。奈何贯乃惑幕下鲰生偷安之计,拥众奔还,遂使金人长驱渡河,其失一也。金贼既犯京阙,时已初春,彼若修攻具,填壕堑,无虑一月,彼能坚围,不过两旬,在我则宜严备守御,专任将帅,善守雁门,遣使人啖以厚利,画以白沟,彼势不可留,必欣然听命。是时,河北诸军方敛兵自守,陕西等勤王之师相继而至,万一贼不从议,则密檄河北诸镇,潜喻勤王之师,待其意懈,前邀后击,可立大功。奈何浅识之士急割三镇以求和,遣贵近以为质,自是之后,虏益悉我底蕴,安其奸谋,其失二也。割三镇既为失矣,且宜坚守信誓,示以无能,以懈虏心,亟增备御,以图后举。倘三镇不屈,即当遣使通义,声言以岁币赎之,因成敛兵之计。奈何轻易之论,遽骧信誓,骤欲攫战,其实无能,使敌骑复来,了不能支,为我太蹙,其失三也。金贼既立张楚,自界大河而守,我当以黄河自为新边,亟修堡寨,倚河为固,修葺战具,帅守令佐悉任武臣,使守土治民合为一事,进攻退守得以自专,人无掣肘之患,则其才得以自尽,多方措虑,虏骑岂能轻渡?奈何不达事机,泥于循常,一切不为防闲,儒冠侈袂,高谈阔视,略不介怀,于是上疑下惧,众力不齐,贼骑复来,如拉枯朽,其失四也。皇弟信王脱于囚虏,集兵山谷,结约河外忠义,所得壮勇,不啻数十万,颙候王师渡河,相为策应。时方金人欲剃南民顶发,人人怨愤,日思南归。又燕地汉儿苦其陵虐,心生离贰,或逃叛上山,或南渡投降,自河以北,传布蜡檄,皆约内应。故王彦、王仔、翟进、马温、靳赛、刘展、樊清、王江、郑立、耿进、耿洪等义兵,杨进、马皋、张用、王善等群党,俱奋渡河讨贼之志。是时若王师得济,则诸路山寨接势兴举,见签军、汉儿变于内,契丹、夏国图于后,两河州县一旦可复,金贼势自瓦解。奈何群言谮沮,禁止渡河,使金人反乘机便,驱新剃签军南渡深侵,胁降郡县,土地人民,器甲财粮,凡我有者,悉成彼用,转利为害,其失五也。贼既连陷大名、东平二帅府,势必选骑潜袭行在,我当分遣锐师,列屯淮口,设营于近郊,预为捍御,不惟乘贼远来,可以掩击,兼彼探知有备,则莫敢易进。奈何轻议寡谋者,料彼不来,略不为备,遂使虏人大肆猖獗,几犯清跸,陷生灵于仓卒之际,溃军旅于窘乱之间,其失六也。

从以上"六失"的分析,我们可以看出:第一,马扩对于最初金军败盟南侵时童贯不肯移司真定抵敌,而拥众逃回东京、败坏大局的严重错失,至今耿耿于怀。第二,马扩将钦宗朝廷不会守、不会谋、不会攻,只知割地求和、奉送人质的弱智又无能的形象尽数画出,颇有哀其不幸,怒其不争的意味。第三,退一步说,当初即使割让了三镇,仍然还是有办法、有机会妥善处置和有所作为的,但却眼睁睁看着一场有戏之局被不善经略、不识兵机的钦宗朝廷硬生生地演砸了,马扩在此直指以往朝政的愚蠢和鲁莽。第四,金朝利用汉奸张邦昌另立伪楚政权,包括后来又抬出刘豫的伪齐政权,也算是一种"以中国(宋朝)攻中国(宋朝)"①的创新之举,并为后世外国侵略和统治中国开创了一种模式。但在当时,宋朝完全可以利用其立足未稳、人心不聚,通过积极备战和大胆用人,争得进取中原的机会和空间。但高宗朝廷却自缚手脚,自毁长城。马扩在此隐晦地批评了高宗君臣对宗泽所作的倒行逆施。第五,皇弟信王的号召力,各地义军的向心力,原本都是可以充分利用的抗金的有生力量,若能与南宋大军形成合力,南北呼应,共对金军,这是宗泽和马扩均十分看好的一步关键之棋。而高宗朝廷之所以坐失良机,自绝天下,就在于其种种倒行逆施,既"莫须有"地害怕信王有抢班夺权的野心和举止,又"无须有"地漠视民众保家卫国的壮志和信心。马扩在指出高宗朝廷这种荒唐举止和丑陋面目的同时,言语之间也闪耀出依靠民众力量实现恢复目标这一先进思想的光芒。第六,五百金军长途奔袭扬州,便造成了南宋军民的巨大牺牲和惨重损失,这是原来完全可以避免的低级错误。马扩在此特别指出的这一看似思虑不周而造成的错失,也让人清晰地看到了一个不抵抗、不作为的极端不负责任的高宗朝廷。

在奏书中,马扩又指出:

> 臣于二月初三日据闻御舟已渡大江,人马继至,江口拥并。时臣已

---

① 《宋史》卷三六五《岳飞传》,第11386页。

罢兵职,初八日自泰州渡江,则审銮舆已过平江。臣窃料金贼远来,马疲人乏,既知陛下已渡,难以追及,方且自争子女玉帛,饱其负载,兼淮西仍多民兵,彼顾前无利,计后有害,是以暂止不进;又有江北不及渡者、西兵与诸军溃卒,往往夺路,会合于范琼;敌睥睨镇江、金陵,守把舟船,继而天雨连降,平地水发,道途泥淤,马步俱不能进,以是贼心顿沮,不思渡江以迫大驾,遂使江南民土得以安静,此皆上天眷祐有宋,许陛下得以图回。今陛下大悟前失,赫然震怒,愤敌雠之暴恣,躬尝胆之焦劳,斥逐宰辅,痛下诏音,革心易虑,欲与天下英杰亟图中兴之事,此臣所以踊跃鼓舞,知陛下戡除贼虏,肃清寰海,将有日矣。然臣更愿陛下守之不易,行之不倦,来四方才能,激天下忠义,见机而作,不俟终日,先贼未来,早为之计,处车驾于险固可保之所,萃军马于壮勇可用之人,即经营耕战,数年之间,殄扫雠贼,再隆王室,复已陷之境土,邀播迁之父兄,中兴之功,决见成就。(按:马扩无疑是爱国的,而在当时,爱国就几乎等同于爱君王。国是个相对模糊的概念,君王却是国的具体表现,忠君和爱国是内涵一致的概念。因此,后人也应该理解马扩为什么对这位已将胆怯、自私和无耻暴露无遗的高宗,仍然怨而不怒,责而不斥,仍然心存期待、满怀信心地倾力为之谋划中兴之功的美好蓝图。"愚忠"于人,更多的是一种崇拜,固然不足一叹;"愚忠"于国,更多的是一种信念,却能让人肃然起敬!)

臣今辄以机速利害,画为三策,仰副陛下所求:愿陛下幸巴蜀之地,用陕右之兵,留重臣以镇江南,委健吏以抚淮甸,破金贼之计,回天下之心,是为上策;建都武昌,襟带荆湖,控引川广,招集义兵,屯布上流,扼据形势,密约河南诸路豪杰,许以得地世守,用为屏翰,是为中策;驻跸金陵,备御江口,通达漕运,亟制战舰,精习水军,厚激战士,以幸一胜,观敌事势,预备迁徙,是为下策。若贪顾江湖陂泽之险,纳探报之虚言,缓经营之实绩,倚长江为可恃,幸金贼之不来,犹豫迁延,俟至秋冬,使金贼再举,驱集舟楫,江淮千里,数道并进,方当此时,然后又悔,是为无策。(按:兴许是经历过科举考试,马扩论事好用"策论",如宣和五年为王黼谋划的《徐制女真三策》。马扩在此以请高宗"幸巴蜀之地"为名，以"用陕右之兵"为实，除了巴蜀处于上游的地理形势之外，人是一个重要的因素。因为北宋长期与辽朝和平相处，却与西夏征战多年，是以论军队战斗力，长期对抗西夏的"陕右之兵"即所谓的西军最为强悍。徽宗北伐辽朝，所用之兵即西军。虽然伐辽之役其一败再败，但仍然是宋朝最具实力之军。而相对来说，河北、河南和山东之兵稍弱，两湖、两淮和两浙之兵更弱。所以，马扩"三策论"与其说是地理的形势之说，还不如说是兵力的形势之说。高宗称帝后定都何处，曾经是南宋初期的热门话题，有识之士皆从积极进取、收复故土的目标出发，劝阻高宗定都江南，如李纲曾向高宗建言："臣尝言车驾巡幸之所，关中为上，襄阳次之，建康为下"，又称："自古中兴之主，起于西北，则足以据中原而有东南；起于东南，则不能以复中原而有西北。盖天下精兵健马皆在西北。"①李纲所论与马扩之论，可谓英雄所见略同。）

　　臣闻，天时不如地利，地利不如人和，此天数为下，地形为中，人事为上也明矣。自古兴王建业，未有不得天时、据地形、藉人力而能成立者也。秦开关延六国之师，逡巡而去，不敢进攻，终为所并，此岂特天时然哉，地形之利有以致之也。汉高祖据蜀汉，用三杰，卒能定三秦、灭强楚，是岂地势然哉，得人力以为之助也。今陛下车驾播越在此，若不欲复雠争天下，则建都武昌，力办战守，仅保一隅可矣。若必欲见中兴恢复之功，则非处巴蜀、恃三峡之天险，用陆路之壮士，则不可也。（按：再说"壮士"对于中兴恢复之重要性。马扩在天时、地理与人和这三者关系中，更注重人和的作用，这也是马扩"三策论"的价值所在。而高宗之臣后来对马扩"三策论"不仅未以攻战地理形势之说加以考察，更以小人之心度君子之量，妄加指责，则是未知其中三昧，不得文意要领。）

　　说者谓两浙陂湖水泽之地，所宜者舟楫，胡人以鞍马驰射为事，江南地利非其所长，况彼尽猎江淮，餍饫财宝，岂复甘心南渡，自取其败？

---

① 《宋史》卷三五八《李纲传》上，第11257页。

臣应之曰，逆胡猝然乘机而兴，吞灭诸国，意在力危宋祚，期无后患而后已，财宝地土非其所贪，若谓江湖之险，北马必不能侵，则往昔开拓之兵何以能抵江浙哉？（按：马扩在此揭示了金人南侵的终极目标，并以北宋立国之初宋军横扫江南为例，寥寥数语，便将一味寄希望于金人无意南渡和依恃于江南江湖之险的侥幸心理，尽数否决。）

　　说者又谓，圣驾所居，彼必睥睨，既能越长准、经江浙，则又何惮而不能向蜀哉？臣应之曰，銮舆所在，不以遐迩，贼固力图，然而江浙所恃者陂湖，岂足以比蜀道之天险？且驻跸江浙，又苟能暂安岁月？吴越之风懦而骄，日复一日，士民相习，安得复振？倘据蜀道，所邻者秦渭之野，百二之地，士勇马健，人乐战斗，加以抚练，士气百倍，岂与江浙之俗同日语哉！况处川陇、据上流，则江左自可保守安危，强弱利害，不啻万万也。（按：所谓江浙陂湖，蜀道天险，俱为表象，关键在于其地民风是否习战。江浙虽有陂湖之阻，倘或民不习战，对于抗敌入侵又有何益？马扩所谓据蜀道天险，眼光所在还是秦渭之野士勇马健，人乐战斗，关键还是在人。战国魏武侯泛舟西河，中流感叹："美哉乎山河之固，此魏国之宝也！"吴起则不以为然，认为国家之宝"在德不在险……若君不修德，舟中之人尽为敌国也"[1]。马扩之论与吴起之说，又可谓异曲同工。）

　　说者又谓，吴以周瑜水军二万，溃曹公数十万中原之兵；谢玄以步卒八千，破苻坚西来百万之众，乌在其为江南不可守也？臣复应之曰，彼一时也，此一时也，其名则同而其事则异，殆不可以为常，且孙权以三世练简之众，辅以刘备、诸葛亮合应之谋，曹操内有马超、韩遂关中之忧，疲于远驰，遽舍鞍马以幸其胜，此周瑜所以能成伪降之功；晋帝任谢安之贤，修德备武，固非一日，苻坚不用王猛之言，不知天时、人事，竭国而来，略无善术，前轻后懈，谢玄得以成淝水之捷；古人常言之，非谢玄之善，乃苻坚之不善，若必欲以吴、晋之事方之于今日，真守株而待毙兔也！况今河北、河东为彼奄有，京西、陕华为彼废残，京畿、汉上为彼扰

───────────

① 司马迁：《史记》卷六五《孙子吴起列传》，中华书局 1982 年版，第 2166—2167 页。

践,山东、淮甸为彼破荡,彼方徘徊江隅,求操舟之人,讲舟楫之利,彼势我力比之去岁,十倍不同,若止欲处大驾于金陵,一旦用溃兵与市井南民御大敌于长江之上,婴儿搏虎,不足于喻其危矣!(按:昔日江南赤壁之胜、淝水之捷,不足藉以为今日据守江南的理由。围绕这一要旨,马扩以史实的关键所在论说史事之成因,又以今日形势之要害所在,分析今日战守之险恶,几同于一篇纵横开阖的史论,而犀利之笔又与其善辩之口相得益彰,让人观止。)

　　臣诚恐虏人今虽暂去,乘秋复来,分兵断绝荆襄之路,则秦陇之间,朝廷命令不通,当此之时,何所举措?臣所以愿陛下速谋幸蜀,据其形胜,用其壮勇,则恢复可图。或者患蜀道之艰难,惧百司之劳动,六宫诸卫,所过州县,驿顿骚然,百寮将士,亦必有不愿远适者。臣以谓盘庚迁亳,民胥浮言,作诰安众,终享永逸,况陛下鉴前日之失,慨然欲据地利而图克服,皇天助顺,百灵效职,人谁不愿从哉?况将士之中,西人居半,使之入蜀,孰不欣然?至于宫卫小劳,驿馈小用,不有暂费,安得永宁?昔者,滕公负鲁元而奔光武,食麦饭而美。急难之时,非其惮也。(按:马扩引经据典,实事求是,再将迁都巴蜀的路途之劳、旅行之费、人心顺从等不能绕开的难题一一破解,期待高宗尽早西幸。但马扩居然也有"书呆子"气,以为将士之中,西人居半,高宗首途巴蜀便无障碍。殊不知,高宗之朝廷乃是高宗君臣之朝廷,绝非底层军中将士之朝廷。所以,高宗朝廷断不会以军心向背而从马扩"上策"之论以幸巴蜀。这也是马扩的"失策"之处。)

　　或者谓臣熙河人,所以劝陛下入蜀,便臣乡里。臣实无此,臣之母妻儿女悉陷河北,今之乡里更无一人,何所顾恋?(按:种种假设,复又种种辩驳,马扩在这篇谋划国家大事的文章中,已经打了足够多的"笔墨官司",已经无谓地耗费了太多的精力,到此竟然还要论及自己是否"别有用心",是否暗藏"私心杂念",可见马扩为官环境和言论环境的复杂,稍有不慎,便有可能大祸临头。当初童贯指责马扩移司真定的建议是为了自顾家小,而今仍有类似的"杂音"颠倒是非,混淆视听,小人之心大行其道,这既是马扩的不幸,更是宋人的不幸!)

　　臣所以切切启陈、拳拳不倦者,诚冀圣心之一悟,断以不疑明告中外,即日西幸,则中原指日可复,中兴之功,上与周宣、光武等永为万世之美谈。倘空泥庸言,甘一隅之安,忘万世之利,日往月来,自就困蹙,臣窃为陛下危之!仰愿陛下藉祖宗累世积德之基,乘亿兆愤贼报君之志,奋然果断而亟图之,实天下幸甚!①（按:李心传对马扩这篇奏书评价道:"累数千言,皆切事机。"②)

马扩此书总约三千多字,痛陈时弊,更谋未来,其中的建都"三策论",是文章的核心所在。至于是否真的切中事机,只要看看金人的举动便可知一二。还在去年建炎二年也即天会六年七月,粘罕在金朝商议如何彻底摧毁宋朝政权的战略思路讨论中,曾提出一个亡宋路线图:"河北不足虞,宜先事陕西,略定五路,既弱西夏,然后取宋。"③粘罕提出这一方案自有其小算盘,即由此而将攻略新地陕西地区和自己较长时间经营的根据地山后和山西地区,连成一片,以此扩大自己的势力范围,形成强势力量。但这一小算盘却有它稳操胜券的算路,即强大的金军一旦在陕西歼灭宋军主力西军,在军事上宋军固然将一时无兵可用(岳家军和韩家军等南宋具有战斗力的新军此时尚未崛起),在地理形势上,金军也将处于一个高屋建瓴"俯瞰"东南的有利位置,宋金对抗形势宋朝一方必处下风。然而,金太宗此时更关注蛰居扬州的宋高宗这一目标。相比于陕西方向,直捣扬州,恐怕是可以在短时间内一举成功的,而攻略陕西,则相对耗时更久,耗力更巨,代价也更大。于是,金太宗非但搁置了粘罕的提议,反而将驻守山西的粘罕大军东调与窝里嗢的东路军会合,兵锋直指扬州。到建炎四年初,兀朮率兵深入浙东追袭高宗不获之后,粘罕又一次提出了再攻宋朝陕西五路的主张,原因就是那里宋朝西军"兵力雄劲,当并力攻取"④。粘罕这一建议终于得到了金太宗的同意,

---

① 《北盟会编》卷一二三,建炎三年三月二日"马扩应诏上书"条,第900—904页。
② 《系年要录》卷二一,建炎三年三月庚辰条,第412页。
③ 《金史》卷七四《宗翰传》,第1698页。
④ 《金史》卷一九《世纪补·宗辅》,第409页。

于是才有了后来震动一时的富平之战(建炎四年九月)、和尚原之战(绍兴元年五月和十月)和仙人关之战(绍兴四年三月)等一连串宋金之间的恶战。事实上,从建炎四年到绍兴四年这几年时间里,陕西一直就是金军进攻战略的重点,金军主力在陕北、陕西和陇东一带与宋军展开了旷日持久的拉锯战,战役之频繁、搏杀之惨烈都是空前的,宋朝西军在这几大战役中也发挥了巨大作用,予以金军主力的重创也是前所未有的。而相对于陕西方向,两湖和两淮地区的战役主要是在宋军和伪齐军之间展开的,战役的激烈程度和知名程度也都远逊于陕西方向。因此,从当时的实际情况来看,马扩的"上策"若能实现,南宋以川陕为国之根本,以西军为主力,辅以来自巴蜀的政治后援和经济支撑,以两湖、两淮和江浙为牵制,全力与金军争胜于西北,一旦破敌,对扭转一直处于极为被动的整个攻守形势将起决定作用。

那么,对于马扩"四误"、"六失"的分析,以及"三策论"的谋划,高宗究竟抱以什么态度,赞同? 嘉许? 抑或反对? 呵斥?

这种种问号均未得到回应。因为,这时候的一个突发事件,一下子打乱了南宋政治的纲纪和秩序,马扩这篇肺腑之言也一下子消弭于混乱之中。

第二节　苗刘之变,马扩贬官僻壤

马扩是在三月二日应诏上书的,时隔三天,高宗还未及对马扩的上书作出反应,杭州行在就爆发了一场军事政变。

高宗逃至杭州以后,虽然罢黜了黄潜善和汪伯彦,但御敌无术的御营使司都统制王渊,却因主张逃往杭州而被高宗提拔为同签书枢密院事,仍兼御营使司都统制。这引起了先期到达杭州的扈从统制、武功大夫、鼎州团练使苗傅和武功大夫、威州刺史刘正彦(刘法之子)的愤恨。与此同时,苗、刘部下将士对专横跋扈的宦官也怀恨已久。三月五日(癸未)大清早,早朝已经开始了,一支全副武装的军士在苗傅和刘正彦的指挥下,悄然开抵城北,埋伏于北桥(在杭州中山北路仙林寺街一带①)之下。不久,毫无戒备的王渊退朝路经此地,苗、刘伏兵一拥而上。王渊还未回过神来,便被冲上来的军士一把"摔下马",刘正彦上前"手斩之"②。紧接着,苗傅和刘正彦以教阅军阵为名,率军顺利抵达行宫附近街巷,扼守要口,不放行人过往,堵住了行宫的出路③。苗、刘进而闯宫搜杀了一大批宦官,最后逼迫高宗禅位于其三岁幼子赵旉,而以孟太后(隆祐太后)垂帘听政,改元"明受"。这场政变史称"苗刘之变"或"明受之变"。

苗傅和刘正彦发动兵变之际,马扩正在杭州等待高宗对他的上书的回应。兵变之后时局动荡,一般人或从或走,或坚定地反对苗、刘,兵戎相见。而马扩此时却显得立场不明,对于苗、刘二人,既未欣然认同支持,也未愤然势不两立,却以三个举动把自己卷进了这趟浑水。

第一,马扩接受了苗、刘的提拔。明受改元后,保静军承宣使、枢密都承旨邢焕以告老为由,提出辞职。起初苗、刘不予答应,但"顽固"的邢焕坚决要求卸职,一连上了六道辞呈,苗、刘这才不得不答应他的请求。邢焕撂下挑子一走,这枢密都承旨一职由谁来担当呢?这时候,一直不被人重视的马扩却成了这一要职的合适人选。三月二十一日(己亥),也即"苗刘之变"发动半个月后,原先因为兵败清平而被连降三级的右武大夫、和州防御使马扩,在未立寸功的情况下官复原级,"复拱卫大夫、利州观察使,充枢密都承旨、兼知镇江府"④。不过,这道显然是苗、刘颁发的"委任状"却要求马扩等到调兵防守金军入侵的"防秋"事宜筹划安排妥贴,才能履任。邢焕六上奏章以求致政,其急于开溜逃避政治风险之心情可谓昭然若揭。而马扩恰恰在这种非常时期顶替了邢焕的职位,卷入了你死我活的政治漩涡。邢焕的"老到"行为,反衬了马扩在政治上的幼稚。

---

① 北桥的今址见傅伯星《岳飞正传》第一四回《苗刘兵变开杀戒 高宗退位待来日》,学林出版社2005年版,第58页。北桥左近宋时又有北桥巷。北桥和北桥巷至清代的沿革参见丁丙《武林坊巷志》第七册"北桥"和"北桥巷",浙江人民出版社1990年版,第482—489页。
② 《系年要录》卷二一,建炎三年三月癸未条,第416页。
③ 《北盟会编》卷一二五,建炎三年三月五日癸未条,第915页。
④ 《系年要录》卷二一,建炎三年三月己丑条,引朱胜非《秀水闲居录》,第429页。

第二，马扩出入于苗、刘军营。马扩除都承旨之职，其背后是有人推荐的，此人即当时的宰相朱胜非。三月五日兵变之后，朱胜非明里和苗、刘二人虚与委蛇，暗中又处处遮护高宗，而且还与行在之外准备向苗、刘二人兴师问罪的张浚等人暗通声气。与此同时，朱胜非看上了知晓军事的马扩，要他时不时地去苗傅、刘正彦军中察看人心向背。也就是为了这个非常隐秘的目的，马扩被推荐接替邢焕，担任了枢密都承旨新职。后来事实上马扩也确实有所行动，出没于苗、刘军中。但是，尽管马扩是受朱胜非之命前往苗、刘军中的，但到了苗、刘事败，朱胜非辞官罢政、全身而退时，竟无人出面为马扩开脱一言。而像马扩一样经常向朱胜非报告苗、刘军中实情的王世修，最终还被杀了头。

第三，马扩转而向名为听政、实为傀儡的孟太后上书"三策论"。因为"苗刘之变"，高宗自顾不暇，马扩在三月二日的上书被搁置是毫无疑问的。但马扩对此似乎心有不甘，孟太后被苗、刘抬出前台垂帘听政，马扩便再次抛出"三策论"，向当局者提议。这段事实在当时并未引起什么反响，也不曾为人提起，却一直到苗、刘事败之后的六月二日(己酉)，被中书舍人季陵①说起。季陵当时对高宗道："昨太母临朝，奸臣马扩上疏，谓上策入蜀，中策都武昌，下策都江宁，臣常诘之，第言'天子必惮远涉，由下引之以及中，由中引之以及上'。此奸谋也。扩乃西人，知关陕残破，不可以遽往，欲先幸蜀以便私耳。"高宗听了季陵此言非常赞赏，"嘉纳之"②。马扩向高宗上书前，即有人对马扩提议的建都"三策论"持反对意见，正如马扩所说："或者谓臣熙河人，所以劝陛下入蜀，便臣乡里。"而马扩当时即已明白告知高宗："臣实无此，臣之母妻儿女悉陷河北，今之乡里更无一人，何所顾恋?"可是季陵还要指责马扩上书的"三策论"，以为"扩乃西人，知关陕残破，不可以遽往，欲先幸蜀以便私耳"，可谓老调重弹。但关键在于，高宗对季陵所言竟然"嘉纳之"，可见马扩第一次写给高宗的三千余言，高宗并未细阅。而季陵所称"昨

---

① 扬州大溃逃时，太常少卿季陵因抢回数块赵氏祖宗的神主牌位(其中的太祖神主又在逃亡途中丢失)，受到了高宗器重，见《宋史》卷二五《高宗纪》二，第 460 页。

② 《系年要录》卷二四，建炎三年六月己酉条，第 493 页。

太母临朝,奸臣马扩上疏",则透露了马扩在孟太后垂帘听政的明受之时,对曾经向高宗建言的"三策论"又有过一次上书,其对象则是孟太后。

马扩这三个举动,后来差一点构成为他致命的罪证。

除此之外,马扩还参与了高宗复辟的谈判。苗、刘发动兵变后,正在平江府(江苏苏州)的张浚、吕颐浩等人传檄天下,发兵勤王,当即有刘光世、韩世忠和张俊等将领率兵响应。张浚还上疏请高宗复位。苗、刘二人这时的政治表现极为差劲,他们既慑于在外勤王军的浩大声势,又迫于朝中朱胜非等人的威胁利诱,"遂与朱胜非会商高宗复辟,马扩奉命参与协商,高宗乃于四月一日复位"①。

高宗复辟后,韩世忠等人的勤王军并未就此止步,反而加快了向杭州挺进的步伐。四月三日(庚戌),韩世忠率兵抵达杭州北郊的临平,经过一场激战,一举击败苗、刘二人的部属。在此紧要关头,苗、刘二人再次暴露了政治上的幼稚,以为高宗对他俩有过许诺,答应绝不加害他们,便于当晚率领区区两千士兵,逃离杭州,往南而去。勤王军顺利进入杭州,高宗毫发无损地度过了这场性命攸关的重大政治危机。

高宗重掌大权后,于四月七日(甲寅)对于众人在"苗刘之变"的不同表现予以了不同对待,赏罚分明。所赏之人:武将中以刘光世为太尉、御营副使,韩世忠为武胜军节度使、御前左军都统制,张俊为镇西军节度使、御前右军都统制,凡参与勤王的僚属将佐都有加官晋爵之赏;文臣中,张浚知枢密院事,后来在五月被任命为权倾一时的宣抚处置使,其"便宜黜陟"的权力范围可及川、陕、京西和湖南北路。所悼之人:赠王渊开府仪同三司。所杀之人:斩中军统制吴湛、工部侍郎王世修于市。所贬之人:主管殿前司王元、左言并责官,英、贺州安置;吏部员外郎范仲熊、浙西安抚司主管机宜文字时希孟并除名,柳州、吉阳军编管②。最后,高宗连处处保护他的朱胜非竟然也没有放过,罢去了朱胜非、颜岐、王孝迪、张澂、路允迪等人的官职,理由是"不

---

① 《马扩与两宋之际的政局变动》,第233页。
② 《宋史》卷二五《高宗纪》二,第464页。

能正二凶之乱也"①。苗、刘二人更是高宗绝不允许放过的仇敌。这年的六月,先是刘正彦在浦城县(今属福建)被穷追而来的韩世忠擒获,继而苗傅又在建阳县(今属福建)被当地土豪捉住了送交朝廷。到七月五日(辛巳),苗、刘二人"伏诛",这场几乎危及高宗政治生命和肉体生命的兵变,总算偃旗息鼓。

至于马扩,非常不幸,他被高宗划入了所罚之人的行列,枢密都承旨之职被罢免,远远地遣送到"永州(今属湖南)居住"。理由是,马扩在"苗刘之变"时,"往来其间"②,而且"阴怀观望"③。虽然相比其他被贬之人,马扩受到的惩罚是最轻的④,但这已是马扩继率军河北抗金失败之后遭受的又一次严重挫折。

由于朱胜非也遭到了罢免,所以马扩奉朱之命往来于苗、刘军营之间,观察人心向背这个只有他俩知晓的事情,因为无人作证而变成为十分可疑的举止。至于"阴怀观望",这纯粹是一种"莫须有"的猜测,并无可以令人信服的证据。而马扩以"三策论"上疏孟太后,一时还无法以罪断之,后来季陵对此的攻击性言论充其量也只是一种"马后炮"。然而,马扩在"苗刘之变"中就是因这些"不太恰当"的行为,抵消了唯一那次与苗、刘商谈高宗复位的恰当行为,最终难逃贬官僻壤的下场。

和徽宗、钦宗一起被金人押解北去的曹勋,后来与马扩有相似的经历,在途中逃脱回南方。他向高宗透露了金人对江南评价的信息:"上界有天堂,下界有苏杭"⑤,这也是名谚"上有天堂,下有苏杭"的最早出典。高宗最终以临安⑥为行在,反映了他对杭州之地的价值判断与金人的眼光非常相似。北方真定差一点成为马扩的地狱,而天堂杭州又因为"苗刘之变",也差一点成为马扩的地狱。

---

① 刘时举:《续宋编年资治通鉴》卷二,四库全书"文渊阁"本。
② 《系年要录》卷二二,建炎三年四月甲寅条,第472页。
③ 佚名:《建炎复辟记》,乾隆"照旷阁"本。
④ 宋时官吏被贬谪,轻者称送某州居住,稍重者称安置,更重者称编管。
⑤ 曹勋:《松隐集》卷二六《进前十事札子》,四库全书"文渊阁"本。
⑥ 《宋史》卷二五《高宗纪》二,建炎三年七月辛卯(十五日),升杭州为临安府,第467页。

黄宽重先生在评述马扩这段历史时说:

> 在明受之变中,马扩参与协商高宗复辟,但事成之后,不仅无功,反而受罚,令人同情马扩的遭遇,也疑心宋廷何以如此。由于史料不足,我们已难于了解当时的真象。不过,综观马扩的一生和南宋初期的政治,也许有二种原因导致他被罢官,其一是,以马扩个人奉信王领导义军及乞师的经验,他内心里对高宗疑忌信王,不诚心支持抗金势力,导致华北义军的瓦解,有所不满,因此,在协商过程,未必热心维护高宗的皇位。其二则为政变后,宰相朱胜非成为他们批斗的对象,马扩奉朱胜非之命参与协商。朱胜非既去职,扩也成了权力倾轧中的牺牲品。这二种原因都有可能,但从后来高宗对马扩仍然耿耿于怀看来,显然以第一种较符合实情。①

第三节　招抚曹成,马扩功败垂成

宋朝继承了唐朝的"传统",将永州作为一个安置贬官的主要地方。岂不知永州其实是一个风景绝佳之地,唐朝柳宗元撰有著名的《永州八记》就是一证。又有潇、湘二水汇流于永州城北,是为永州著名风景胜地。相传北宋宋迪曾选取永州的湘水、潇水交汇处的景色,绘制成"潇湘八景",至今享誉盛名。

马扩并非文士画师,我们绝难看到他笔下的永州风景及其永州心境,同时,因为文献的缺失,我们也找不到任何相关马扩在永州的事迹记载。唯一可以让人间接看到马扩在永州的一点"蛛丝马迹",是当时的名士胡寅写给马扩的一首七言律诗——《马扩作亭湘江之上,来求名,以"饮江"名之》:

畴昔纵横虎豹韬,旆旌悠缅马萧萧。

---

① 《马扩与两宋之际的政局变动》,第233—234页。

饱闻国士无双誉,今见将军第五桥。

秀句自堪消永日,壮怀仍复在中朝。

楼前拍拍湘江绿,安得从公举一瓢?①

考胡寅这首七律诗,当作于马扩贬官永州之时。唐代郑虔是唐玄宗时一位精通天文、地理、军事、医药和音律的"全才",并以诗、书、画被玄宗称为"三绝"。安史之乱时,郑虔被叛军劫到洛阳,强授"水部郎中"。郑虔称病不就,且暗中向远在灵武的唐王朝通风报信。唐军收复洛阳后,朝廷却将郑虔贬为台州司户参军事②。郑虔的友人著名诗人杜甫无畏这一敏感的政治话题,写有多首为其鸣冤抱不平的诗作,如《题郑十八著作虔》云:"台州地阔海冥冥,云水长和岛屿青。乱后故人双别泪,春深逐客一浮萍。酒酣懒舞谁相拽,诗罢能吟不复听。第五桥东流恨水,皇陂岸北结愁亭。贾生对鵩伤王傅,苏武看羊陷贼庭……"马扩在"苗刘之变"中奉朱胜非之令至苗傅、刘正彦军中察人心向背,最终却遭贬官流放,与郑虔遭遇颇有相似之处。胡寅的这首诗描述了马扩当年河北抗金的英勇景象,而"今见将军第五桥",当是典出杜甫"第五桥东流恨水,皇陂岸北结愁亭"这一诗句,寄托了他对马扩在"苗刘之变"中的遭遇的同情,同时也在诗中抒发了要马扩不要消沉,应有再挑重担之"壮怀"的渴望。所以,根据文意分析,胡寅此诗当在马扩谪居永州之时所作。胡寅和马扩的交往史料无载,但胡寅此诗反映了他与马扩之间的亲密关系,同时也反映了他与杜甫相似的敢与时议相悖的品格和勇气。

从胡寅的诗题来看,马扩在永州时曾在湘江之上建有一亭,胡寅名为"饮江亭"。可知马扩在永州也并非无所作为,只是史料阙载而已。

马扩在永州贬所"居住"了两年,一直到高宗绍兴元年(1131)三月七日(甲辰),他的命运才稍稍有所好转,这天有朝旨传来,马扩"降授右武大夫、和州防御使",并准许"自便"③。这意味着,"停官"两年的马扩又有了一官半职,已经结束了谪居命运,重获人身自由,可以离开永州地界了。可是,马

① 胡寅:《斐然集》卷四,四库全书"文渊阁"本。
② 欧阳修、宋祁:《新唐书》卷二〇二《郑虔传》,中华书局 1975 年版,第 5766 页。
③ 《系年要录》卷四三,绍兴元年三月甲辰条,第 778 页。

扩又可以去哪里呢？又能去哪里呢？这些都是没有人会跟他说的事。于是，离开"囹圄之地"永州城后，马扩没有往北而行，而是继续往西南，从永州所在的荆湖南路一直到了广南西路地界，最后把融州（广西融水县）作为了自己避世隐居之地，"野衣竹杖，日吟钓于仙溪之上"①，如同桃源中人，过起了逍遥自在的隐士生活。

融州虽然地处边远，却是个山水秀美的地方，当地第一名胜真仙岩在宋代具有特别的意义。真仙岩又名灵岩、老君洞，是中国道教圣地"三十六洞天"之一，在当地为"融州八景"之首，称"水月洞天"。灵寿溪蜿蜒穿岩百米而过，激石漱玉，浪花如雪，四季清澈，终年不竭。乘筏自后洞口顺流而下，可一览全洞风光，从洞口内观溪水入口处半月形，岩石倒映在清溪之中，天水各半，合而成圆，"水月洞天"之名便是由这一景象而来。绍兴七年（1137），融州地方官胡邦用《真仙岩诗叙》中说，相传太上老君游至融岭，对人道："此洞天之绝胜也，山石巉屼，溪流清邃，不复西度流沙，我当隐焉。"一夕身化为石②。当地县志记载，宋太宗曾颁赐"御书碑"一百二十轴藏于洞内，并敕封老君洞为"真仙岩"。道教是宋代的国教，故御封的"真仙岩"在宋代为广西一大名胜。宋人王象之道："玉融山水为天下之最，而真仙老人岩之类又其最也。"③也有人说，融州是"山居谷聚，控并海之蛮夷；地大物荒，据仙城之襟带"④。

马扩在融州的一则生活故事，还被时人"改编"收入志怪体的笔记之中，让人啧啧称奇。这则故事说，马扩在融州居于天宁寺，在居所旁竹林中建了一座茅厕。有一天他持矛如厕，忽然听到好像有人在呵斥什么，向四周视之，却并无一人。正自奇怪，又听到了一阵呵斥声。仔细一看，原来是一条蛇盘踞厕中一角，正在开口吐信，叱叱作响。这蛇极为怪异，有一个如斗那么大的头，夸张得出奇。马扩挺矛向蛇突刺，矛刃刺穿蛇头竟钉入柱子中。

---

① 《北盟会编》卷一四九，绍兴元年十月"吴敏为湖南二广宣抚使"条，第1082页。
② 徐霞客：《徐霞客游记》卷三下《粤西游日记二》，上海古籍出版社1982年版，第380页。
③ 王象之：《舆地纪胜》卷一一四《融州》，中华书局1992年版，第3384页。"玉融"为融州的郡名，见祝穆《方舆胜览》卷四一《融州》，中华书局2003年版，第737页。
④ 《方舆胜览》卷四一《融州》，第739页。

马扩急忙跑出茅厕,叫仆人一起来看,发现怪蛇已死,却有头无身。再张大眼睛仔细搜寻,才发现蛇身居然只有细绳这点粗,但非常地长,缠在屋椽上足足有数十圈。马扩取了死蛇让当地土著辨识。可是,即使那些白发苍苍的老人,也没有一个认得出这究竟是什么蛇。①

这则故事虽然事近荒诞,但也许透露了一些真情,一是马扩在融州并无自己的居所,寄居在当地一个叫天宁寺的寺院里,而且还要自己在附近营建茅厕,可见居住条件很一般。二是马扩出门到附近竹林中如厕,居然还要随身携带武器,说明当时当地的社会环境并不是太好,马扩得随时随地保持警惕心。三是马扩还有仆人相随身边,在生活上也算是有人照顾,不算是很糟糕。

马扩以这样一种隐居的生活方式消磨人生,也反映了他对高宗朝廷的失望。然而,虽然马扩隐居于如此偏僻之地,但并不能使人遗忘于他,许多对于高宗朝廷仍然满怀希望的朝臣,还是想到了马扩之才,张浚就是这其中的一位。

马扩谪居永州和后来隐居融州之时,正是张浚都督陕右,与金军打得天昏地暗之际。由于战事空前激烈,局势极为险恶,张浚急需军事人才为用。这时,他想起了曾经在外交上和战场上都与金军有过较量的马扩,于是,不远万里遣人带着书信和礼金来到融州,希望马扩应招赶赴陕西。张浚充分考虑到马扩在"苗刘之变"中受到的无端指责和不公遭遇,所以在书信中着重强调要和马扩"同济国事",一起抗金,而且还为高宗开脱道:"上之待公不轻,虽缘谗毁,终必保全,公荷圣恩如此,可不图报乎?"言下之意马扩之所以被贬官流放,是因为有小人进了谗言,这并非是高宗的本意。对此,马扩未置一言,却在回信中提到了张浚幕府中的参赞军事刘子羽,指出此人昔年曾在真定府和自己有怨隙,因为这个原因,所以就不去陕西了,并致歉意②。由于这样一个难以调和的矛盾,让张浚一时也没有办法解决,马扩重返军政之事也就只好作罢了。

---

① 洪迈:《夷坚志》卷二〇,"融州异蛇"条,中华书局 1981 年版,第 184 页。
② 《北盟会编》卷一六四,绍兴四年十月"马扩复元官"条,第 1186 页。

但是，张浚作罢了，却另有人也看中了马扩之才，请他出山。绍兴元年十月十一日（庚戌），荆湖、广西宣抚使吴敏正式受命置司于柳州（今属广西）。柳州相邻于融州之南，吴敏很容易想到马扩这位"邻居"，沟通上也比千里之外的张浚要方便得多，更没有类似刘子羽的"障碍"，所以，很快就征得马扩同意，让他担任了宣抚司都统制，兼参议官。于此同时，吴敏又任用了一位自己的同乡人，也是北宋名臣范仲淹的曾孙直秘阁范直方为宣抚司参谋①。

吴敏最初因为是徽宗退位诏书的起草人，而登上了宰相之位，但很快又被钦宗贬官而谪居涪州（四川涪陵）。金军第二次围攻东京时，他曾经也同马扩一样，被金人视为"干戾人"而列入了索要的"黑名单"。高宗时，吴敏因人推荐而被朝廷重新起用，让他去任潭州（湖南长沙）的地方长官。但吴敏以祖母年事已高为由，坚决推辞，不肯应命，朝廷只好对这名"孝子"另作安排。这样一来二去，直到抬出一顶广西、湖南宣抚使的乌纱帽，吴敏这才欣然从命②，虽然比不得往日的宰相之尊，但也算是地盘极大的一方"诸侯"了。

吴敏的宣抚司刚刚安顿下来，在其之下的主管荆湖东路安抚司的向子諲却出事了！

当时，在湖南四处游击的"剧盗"曹成占据了攸县（今属湖南），和驻军安仁（今属湖南）的向子諲剑拔弩张，形成对峙。曹成是开封雍丘（河南杞县）人，自来就不安分守己，曾因杀了人没奈何而投了军。靖康之变后，他趁着天下大乱而收集溃散军兵，四处流窜，在宋军和金军的夹缝中寻找自己的生存空间。宋朝对付比较难缠的民间武装的惯用手法之一就是招安。绍兴元年，宋朝向曹成抛出了"橄榄枝"，以为荣州团练使、知郢州。但曹成显然嫌团练使这顶帽子太小，所以一直拥兵自重，不受节制。如今，曹成从湖北长驱而入湖南时，已经有众数万人。事实上，向子諲所率之官军，无论是数量上还是实际作战经验上，远不如长期征战的曹成之军。向子諲也倒知己知

---

① 《系年要录》卷四九，绍兴元年十月庚戌条，第 876 页。范直方为范仲淹曾孙，见南宋李正民《大隐集》卷一《范直方直秘阁参议官制》，四库全书"文渊阁"本。
② 《中兴小纪》卷一〇，第 127 页。

彼，没敢贸然去撩这只大虫的胡须，而是沿用招安之法，"遣使招之"。向子
諲这次很走运，居然不费一兵一枪，用了一个"都统制"的头衔，就让曹成及
其数万之众俯首听命，堪称功效显著。估计也是曹成及其部下因为长期游
动作战，居无定所，已生厌战情绪。

　　一名长期捣乱的"剧盗"突然受了招安，这本来是一个很好的结果，但好
景不长，还是这个向子諲，又一手激变曹成，送他重返于"剧盗"之列。此时
恰逢十月收割庄稼的好季节，向子諲想尽快抢收辖区内的粮食，偏偏又担心
刚受招安的曹成也会派人来抢割粮食，便派了部下四处把守险要，"西扼衡
阳（今属湖南），南守宜章（今属湖南）"，阵势摆得极大，一副严防死守的样
子。曹成其实确有抢粮之心，其大军原来流动到哪就抢到哪，这也是他一贯
的做派，何况偌大一支人马总是要吃饭的，你向子諲只给官帽不给粮，莫非
叫俺喝西北风不成？但现如今曹成突然发现自己落了后手，几条理想的抢
粮路线早被向子諲派兵给切断了。郁闷的曹成在攸县像一头困兽，不知往
哪里走好，在原地徘徊逗留了足有一百多天，眼睁睁让周围州郡的官府顺顺
当当地将地里的庄稼抢收一空。抢粮不成的曹成像是被人狠狠地卡了一阵
子脖子，一怒之下决定造向子諲的反。恰好这时曹成探听得向子諲手下并
无多少人马，外派扼守关卡的官军一时又回调未至，便在十一月二十九日
（壬戌）集合全军直扑安仁。这下向子諲也知道自己要吃不了兜着走了，只
好硬着头皮率领自己的亲兵迎战。结果可想而知，这支官军小部队一触即
溃，根本没有抗拒和遏制对手进攻的可能。向子諲只好死了动武这条心，也
是没有办法的办法，他斗胆单骑一人跑到了曹成的军中，挺直腰板，硬着嘴
巴，向曹成大谈"国家威灵"，指望以他擅长的"舌战"来打败曹成。然而，令
向子諲绝望的是曹成这厮根本不吃这套，而是毫不犹豫地将他捆绑了作阶
下囚①。接下来，曹成再显"剧盗"本色，甩开手脚，大步流星向西南方向进
兵，一举占领了道州（湖南道县）②。

---

① 《宋史》卷三七七《向子諲传》，第 11641 页。
② 《北盟会编》卷一五〇，绍兴二年正月十二日条，第 1086 页。

6-1 南宋初年湖南广西形势图 焦 俊 作

　　堂堂大宋的湖南安抚使居然被四处流窜之贼捉拿而去,这事件太严重了! 对此,作为湖南安抚使的上级主管宣抚使是脱不了干系的! 吴敏只好打起精神,认真对待。可是,如果诉诸武力,他可能就会重蹈向子諲之覆辙,而且无疑会加大向子諲被杀的可能性。吴敏想来想去,还是招安这着棋子似乎比较对路管用。但是,曹成已经有过多次失败的招安经历,他还愿意接受招安吗? 又有谁能说动曹成再次接受招安呢?

　　而此时道州方面的局势更趋紧张,随时都有失控的可能。原来,曹成占据道州后,朝廷一道旨在"抚谕"曹成的诏书接踵而来,声称如果曹成愿意前往行在临安府,其部属除了分散到江淮等路充当民兵之外,若有堪任战场厮杀之将,即可带同一起赶赴行在,"听张招讨节制"。这张招讨即张俊,为人做事都不咋的。曹成部属一听要受张俊的节制,顿时忿激得不行,向子諲"抢粮事件"还未搞掂,正闹得不可开交,又要俺们千里迢迢赶赴行在去听张

俊那厮调遣,岂有此理! 于是,"汹汹欲乱"①,真的要像"剧盗"一样大干一
番了。

向子諲的"抢粮之举"和这封诏书,都是在一个不合时宜的时候扮演了
一个不合时宜的"角色",把已经有意接受招安的曹成再度逼上梁山,推到了
自己的对立面,端的是成事不足,败事有余!

当曹成之乱几成为一副无法收拾的烂摊子时,马扩奉吴敏之命出面调
停了。

吴敏何以派马扩出面调停? 原来,马扩早两年率兵北援五马山寨,在驻
军大名府时,曾派人联系曹成,要他前来归顺。曹成没有多罗嗦,即表示愿
意降服,听命马扩。不过,当时马扩对金军的形势极为不利,估计后来曹成
也不曾合兵于马扩。但是,有过这样一次"交情",马扩出面调停的赢面就大
多了。

马扩派了一位名叫张布的小校作为使者,带着马扩招安曹成的书信,前
往道州曹营。本来因为群情激愤,已经准备大闹一番的曹成,见到马扩的书
信后,出乎意料地改变了原先的主意。和第一次马扩书信相招一样,曹成这
次也没有什么罗嗦,就表示愿受招安,而且在新年即绍兴二年(1132)的正月
九日(辛丑),将一直扣在手里的向子諲放归蓝山县(今属湖南)②,以这样一
个相当实在的行动,表达了自己接受招安的诚意,而仅仅提出了一个要求,
就是想"知道州",留在当地做一个父母官。为此,曹成在正月十二日(甲辰)
还派了两名使者和张布一起来宣抚司商议此事。接着,曹成又专门派了一
名姓魏的准备将给马扩送来一封信,其中说道:"欲得相公指差一处。"③曹成
这等于是在拍胸脯表白,他并非一定要赖在道州,只要有合适的地方,一切
听您马子充的。

曹成之乱忽然就此偃旗息鼓。

按理说,向子諲弄僵的事马扩一纸书信就搞掂了,也实属幸运,接下来

---

① 《北盟会编》卷一五〇,绍兴二年正月十二日条,第1086页。
② 《系年要录》卷五一,绍兴二年正月辛丑条,第895页。
③ 《系年要录》卷五一,绍兴二年正月辛丑条,第895页。

真的要吸取教训,慎重对待。倘或将曹成的数万之众收编、打造成一支劲旅,于国家那是何等的好事! 然而,偏偏有人还自我感觉极好,仍然摆出一副颐指气使、不可一世的架势说话。吴敏的同乡、参谋范直方既健忘,又弱智,还要捡起那道曾经激变的诏书道:"曹成既受招安,可催促他尽快赶赴行在。"

马扩当即反对道:"曹成既然不愿离开此地而远行,我等这般催促他去行在,万一不成,反而将促使曹成之众一哄而散,流窜各地,为乱天下。不若以诚相招,借曹成之力而为我所用。"

对于马、范两人截然相左的意见,吴敏在处置上显示了其毫无智慧和明鉴可言的一面,而更多的是为范直方之议所惑。马扩对此当然不能答应,于是,他和范直方各自向吴敏呈送了阐述己见的议状。

马扩在议状中道:

　　曹成自去年十一月二十九日袭攻安仁县,劫掠财粮,执安抚向龙图①,入道州。某蒙宣抚相公令,当面口念语言,写成招抚曹成一行人马札子,差使臣张布赍去投下。却于今年正月十二日,曹成差使臣刘睿、机宜冯志与张布同来,称放出向龙图,乞差人知道州。又再准备将领魏富②赍到申状,开具所准枢密院札子及诏书,内事件并事目内说,愿得相公指差一去处。某观敌人之情,既惧远赴行在,且畏属张招讨,群情汹汹,思欲哄散,虽曹成有不得而制之者,大众一溃,为患难量。某已将所差到冯志等说谕祸福,示以相公恩威、信义,使之解甲听命。冯志等莫不欣喜顺从,愿候使司分擘使唤。某所请,听彼归降,愿约一众,上下悉与安排,无令失所。某提军马亲至道州,入曹成军中抚定,分拨拣选强壮,添隶五军,联络队伍,进兵长沙,制服马友,上副朝廷委任相公之意,下安三路惊扰失业之民,止是二月中可以就绪。不然,失此机会,不惟湖湘重困,大系朝廷之忧,师老财殚,无以善后,上负朝廷之责,下起兵

---

① 向子𬤇之衔为龙图阁学士。
② "魏富"《系年要录》卷五一作"魏宪",第895页。

民之怨,虽欲保身,不可得也。某职在都统,当此敌人开阃之时,亟欲以弭祸难。伏乞相公详酌二者之议,究其是非,断绝归一,或罢某都统制,放归田野;或止绝参谋横议,无为含糊以误国事。①

马扩简要回顾了自己是如何招安曹成,以及曹成提出在本地为官的意愿,并先派刘睿和冯志,继而又派魏富前来接洽的过程,既说明了自己对此事的用心,也反映了曹成接受招安的诚意。而最为关键的是分析了曹成之众不愿远赴行在归属张俊的真实心态,指出现在其人心不稳,一旦四散为患,贻害匪浅。同时也向吴敏自告奋勇,愿意亲赴曹营,接受对方的降服。而且,更为要紧的是要改编和训练曹成之众,最终练成一支有战斗力的军队,以消灭另外一个类似曹成的占据长沙的"剧贼"马友。当然,马扩也措辞强硬地要求吴敏在他和范直方两人的意见中必选其一,明确表达了不允即退的态度。

马扩的阐述事实清楚,分析准确,态度明确,稍有心智者不难理解。然而,马扩实在不走运,使他出山重掌军政要职、他也曾寄托希望的吴敏,却以一种看似无奈,实则极不讲理的态度对他道:

"奈何? 参谋是故人。"②

这是一个令人啼笑皆非的回答! 马扩费尽口舌如此这般跟吴敏说了这么多道理,吴敏却出人意料地用只可以私下说说的乡里之亲,一口否决了马扩的种种主张。吴敏采纳范直方意见的理由,仅仅因为范是自己的同乡人,而马扩因为与己非亲非故,他的观点和主张就可以是一片废话,一张废纸,这是什么逻辑! 也奇怪南宋朝廷又如何会让这种脑子进水的人执掌大权?

吴敏的荒唐和荒谬,再次使马扩遭遇了背运之命,徒呼奈何的应该是马扩自己。马扩离开宣抚司后愤然对人道,宣抚相公"听用故人之言,不采正

---

① 《北盟会编》卷一五〇,绍兴二年正月十二日条,第 1086—1087 页。
② 《北盟会编》卷一五〇,绍兴二年正月十二日条,第 1087 页。

论,可与共事乎?"①

翌日,马扩给吴敏留下了一首辞职告退的诗,"拂袖归卧仙溪",重新回到了他过去的隐居之地融州。

吴敏收到马扩的诗,看见其中有道:

> 未敢此时非赵括,已愁他日类田丰。②

这意思再明白不过了,他马扩已经没有兴趣再听那些纸上谈兵式的夸夸其谈,但也不愿意成为类似袁绍失意谋士田丰式的人物。马扩已经清楚地看到,如果按照范直方的主张去做,曹成之众必将再度反叛,到时候若引起大乱,吴敏之徒对上交代不了,自己成为替罪羊或阶下囚也是极有可能的事情。因此,马扩毫无留恋地一走了之。吴敏听说马扩不辞而别,也知道他是出于什么样的心态,立即派了骑兵去追赶马扩,还想把他追回来。但是,马扩早已走得远了,再无复还的可能。

那头曹成闻说马扩突然离去,便觉事情不妙。又过数日,朝廷新任命吴敏为资学宫祠。这就是说,吴敏自己也被勒令退休了,一切权力突然终结,招安曹成之事一时自然再无有人关心。眼见得归顺朝廷、坐镇道州的想法已成泡影,曹成终于再次做了"流寇",四处游击,"湖广被其害"③。

在曹成事变中,马扩、吴敏、向子湮,还有曹成,无一人是赢家。高宗之臣在行政处变中的成事不足败事有余,也由此可见一斑。但此事也有赢家,唯一得到好处的是范直方,他被朝廷任为知浔州(广西桂平)后,欣然赴任④。至于曹成,不久即被岳飞击败于贺州(在广西贺县东南)和连州(广东连县)等地,又逃回湖南境内的邵州(湖南邵阳),最终被韩世忠招了安,了却了其独尊自大的"流寇"生涯。

---

① 《北盟会编》卷一五〇,绍兴二年正月十二日条,第 1087 页。《北盟会编》在此作"某退曰:听用故人之言……",既称"某",则应为马扩之叙,或者就是《茆斋自叙》中的文字。而这段文字若为徐梦莘之叙,则不当有"某退曰"之说。

② 《北盟会编》卷一五〇,绍兴二年正月十二日条,第 1087 页。

③ 《北盟会编》卷一五〇,绍兴二年正月十二日条,第 1087 页。

④ 范直方在浔州"政尚宽厚,邦人德之,入为刑部员外郎,民皆攀辕绝镫,不忍其去",参见昌彼得等《宋人传记资料索引》,台北鼎文书局 1984 年增订二版,第 1661 页。

而马扩对于吴敏的不辞而别,多少还是受到了时人的非议。当时客居于广西的济南人王次翁①听说马扩辞职一事后,写了两首颇含讥讽意味的诗道:

> 徙薪曲突论无凭,太尉山中混耦耕。
> 头额烂焦曾未录②,参谋先已享专城。

> 近来出处事何如,先辈风流埽地无。
> 忽有子充惊末俗,一言未契便长驱。③

王次翁第一首诗讽刺吴敏对招安曹成之事不知防患于未然,即使有马扩已为筹措预防措施,却固执不肯纳谏,如此不明事理的封疆大臣就如躬耕山中的农夫一般,到头来自己焦头烂额、难以收拾局面不说,还让手下的"范参谋"抢得美差而去,真称得上是懵懂之人。第二首诗则是讥讽马扩了无前辈先哲的胸襟和气度,与上峰一言不合便撂"挑子",架子之大,还真有一点惊世骇俗的味道,称得上是无礼之人。王次翁既为局外之人,又是道听途说,对招安曹成之事的当事人恣意冷嘲热讽,也是站着说话不腰疼,原不足一驳,但这两首诗却可以从一个侧面看到,时人对吴敏处置曹成之事评价极低,对马扩、甚至对范直方也颇有微词。

只有向子诬后来虽然早早地被夺官赋闲了,但小日子还算过得充实,鉴赏收藏,不亦乐乎。唐代玄宗有一匹极宠爱的马叫"照夜白",当时著名画家韩幹据以绘成一幅传世名作《照夜白图》,图中被拴在马柱上的"照夜白"体态肥壮而矫健,仰首嘶鸣,奋蹄欲奔,神情激昂,充满了生命的动感。如今还可以在画前的题跋中看到这样一段笔墨:"绍兴戊午芗林向子诬同观看于凝香阁。""绍兴戊午"即绍兴八年(1138),"芗林"即向子诬自号"芗林居士"。

---

① 王次翁字庆曾,礼部别头试第一。南渡后知处州,附秦桧,屡迁至参知政事。见《宋史》卷三八〇《王次翁传》,第11709—11712页。

② "头额烂焦曾未录",厉鹗:《宋诗纪事》卷四〇《闻马扩辞职作》作"头额烂焦曾采录",上海古籍出版社1983年版,第1038页。

③ 《北盟会编》卷一五〇,绍兴二年正月十二日条,引赵甡之《中兴遗史》,第1087页。

向子谞等人的题跋也使得这幅名作的字画更具意蕴,更显宝贵。但若非绍兴二年马扩遣人往谕曹成释放向子谞,后人所见的这幅《照夜白图》上,也许就不会有他的这段闲情逸致了。向子谞如此结局也算是个例外。

第四节　守江守海,东西往来奔忙

马扩重返融州之后,逍遥自在了大约一年的时间,到绍兴三年(1133)二月,才以右武大夫、和州防御使这一"降授"的官衔,被朝廷任命为孟庾都督府的参议官。

孟庾当时和张浚相仿,是以文官之身总领一方军务,于绍兴二年八月,兼权同都督江淮荆浙诸军事,驻节建康(今江苏南京)。孟庾上任后,先要解决江淮荆浙这好大一个军区的粮饷问题。他向高宗提出,请尚书户部侍郎姚舜明前往建康,襄助自己总领大军的钱粮事宜。正月初八(甲子),孟庾的这个请求得到了高宗批准。钱粮问题解决后,进入具体军务后,孟庾又向高宗伸手要人,而且点名就要马扩,道:"马扩通晓军务,请以为参议官。"①高宗这时候对孟庾好像特别倚重,有求必应,于是,任命马扩为孟庾都督府参议官的成命就这样在二月份下达了②。

然而,直到九月份,半年多时间过去了,马扩一直未去建康孟庾的都督府履任,原因是马扩在赴任的路途中得了重病,非但无法再继续赶路,而且还不得不向朝廷提出了要求退休的宫祠之请③。

时到九月十五日(丙寅),尚书省向朝廷建议:"本朝历来奉使外邦之《国书》,原来均系学士院收掌。自军兴以来,因《国书》中所载事宜牵涉国家机密,是以望朝廷令学士院将现存放于架阁中之《国书》正、副本,以及一切有关文字,一并送交枢密院机速房,令机速房负责收掌。《国书》由宰执封押后

①　《系年要录》卷六二,绍兴三年正月甲子条,第1059页。

②　《北盟会编》卷一五五,绍兴三年二月"马扩都督府参议官"条,第1119页。

③　《北盟会编》卷一六四,绍兴四年十月"马扩复元官"条,第1186页。

保存,而检详官务必时常检察。"①虽然高宗批准了这个建议,而且还诏令曾有多次奉使经历的马扩和都督府参议官直秘阁宋孝先等一批人,留在尚书省参与这次存档《国书》的转移和整理②,但是对此时还在全州(广西全州县)养病的马扩而言③,这纸诏书毫无意义。

到了绍兴四年(1134),已经移居江西境内的马扩终于收到了朝廷准许其奉宫祠的诏令:"奉祠居信州(江西上饶)"④,总算可以安心养病了。但好景不长,宋金形势又出现了新的情况,也让马扩再度身赴戎机。

这年九月,金军为了配合西路军对吴玠、吴璘等部宋军的攻势,改变川陕战场久攻不下的局面,和伪齐军联合攻略淮东地区。宋军韩世忠部孤军相抵,势单力薄,一度退过长江至镇江,使得江南前线形势陡然紧张起来。知枢密院事赵鼎即与高宗商议御驾亲征,于八月份被任命为都督川陕荆襄诸军事。和当初孟庾一样,赵鼎置府时也想到了马扩,便以详议官一职招马扩赴都督府供职⑤。

十月五日(庚辰),徽猷阁待制、知镇江府沈晦上书恳请朝廷督促张俊统兵,"为韩世忠之援"⑥。十月十三日(戊子),赵鼎等人在高宗面前夸奖沈晦的上书"议论激昂"。但高宗自有看法,认为沈晦这次上书精神诚然可嘉,然而他的为人一贯是"语甚壮,胆志颇怯",表示还要考察其遇事的处置能力究竟是否如其所言,名副其实。

赵鼎见高宗信不过沈晦,而镇江方面形势又十分吃紧,乘机推荐马扩,称他是"极有才可用"。

对于赵鼎的极力举荐,高宗轻描淡写地道:"该让他在留守司供职,以作使唤。"

---

① 《系年要录》卷六八,绍兴三年九月丙寅条,第1153页。
② 《系年要录》卷六八,绍兴三年九月丙寅条,第1153页;《宋会要辑稿》第80册《职官》三九之六,第3149页。
③ 《系年要录》卷六八,绍兴三年九月丙寅条,第1153页。
④ 《北盟会编》卷一六四,绍兴四年十月"马扩复元官"条,第1186页。
⑤ 《系年要录》卷八一,绍兴四年十月庚辰条,第1324页。
⑥ 《系年要录》卷八一,绍兴四年十月庚辰条,第1324页。

当时高宗已委任孟庾为行宫留守,驻守临安府。高宗冷对赵鼎热荐的意思很明白,即马扩可用,但却将他留在临安府的留守司,等于还是将他置之度外,不予重用的意思。站在高宗一旁的孟庾曾经推荐马扩担任参议官之职,这时候高宗称要将马扩留在他这里,便顺水推舟地表示:"臣亦欲以此为请。"

这时,在一旁的吏部尚书、签书枢密院事胡松年有点听不下去了,便向高宗进言道:"马扩曾在遇见臣时称,希望能亲率三千人捍御金贼。"胡松年借马扩之口提出了要将他派到一线去,也是认为马扩之才当用于前线的"刀刃"上,而不能将这样的人才"搁置"于后方留守司。

未等高宗开口,赵鼎接着道:"虽然马扩曾经因为当年苗傅之事得罪于陛下,然而史有明鉴,诸葛亮能用不遵常礼之人,以致区区平常之蜀国,强霸一时。"

吏部尚书参知政事沈与求也附议道:"今日正当拔卒为将之时,臣闻马扩带兵严整,愿陛下留意古时圣人用人之道,放过其往昔错失而大胆任用。"沈与求干脆建议高宗捐弃前嫌,用人之长。

面对几位大臣的连连相劝,高宗只好顺水推舟道:"齐小白①还能忘却射钩之仇而重用管仲,朕难道还不能用马扩?而且,既然任用了他,却只给他三千人去抵敌,这恐怕也不太恰当。各位大臣可以引见马扩上殿,朕将当面示以恩信,然后再有任用,他一定能效死报朕。"

沈与求见高宗答应任用马扩,当即也顺水推舟颂扬了一句好话:"陛下能够如此驾驭诸将,还愁何事不济?"

赵鼎也乘机"阿谀"道:"陛下如此大度用人,开此之风,天下幸甚!"

赵鼎等人当天就将马扩引见上殿,面见高宗。马扩也很争气,没有辜负众人的大力举荐,"奏对称旨",颇合高宗心意。于是,高宗果然尽释前嫌,当即恢复了马扩原来的官衔:拱卫大夫、利州观察使,连带曾被免除的枢密副都承旨一职也还给了马扩②。至此,马扩算是正式复出,再次为高宗朝廷所

---

① "齐小白"即春秋五霸之一的齐桓公。
② 《北盟会编》卷一六四,绍兴四年十月"马扩复元官"条,第1186页。

用。

赵鼎和沈与求看到这样的结果非常高兴,第二天在高宗跟前免不了又说了一些好听的话。赵鼎道:"陛下用人如此,何患不得其死力?"

高宗也要显示一下他的知人善用,道:"马扩知兵法,有谋略,不仅是只知格斗拼杀的匹夫之勇。"

沈与求道:"陛下起用早被黜免之马扩,并且恩宠以高官厚禄,马扩必能立功以报陛下。这即使是善于将将之汉高祖,臣以为也不过如此。"①

只有孟庾不甘马扩被赵鼎所夺,但又不可能让高宗收回成命,便提出以马扩兼留守司参议官这样一个折中的办法,禀奏高宗通过②,总算是皆大欢喜。

马扩的复出与赵鼎、孟庾、胡松年和沈与求等人极力举荐是分不开的。尤其是赵鼎,当时力请高宗前往平江府,督促韩世忠、刘光世、张俊等人进兵淮东,最终击败了金齐联军。同时,赵鼎又因力荐张浚复知枢密院事,罢黜席益、汪伯彦之职,举用马扩、折彦质、胡寅等作为,"而人心悦"③。但在举荐马扩的这一干人中,唯有孟庾在绍兴九年(1139)六月出任东京留守,坐镇一年后即遇金军都元帅兀术大举入侵,渡河趋汴,结果他不作任何抵抗,选择了打开城门投降金人,为宋人所不齿。

马扩复出没多久,又被卷入了一场风波之中。

高宗于绍兴四年十月二十三日(戊戌)离开临安府,乘御舟沿运河北上,四天后,在二十七日(壬寅)将行在搬到了平江府④,算是正式启动了"亲征之旅"。马扩当时虽然兼着行宫留守司参议官一职,但还是接到了高宗的旨令,"发赴平江府,扈从车驾"⑤。到了十二月,张浚向高宗上奏,推荐马扩以枢密副都承旨的身份担任江西沿江制置使一职,率军镇守镇江府⑥。张浚的

---

① 《中兴小纪》卷一七,第205页。
② 《系年要录》卷八一,绍兴四年十月丁亥条,第1328页。
③ 《北盟会编》卷二一六,绍兴十六年九月二日条,引《林泉野记》,第1554页。
④ 《宋史》卷二七《高宗纪》四,第513页。
⑤ 《北盟会编》卷一六五,绍兴四年十二月"马扩为江西沿江制置副使"条,第1191页。
⑥ 《中兴小纪》卷一七,第210页。

意图很清楚，即虽然此时已有韩世忠、刘光世、张俊等大将出兵大江南北，另外还筹划由中军统制王进屯守泰州，作为平江府以北一带江防的屏障，但从长江口到建康一带的长江防线非常漫长，亟待有人来统筹防务，以防万一。所以，张浚就近于扈从官员中看中了马扩，希望由他来担当这一重任。高宗接受了张浚的推荐，于十二月八日（壬午）任命马扩为江西沿江制置使，但却在驻军镇江一事上否定了张浚的建议，让马扩"驻军武昌"①。

　　现在的问题是，既然叫马扩驻军武昌，那么，兵从何来？高宗自己驻跸平江府，相距金齐联军的主攻方向扬州和镇江不算很远，需要一定兵力作为护驾之用，所以不太可能从江浙一线再抽调兵力西去武昌驻守。于是，朝旨命湖南安抚司"拨崔邦弼、吴锡两军付马扩"②。这样一来，马扩算是动了湖南安抚司的"奶酪"。该司"首长"端明殿学士、荆湖南路安抚制置大使、知潭州席益是个一毛不拔的铁公鸡，竟然拒绝执行这一命令，不给马扩一兵一卒。据说，当时枢密院官员向高宗报告道，该院"凡三十一次札催"③，但是席益死活不肯让这两名统制官率兵前往武昌。接下来，高宗龙颜震怒是可想而知的，十二月十三日（丁亥），活得不耐烦的席益被一道诏旨罢去现职安抚制置大使，但高宗依旧保留了他的湖南安抚使一职④。与此同时，崔邦弼一军未再起用，高宗只是严令吴锡率军"星夜兼程之武昌，如违，并真典宪"⑤。在这样的高压下，总算将席益的一支军马强行调到了武昌，马扩总算避免了"光杆司令"的尴尬，有兵可以节制了。但应该说，马扩心里的滋味是不太好的。在以往与金军的多次作战中，马扩已经因为没有一支可信赖的"亲军"而吃足苦头，这次有机会再次独当一面，虽然有高宗作后台支持，但摆在自己眼面前的却是这样一支"作梗之兵"，那脾性一定不会好弄。所幸的是，后来马扩并未重蹈覆辙，再栽跟斗，将席益拒调军兵这场风波的负面影响化解到最小程度。事实上，后来吴锡跟随马扩较长一段时间，两人还是相处得不

---

① 《北盟会编》卷一六五，绍兴四年十二月"马扩为江西沿江制置副使"条，第1191页。
② 《北盟会编》卷一六五，绍兴四年十二月"诏拨崔邦弼、吴锡两军付马扩"条，第1192页。
③ 《系年要录》卷八三，绍兴四年十二月丁亥条，第1364页。
④ 《宋会要辑稿》第100册《职官》七〇之一五，第3952页。
⑤ 《系年要录》卷八三，绍兴四年十二月丁亥条，第1364页。

错的,一直到绍兴五年(1135)十二月十二日(庚戌),已经官衔不小的拱卫大夫、泰州刺史、都督府中军统制军马吴锡,又被任命为殿前司策选锋军统制,兼都督府军统制,而当时的都督府都统制就是马扩①。到绍兴六年(1136),吴锡仍在马扩的部下任职。

马扩出任江西沿江制置使一职后,还动了另一名地方要员的"奶酪"。绍兴五年闰二月七日(辛亥),原先兼领江西沿江制置使的徽猷阁待制、新知江州(江西九江)程昌寓,被朝廷改兼管内安抚使。江西沿江制置使自绍兴初设置后,一直是由江州守臣兼领的,但现在马扩已为江西沿江制置使,程昌寓的"兼职"只好改命了②。只是,程昌寓的为人和做派不像席益,不曾有张狂之意,且江州之地与武昌尽管同饮一江水,却不搭界,没有较为直接的利害关系,也就没有什么利害冲突了。

进入绍兴五年后,经过多次攻守争夺,宋军基本遏止了金齐联军的这次攻势,双方在两淮和长江下游一带的战事逐渐平静下来,马扩在武昌也无什么惊天动地之事,一切如常。二月八日(壬午),高宗回到了临安府,"北征之旅"就此结束。四月,马扩被招回临安行在,仍然回枢密院担当原先的枢密副都承旨一职,但不久又调任为都督行府官,在八月份升为咨议军事兼行府都统制,驻守镇江"措置军务"③。南宋之初,武昌与镇江、建康为长江防御体系上的三大重镇,守臣非良将不可。马扩初守武昌,继而又守镇江,其才为当朝所重也可见一斑。

---

① 《系年要录》卷九六,绍兴五年十二月庚戌条,引"原按",第 1587 页。
② 《系年要录》卷八六称:"自绍兴初,置江西沿江安抚使,命江州守臣兼领",第 1364 页。而据《北盟会编》卷一六七称:绍兴五年闰二月"程昌寓以右朝散大夫、徽猷阁待制知江州、江西沿江制置使"(第 1205 页),则此"江西沿江安抚使"当作"江西沿江制置使"。又,马扩时任江西沿江制置使抑或江西沿江制置副使,各书记载不同,而据《系年要录》卷八六和《中兴小纪》卷一七,可证马扩所任实为"江西沿江制置使",而非"江西沿江制置副使",否则,程昌寓所任无需改命为"管内安抚使"。

　　又,胡寅:《斐然集》卷一四《马扩转一官》云:"比命相臣,督护戎旅,凡厥将属,咸著劳能,具官韬略从横,晓畅军事。朕勤于外,绩用甚昭,加进官联,用为众劝。其祗新命,益务远猷。"胡寅这篇制词作于何年何月不详,但据《宋史》卷四三五《胡寅传》,绍兴四年十二月,胡寅为起居郎,迁中书舍人(第 12920 页),奉命制词当在这以后。马扩在这段时候以枢密副都承旨一职迁为"沿江制置使"或"沿海制置副使",驻守武昌和镇江等地多时,所以胡寅这篇制词或有可能就在此时所作。

③ 《北盟会编》卷一六八,绍兴五年八月"马扩为都督行府都统制"条,第 1216 页。

马扩在镇江驻守了数月时间后,于绍兴六年正月,受都督府之命,率领吴锡及其殿前司策选锋军赴临安行在。马扩此行任务不详,但随后在三月辛巳(十四日)又被朝廷授予了沿海制置副使这一新的职位,"驻军明州"(浙江宁波)①。

6-2　文渊阁本《斐然集》书影

胡寅撰写的《马扩转一官》制词。

行在临安城接近海疆这一特殊地理位置,决定了"沿海制置司"的重要地位。沿海制置司是南宋正式的海军指挥机构,主要职责为提领"海军"确保东南沿海地区的海道安全,也即确保临安城出海之道的安全。在中国封建时代,也只有南宋建立了这一专门负责处置海军事务的机构。

高宗于建炎三年十二月在明州定海(浙江宁波镇海区)附近被兀术的金

① 《系年要录》卷九九,绍兴六年三月辛巳条,第1629页;《宋史》卷二八《高宗纪》五,第524页。马扩被除"沿海制置副使"一职的时间《宋会要辑稿》第80册《职官》四○之八作"二月四日",第3161页。今从《系年要录》和《宋史》之说。又,马扩"沿海制置副使"《北盟会编》卷一六九作"沿海制置使",时间作"绍兴六年二月十七日(乙卯)",第1223页。因仇念已早于马扩在绍兴五年六月被除为知明州兼沿海制置使,是以马扩此次所任当是在仇念之下的"副使"之职。

军赶下大海。但后来靠着大吨位的海舟,宋军在海上击败了穷追不舍的金军,使高宗逃过一劫。接着在建炎四年四月,北还至长江黄天荡(长江下游的一段,在今江苏南京东北)的兀朮,又遭到了韩世忠所率由"海舰"、"海舟"①组成之"海军"的痛击,金军吃亏不小,兀朮险险不得生还。高宗最后定都位于钱塘江北的临安,并建皇城于濒临江滨的凤凰山上,或许也藏有紧急时候可随时乘舟顺钱塘江出海而走的算盘。可见海军对于南宋能否偏安临安的军事意义非同小可。是以朝廷于绍兴二年五月二十八日(丁亥)始以仇悆为沿海制置使,置司于平江府许浦镇(江苏常熟浒浦)②,后来置司之地又逐步迁移到定海和明州。

绍兴三年四月,南宋明州守将徐文率所部海舟六十艘、军士四千人向北浮海逃到盐城(今属江苏),降于伪齐③。是年六月,宋朝罢沿海制置使司。但事实上,徐文率军投齐,不仅削弱了南宋的海军力量,而且更严重的是,这就等于是将南宋东南海防的虚实向刘豫以及金朝和盘托出。刘豫随后向金朝元帅府投书,详细报告了徐文透露的南宋江海军备现状:"徐文一行,久在海中,尽知江南利害。文言:宋主在杭州,其候潮门外钱塘江内有船二百只。宋主初走入海时,于此上船,过钱塘江别有河入越州,向明州定海口迤逦前去昌国县(浙江定海县),其县在海中,宋人聚船积粮之处。今大军可先往昌国县,攻取船粮,还趋明州城下,夺取宋主御船,直抵钱塘江口。今自密州(山东胶县)上船,如风势顺,可五日夜到昌国县,或风势稍慢,十日或半月可至。"④刘豫还按照徐文"沿海无备,两浙可袭取"的建议,将泛海南侵作为其整个对南宋攻略的一部分加以实际操作,给徐文增派二十艘"海舰"。南宋可能马上也意识到徐文北逃的祸患,遂于当年九月复置沿海制置使司。

---

① 《宋史》卷三六四《韩世忠传》,第 11361 页。
② 《系年要录》卷五四,绍兴二年五月丁亥条,第 962 页。
③ 《宋史》卷四七五《刘豫传》,第 13797 页。徐文叛逃时的领军之数《金史》卷七七《刘豫传》作"七百余人",第 1761 页。宋人记载徐文叛逃时在绍兴三年四月二十六日(辛亥),"是日,御前忠锐第七将徐文叛奔伪齐。文以所部屯明州城东。朱师闵将至,文觉之,夜以所部泛海舟而遁,未明,至定海县。忠锐第八将武德郎赵琦以本军沿海据敌,文乃去。沿海制置使仇悆率诸将追之,不及",《系年要录》卷六六,绍兴三年四月辛亥条,第 1097 页。
④ 《金史》卷七七《刘豫传》,第 1761 页。

　　刘豫之后又在绍兴四年七八月间，强夺民船五百艘，经过一番装备后组成"前军"，交徐文指挥，"声言攻定海"，以配合金齐联军的陆地作战行动。刘豫的这次谋划一度让宋朝感到"震恐"①。绍兴五年，刘豫又向金熙宗"献《海道图》及战船木样"②，以使金人用其海道袭宋之策。虽然金人此时对由海道出奇制胜的谋划并不认同，但刘豫的虎视眈眈已经足够让宋朝感到恐怖了，由此也凸现了沿海制置使司的战略地位。如同长江三镇一样，沿海制置使司对于捍御整个江南地区尤其是临安城的安全，起着至关重要的作用。让马扩赞画沿海制置使司军务，其实也同让他镇守武昌和镇江一样，算是用其才而委以要职。

　　马扩任职沿海制置副使两个月后，即五月十四日（乙亥），朝廷又予以马扩"阅习水军战舰"这一更为实际的任务③。当时朝官右司谏王缙向高宗建议：

　　　　舟师实吴越之长技，将帅之选既慎矣，而舟船数百，多阁海岸，士卒逾万，未闻训习。欲乞明诏将帅相视，舟船损漏者修之，士卒疲弱者汰之。船不必多，取可乘以战斗；人不必众，取可资以胜敌。分部教习，周而复始，出入风涛，如履平地，则长技可施，威声远震，折冲千里之外矣。④

高宗看到王缙这一疏奏后，即表同意。缘于王缙的这一建言，恰好在明州任沿海制置副使的马扩又是武举出身，北宋武学名著《武经总要》中的斗舰、走舸、蒙冲、楼船等战舰也当为其谙熟，且马扩还有当年浮海北上使金的经历，所以让马扩来操练水军，料理战舰，也算是用其所长。

　　马扩所训练的水军战舰也即宋朝的海军，在当时并不曾有用武之地，但时隔二十多年后，宋朝海军果真是如王缙所期待的，"出入风涛，如履平地"，"威声远震，折冲千里之外矣"。绍兴三十一年（1161），金主完颜亮打破了宋

---

① 《宋史》卷四七五《刘豫传》，第13797—13798页。
② 《宋史》卷四七五《刘豫传》，第13799页。
③ 《系年要录》卷一〇一，绍兴六年五月乙亥条，第1652—1653页。
④ 《系年要录》卷一〇一，绍兴六年五月乙亥条，第1653页。

金双方自"绍兴和议"以来长达二十年的和平局面,率兵大举进攻宋朝。当两军在陆地展开激战之际,宋朝浙西路马步军副总管李宝在平江府受命督率海舟捍御。当时高宗问李宝还能收集到多少海舟,李宝称:"坚全可涉风涛者,百二十艘。"后来李宝即率这些海舟出海北上,作为奇兵突然袭击了停泊在山东胶西县陈家岛(或作唐岛,今山东青岛附近)一带,正准备自海上南下杭州湾,溯钱塘江偷袭临安城的金军苏保衡水师。李宝在这场著名的海战中,在世界军事史上首次实战使用了火药兵器——火箭。当时宋军以"火箭环射,箭所中,烟焰旋起",烧毁金军舟船数百艘,斩杀金帅完颜郑家奴等六人,一举全歼金人水师,大获全胜①,使得完颜亮南侵计划遭到严重打击,端的是战功卓著!

虽然李宝所率的这支海军应隶属于两浙西路,与马扩当年在两浙东路②训练的那支海军也许无关,但作为国家干城、又是十分稀少的军种,海军中的一些基本应用如教习、制度、后勤和战术等,应该是一脉相承的。这点从《宋会要辑稿》记载的一件事中也可以看出端倪。绍兴六年十月十一日(乙巳),浙西淮东③"军区"的沿海制置使梁汝嘉和副使王彦称:"被旨,汝嘉等蒙除前件使名,其合行事务并依仇悆、马扩已得指挥。"这意思是说,梁汝嘉和王彦已经得到旨令,他们可参照两浙东路沿海制置使仇悆和副使马扩的相关做事法则,来处置职权范围中的事情。梁汝嘉和王彦当时请求朝廷"依例"处置的事情都有些什么?《宋会要辑稿》记载到:"沿海措置防托,合要激赏钱物,欲乞许依仇悆、马扩例,从朝廷支降,应副支用"——这是奖金来源问题;还有"契勘今来淮东、浙西沿海把隘官兵,及海船樟梢等日支米钱,欲乞浙西委漕臣、淮东委提点公事,专一应副"——这是给养来源问题;此外还有"仇悆、马扩前后申请画降旨挥令,乞并许使副通用"——这已经是在要求和盘继承仇悆和马扩的所有做法了。而当时梁汝嘉和王彦的这些请求基本

---

① 《宋史》卷三七〇《李宝传》,第 11501 页。
② 明州属于两浙东路。
③ 两浙西路和淮南东路。

上得到了朝廷的认可①。从这点来看,李宝率领的这支海军与马扩所练之军,还是有一定渊源关系的。

绍兴六年七月十二日(戊寅),朝廷突然接到一封来自枢密院的奏报,称马扩因母亲"嘉国太夫人"田氏不幸去世,将为母守丧。按照旧制,父母死后,子女要为之守丧三年,其间还不得为官。但是,看来马扩在明州训练水军一事还非常重要,一时又找不到合适的接替者,于是,高宗下诏,特许他在目前仍旧按照往常一样办理事务②。马扩的母亲和妻子早在建炎二年秋天五马山寨失陷时,即已落入金人之手。随着马扩北援五马山的失败,以及后来又被远谪湖广,他与其母亲和妻子相隔南北,不太可能有团聚的机会。因此,马母去世当是一种迟到消息,真的逝日应该还要早许多时候。马母的"嘉国太夫人"封号应是马扩复出以后才受封的,但身处金国被视为俘虏或人质的马母,绝无可能得到如此的尊严和待遇,而且马母至死也不可能见到儿子一面。一方面自己的家属远隔敌国,另一方面,母亲逝世后忠孝也难两全,马扩长期以来的忧伤和此时此刻的悲伤可想而知。

绍兴七年(1137)二月十一日(癸卯),马扩再次接到调动的朝旨,这次是去湖南知鼎州(湖南常德)③。四月,马扩经过虔州(江西赣州)前往鼎州时,时任江西制置大使李纲记下了马扩这一行踪④。李纲是当时重视一切抗金力量的坚定的主战派代表人物之一,他的《梁溪集》记录了靖康之变以来他与诸多风云人物的言行往来,但马扩在其中却如惊鸿一瞥,仅有一笔,这不能不说是一种遗憾!

马扩在鼎州为官时间不长,文献中未发现他在当地的作为,朝野中议论他的事情也极少见。唯有是年闰十月,一位已经不知姓名的太学生在一封《上皇帝书》中,提到马扩。这名太学生在上书中建议高宗除赵鼎为川陕都督,以刘光世副之,并任用折彦质为参赞军事,"以王瓌灭迹、马扩为参谋议

---

① 《宋会要辑稿》第 80 册《职官》四〇之一〇至一一,第 3162 页。
② 《系年要录》卷一〇三,绍兴六年七月戊寅条,第 1681 页。
③ 《系年要录》卷一〇九,绍兴七年二月癸卯条,第 1765 页。
④ 李纲:《梁溪集》卷一二六《与张相公(浚)第二十三书》(四月二十日),四库全书"文渊阁"本。

官"，仍以王德为都统，率刘光世现有军马溯江而上，同时希望高宗委以赵鼎"重权"，"令措置四川财赋，任便驻扎，间遣吴玠军马，出没伪境"，他认为如果能这样做的话，也不失为"措置关中一端也"①。这一将川陕地区作为经营重点的思路，与当年马扩上书高宗提出的"愿陛下幸巴蜀之地，用陕右之兵"的"上策"，颇有相合之处。但高宗对这些建言显然毫无兴趣，回音都懒得回一个。

第五节　和议之局，马扩失意退职

绍兴八年(1138)五月二十九日(癸丑)，一封紧急诏书由快马送交到鼎州知府衙门，诏书内容为催促马扩尽快赶赴临安行在。

何事这般紧急？

原来，当年高宗即位后，曾一厢情愿地要与金朝议和，"选能专对者使金"。无奈金人非要灭宋室而后快，无论是立张邦昌为"楚帝"，还是扶刘豫为"齐帝"，总是想要取代赵宋社稷。高宗朝廷不甘就此"沦落"，便赶鸭子似的派了一拨又一拨使者，如王伦、宇文虚中、魏行可、洪皓、崔纵、张邵等人"相继入使"，但金人根本不买账，"皆拘之"②。其中王伦、洪皓等人算是幸运的，若干年后被放回，而宇文虚中等人终究有去无回，死于金人之手。多年来，金人始终倾力对南宋的军事强攻，以致高宗一直处于求和而不得的困苦之中。绍兴三年十二月二十九日(己酉)，金人派了使者李永寿、王诩来见高宗，"二人骄倨"③，毫无和谈诚意，竟然与秦桧重返南宋时向高宗建议的"南人归南，北人归北"的口吻毫无二致地提出："求尽还北俘"④，即以河北人还于金国，中原人还于刘豫。结果，身为"北人"的高宗与其不欢而散。绍

---

① 《系年要录》卷一一四，绍兴七年九月辛未条，第1843页。
② 《宋史》卷三七一《王伦传》，第11523页。
③ 《宋史》卷三七一《王伦传》，第11523页。"王诩"《宋史》卷四七三《秦桧传》作"王翊"，第13751页。
④ 《宋史》卷四七三《秦桧传》，第13751页。

兴五年正月金太宗病逝,完颜合剌(汉名亶)即位,是为金熙宗。这以后,粘罕的势力渐渐衰落,而由挞懒取而代之主政。随着金军在战场上的屡屡失利,宋金战争初期的金强宋弱的形势已经被颠覆,转变成宋强金弱的局面,金朝被迫开始调整对宋策略,宋金关系也随之渐生变化。绍兴七年十一月,金朝废弃刘豫伪齐政权。随后,挞懒通过宋使王伦向宋朝传递了和议的信息。绍兴八年初,王伦再次使金,就金朝废豫一事向金熙宗致谢,并"致上旨",请求将原刘豫辖地河南和陕西之地还给南宋。"金主始密与群臣定议许和"[1],原先只知诉诸武力的金人终于接受了宋人的议和请求,派使者前来临安和谈。而金朝这次派出的正使不是别人,就是"海上之盟"到"靖康之变"之前屡屡与马扩打交道的撒卢母。

绍兴八年五月二十三日(丁未),金使撒卢母等人与王伦等宋使一起到达南宋境内。撒卢母没有忘记在宋朝还有一位曾经相与折冲的对手马扩,"初入境,数问扩所在"[2],急切之色,溢于言表。王伦随即向高宗奏报,认为撒卢母是当初"海上之盟"参与缔约的重要人物之一,与马扩很熟,所以请朝廷速招马扩赶赴行在,"恐须使令",也就是需要马扩人在谈判现场,以备随时差遣、使唤。

金使来访,对高宗朝廷这是何等的大事! 现如今金使数次提及马扩,颇有想要叙旧的意味,同本朝倡议和谈的调子似乎也比较合拍,这种要求理所应当要尽力满足。于是,高宗赶快派人传令,急招马扩赶赴临安。

另有一种说法,就是认为高宗愿意让马扩与撒卢母会面,说明高宗有意通过马扩与撒卢母的交谊,急于将宋金和议之事确定下来。金人派遣撒卢母使宋,并于后来与马扩谈论还算融洽,说明金人也有与宋议和的愿望。[3]

六月,马扩赶到行在时,撒卢母等人已经先一步到达临安了。马扩随即奉命前往使馆会见了金使。

相距上次在太原金使最后通牒似的会谈,马扩和撒卢母这两个老相识

---

① 《系年要录》卷一一九,绍兴八年五月丁未条,第 1929 页。
② 《系年要录》卷一一九,绍兴八年五月癸丑条,第 1932 页。
③ 《金宋关系史》第三章《一纸盟书换战尘,万方呼舞却沾巾》,第 146 页。

也是老对手时隔十二年以后,终于在临安再次碰面了。双方很自然地就叙及了当年"海上之盟"时两人之间的"相见之好"。说着说着,马扩有意无意伸出手来,扳着手指头——一列举金朝各位开国重臣的小字,询问撒卢母这些人是否安康。撒卢母跟着马扩的思路,对提及的人也一一"举其封谥之号"作了回答。

马扩和撒卢母一起提到的这一大串人名足以构成一份可怕的"死亡名单"。金朝已故开国元勋中,除了太祖完颜阿骨打之外,与马扩打过交道或比较知名的人有:当年将第一次使金的马扩称之为"也力麻立"的粘罕之父撒改,早在天辅五年(1121)即已去世;宋金战争爆发后,曾经在真定府两次劝降马扩的金军东路军元帅斡离不病逝于天会五年(1127);围剿五马山寨并参与攻击马扩于清平的大将阇母死于天会七年(1129);粘罕部下的名将、曾经擒获辽朝天祚帝的娄室死于天会八年(1130);金太宗吴乞买病逝于天会十三年(1135),金主病故,这已是马扩见到的第二位了,而主持五马山之战和清平之战的金军东路军副元帅窝里嗢也死于这年;多次与马扩当面对话的堪称金朝一代枭雄的粘罕,一年前(天会十五年,1137)在金朝的一场内讧中,先是其亲信高庆裔等人在六月被金熙宗处斩,接着他本人也于七月被熙宗以"阴怀异议"等罪名秘密地"缢于狱"①,死得够冤够惨的。

反观宋朝一方,以李心传《建炎以来朝野杂记》所谓的"渡江后名将"为例,在韩世忠、曲端、吴玠、吴璘、郭浩、张俊、刘锜、王璪、刘光世、杨存中、赵密、苗傅、岳飞和王彦等人中②,到此时也只有曲端和苗傅死于自家人手上,杨惟忠病亡。宋金双方自开战以来就名将名帅作古率一项的比拼,金人显然是"当仁不让"了。

撒卢母是一名机警的人,他在与辽人和宋人的谈判中似乎从未吃亏过,但现在,他在向马扩恭敬作答中突然感到了一种不安。一则,马扩提问而自己作答,感觉自己始终处于一种被动的位置,这与他的上国天使的身份不符;二则,马扩一个个点着金朝首领的小名,大谈当年他们的相遇之事,显得

---

① 《靖康稗史注》之六,引《呻吟语》,第160—161页。
② 《建炎以来朝野杂记》(乙集)卷一二,"渡江后名将皆西北人"条,第687页。

与其交情深厚,似乎有意无意地在自己面前摆老资格,小看自己;三则,马扩所问之人多数早已作古,令撒卢母回想起当年金军启动侵宋战争后,自己最后一次在太原和马扩谈判时,马扩曾经毫不含糊地说过一句话:"看来贵朝听信狂悖之言,却把本朝当作残破没落之契丹辽朝看待,只恐怕以后贵朝自己蒙受之祸患也会不小啊!"如今对照事实,似被马扩不幸言中。至于撒卢母自己,后来于天德二年(1150)被完颜亮缢杀,成为金朝内部政治纷争的又一个牺牲品,也是死得一文不值。

马扩有意无意地给撒卢母好好上了一课,使他备感不安。两人这次相聚后不久,撒卢母就探听到南宋朝廷中有人提议让马扩奉使金朝。这是一个确实的消息,撒卢母立即感到不妙,他已经开始惧怕马扩对他的小看,而对于一直以来在宋金谈判中占据上风的金人来说,这绝对是不能接受的。于是,撒卢母施展了诈伪之术,向宋朝声称,马扩早年经常往来奉使,金朝中人对他甚为敬重,今日倘或再遣马扩奉使,"恐必见留"。幼稚的高宗朝廷竟然轻易就吃撒卢母骗过了,对这几句话深信不疑,遣使马扩之事就此打住①。后来在七月份,高宗朝廷决定以王伦为奉迎梓宫使,蓝公佐充奉使大金国兼奉迎梓宫副使②,使得马扩失去了最后一次奉使金朝的机会,从此再无折冲樽俎于金朝之庭的可能,在其人生经历上也是一大损失。

这次与扮演议和角色的撒卢母会面,对马扩来说也许是一种"刺激"。尽管两人相见的时间非常短促,但撒卢母这次的恭敬对答与当年金人败盟时他在太原对马扩等人咄咄逼人的态度,形成了极为鲜明的对照,可能就此促使了马扩决定要将自己当年奉使金朝的经历公诸于世。

马扩这次见到撒卢母之后,可能就没有再回湖南鼎州了。金使撒卢母回去后不久,在八月七日(庚申),朝廷重又任命马扩为沿海制置副使。与上次驻军明州不同的是,这次是"镇江府置司"③,又回到了绍兴五年措置军务

---

① 《北盟会编》卷一八三,绍兴八年六月"金人遣乌陵思谋"条,第1328页。
② 《系年要录》卷一二一,绍兴八年秋七月乙酉条,七月丁亥条,第1951页。徽宗和显肃皇后(郑后)已分别于绍兴五年和二年死于金朝五国城(今黑龙江依兰),故王伦等人此次使金还有迎还他俩梓宫的使命。
③ 《中兴小纪》卷二五,第284页。

的老地方。

马扩调任沿海制置副使的朝旨下达后没有几天，八月十一日（甲子），宰相赵鼎向高宗奏报："今有亲卫大夫、利州观察使马扩送到《奉使录》一部，专记当年'海上之盟'结约金人夹攻辽朝之事。"马扩不可能在六月与撒卢母相见，八月就将一部比较完整记录"海上之盟"的《奉使录》提交给朝廷。在这次赴临安行在之前，他肯定已经有了一部相关内容的底稿，《奉使录》当为其中的一部分。而之所以要在金朝第一次正式与南宋和谈的这个时候进呈朝廷，不但包含了一种以史为鉴的劝诫，更表明了马扩反对和议的鲜明态度。这种态度绝非一时的心血来潮，而是建立在他对惨痛历史教训长久思考的基础上的，这一点，只要细读他的与《奉使录》大部分内容类似的自传之作《茆斋自叙》（至今大部分内容仍保存在《三朝北盟会编》中），即可明了①。

然而，这时候的高宗正热衷于同金朝实现来之不易的和议之局，马扩的这个《奉使录》竟然提到要"剿除"大金，对正在和谈兴头上的高宗而言简直就是"违逆"之言。叵耐赵鼎这厮也是一个"糊涂"宰相，居然不予把关就直报上来，让人好不气恼！于是，高宗对赵鼎劈头就是一阵训诫："人君不当有此心！臣下不当进此说！外国之与中国，如阴阳消长，岂能偏废？若可剿除，汉唐之君行之久矣。"②

高宗显然要摆出一副明君的气度胸怀，所以，他没有板起脸对马扩的《奉使录》大声呵斥，但在第一句话中还是明确表达了谴责之意。第二句话真称得上是高宗的"新创"，历朝历代的君主在说到一个给自己国家和臣民造成巨大创伤的不共戴天之敌，还从未见到过有如此胸襟肚量的理解和诠释，"岂能偏废"一语等于是将种种与金人的血债、伤痛和冤仇，连带宋人"痛饮黄龙"的恢复情结，统统一笔勾销了。第三句话透露了一个大实情，也就是高宗因为自甘不如汉唐盛世，早已没有了类似宗泽大呼"渡河"的志气和

---

① 《求是集》第一集《〈三朝北盟会编〉考》："所谓《奉使录》，或即《自叙》欤？"，第301页。但后人所见到的《茆斋自叙》虽也记"海上之盟"，然之后直叙述到五马山抗金和南渡求援等诸多事项，与此仅记"海上之盟"的《奉使录》应有所不同。
② 《系年要录》卷一二一，绍兴八年七月甲子条，第1959—1960页。

决心,与金人和议不但是早已既定的方略,也将是今后坚定不移执行的国策。

一向比较正直的赵鼎这时候显示了他人性卑劣的一面,非但没有为《奉使录》作哪怕一点点的道义上的支持,反而极尽阿谀奉承之能事,"三复上语"向高宗进说顺耳之声,道:"此岂特中国之幸,亦敌国之幸也。"①

不要以为高宗以及赵鼎的思想觉悟已经到了一个非常伟大、非常了不起的大同世界的境界。事实上,高宗觍颜接受的和议(同时也为金人欣然接受),先决条件是要南宋向金朝称臣,向金人纳贡,所谓的和议,是要建立在一个极为屈辱和不平等的、需要宋朝百姓不断为之付出重大牺牲的基础之上的。

高宗对《奉使录》的批评,凉透了马扩一颗报国的心,他似乎已经看到,大宋从此将偏安南方半壁江山,不会再行奢谈什么枕戈待旦,恢复进取;曾经的故土永将朔风猎猎,胡骑啾啾;远在敌国的眷属也将天各一方,永被奴役。至此,马扩已经非常清楚自己一直为之效忠和拼搏的王朝,它的志向、追求和价值观,已经和自己完全处在了一个背道而驰的境地。于是,马扩愤然作出决断,向朝廷提请辞去任命时间还不到一个月的沿海制置副使一职。

和议将成已经是不争的事实,类似马扩这样的武官也到了"良弓藏"的时候了。高宗朝廷很快就答应了马扩的辞呈,并且还满足了他要去湖南的愿望,在九月六日(己丑)给了一个荆湖南路马步军副总管的职位②,让其退居"二线"。

马扩是抱着退居赋闲的目的向朝廷提出"求退"辞呈的,但他回到湖南后,似乎仍有很多事情要他费心。绍兴九年(1139)六月,上任不久的湖南安抚使、知潭州谢祖信找到马扩,向他讲述了当下在武冈军(湖南武冈)发生了一起严重的造反事件,一名叫杨三天的土著首领起兵反叛,官军一时奈何不了,"叛军"声势浩大,竟然"势摇荆湖"。谢祖信希望马扩能为他出个主意,想个办法,摆平杨三天。于是,马扩推荐了一名叫张球的武将,建议让他领

---

① 《中兴小纪》卷二五,第284页。
② 《系年要录》卷一二二,绍兴八年九月己丑条,第1967页。

兵去对付杨三天。谢祖信采纳了马扩的意见,上奏朝廷提请以张球知武冈军。张球上任后,果然战败了"叛军",擒获了杨三天,连其"巢穴"也一并给端了①。

这次马扩荐举才士,卓有成效,也算是慧眼独具。但在此后不久,满腔热情企盼与金人早日实现和议的高宗却大大地走了眼。

绍兴八年七月,王伦等人再次使金。宋使在金朝谈判时,明显感觉到了金人的和议诚意,"悉从我所欲,不复有所须"②。接着,金朝派遣右司侍郎张通古和签书宣徽院事萧哲为"诏谕江南使副"(虽是应允与宋和议,但仍然要摆出一副盛气凌人的架势),出使临安。最终双方在绍兴九年(1139)正月达成了和议。和议的主要条款为:

一、宋金两国以黄河为界,金朝将河南、陕西等原先的伪齐之地还给宋朝;

二、宋朝向金朝称臣;

三、宋朝向金朝"岁贡银绢共五十万匹两"③;

四、金朝归还徽宗及其显肃皇后郑氏的梓宫,仍然健在的高宗生母韦氏也将一同释归。

从缔结和约的金使打出的"诏谕江南"这一招牌来看,就可以知道这次和议对宋人来说,其实质内容将是屈辱的和不平等的,尽管金人也有很大让步。四个主要内容,第一款与宋朝列祖列宗要收复燕云十六州的目标真是不可同日而语,只能从高宗的心理价位来说,算是差强人意了,而对曾经要灭亡宋朝的金人来说,也已经算是重大的让步了。第二、第三款,宋朝之辱和宋人之损勿庸赘语。第四款总算是满足了高宗以及大宋臣民的做人孝为先的心愿,也算是金人的一种让步。

多年来孜孜以求的愿望终于实现了,高宗以为真的可以同金朝阴阳调和,高枕无忧了。然而,就是这样一纸让宋人低三下四的和约,竟然还是靠

---

① 《北盟会编》卷一九四,绍兴九年三月"马扩为荆湖南路马步军副总管"条,第1398页。
② 《系年要录》卷一二三,绍兴八年十一月壬寅条,第1994页。
③ 《系年要录》卷一二五,绍兴九年正月丙戌条,第2035页。

不住。宋金双方在相安无事一年多的时间后,金朝内部矛盾再次爆发。天眷二年(1139),原来主持对宋和议,力主以河南、陕西之地归还宋朝,诱使宋朝向金称臣的挞懒,以"与宋交通,倡议割河南、陕西之地"以及"谋反"的罪名,被金熙宗诛杀①。当时挞懒发现自己的处境不妙,自燕京南逃宋朝,还想得到宋人的庇护,结果被兀朮追兵捕获,押至祁州(河北安国)处死,真的算是身败名裂,死得比粘罕还要难看。挞懒一死,其当政的一切主张,连同与宋朝和议之事均被一笔勾销。

绍兴十年(1140)五月三日(丙子),马扩曾经担心的事情终于发生了,这天,金熙宗正式下诏向南宋宣战!金军都元帅、越国王兀朮兵分四路,从山东、河南到陕西一线,对宋人大开杀戒,发起了全面进攻。高宗眼见得金军再次翻脸不认人,突然间汹汹然打上门来,这才明白原先奉为至宝的去年正月里与金朝郑重签订的那张和约,一夜之间已经变为一文不值的废纸,知道这时候再与金人讲和无疑是与虎谋皮,只好下诏诸路大将抗敌。好在有刘锜、岳飞和吴璘等南宋爱国将领的英勇奋战,宋军先后在顺昌(安徽阜阳)之战、郾城(今属河南)之战、颍昌(在河南许昌东)之战以及川陕等地的战役中,屡屡大败劲敌,不但遏制了金军南下的攻势,还形成了北上反攻的态势。但是,由于高宗以及当朝宰相秦桧还是死心塌地要同金人和议,反而下诏诸将班师,以致河南等地又被金军夺回。绍兴十一年(1141),兀朮率兵十万攻入淮西和淮南等地,宋金双方激战数地,互有胜负。三月,金军虽然在濠州之战中大败杨沂中和王德所部宋军,但在这场战争中吃尽苦头的兀朮对宋军强劲的实力早已领教,遂以此战之胜而有了胁迫南宋求和的本钱,见好就收,撤兵淮北。九月,兀朮遣人带给高宗第一封书信②,向南宋伸出了"橄榄枝"。与金和议是高宗求之不得的大方向,秦桧当政以来更是力主和议,所以,尽管早有马扩《奉使录》的"史鉴"言之凿凿,尽管还有兀朮各路大军的疯狂进攻,而一旦金朝对宋政策稍有松动,有了与宋和议的选项,高宗朝廷都会竭尽全力去争取,这次当然也不例外。于是,宋金之间重新坐到了谈判桌

---

① 《金史》卷七七《完颜昌传》,第 1765 页。

② 《北盟会编》卷二〇六,皇统元年(绍兴十一年)九月"金人第一书"条,第 1485 页。

前,开始了新的一轮讨价还价。十一月,高宗朝廷接受了金朝提出的全部议和条件,时隔不到三年,双方再次订立和约,史称"绍兴和议"。

这次和议的主要条款有:

一、宋朝向金朝称臣,南宋皇帝须由大金皇帝册封,"世世子孙,谨守臣节";

二、宋金两国东起淮水中流,西至大散关(今陕西宝鸡西南)为界,边界附近的唐州(河南唐河)和邓州(河南邓县)二州归属金朝,邓州西四十里和南四十里以外的西南地区归属宋朝;

三、宋朝向金朝输纳"岁贡"银绢共五十万两匹(各二十五万);

四、双方皇帝生辰以及每年正旦,互派使者祝贺;

五、燕京以南至淮水以北地区的流亡南宋之人,宋朝答应其自愿北归,而燕京以北地区之人若有在南宋者,必须遣回,今后双方均不得招纳叛逃之人;

六、金朝归还徽宗及其皇后郑氏的梓宫,以及释归邢后(懿节皇后)和高宗生母韦氏。

以上"绍兴和议"的这些条款与绍兴九年双方订约的内容相比,宋朝一方耻辱更重,亏输更大,已经在战场上讨不到什么便宜的金朝,又一次幸运地成为了大赢家。

马扩在此次金人败盟入侵,到最后宋金再次议和并签订和约的过程中,征战也好,外交也好,高宗朝廷均未再次起用他。国家有难,而马扩却报国无门,空有一身军事才能和外交历练,空有恢复故土的雄心壮志,始终只能做一名"观棋不语"的看客。终于,他厌倦了这个为之奋斗了大半生的王朝,"累乞宫观"。所谓宫观即"宫观使"的省称,原为宋朝崇奉道教而设,由前任宰相或现任宰相充任,后渐成朝廷安排闲散官员以及退休官员而用,无实职,也不必往其处供职。绍兴十一年五月五日(壬寅),高宗下诏"特依所乞"①。马扩"如愿"请到宫观使一职,也即意味着他在宋朝军政大舞台上正式谢幕而退。

---

① 《系年要录》卷一四〇,绍兴十一年五月壬寅条,第2250页。

　　马扩退出政治舞台以后直至他去世的十年时间里,终老归宿于何地,具体生活又如何,没有任何记载。而事实上,湖南之地对马扩具有非同寻常的意义。马扩"南渡"以后在湖南经历非浅,"苗刘之变"后贬官谪居在湖南,第一次复出成为吴敏的幕僚在湖南,第一次作为一名地方长官在湖南,而重要的是他在绍兴八年退居"二线"时也在湖南。所以,似乎有理由推测马扩退休以后仍在湖南。马扩知鼎州的时间约为一年左右,虽然文献记载凤毛麟角,但此地对马扩的归宿似有很大意义。从鼎州的沅江溯流而西不远处,即陶渊明《桃花源记》所述之地。马扩守鼎之日不知是否造访过桃花源,但桃花源的隐居之义则必有所闻。马扩退职以后居所何地,虽然无法考证,但终老于湖南境内却是很有可能的。当代小说家张抗抗在她的以上海作家徐兴业创作长篇历史小说《金瓯缺》事迹为蓝本的中篇小说《国魂》中,曾提到马扩"最后死于湖南"①。张抗抗在写作中曾经专门采访过倾一生之力刻画描摹马扩英雄事迹的徐兴业,所以,马扩一生从洮河走到桃花源下沅江边,最后归宿于湖南,当是徐兴业的推测,但确实具有一定的可能性。

　　绍兴二十一年(1151),金朝扩建燕京城,调集各路工匠修饰宫殿,开始着手将其政治中心从上京会宁迁至燕京,这也意味着金人对于南宋政权仍然心存"卧榻之侧,岂容他人鼾睡"的念头。同年八月,南宋抗金名将韩世忠去世。到是年十二月二十三日(己丑,公元1152年1月31日),马扩终以"亲卫大夫、利州观察使"之衔,与世长辞②。

　　此时的大宋河山,依然是"南共北,正分裂"③的局面。

　　在结束本章之前,还需要探讨一个问题,即马扩享年几何?

　　马扩生年无考,而卒于绍兴二十一年十二月己丑,史有所载。但其享年

---

　　①　《张抗抗中篇小说集·国魂》,中国青年出版社1982年版,第278页。
　　②　《系年要录》卷一六二,绍兴二十一年十二月己丑条,第2649页。《辞海》(上海辞书出版社1999年缩印本,第1362页)和《宋人传记资料索引》(昌彼得、王德毅等编,台北鼎文书局1984年增订二版,第1831页)等书将马扩卒年系为1151年,误。盖马扩逝世之日绍兴二十一年十二月"己丑"为二十三日,公元已在1152年1月31日。
　　③　《稼轩词编年笺注》卷二《贺新郎·细把君诗说》,第203页。

究竟是五六十岁,还是七八十岁,未见任何文献记录。然而,考之于史籍,这个问题应有大致的眉目。

马扩在绍兴四年因为疾病而"奉祠居信州"。过了七年,即绍兴十一年,因马扩累乞宫观,朝廷下诏:"特依所乞"。据《宋史》记载,宫观是为了"佚老优贤"而设的祠禄之官,并有规定,"年六十以上者乃听差,毋过两任"①。据此可以推断,马扩在绍兴十一年第二次任祠禄之官,至少年已六十了,否则,他不当"累乞宫观"。尽管任宫观之职的年龄在南宋之初可能有所变动,不一定会严格遵循"年六十以上"这条杠杠,但也应该不会有太大的变化,因为其"佚老优贤"的性质始终未变。

此外,出生于北宋末年的韩元吉曾讲到:"照对陈乞宫观,已有立定条法:知县资序人,不许过两次;知州资序,年六十以上,更许两次;知县资序以下,许陈乞岳庙一次;郡守年七十,听自陈乞宫观⋯⋯"②这与《宋史》所记"旧制,六十以上知州资序人,本部长官体量精神不致昏昧堪厘务者,许差一任,兼用执政官陈乞者加一任"③,还是比较相符的。

马扩在绍兴七年即已"知鼎州",绍兴八年又任沿海制置副使。不久,因为秦桧当政主和,马扩被罢为荆湖南路马步军副总管。到绍兴十一年再乞宫观时,马扩"知州资序"的身份应该还在。而马扩在绍兴四年曾"奉祠"任祠禄之官,到绍兴十一年乞宫观则已是第二次担任祠禄之官了。对照韩元吉讲到的"条法":"知州资序,年六十以上,更许两次",则绍兴十一年马扩的年龄应该在六十岁左右了。

所以,我们大致可以确定,马扩在绍兴二十一年十二月(1152)去世时,至少应有七十岁了。由此而往前推之,则他在政和八年(1118)考取武举时,应该已有三十多岁了,这与宋朝一名武举应试者既要武艺娴熟,勇冠三军,又须精通义策所必须付出的时间岁月,大致相符。

---

① 《宋史》卷一七〇《职官志》,"宫观"条,第4081页。
② 韩元吉:《南涧甲乙稿》卷九《集议繁冗虚伪弊事状·又》,商务印书馆《丛书集成初编》本,1937年版,第156页。
③ 《宋史》卷一七〇《职官志》,"宫观"条"原注",第4082页。

　　在徐兴业长篇历史小说《金瓯缺》中,马扩视刘锜为"哥哥",称刘妻为"嫂"。而刘锜的生卒之年为 1098—1162 年,是刘锜于绍兴三十二年(1162)病亡时,也只有 64 岁,故马扩应比刘锜年长至少 17 岁左右,不当以兄长称之。《金瓯缺》于此失考。

谁知寂寞空山里，

却有高人赋"采薇"。①

——题词

第七章　英雄故事　几度述说

第一节　五马山下，未了忠义情怀

五马山寨被金军攻陷是在建炎二年(1128)的秋天。当时金军窝里嗢、挞懒、阇母等三路人马全力进攻五马山义军诸寨，目的是对付正在领军赶来应援的马扩，"以绝扩之内应，以夺扩之归心"②。金人的目的达到了，攻克五马山寨，击破马扩宋军，一切都在意料之中和掌控之中。然而，金人却不曾想到，即使踏平千仞五马山峰，即使扫平百万大宋军兵，也征服不了宋朝军民忠义复国的信心和持久抵抗的决心。

马扩南去不再回，但五马山地区反侵略反压迫的硝烟依然未灭，经久不息。建炎四年(1130)七月，出没于太行山区的义士石子明率领义军与金军

---

① 《稼轩词编年笺注》卷五《鹧鸪天·出处从来自不齐》，第 476 页。"采薇"之典，周武王平殷商，伯夷、叔齐耻之，义不食周粟，隐于首阳山，采薇而食之。

② 《北盟会编》卷一一七，建炎二年七月"金人窝里嗢、挞懒、阇母共陷庆源府五马山寨"条，第856 页。

汉军万户韩常在真定城西山胭脂岭展开激战。义军显然是有备而来，随军竟然携带了重武器——机发石砲，猛轰金军。结果，韩常部将千户刘庆余被义军砲石打断脖子，立马死于非命，韩常一军大败而逃①。这是在相距五马山不远地方义军大获全胜的一次战役。

真定城西山是马扩第一次举义抗金的地方，该地区后来长期成为当地民众的抗金"根据地"，直到金太宗天会十二年（1134，绍兴四年）九月，金军和伪齐"合兵自淮阳分道"南下攻宋时，金人才宣告"初平"西山地区②。

绍兴五年（1135），宋朝镇江都督行府突然来了一位不速之客，自称赵元，是受五马山车股寨忠义首领沙真派遣，来南宋朝廷报告情况的。正在都督行府负责军务的都统制马扩接待了这位昔日的战友。十月十日（己酉），都督行府行文向朝廷报告了此事。然而，朝廷似乎对五马山仍在抵抗金军的消息根本不感兴趣，只是象征性地给了赵元一个非常低级的进义副尉头衔，也无任何实质性的援助，就打发他回五马山"抚谕"还在坚守大宋江山的义军兄弟。

李心传《建炎以来系年要录》在记载赵元之行这条简短历史时，颇为自豪地插了一条批注："书此以见五马山寨犹在"③。这也是马扩与五马山寨的

---

① 《北盟会编》卷一四一，建炎四年七月"太行义士石子明"条，第1028页。"西山"，原作"山西"，石子明既然与韩常军"战于真定"，则不当是在"山西"，因真定在太行山之东，而非之西，故"山西"应为"西山"之误。"西山"即当年马扩脱身真定城后，奔走至"西山和尚洞山寨"之西山，《北盟会编》卷五七，靖康元年十月"马扩自真定府狱中脱身"条，第425页。胭脂岭与和尚洞应该都在真定"西山"一带。又，徐兴业《金瓯缺》称石子明与马扩有联系，还曾奉其号令，参见《金瓯缺》第四册第四十八章，海峡文艺出版社1985年版，第378页。无独有偶，赵俪生《靖康、建炎间各种民间武装势力性质的分析》也称石子明为马扩部属，参见《赵俪生史学论著自选集》，山东大学出版社1999年版，第5页。虽然文献对石子明为马扩部属之事并无记载，但胭脂岭与和尚洞同处"西山"地区，两地山寨互为应援，这在当时却为可能之事。

② 《金史》卷一二五《蔡松年传》："（蔡松年）尝从元帅府与齐俱伐宋。是时，初平真定西山群盗"，第2715页。蔡松年即在燕山府降金的蔡靖之子，时任金朝真定府判官。金、齐合兵南下攻宋，见《宋史》卷二七《高宗纪》四，第512页，以及《系年要录》卷八〇，绍兴四年九月乙丑条，第1312页。

③ 《系年要录》卷九四，绍兴五年十月己酉条，引"原注"，第1554页。原注又称："沙真其姓名又与赵姓之所记中山杀陈亨伯之人同，当考。"事实是，沙真与中山杀陈遘（字亨伯）之沙振当是两个人。《宋史》卷四四七《陈遘传》记载，靖康二年陈遘守中山，呼步将沙振往击贼，振固辞，遘固遣之，振怒且惧，潜袤刃入府，遂害遘于堂，振出，帐下卒噪而前曰："大敌临城，汝安得杀吾父？"执而摔裂之，身首无余（第13183页）。由此可见，中山杀陈遘之沙振当时即已被陈遘部下所杀。沙振，《北盟会编》卷九五写法相同，唯《靖康稗史》之六《呻吟语》，沙振作沙贞。是沙真与沙振为二人明矣。

最后一次"握手",从此以后,双方再无任何接触,南宋也再无来自五马山的抗金消息。

由于宋室南迁,河北一带早已成为金军的后方,在南宋的大部分时间里,音讯难通,所以后人已经很难再见可资详细了解五马山地区抗金的文献记载,但从上述宋朝文献记载的两个事例来看,南宋之初五马山民间抗金的斗争一定是此起彼伏,坚持不懈的,而其恶劣环境、极端艰难和惨痛牺牲,也是可以想见的。

直到宋理宗宝庆元年(1225),南宋大名总管彭义斌进兵河北,击败李全之兵,"纳全降兵,兵势大振,进攻真定,降金将武仙,众至数十万",遂欲恢复故土,"拓地而北",与蒙古大将史天泽战于五马山,不幸兵败被擒。元兵劝降,彭义斌厉声道:"我大宋臣,且河北、山东皆宋民,义岂为他臣属耶!"遂被杀①。

清代赵文濂有两首凭吊五马山的七律长诗,感慨马扩和彭义斌的英勇壮举。兹录如下:

《前五马山行·吊马扩》:

> 危峰突兀高摩天,槐河浩瀚临深渊。
>
> 山川环绕形势壮,起兵赴义谁争先!
>
> 有宋徽钦已北狩,康王南渡无时还。
>
> 金人拥兵屯正定②,中原涂炭难安全。
>
> 马扩和州防御使,义旗爱举山之巅。
>
> 复奉信王为总制,河北响应兵威宣。
>
> 求救奉书诣行在,忠义愤发天应怜。
>
> 果能偏师远相赴,沉舟破釜滹沱边。
>
> 正定人心未忘宋,一倡百和军声联。

① 《宋史》卷四七六《李全传》上,第13830页。赵万泰、赵世彦:《续修赞皇县志》(光绪二年版)卷一《山川》:"宋宁宗嘉定十六年,大名总管彭义斌徇正定,与蒙古战于五马山,死之",所记嘉定十六年(1223),时间误。

② 清代避雍正皇帝名讳,而将真定易名为正定。

> 常山直捣金酋遁，妖氛指日清幽燕。
> 汪黄主和忌主战，私心诡谲师迁延。
> 马扩未返金兵至，暗袭山寨锋摧坚。
> 信王流落无处觅，中原恢复知何年？
> 南渡和议最误国，汪黄秦桧权同专。
> 宗泽岳飞志未遂，马扩早已为之前。
> 忠臣义士俱已矣，残山剩水仍依然。
> 行役我从山下过，悠悠驱马挥先鞭。
> 峰回路转村落出，灌田流水鸣溅溅。
> 巨石平沙互起伏，翠屏丹嶂相钩连。
> 山河雄胜年丰乐，平安火息狼烽烟。
> 坡陀遗迹寻故垒，战争前事询前川。
> 欲问其详父老尽，沧海已久成桑田。
> 登高吊古揽全势，峰峦峭拔波澄鲜。

《后五马山行·吊彭义斌》：

> 马扩起兵深山中，金人一炬山寨空。
> 荒凉寂寞将百载，义兵又见来山东①。
> 贞祐南迁②河北乱，起兵恢复推英雄。
> 义斌投袂起田亩，裹粮坐甲战请从。
> 总管特授大名府，信息遥通恒山公③。
> 摧坚陷锐破敌势，凭高据险当兵冲。
> 五马山上义复起，孤忠大节追芳踪。
> 槐河仍绕波涛绿，旧寨又树旌旗红。
> 进可以攻退可守，军威振叠声隆隆。

---

① 宝庆元年五月，彭义斌于山东击败李全之兵后，进兵河北。
② 金宣宗贞祐二年（1214），迫于蒙古军的威胁，宣宗从中都（北京）迁都汴京（即北宋都城，今河南开封）。
③ 金将武仙曾被金朝封为"恒山公"。

河北山东联兵势，常山滹水推兵锋。

正定要地元虽据，武仙两次坚城攻。

鹬蚌相持势莫解，渔人得利今重逢。

赞皇兵扼锋顿挫，退保山寨前途穷。

武仙兵败声援断，元以全力收成功。

天泽铁骑摧锋入，矢尽援绝谁从戎？

见危授命气激烈，箭伤破体铍交胸。

后先辉映继马扩，相提并论称双忠。

宋人两次图恢复，以此山始此山终。

昭代河山资巩固，边关尘靖销狼烽。

山农熙熙乐击壤，共把耒耜藏刀弓。

遗迹模糊山水寂，英魂来往精神通。

登高吊古白日暮，岩崖飒飒闻悲风。①

赵文濂的凭吊五马山长诗，大概也是自南宋以后对以五马山为核心抗击异族入侵的唯一的文艺作品。作者登临五马山颠，纵览山川景物，追思往昔烽烟，对马扩和彭义斌在五马山高举义旗反抗民族压迫的爱国壮举，予以了热情歌颂，对南宋朝廷的和议之策给予了痛斥，同时也对五马山义举的失败寄予了同情和惋惜，这是不可多得的五马山吊古之作。

本书作者曾于2002年亲临五马山访问，撰写过一篇题为《五马山古战场》的踏勘文章，尽可能为今日之五马山作一详尽的描述。兹录如下：

白雨茫茫，绿野莽莽。车窗外的华北平原，整个儿被已经挂穗的小麦厚厚实实地覆盖住。我的视线竭力想撩开密密的雨帘，穿过这片几乎望不到边际的麦地，想像我将要去的河北赞皇五马山，那里会将是一番什么样的景象？

抵达石家庄后，天就放晴了。次日也就是"五一"节的前一天，在石家庄日报王律先生的陪同下，我们驱车直奔赞皇五马山。在山麓，我们

① 这两首诗均见《续修赞皇县志》卷二六《艺文诗》。

碰到了赞皇县政协的常务副主席赵胜先,他眼下正在挖掘研究五马山的历史文化。当地政府那支旅游开发的笔触已经圈住了五马山景区。

我之所以千里迢迢寻访五马山,是因为在二十年前,我迷于徐兴业的长篇历史小说《金瓯缺》,为其主人公马扩的传奇经历和爱国事迹所感动,立志要为这位正史中居然没有传记的英雄人物补成一部完全由文献史料组成的"传记"。二十年来,我矻矻不休,将散见在三十多种历史文献中的有关马扩资料辑录了出来,加上一些研究论文,已编成一部十多万字的《马扩事迹编年》。今年适逢马扩逝世850周年,这次来赞皇,既是为了查找可能缺漏的资料,也是想实地看看当年马扩在五马山抗金的遗址,为书中《五马山寨》一章增添几幅五马山的照片。我原以为这世上现在恐怕就我一个人还在热衷于对马扩的研究,而没想到老赵为了开发五马山的旅游事业,对马扩的研究竟然已长达三年之久。我很是意外,很是惊讶,但更多的是高兴。

"这就是五马山朝天关,南边那头最高的地方是铁壁关,当年抗金义军及其家属都在那里,古战场也在那里;义军的寨门应该就设在那条山谷的口子上……"五马山横亘眼前,峰峦起伏,势如波涛。老赵陪我登上了群山中间的一座小山,指点山川形势之险,讲述当年鏖战之烈。五马山的最高峰是铁壁关,有340米高,它与北端的朝天关相距约两三千米,其间沟壑交错,山道相连,两关山脊架起了五马山南北一线的山势主脉。老赵说,两关在当年各设独立寨门,高处为关,低处为寨,沟头可屯军马,谷壑之中可住义军家属。虽然已近九百年,但五马山南边一段人迹少至,所以至今在铁壁关一带砖瓦坛罐的碎片俯拾皆是,还有不少据鉴定为北宋邢窑的瓷器碎片,而乱草石块间,不时也能发现箭头和宋钱。从这些遗物遍布山坡的情形来看,当年屯集此地的义军不下数万人的规模。

我们身处的小山位于五马山的东侧,正好位于铁壁关和朝天关之间。铁壁关远在南边,又有深谷相隔,让人可望而不可及,但我们已完全能感受到整个五马山的雄伟和险峻之处。这座大山山体为浅红色的石英砂岩构造,是太行山在赞皇一段最东部的余脉,和太行山平行而列,都是南北走向,其东麓为缓坡,西侧多陡崖。我们向东俯瞰,那是望不到头的一大片平原,田野千里,村落炊烟,尽收眼底——出高邑即可饮马赵州桥;南边在山脉的尽头有济河相绕——道邢台即可问鼎邯郸;北边则襟带槐河——由元氏即可长驱正定;在小山丘上看不见五马山西边的形势,但我们刚从位于五马山西边三公里的赞皇县城过来,那又是一片麦田如茵的平原——遥望西天,控据太行而远窥井陉。古人有诗写五马山道:"一山临旷野,千里俯平原。"亲历其境,方才感到名不虚传:五马山就在这片燕南赵北的辽阔大地之中,突兀而起,一字排开,仿佛一条笔直的脊梁,支撑着纵横川流,阡陌桑田。

此时,五马山上空的那片蓝天,云卷云舒,仿佛翻动着五马山的风云历史。八百多年前北宋刚刚灭亡之际,那时的五马山,聚集着远近乡村自发而来的抗金义士,有众十余万。他们推举从金军囚笼中逃脱出来的马扩来主持大局,后来又将宋徽宗之子信王赵榛营救出来,拥戴他为首领,号令各路义军。五马山上树木不繁,岩洞少见,全体义军结寨于这个荒山野岭之中,昼夜暴露,真正是风餐露宿。山寨外无援军,内缺戎器,但他们力与敌抗,誓不投降,从而在北方抗金义军眼中,五马山寨是一面猎猎飘扬的战旗。

后来马扩率五百骑兵突出重围,赶到南方请求援兵。金兵获悉此事后,赶在马扩援军到来之前,调集各路人马全力围攻五马山。山寨义军凭险奋勇抵抗,但山上适逢缺水,惟一的汲道也被金兵切断,朝天、铁壁两寨遂相继陷于敌手,信王不知所终。五马山寨的抗金义举失败后,忠义之士不屈不挠,散而复聚,不久又相聚五马山,结寨抗金。在中国历史上,五马山抗金写下了英勇反抗民族压迫的光荣的一页,它让人看到了中华民族在国家危难时所凸现的那道坚强挺拔的"脊梁"!

老赵介绍说,至今,五马山周围的村名大都与五马山寨抗金有关:西面的"见守"村,明显就是"坚守"的意思;东面左侧有"寨里"村,那是"兵寨之里"的意思;东面右侧有"东王俄"和"西王俄"两村,"俄"为

"廓"的讹音,"王俄"即"王廓"的意思(当地把村落也叫做"廓");"南邢郭"和"北邢郭"这两个村的"邢郭",应该就是"行廓"之意,和"王廓"的意思相同,指信王的驻地——由此也可推而得知,当年信王可能在这些村落驻扎过,而一旦战事吃紧,即退入五马山寨凭险据守。

我们就近向朝天关一带走去。走过一座小桥和一段石径,穿过一座石券山门,著名的五马石雕赫然就在眼前,五马山就是因为这五匹石雕骏马而得名的。五马已有不同程度的残损,大小不一,大者高1.4米,长两米多,石材皆为石灰石。五马雕塑年代未见碑石或旧方志记载,大约至晚在唐代就已存在了,现已被列为河北省文物保护单位。

再往山上走,就可以看到一座规模不小的大殿,香火很旺。老赵说,五马山的庙会有传统,一般每年农历三月和十月,附近乡民和邻县的香客络绎前来进香,常达数万人,这其中有历史的原因。五马山抗金义士主要来自于赞皇附近各县,当时为国捐躯的将士数以万计,他们的家人、好友以及后来的人没有忘记他们,每年都来山上祭奠。差不多九百年了,还是有人来此烧香烧纸。可不是,在一处叫作"老少家亲堂"的上香祭拜点,我看到张贴在显著位置的一幅香客故里名录,除了石家庄、赞皇、邢台、元氏、高邑、赵县、柏乡等河北十多个市县之外,山西的昔阳县也在其中。按照老赵的说法,这个"老少家亲堂"最早应该是五马山阵亡将士的家属建造的。

如同五马山周围的村名至今仍保存着相关历史文化的信息一样,这种庙会文化的薪火相传也使人感到有点震惊!

在我结束五马山之旅、踏上归途时,天又淅淅沥沥下起了雨,车窗外的燕赵大地逐渐变得迷朦起来。我的手不经意地碰到了行囊中的一角,忽然,我意识到这就是老赵在临别时赠送给我的他惟——本自存的稿本《寻马记》——这是老赵三年来研究马扩和五马山的心得和心血。我的心一紧,一种加紧搞好《马扩事迹编年》一书的责任感和使命感陡

然而生。(2002 年 5 月 9 日)①

五马山因为有了马扩等爱国志士的英勇壮举而辉煌一时,也因此彪炳于反抗民族压迫的光荣史册。自南宋以后,涉及赞皇地区的各种方志和《读史方舆纪要》等史地著述,以及近代以来《辞海》等大型辞书,说五马山必及马扩抗金义举,说马扩也必及五马山寨。马扩和五马山已经成为一个不可分割的整体。

不过,后人对于五马山历史文化的研究却是少而又少,即使是历史学家,或者是描写到当年这段抗金史的历史小说家,能够登临五马山现场踏勘考察的寥寥无几。这也在客观上使得这座英雄的山越来越被"淡化",被边缘化,即便是赞皇当地政府业已把五马山列入旅游文化景区的规划,而响应者也是寥寥无几,空有一纸美好愿望,难以再次成为世人的焦点。

作为一个具体的地理位置,五马山可以认作已经完成其历史使命而退出历史的舞台,但它作为曾经感召多少忠义之士为了这片热土而抛洒碧血丹心的古战场,作为一个民族历史文化中值得歌颂和骄傲的一页,应该有其一席之地,而成为我们民族精神的守望者。这也是本书作者研究和宣扬马扩其人其事的初衷之一。

第二节　纵论马扩,考评茆斋自叙

在庸庸碌碌者挤挤挨挨的《宋史》列传中,没有马扩的传记。这也从一个方面暴露出《宋史》纂修者工作的粗陋。李心传《建炎以来朝野杂记》中的《渡江后名将皆西北人》一节,讲述到韩世忠、岳飞等十九名南宋初期的将帅,其中唯马扩和王瓌二人《宋史》无传。明代嘉靖年间柯维骐编撰《宋史新编》,也未补其传记。直到明末崇祯年间钱士升撰写《南宋书》时,才注意到

---

① 《风景名胜》杂志 2002 年第 8 期,第 74—75 页。

应该补写马扩传记,"旧史无,今增人"①。马扩算是第一次在史传中有了一席之地。但《南宋书》中的《马扩传》记述非常简略,一鳞半爪,无头无尾,不成条理,严格地说,根本不能称作"传记"。清人李慈铭说《南宋书》"芜秽疏冗,甚无端绪","诠综杂糅,求简而无义理,所附传诸人,往往不成文法"②,由此也可见一斑。清末著名藏书家陆心源编撰的《宋史翼》,共收《宋史》缺载人物487人,附载44人,但是,号称精于宋史的陆心源连钱士升也不如,竟然对马扩提也不提。近人丁传靖辑录的《宋人轶事汇编》,马扩总算又有"露头"机会,却仅从《三朝北盟会编》摘录了两条"轶事",让人难有系统而全面的印象。马扩籍贯狄道(甘肃临洮),但是像《狄道州志》等地方志,居然也没有涉及马扩的一字半言。马扩在诸史记载中的遭遇可以表明,他在生前并不讨人喜欢,身后也不为大多数史家所重视。

对于马扩的评价,后人只能从与他有过交往的人口中或一些文献记述中,看到一鳞半爪。现将有关记载引录如下:

一、粘罕之父撒改:"南使射生得中,名听甚远,可立一显名,今后唤作'也力麻立'——译云'善射之人'也。"③

二、《三朝北盟会编》:"(宣抚司)募马以往。马有胆气,口辩抗论不屈,燕王惧。"④

三、《东都事略》:"扩应武举,有口辨。"⑤

四、马扩在与童贯幕僚争论时对自己也有评价:"仆捐亲爱,入不测之虏,实以国家安危存亡所系。"⑥

五、赵良嗣:"计议山后,马扩力最多。"⑦

六、徽宗:"闻马扩颇知书";"若非知书,安能专对?"⑧

---

① 《南宋书》卷二七《马扩传》,第429页。
② 李慈铭:《越缦堂读书记》史部《别史类》,上海书店出版社2000年版,第407页。
③ 《北盟会编》卷四,宣和二年十一月二十九日条,引《茆斋自叙》,第30页。
④ 《北盟会编》卷七,宣和四年五月三十日条,第49页。
⑤ 《东都事略》卷一二四,第1078页。
⑥ 《北盟会编》卷八,宣和四年六月六日条,引《茆斋自叙》,第56页。
⑦ 《北盟会编》卷一五,宣和五年三月一日条,引《茆斋自叙》,第104页。
⑧ 《北盟会编》卷一五,宣和五年三月一日条,引《茆斋自叙》,第104页。

七、童贯："山后新边,须得一文武兼通、智勇公廉、识诸国人情者,然后可用——非吾马宣事不可也。"①

八、斡离不："我久知尔忠义。"②

九、信王榛："惟天知公(指马扩)忠义"③;"邦杰与广,忠义之心,坚若金石。"④

十、高宗："朕稔闻卿忠义"⑤;"扩知兵法,有谋略,不止于斗将而已。"⑥

十一、孟庾："马扩通晓军务。"⑦

十二、赵鼎："马扩极有才可用。"⑧

十三、沈与求："臣闻扩将军严整。"⑨

马扩生前获评不多,但从上述引录可见,各方人物、各色人等都对他有所评价。从道德人品来看,他用事勤勉,公正清廉,给人的突出印象是其坚贞的忠义之心。从武学方面来看,他的武艺胆略、兵法谋略和治军之才,也为人称道,这也是他赖以立身的根本。而马扩另一突出的地方是他的文武兼备,颇有文化素养,极具论辩口才,通晓各国民情。结合马扩的一贯为人以及行为举止,无论说者的身份地位如何,是敌是友、是忠是佞,对马扩如此作评基本上还可谓是公允的。而统观其论,也已大致概括出马扩的德识才学。

"缺席"于史籍的马扩身后能赢得的评价则更少,无论正面的还是反面

---

① 《北盟会编》卷一九,宣和六年十一月"童贯遣保州廉访使马扩"条,引《茆斋自叙》,第139页。

② 《北盟会编》卷九〇,靖康二年四月"马扩在河北山寨与金人战被执"条,第672页。

③ 《北盟会编》卷一一六,建炎二年三月"信王遣马扩赴行在乞兵"条,引《续茆斋自叙》,第848页。

④ 《宋史》卷二四六《信王榛传》,第8728页。校勘记:"马广 原名马扩,……此因避宋宁宗赵扩讳改",第8738页。

⑤ 《北盟会编》卷一一六,建炎二年三月"信王遣马扩赴行在乞兵"条,引《续茆斋自叙》,第848页。

⑥ 《系年要录》卷八一,绍兴四年十月丁亥条,第1328页。

⑦ 《系年要录》卷六二,绍兴三年正月甲子条,第1059页。

⑧ 《系年要录》卷八一,绍兴四年十月庚辰条,第1324页。

⑨ 《系年要录》卷八一,绍兴四年十月庚辰条,第1324页。

的评论都是凤毛麟角。绍兴二十七年（1157）三月二十七日（丁亥），这年的南宋武状元赵应熊被宰执推举担任江南东路安抚司准备将一职，高宗闻奏后对大臣道："徽宗时，如马扩、马识远俱以武举擢用，或衔命出疆。今次魁选文武皆得人，应熊弓马甚精，文字亦可采。朕乐于得士，虽终日临轩，不觉倦也。"①高宗虽然是在大言乃父和自己知人善任，但多少也反衬出对马扩既具韬略，又善骑射的文武之才的赞许。

元人在修《宋史》未给马扩一席之地，自然也就谈不上对他有什么评价了。明人钱士升撰写《南宋书》时，因将马扩与刘汲、陈淬、赵立、翟兴、李兴等人合并一传，于是最后的"赞曰"也合书一体："豪杰起事，何地无之。不有所遇，才亦何施。汲、淬、张果，立也威干。二兴勇略，马扩忠款。英英辨举，有义有叙。惜乎无成，悲彼宋替。"②这样"混为一谈"的写法，导致对具体某一人的评价真如蜻蜓点水一般，显得过于简略，其中对马扩的"点评"，只能看出"具才"和"忠诚"两点。清人全祖望在其《右科取士规制议》一文中对马扩评价道："唐郭忠武王出右科，宋马扩亦出右科，皆为千古名臣。"③尽管就只有"千古名臣"这一句，但如此高度评价已是前所未有，显得十分难得了。

即使到了现代，对马扩其人其事的历史学意义上的研究也是极为罕见。台湾"中央研究院历史语言研究所"所长黄宽重先生，曾在20世纪80年代初，撰写了《马扩与两宋之际的政局变动》一文，分作"前言"、"崭露头角"、"领导抗金"、"宦海浮沉"和"结语"等五个章节、共两万多字，将马扩的事迹摆到当时天崩地裂的大历史背景中加以论述，是一篇比较全面介绍马扩的文章。其中的"结语"对马扩有一个较为全面而公允的评价，兹录如下：

> 综观马扩的一生，在北宋末年，经由外交折冲，认识敌我实力及时势，居幕职时，则将自己观察所得和意见，提供执政者参考，是他自我训

---

① 《系年要录》卷一七六，绍兴二十七年三月丁亥条，第2912页。马识远，徽宗时武举出身，靖康中以阁门宣赞舍人、武功大夫等职衔与王云一起出使粘罕金营，交割三镇。

② 《南宋书》卷二七《马扩传》，第429页。

③ 全祖望：《鲒埼亭集外编》卷三九，商务印书馆《四部丛刊初编》本，1922年版。

练和初试身手的阶段。宋室南迁后，他身陷敌区，开始凝聚民间自卫武
力，加以组织训练，领导抗金，展现他领导统御的才能。及南下乞援不
成，留身江南，在明受之变时，他因参与协商，得罪高宗，以致在南宋政
权草创，需才孔亟之际，仍不能一展长才，但声名却愈加高涨。后来，许
多大臣看中他的军事素养，说服高宗，赋予重任，不过，由于职务调动频
繁，又居副职，没有实权，难以有持久的建树，而他耿直与不迎合时好的
个性，使他处处显得不合时宜。这也是他无法在南宋政坛上得意的原
因。

马扩是一个务实的人，他是当时少数具有军事素养，又实际参与外
交折冲的人，尽管只是一名幕僚，却是少数熟知军政实力的人物。从他
在徽宗时对边境军力配备、宋金实力评估、军政措施的建议，南宋初对
高宗的奏疏，以及招安曹成的事例，都可以证明他是务实、稳健的。然
而，这种态度，一方面和两宋之际如童贯等人，只重形式、姑息苟安的心
态实不相容，加以上层政治权力递嬗频繁，政策摇摆不定，难以适从，使
得他无法展现才华，实现理想。

虽然，马扩在南宋政坛上并不得意，然而不热衷权势，甚至趋于消
极的处世态度，却使他在面对进退之际显得豁达，对仕途的浮沉，也能
淡然处之。这种恬淡的心虽嫌无奈，却是乱世豪杰全身之道。①

除此之外，作为历史考评，我们也应该思考一个不能回避的问题，就是
马扩"海上之盟"这段历史经历，究竟是功大于过，抑或过大于功？

近代许多历史著述或辞典，都回避了这个问题，而将马扩在五马山聚众
抗金这段历史作为主要叙述内容，而对马扩作出了完全肯定的评价。即使
像以马扩为主人公的历史小说《金瓯缺》，对马扩的"海上之盟"这段历史，也
作了非常谨慎的评述：

马扩从最起码的承节郎起家，跟随父亲航海到金朝去参加"海上之
盟"的外交活动，前后数年之间，升到现职（指武功大夫、和州防御使一

---

① 《马扩与两宋之际的政局变动》，第239—240页。

职),在当时朝廷里,已是一个出名的干员了。在这段时期中,他做的工作是好是坏? 对历史有功有罪? 对人民有利还是不利? 这很难用一句话来评定。……他不是像大多数封建官员以他们的职位、名分,而是以他的反侵略、反压迫的光辉事业记录在历史上。因此在我国历史上,他是一位应当受到较高评价的英雄人物。①

而本书作者在此想指出,北宋的灭亡,从一种历史事件的角度来看,确实源于"海上之盟",这是毋庸置疑的事实。所以,无论如何解释,无论马扩在"海上之盟"的过程中如何对业已"偏向"的目标竭力去修正、校正和补正,"海上之盟"确实是一件"错事",而且这一"错事"对中华民族造成的灾难是巨大的,是无法挽回的。作为这一"错事"的促成者之一的马扩是不可回避地要承担这个历史之过。

然而,我们同时也要看到,这一历史之过的最主要责任,应当由策动"海上之盟"的主谋者来承担,而不应由一名往来两国之间的使者来一肩挑,这也应该是不争的事实。否则,我们是不是还要追究包括往来其间的那艘大海船上的船工呢? 对一名历史人物的评价,必须将他放到当时的历史环境中去加以剖析。

客观上,"海上之盟"导致了北宋的灭亡,但是,在整个"海上之盟"过程中,马扩在主观上还是以国家和民族利益为重的,没有参杂一丝的个人功利,而且正是他在其中的竭力修正、校正和补正,也和宋徽宗、童贯之流好大喜功的所作所为形成了鲜明的对照,并且因此也使这种区别有质的不同。所以,尽管历史是残酷的,它将"海上之盟"钉在了大错特错的柱子上,但是,历史也是公正的,它不会宽赦一名罪人,也不会冤枉一名好人。马扩在"海上之盟"以后的所作所为,既与他一贯的主观愿望和追求一脉相承,也印证了他是一名对国家和民族负责任的人,是对历史有功绩的人。作为历史上的英雄人物,他当之无愧。

马扩给后人留下了一部自传体的著作《茆斋自叙》。黄宽重认为:"这本

---

① 《金瓯缺》第二册第二十四章,第405—406页。

书不仅保留许多宋辽金交涉与女真崛起之初中国政局变化的重要史料,也留下他一生主要活动事迹"①。当代史学家陈乐素在介绍这部书时写到:"《茆斋自叙》,马扩撰。扩,政之子,熙州狄道县人。史无传,此书亦早不传。而实际上,其人与书皆于时代有相当重要关系。幸而《会编》与《系年要录》均详载其事迹,而《自叙》《会编》所引亦二十余段(《续通鉴长编纪事本末》亦有数段),可供研究。"②

南宋中兴名将中,只有岳飞、韩世忠和刘锜等人有一些奏折或诗词等数量很少的文字流传下来。而作为武将的马扩也能吟诗作文,他留下的诗极少,但《三朝北盟会编》等史籍节录的有数万字之多的《茆斋自叙》,却是中兴名将中无人可以比拟的。在此还有必要强调的是,马扩在建炎三年(1129)三月二日的应诏上书,长达三千余言,观点鲜明,引证得当,条理清晰,逻辑严密,对时弊顽症之痛切,对救国方略之深思,情之切切,言之凿凿,绝少虚言浮词,要在切实可行,时人评为"皆切事机",是一篇不仅在武将之中,即便文臣中也是不可多得的奏议佳作。只可惜在马扩上奏后的第三天,突然发生了"苗刘兵变",宋高宗自命难保,哪还顾得上这样的经邦济国之策。

《茆斋自叙》是一部有关宋朝和金、辽关系的具有重要历史价值的著作,在南宋时即有不少著述引用了这部书。与马扩同一时期的蔡絛(蔡京之子),在撰写《北征纪实》时就已参考了《茆斋自叙》。后来,《三朝北盟会编》、《建炎以来系年要录》、《通鉴长编纪事本末》(可能还有李焘《续资治通鉴长编》)、《中兴小纪》、《金盟本末》和《华夷直笔》等史籍均引述过《茆斋自叙》。但可惜未见有完整的《茆斋自叙》传世,我们今天只能从《三朝北盟会编》、《建炎以来系年要录》、《通鉴长编纪事本末》和《中兴小纪》这几部流传下来的史籍中了解到被节录的《茆斋自叙》。

《三朝北盟会编》书目所录《茆斋自叙》,其作者署名取了马扩的官衔,而称之为"马廉访"(文渊阁本四库全书《三朝北盟会编》卷四首引《茆斋自叙》时也标明作者为"马廉访")。根据《三朝北盟会编》等书所引用的内容均未

---

① 《马扩与两宋之际的政局变动》,第213页。
② 《求是集》第一集《〈三朝北盟会编〉考》,第300页。

涉及马扩在五马山举义抗金以后的事情,故是否可以推断,《茆斋自叙》应是马扩官拜保州廉访使期间写成的,也就是说,最迟应在高宗建炎二年三月马扩奉信王之命赴扬州请援之前写成的。而《三朝北盟会编》收录的《续茆斋自叙》当是马扩随宋室南渡以后由曾三省(此人也许是马扩的亲友)根据马扩的未定稿整理而成的。

但是,这只不过是一个最粗浅的推断,因为,我们还要判断马扩在官拜保州廉访使之职时有没有时间撰写《茆斋自叙》,并且后来能很安全地将它保存下来。

马扩任廉访使之职确切的时间史无记载。据《三朝北盟会编》记载:宣和五年三月"马扩特除武翼大夫、忠州刺史,兼阁门宣赞舍人"①。此时尚未见马扩有廉访使一职的加封。《通鉴长编纪事本末》记载:宣和六年"七月丙戌,膳部员外郎王麟接伴金国谢嗣位使,保州、广信、安肃、顺安军廉访使者马扩副之"②。由此可见,马扩任廉访使之职,必是在宣和五年三月到六年七月之间的事。

现今所见的《茆斋自叙》最后的纪事之日是靖康元年二月③。在这之前的正月二十七日这天,马扩突遭真定府路安抚使刘翰的诬陷,措手不及,身陷图圄,几乎屈死,直到这年的十月份金兵攻陷真定府,马扩方从真定府狱中脱身西走河北山寨④。之后,靖康二年四月,马扩在河北山寨与金兵对阵被俘,在真定府被软禁了大半年,到第二年即建炎二年二月逃脱金人监管,奔上五马山,旋即于四月南下扬州请援,然后率兵北上救援五马山,于这年冬天在河北战败退兵,一路随宋廷渡江抵杭州,直到建炎三年四月因为"苗刘兵变"而被贬永州。这段时间,马扩两度身陷牢笼之中,又屡次率兵南征北战,和金人浴血奋战,处境险恶,命且不保,所以,他不可能有写书的心境和条件。

---

① 《北盟会编》卷一五,宣和五年三月一日条,引《茆斋自叙》,第104页。
② 《通鉴长编纪事本末》卷一四四《金寇》上。
③ 《北盟会编》卷三二,靖康元年正月二十七日条,引《茆斋自叙》,第235页。
④ 《北盟会编》卷五七,靖康元年十月"马扩自真定府狱中脱身"条,第425页。

马扩被贬永州到绍兴元年十月应湖南二广宣抚使吴敏之招，复出为都统制兼参议官，这其中有两年半的时间，应该可以充分利用来撰写自述。所以，马扩在这个时候撰写《茆斋自叙》的可能性最大。

另外，《三朝北盟会编》和《通鉴长编纪事本末》这两种南宋人的史籍值得我们注意，两者都不约而同地记录了《北征纪实》作者蔡絛的一条原注："作《纪实》后六年，始得见马扩《自叙》，备言金人入燕山事实甚详备。"①考之《三朝北盟会编》所引《北征纪实》的最后年限为靖康元年正月②，则蔡絛见到马扩《茆斋自叙》的时间，最早也已跨入绍兴年间。由此也可反证，马扩在绍兴之前，未必能够写成《茆斋自叙》。

7-1 文渊阁本《三朝北盟会编》书影

"马廉访"这一署名是判断《茆斋自叙》成书大致年代的依据之一。

又据史料记载，绍兴八年，赵鼎上奏高宗说，马扩即将送到其著述《奉使录》，"记海上之盟、约金人夹攻事"。对此，陈乐素先生颇有疑问："所谓《奉使录》，或即《自叙》欤？"③不过，我们今天所见到之《茆斋自叙》虽也"记海上

---

① 《北盟会编》卷一六，宣和五年四月十七日条，引蔡絛《北征纪实》"原注"，第112页。《通鉴长编纪事本末》卷一四三《金盟》下。

② 《北盟会编》卷三一，靖康元年正月"诏王黼削夺在身官爵"条，引蔡絛《北征纪实》，第233页。

③ 《求是集》第一集《〈三朝北盟会编〉考》，第301页。

之盟、约金人夹攻事”，然而往后直叙述到五马山抗金、南渡求援之事，与仅记“海上之盟”的《奉使录》当为两种著述，或者，《奉使录》仅为《茆斋自叙》的初稿。

至于马扩为何将斋名题作“茆斋”，考其履历，试作如下解释：

“茆斋”之茆同茅，当指“三脊茅”。这是一种在古人眼里具有特殊功用的茅草，在祭祀、封禅中专门用以滤酒，即祭祀时，束茅而立，以酒自上浇下，酒汁渗透而下，酒糟则被茅所滤去。先秦典籍中或称作“菁茅”和“苞茅”，如管仲称：“江、淮之间，有一茅而三脊，毌至其本，名之曰菁茅”①。唐代有称其为“灵茅”的，如唐人吕岩说有《灵茅赋》。

三脊茅并非遍地可见的一般茅草，先秦时仅见出产于江淮之间，楚国曾将其作为贡物而供给周室作为祭祀之用，“诸土不生，故楚人特贡之也”②。那时还曾发生这样的事：鲁僖公四年（公元前656），齐桓公伐楚，楚人问兴师之由，桓公竟然叫管仲回答楚使道：“尔贡苞茅不入，王祭不共（供），无以缩酒，寡人是以徵。”③

到了宋代，文献记载出产三脊茅的地区有永州（湖南零陵）和鼎州（湖南常德）等地。南宋《方舆胜览》记载永州时，提到一种叫“香茅”的当地土产：“香茅：《山川记》，永之野有香茅，芬馥数里，贡以缩酒，盖《禹贡》‘荆州所贡，而楚苞茅不入’，即此。”④常德地方志中也有三脊茅的记载，并称：“宋大中祥符元年（1008），遣使沅江，采三脊茅三十束。有老人王皓识之，补州学，赐以粟帛。”⑤《宋史》则称：真宗大中祥符元年“遣使诣岳州（湖南岳阳），采三脊茅三十束，有老人黄皓识之，补州助教，赐以粟帛。”⑥又称：祥符元年九月“岳州（在鼎州东面）进三脊茅”⑦。此外，南宋朱辅称：“麻阳（在鼎州西

---

① 黎翔凤：《管子校注》卷二四《轻重》丁第八三，中华书局2004年版，第1473页。
② 丘光庭：《兼明书》卷二“包匦菁茅”条，四库全书“文渊阁”本。
③ 杜预：《春秋经传集解》第五《僖公》上，上海古籍出版社1988年新1版，第244页。
④ 祝穆：《方舆胜览》卷二五《湖南路·永州》，中华书局2003年版，第453页。
⑤ 《古今图书集成·方舆汇编·职方典》卷一二六〇，引《常德府志·物产考》，第19166页。
⑥ 《宋史》卷一〇四《礼》七，第2528页。
⑦ 《宋史》卷七《真宗纪》二，第137页。

面)苞茅山,茅生三脊。"①由此可见,宋时三脊茅的产地比较集中在湖南地区,而且还是一种稀有的植物,若有发现和采撷,史官还得书录一笔,能够辨识它的人甚至还能得到封赏。

马扩后半生的仕途与祭祀一职也有涉及。他在绍兴三年"因遇疾,乞祠。四年,奉祠居信州"②;"绍兴十一年四月,马扩累乞宫观,诏特依所乞"③。奉祠为宋代所设的祠禄之官,有宫观使、提举宫观和提点宫观等职,因主祭祀,故也称奉祠。马扩这样的履历几乎可以断言,他一定知晓三脊茅在祭祀等典礼中的功用。

更让人关注的是,马扩在建炎三年四月被贬官永州,绍兴元年三月被"许自便",在永州大约住了两年。后来,绍兴七年二月到绍兴八年五月,马扩又在鼎州做了一年多的地方官。而三脊茅恰恰就是这两个地方的"特产",以马扩这样的经历也几乎可以断言,他多半清楚本地有这等稀罕的"土产"。

所以,我们几乎也可以断言,马扩以"茅"颜其室名,应当与其履历和经历有关。

如果这样的解释成立,那么,马扩在绍兴八年完成《奉使录》,而《茆斋自叙》是为《奉使录》的最后修订稿,且所记也非局限于"海上之盟",还是顺理成章的。唯一让人感到不可理解的是,为什么《茆斋自叙》署上的是作者过去的官衔"廉访使",而不是眼前的"观察使"? 如果一定要有所解释,那只能是一种推测,即《茆斋自叙》是马扩身陷牢狱(时任廉访使)时萌生撰写念头的;《茆斋自叙》正式动笔撰写的时间,可能是建炎三年马扩被贬永州到绍兴初年这段时候;到了绍兴八年,马扩完成了《茆斋自叙》的初稿《奉使录》;原来打算献给高宗以作为史鉴的《奉使录》,后来因为不为高宗赏识,马扩只得取回,再作修订,最终写成了这部自传式的《茆斋自叙》。

接下来不能回避的一个问题是,《茆斋自叙》在历史真实性上究竟有无

---

① 朱辅:《溪蛮丛笑》"三脊茅"条,四库全书"文渊阁"本。
② 《北盟会编》卷一六四,绍兴四年十月"马扩复元官"条,第1186页。
③ 《系年要录》卷一四〇,绍兴十一年五月壬寅条,第2250页。

问题? 这也是掂量和判断《茆斋自叙》文献价值所必须要解决的问题。我们可以考察同一件事马扩的记述和其他史料的记载是否大致相同,来估算出《茆斋自叙》在历史真实性上的"含金量"。

马扩出使燕京,能说会辩,见机行事,而且还暗中接纳辽朝汉儿刘宗吉。在辽朝,他申明宋朝出兵不是应金人之约,而是因为天祚帝犹在,耶律淳不当称帝,故起兵问罪。而在白沟军事要地,他见到军权在握的耶律大石,对宋朝出兵之由则又是另外一种说法:

> 四军(指萧幹)令大石林牙来相见,云:"南北通好百年,何为举兵侵夺地土?"仆答曰:"朝廷缘女真海上累遣使人献还燕地,每以温言答之,不敢信从。近又得其文牒,具言已据山后,如南朝不要燕地,则渠国自取之。朝廷不得不发兵救燕。"林牙作色云:"河西家(即西夏)累次上表,欲兴兵夹攻南朝,本朝每将表章封与南朝,不肯见利忘义,听用间谍。贵朝才得女真一言,即便举兵?"仆答:"夏国虽累有不逊之言,然数十年间,何尝侵得南朝寸土? 女真所言,实有应验,本朝不唯救应燕地,亦欲自固边隅。"林牙又云:"君为使人,何得为刘宗吉结约?"仆云:"贵朝诸公深曾理论,顾仆乃'招纳使'耳。"林牙云:"以两国和好,不欲留使人,食罢可行,为传语童贯:欲和则仍旧和,不欲和则请出兵见阵。"①

我们再看《契丹国志》的记载:

> 林牙诘以两国盟好,何为兴师? 既是信使,安得结刘宗吉献城? 马扩曰:"女真兵已至山后,本朝乃是遣兵救燕。刘宗吉见投,安得不纳?"林牙曰:"本欲留宣赞,缘自来通和,不欲太甚。欲和则和,欲战则战,大暑热,毋令诸军徒苦。"语毕,上马驰去。②

兴师出兵之由从"问罪"到"救援",这其间是个一百八十度的转弯,而马扩本人并不回避这种"狡辩",这一点马扩的记述和《契丹国志》的记载基本

① 《北盟会编》卷八,宣和四年六月六日条,引《茆斋自叙》,第56页。
② 《契丹国志》卷一一《天祚皇帝》中,第99—100页。

相同,而马扩之述更为详尽。其他如耶律大石的一些质问以及对和与战之态度的记述,两者也基本一样。

再看一例。宣和七年十一月,童贯以宣抚司名义差马扩、辛兴宗充使副,持军书送粘罕军前,明为商议交割蔚、应二州的具体日期,实际上是暗中察看粘罕有无南侵之意。这也是在金人南侵已经箭在弦上之际,马扩最后的一次使金,《茆斋自叙》对此记述非常详尽。而《大金国志》卷三对马扩此次出使也有记述,两相对照,各有详略,但双方谈判的基本内容和所持立场态度则是一致的。唯一不同之处是,马扩抵达粘罕军前时,粘罕要求马扩等人向他作"庭参"(即以见国主之礼参拜),在这个外交礼节问题上的记述各有不同。《大金国志》云:"扩等力争不可,皆拜之如见国主礼。"①这一记述文字中似有脱文,但始争终拜的意思则是清楚的。《宣和遗事》则是这样描述的:"粘罕严兵待之,令马扩用庭参礼数参拜。粘罕踞坐以受其拜。"②《文献通考》也称:"(马扩)及境,粘罕严军以待,止得吏卒三人从。仍趣庭参。"③几相对照可见,《茆斋自叙》的记述显然回避了"庭参"这个问题,仅以"参粘罕"一笔含糊带过,但在这之前特别交待了一笔童贯对此次出使的要求和目的:

> 贯曰:"见粘罕休争闲礼数,且了大事,只议交割蔚、应二州,及飞狐、灵邱两县,其余地境尽画还金国,庶几易了。仍探粘罕果有南侵意否。"④

马扩的这一记述实际上已经等于承认了他们此行不得不像见金主礼一样对粘罕进行了"庭参"的事实。在此可以清楚地看到,与《大金国志》、《宣和遗事》和《文献通考》等记载所不同的是,马扩通过交待童贯的"旨意"而隐晦地将这段经历记录了下来,叙述尽管隐晦,也透露出对此事的忌讳心理,但绝没有要否认的意思。实事求是地说,不得不向粘罕"庭参",对于这样重大的外交失礼问题,马扩心有所忌而讳诸所记,乃是人之常情和真情,类似

---

① 《大金国志》卷三《太宗文烈皇帝》一,第 22 页。
② 《宣和遗事》后集,第 341 页。
③ 马端临:《文献通考》卷三二七《四裔》四,中华书局 1986 年版,第 2572 页。
④ 《北盟会编》卷二二,宣和七年十一月十九日条,引《茆斋自叙》,第 161 页。

的事今人犹所不免,更何况古人乎?而比之专事狡辩甚至颠倒黑白之作,《茆斋自叙》与之无疑有天壤之别,至少当时徐梦莘已经将之作为一种重要的历史文献而在《三朝北盟会编》中大加引用。

《茆斋自叙》中存在的这些"讳言",并不影响它在总体上的真实性和史料价值。我们至今研究宋金之间最初的交往史,《茆斋自叙》仍是一件非常重要的堪称"第一手"的文献史料。

至此,我们可以将马扩的历史功绩大致总括如下:

他以一种忠贞爱国、不屈不挠的精神,以一种真诚务实、敢作敢为的品行,为中华民族传承了一份宝贵的精神财富;在中国历史进入了一个极其动荡而惨烈的巨变时期,他以自己的全部才学、智慧和毅力,全身心投入了拯救自己国家和民族的正义之战中,并作出了令人敬佩的贡献;他目睹了一个王朝一步步走向深渊的全过程,同时又以自己的身体力行,以行为和文字这两种方式,真实、细致而又全面地将这段历史过程记录下来,从而也使自己成为后人考察和借鉴这段历史的一个较有价值的典型"标本"。

第三节 今又端详,长歌英雄风范

马扩身后长期"默默无闻",一直到他逝世八百多年之后,才有人重新审视和认识他,并开始对马扩进行了前所未有的宣扬。

在 20 世纪 50 年代,著名的京剧剧作家翁偶虹曾经写过一个《五马山》的剧本。《翁偶虹编剧生涯》中有这样的记载:"(叶盛章)很想排演新剧,用武丑兼武生的风格塑造些新的人物,时常到我家来与我研究……过了些日子,一位历史学家介绍给盛章一个素材——南宋抗金英雄马扩。盛章诚恳地来征求我的意见,请我给他编写这个剧本。我因病体新愈,不敢轻诺,允以试为。哪知写惯了剧本的人,只要在身体条件允许之下,接触到了新的素材,不由自主地就感到兴趣,开动了'机器',从主题想到人物,从人物想到结构,从结构想到表演;自觉成熟以后,又不能自主地动起笔来了。经过二十多天的工夫,剧本写成,定名为《五马山》。盛章很兴奋地读了剧本,在团中提出排演计划,虽然已列在日程之上,由于其它事务不断发生,一再拖延,终未实现。"①很显然,马扩应该是《五马山》这个剧本的主角之一,而这里所说的"一位历史学家",已无法考知为谁。

《五马山》仅仅是翁偶虹在其病愈之后的一个试笔性质的剧本,第一个真正重视马扩并为之"树碑立传"的应该是上海作家徐兴业。抗战时期,徐兴业即萌发了创作一部以马扩为主人公的长篇历史小说《金瓯缺》,并为此收集资料,作了大量准备。建国以后,徐兴业几经磨难,写作非常艰难,但最终还是完成了这部长达 135 万多言巨著。这部小说具有扎实的史料研究基础,马扩这一典型形象的塑造以史料中提供的马扩作依据,"七分真三分假"地驰骋丰富的想象力,展示了马扩的性格。小说中某些情节虽然未见于史料,但传奇色彩的基调和英雄的爱国事迹,都是史料所提供的。作者将马扩作为那个时代各方面人物和事件联系的纽带,通过马扩写出了一个时代,并成功地塑造了马扩及其同时代的各种代表人物的形象,具有撼人心魄的艺术力量,我们今天读这部历史小说,对于一位失意和失败的落寞英雄,竟然也能生出一种敬意,并同样生发出一种崇拜感。另有一部长篇历史小说王汝涛撰写的《偏安恨》(山东文艺出版社 1984 年版),也描写到马扩,讲述了一段他被金人软禁于真定城中,但通过山寨义军的搭救,最后骗出金军把守的城门而奔上五马山的故事。但马扩却非这部小说的主人公,艺术形象也大大不如《金瓯缺》所描写的。

徐兴业,原籍浙江绍兴,1917 年 5 月生于上海。1937 年毕业于江苏无锡国学专修学校,后在上海做教员和职员。建国以后曾在中学任教,1957 年进上海市教育局研究室工作,1962 年任上海教育出版社历史编辑。1959 年彭德怀"庐山事件"后,他因撰写明朝兵部尚书《袁崇焕传》被指为颂扬彭德怀而遭到错误批判。1977 年退休,之后在上海师范学院历史系任教。1990 年5 月 22 日因患癌症病逝。著有长篇历史小说《金瓯缺》(135.2 万字)和《心

---

① 翁偶虹:《翁偶虹编剧生涯》第三二节《三番修改〈闹天宫〉》,中国戏剧出版社 1986 年版,第428—429 页。

史》(17.8万字,漓江出版社1992年出版),1983年后又与人合作写有《辽东帅旗》(与周美宇合著,出版情况未详)和《李师师》(具体合作情况与出版情况未详)等历史小说,另外还著有《中国古代史话》(上下册29.2万字,1964年、1982年版)。

"这部小说的长期酝酿过程几乎贯串了我的大半生,其间搅拌着我个人的一些哀乐悲欢,又有过几次的失败,几次的停滞不前,最后倒是在不寻常的十年浩劫中写成了前半部六十万字。这些年来,我尝遍了辛酸甜苦……"①徐兴业最初萌发撰写历史小说《金瓯缺》的念头,是在抗日战争烽烟四起1939年,当时他身患伤寒在病榻上养病,一位下围棋的朋友给他送来了四厚本的《三朝北盟会编》,"我很快就被书中记载的那些为了保卫疆土,反抗残暴统治不惜断头沥血,九死靡悔的英雄人物们吸引住了。"②

徐兴业为什么要写这样一部以马扩为主角的历史小说? 这个问题他在《金瓯缺》前两册出版后写给他远在法国巴黎定居的发妻的一封信中,有专门的讲述。他在信中道:"我们选择马扩为小说主角,当时的意图是明确的,是要谴责领导抗战无方,甚至暗中活动投降的国民党政府,激发读者的爱国热情,希望中国产生无数个马扩,为抗日战争增添力量。四十年前的想法到今天基本上还没有改变,今天我之所以仍要续成这部小说,因为我认为在国家机器完全消亡之前,战争的威胁依然存在,我国受到敌人的侵略的可能性依然存在。利用小说发扬爱国主义精神,增强年青读者保卫祖国领土的责任仍然有其必要。"③

那徐兴业又为何会"剑走偏锋",选择名不见经传的马扩作为他这部一百多万言历史小说的主人公? 对此,他在给分别了二十多年的妻子的信中道:"书中(指《北盟会编》)最初吸引我的人物是梁山泊的英雄好汉们。凡是读过《水浒》的人都希望了解他们在正式记载中的最后下落。《会编》中有一

---

① 徐兴业:《给巴黎的一封信——〈金瓯缺书简〉》,见蔡葵、韩瑞亭编《长篇的辉煌——茅盾文学奖获奖小说评论精选》,北京十月文艺出版社1994年版,第308页。

② 《给巴黎的一封信——〈金瓯缺书简〉》,第311页。

③ 《给巴黎的一封信——〈金瓯缺书简〉》,第311—312页。

鳞半爪的记录。看来他们后来拆了档,各奔前程,其中有些人在抗金斗争中表现得有声有色。……他们(指《水浒》中的彭玘、张顺、关胜等好汉)都有建树,可惜在他们散伙以前替宋江领导群雄的杨志表现得太差劲了。《会编》一则说'招安大寇杨志贪财色',再则说榆次之战,杨志勒索赏赐未遂,率先溃逃,致陷主帅种师中于死地而败绩。当时我对小说人物与历史人物的界限还混淆不清,这个青面兽杨志既可为争一名小小的旗牌官而在权门梁中书手下当一条走狗,自然也可以为了财色做一个民族败类。这样一个杨志居然成为水泊英雄的领袖,这就使我放弃以《水浒》人物为小说主角的构想。没有读过《水浒》,因而对水泊英雄也没有多大感情的你赞助我这个想法,从而我们把注意力集中到《会编》记载得很多,最富于传奇色彩的英雄人物马扩身上,他确是我们物色已久的理想的小说主角。"①

徐兴业说:"当然在当时历史条件下发生的我国内部各民族、各政权之间的战争与今天的国际战争的性质完全不同,这一点我们当时是不了解的。我们最初的设计很不成熟。当时想按照西洋小说 Advanture of②……的写法,写成为马扩个人的经历史、冒险史。即是以马扩为全书的主角而把那伟大的动荡的时代作为他惊险活动的背景。经过很久以后,我们才懂得把两者的关系颠倒过来,确定以马扩为贯穿全书的线索,通过他,写出那伟大的历史时代。"③

徐兴业还说到:"任何社会都有它的杰出的代表人物,我希望读者们从马扩身上认识一个封建社会英杰的精神面目。因为他为国家、民族所作的牺牲,他坚持和发扬的精神从某种意义来说,对我们今天的读者还有值得学习的地方。我的马扩就是这样一点一滴、一层加一层地成长起来的。"④

《金瓯缺》的第一册(27.6 万字)和第二册(34.8 万字),分别由福建人民出版社于 1980 年 12 月和 1981 年 2 月出版,之后的第三册(37.1 万字)和

---

① 《给巴黎的一封信——〈金瓯缺书简〉》,第 311 页。
② "Advanture of"意为奇遇记、历险记。
③ 《给巴黎的一封信——〈金瓯缺书简〉》,第 312 页。
④ 《给巴黎的一封信——〈金瓯缺书简〉》,第 313 页。

第四册(35.7万字),则由海峡文艺出版社于1985年9月出版。这以后的十多年中,《金瓯缺》未见有过修订重版。一直到2003年1月,经李惠敏缩编成6万字,作为海峡文艺出版社《世界百部文学名著速读》第二辑50种之一,得以再次出版。

福建人民出版社后来又在1984年11月至1985年2月,先后出版了四册由庄宏安根据《金瓯缺》第一、二册内容改编的连环画,分别为《婵娘进京》(罗希贤、罗忠贤绘画)、《兵败雄州》(施大畏、施其畏绘画)、《燕京大战》(谌孝安、庞先健、罗希贤、施大畏绘画)和《徽宗与李师师》(庞先健、张峰松绘画)。由于这四册连环画在1986年的文化部和中国美术家协会举办的第三届全国连环画创作评奖中获奖(绘画创作二等奖),且每册的发行量均在29万册以上,所以在当时对普通读者还是具有一定的影响。

著名小说家张抗抗比较早地注意到了徐兴业及其历史小说《金瓯缺》,对他作了专访,于1982年写成了中篇报告文学《国魂》①。《金瓯缺》最后还获得了"上海四十年来优秀小说奖"(1990)和第三届"茅盾文学奖"荣誉奖(1991)等殊荣。

徐兴业在《金瓯缺》小说中所表现出来的与众不同的才华,以及成功塑造了马扩这一崭新的英雄人物形象,使得《金瓯缺》赢得了各种评价。首先,它得到了文艺界的广泛关注,诸多学者给予了很高的评价。

著名文学批评家郭绍虞在为《金瓯缺》所写的序言中认为,徐兴业是"一位与姚氏(雪垠)媲美的作家","徐氏的学识与才华,均不弱于姚氏。二雄相并,堪称双璧",他"在那恐怖的十年中,竟能写成一百二十万字的长篇小说的一半,其胆识毅力已够令人钦佩,何况才情又足以副之,写得那么深刻动人呢!"②

刘长久对《金瓯缺》评价道:"由于作者组织小说系统有方,使得我们开卷读来,只觉历史一幕幕有条不紊地展现在面前,毫无混乱无主次之感。……他以马扩一家人的遭遇为线索,层层展开叙述,围绕这个线索,写出了当时的政治、军事情况,同时在大的背景前又极力描绘出马扩一家人的

①　见《张抗抗中篇小说集》,中国青年出版社1982年版。
②　《金瓯缺》第一册序,福建人民出版社1980年版,第1页。

沉浮,用大背景为马扩一家人命运作渲染、铺垫,马扩一家人的命运又反过来渲染当时的重大的政治军事情况,使得文章读来生动鲜明、感人肺腑,同时有了马扩一家人的命运作头绪,面对错综复杂的历史事件作者就有选择了,面对众多材料,利我者用之,不利我者舍之,取舍自如,因而作者叙述起来,从容得体,舒卷自如。……他抓住了爱国主义精神为本文的中心灵魂,各个故事的取舍莫不是以之为准绳的。文中用了大量的笔墨写了北宋南宋人民可歌可泣的反侵略斗争,同时运用对比的艺术手法,嘲笑、讽刺了当时一些卖国贼。有了以马扩一家命运为线索,以爱国主义精神为灵魂,文章写起来就避免了六头无主,面对众多的复杂的历史事件,可以清醒地侧重讲述了。同时又可以以此为准绳决定叙述的详略,叙述的缓急。徐兴业灵活地运用了这些方法,使得本文纵横开合,缓急错落有致,叙述清晰而不含混,作者本人态度鲜明,文章一气到底,情感洋溢,痛快淋漓!……作者熟悉历史,在不拘于历史的基础上,大量地进行艺术想象,注重艺术的真实与历史的真实的有机融合。例如对师师命运的描写、对刘锜、马扩等人物的行动的描写,都是充分发挥了想象力的结果,金圣叹在评论《水浒传》的时候曾经有云:'因文生事'和'以文运事',所谓'以文运事'者,是先有事生成如此如此,却要算计出一篇文字来。'因文生事'者,只是顺着笔性去写,削高补低都由我。徐兴业是'因文生事',在历史事件的基础上,纵横笔墨,写得天马行空,荡气回肠,然而又不违背历史,实是难得。"①

海峡版"速读本"《金瓯缺》的编者评价这部书是一本精彩的优秀历史小说,认为:"作者以饱含爱国深情的文笔向我们讲述了一个朝代的灭亡,一场战争的残酷和一个家庭的遭遇。他刻画人物,笔法细腻,栩栩如生;追述史实,笔触严谨,字斟句酌;叙述战事,笔势凌厉,大气磅礴,犹如群山万壑,直奔荆门。令人时而血沸气促,义愤填膺;时而潸然泪下,慨叹再三。全书在记叙、描写间加入大量抒情、议论,诗词歌赋也间或有之,读来有情有义,有滋有味,特别是使用民间掌故和民俗、俚语,使文章更添趣味性和生动性。"②

---

① 艾晓明等编:《当代中国文学名作鉴赏辞典》,辽宁人民出版社1992年版,第746—747页。
② 《金瓯缺》"作品导读","世界百部文学名著速读"本,海峡文艺出版社2003年版,第3页。

　　陈思和在整个故事结构模式上对《金瓯缺》作出肯定："假如,这部小说没有马扩一家的故事,仅以赵佶的经历作为主线去串写历史,也能够成为一部很好的作品。但它在结构上将无新意,只是一种缀连式的传统结构。然而您又塑造了马扩一家,它代表了一个空间的概念。在地理上,它由西向东,与金兵入侵的由北向南构成了一个空间范围;从结构安排上,它的横向移动,为宋徽宗赵佶的经历提供了辽阔的背景。这条故事线索的出现,直接改变了小说的结构模式,由此也改变了小说的容量度。"①

　　陈思和在充分肯定《金瓯缺》取得了巨大成就的前提下,又对马扩这一艺术形象的塑造提出了批判:"尽管作家也写出了马扩在抗金战场上对赵宋王朝的认识的改变,但从整个艺术形象塑造来看,并没有挖掘到一个人物的深层心理。换言之,作家只是用古典美的崇高观念塑造了这个人物,却没能在他身上注入现代人对人自身的认识和理解。作家强调了马扩家族性格中的不变因素,即三闾大夫所说的:'苟余心之所善兮,虽九死其犹未悔'的精神,这固然是坚贞不二的美德,但在一部长达150万言的长篇创作中,主人公的精神世界没有大幅度的曲折与起伏,多少会使人感到沉闷。"②

　　范志忠从中国传统文化中的"家国同构"观念来剖析《金瓯缺》,认为:"诚然如有的学者所指出的那样,徐兴业的历史小说《金瓯缺》'没有马扩一家的故事,仅以赵佶的经历作为主线去串写历史,也能成为一部很好的作品'(陈思和《关于长篇小说结构模式的通信》)。然而,作者之所以在叙述北宋末年宋徽宗的政治命运的同时,还以大量的篇幅表现马扩家庭的悲剧命运,这显然表明,作者已经不满足于把历史的叙述仅仅局限于政治斗争的观照,而试图将笔触延伸至历史的民间生活中去,并以马扩一家的悲剧命运来表现政治斗争及战争给人们带来的深重灾难。耐人寻味的是,《金瓯缺》中政治风云的变幻和家庭命运的悲欢这两条线索不但不曾相互游离,彼此冲突,反而前呼后应,相得益彰,其中固然表明作者娴熟的艺术驾驭能力,但更

---

① 陈思和:《笔走龙蛇》第三辑《关于长篇小说结构模式的通信——致徐兴业读〈金瓯缺〉》,山东友谊出版社1997年版,第385—386页。

② 《笔走龙蛇》第二辑《〈金瓯缺〉,对时间帷幕的穿透》,第194页。

深刻的原因则根源于中国传统文化中'家国同构'的观念。儒家的文化理想,便是所谓的'齐家治国平天下',而其道德律令则表述为'君为臣纲,父为子纲,夫为妻纲'。家庭和国家的伦理准则达到了高度的一致。国家是放大的'家庭',而家庭的兴衰,自然也就与国家的命运息息相关。"①

董乃斌从《金瓯缺》中马扩民族精神的由来与发展这一角度评价道:"《金瓯缺》所显示的思想力量,其核心是中华民族摆脱积弱和屈辱地位奋发起来走向振兴的努力,是古代人民在死亡和毁灭的无情挑衅下所表现出来的挽狂澜于既倒的雄伟气魄。……马扩有着从民族祖先那里继承来的'苟余心之所善兮,虽九死其未悔'的坚强性格,有着从小同父兄一起驰骋沙场的战斗经历,因此一旦他投身到这场保卫家国和民族的神圣斗争中去,就处处表现出所向无敌、一往无前的英勇气概。小说在这方面写得很充分,但成就远不止于此,或者说主要不在于此。致力于表现他同人民的联系,把他塑造成一个日益靠拢人民、日益成为民族精神的化身的理想形象,这才是《金瓯缺》刻画这个人物的独到之处。"②

徐绪熙认为,徐兴业以马扩为主人公透视一个巨变时代,是受到了托尔斯泰《战争与和平》的启发:"作者通过刘锜引出马扩一家。而主人公马扩,不但是西军重要将领,而且是北宋与辽、金之间的'秘密外交'的自始至终的参与者。作者通过马扩一家的活动,就可以从政治、军事、外交各个方面来揭示历史的进程,展开广阔的历史画面。马扩一家的命运,同宋、辽、金之间的战争的命运不可分割地联系在一起,他们不但是历史的见证人,而且是重大历史事件的参加者。所以作者通过一个家庭的命运,不仅透视出一场规模宏大、犬牙交错的战争的命运及其结局,而且也反映出三个民族政权的兴旺,勾勒出整整一个时代。这确实显示出作者对这段历史的深刻了解和驾驭历史题材、进行艺术概括的才能。作者说他很喜欢托尔斯泰的《战争与和

---

① 范志忠:《新时期历史题材小说叙述范式的转型》,《浙江大学学报》(人文社会科学版)2002年第32卷第1期,第73页。

② 董乃斌:《中华民族的一曲悲壮颂歌——评长篇历史小说〈金瓯缺〉》,见吴秀明选编:《历史小说评论选》,湖南人民出版社1983年版,第105—109页。

平》。就通过一个家庭来描写一场宏伟的民族战争这一点而言，作者也许从托翁那里得到过启示吧。……作者倾全力精心塑造的是主人公马扩的艺术形象。这是一个带有理想主义色彩的艺术典型。作者把自己的爱国的、民族的感情都倾注和凝聚在这一人物身上。前面说过，作者选择马扩做主人公，是'希望中国产生无数个马扩'。正是这一爱国主义的激情，促使作者把马扩塑造成为捍卫疆土、反抗侵略、百折不挠、智勇双全的英雄人物。"①

《金瓯缺》虽然是一部历史小说，但毕竟是迄今为止唯一一部以马扩为主人翁的优秀历史小说。历史研究和历史普及是两个范畴，两者对于历史文化的传承和宣扬，各有侧重，各有路径，也各有其功。作为历史研究，既要探究和反映历史的真实性，也要关注和探寻历史在普及过程中的特点、规律及其对社会的影响等等，这样的研究才是开放的和全面的，并且对解决历史研究怎样避免误入"象牙塔"这一问题，也大有裨益。同样，历史普及不可避免地需要研究和把握好历史的真实性问题，否则，对历史"戏说"成风，媚俗哗众，使我们的历史失去应有的尊重，这无异于蛊惑人心，也必将受到历史的报应。基于这样的认识，徐兴业先生当年创作《金瓯缺》时，迈出了全面而细致研究马扩及其历史大背景这必要的一步②，而我们今天研究马扩，《金瓯缺》同样应该成为研究过程中不可或缺的一环。而且，对于马扩英雄事迹和爱国主义精神的宣扬，在重视对其历史真实性的研究的同时，作者更乐于见到像《金瓯缺》这样具有相当艺术造诣的历史小说，在展现那段叱咤风云时所迸发出的铿锵之声。

在《金瓯缺》之后，从历史学的意义出发为马扩其人其事做了一些研究工作的是本书作者撰写的《马扩事迹编年》。自《金瓯缺》问世以后，我在多次阅读之余，萌生了把湮没在历史文献中的有关马扩资料辑录出来的念头，也为马扩研究奠定一个资料基础。二十年来，我查阅了所能够找到的史料，

---

① 徐绪熙：《历史与诗的结合——简评长篇历史小说〈金瓯缺〉》，见吴秀明选编：《历史小说评论选》，第121—124页。

② 徐兴业曾说："我反复看，多次看，把它（指《北盟会编》）当作小说看，看到封面和底页都与书本分了家而不能罢休"，《给巴黎的一封信——〈金瓯缺书简〉》，第311页。

包括稗史地方志、笔记小说类等(明清以来明显因袭或摘录前人著述的史籍记载和讲史小说不录,如《纲鉴合编》、《辽史拾遗补》、《续资治通鉴》和《续资治通鉴长编拾补》等,仅录用其中部分考证文章,或作校勘之用),仿效《三朝北盟会编》"其辞则因元本之旧,其事则集诸家之说,不敢私为去取,不敢妄立褒贬,参考折衷,其实自见"①,"征引皆全录原文,无所去取,亦无所论断,盖是非并见,同异互存,以备史家之采择"②,终于从三十多种历史文献中辑录出这个有关马扩的史料集,按照编年体加以整理,分作《海上之盟》、《出使燕京》、《折冲樽俎》、《山雨欲来》、《五马山寨》和《坎坷仕途》六卷,稍加考释注解,作为按语随文附见,共十多万字,并且按照"左图右史"的传统,为这本书安排了近百幅地图、书影、照片和《金瓯缺》小说的部分插图,使这本书更具形象之可观性。该书已在 2005 年由杭州出版社出版。就文字资料的收集而言,这本书虽然遗漏在所难免,但已略成框架,基本上可以反映出马扩一生的主要事迹,以及他的思想脉络和人格品性。在《宋史》中,还极少有人能"占有"十万多字的篇幅来"彪炳"史册,马扩九泉之下有知,也该引以为豪了。

纵观马扩一生,命运乖蹇,国破家亡,可以说是一个古道西风中的失意英雄逐渐淡出天际的过程,他留给历史与后人的是一个潇潇雨歇中的失败英雄面对滚滚东流而落寞身退的背影。可是,由于有了徐兴业的《金瓯缺》,由于有了这么多人的品评鉴赏和辩论争议,由于有了《马扩事迹编年》对于马扩历史碎片的拾遗和缀补,也由于有了今天这套"南宋史研究丛书"对于马扩的特别关注,使得马扩身上最本质的和最可贵的精神得以有机会细加发掘,得以重新认识、热情讴歌和广泛宣扬。一生遭遇重大不幸的马扩却在今天赢得了人们前所未有的缅怀和尊敬,又何其幸也! 而以史为鉴,继往开来,这也将是今日中华民族之大幸!

青山遮不住,毕竟东流去。③

①　《北盟会编》序,第 3 页。
②　永瑢等:《四库全书总目提要》卷四九,中华书局 1965 年版,第 438 页。
③　《稼轩词编年笺注》卷一·《菩萨蛮·郁孤台下清江水》,第 37 页。

附录　马扩年谱

宋神宗元丰年间（1078—1085）

马扩约于此时，出生于熙州狄道（甘肃临洮）。字子充，其父马政，母田氏。元丰四年（1081），宋朝五路之师伐西夏，无功而返。元丰五年，宋夏"永乐城之战"，宋军败绩，死者二十余万，神宗自此厌兵事，无意西伐。

宋徽宗政和五年（1115）

正月，女真人阿骨打称帝，国号金。四月，辽朝光禄卿马植（李良嗣）逃奔北宋，提议先于金人出兵幽云十六州，徽宗嘉许之，赐姓赵氏。

政和七年（1117）

自青州学类试中选，贡入国学。秋，辽朝汉儿高药师避难船为风所刮，泊岸登州，宋朝由此知悉金兵已过辽河之西，委蔡京、童贯遣人渡海，通好女真。

政和八年（1118）

正月，金使如辽求册封，辽使如金议和。春，武举省试中式。三月十六日，殿试中式，赐武举上舍出身。授承节郎、京西北路武士教谕。八月三日，马政奉命由海道使女真，约夹攻辽朝。十二月，马政与金使回，马扩从行赴阙。

宣和元年（1119）

辽册阿骨打为东怀国皇帝，阿骨打不受。

宣和二年（1120）

三月，赵良嗣泛海使金，宋金初定"海上之盟"。十一月，随父携带《国

书》,抵达涞流河阿骨打居所。阿骨打特邀马扩一人随行打围。金人呼其为
"也力麻立",即"善射之人"。

宣和四年(1122)

正月,金军破辽朝中京,天祚帝西逃夹山(在内蒙古武川县西南阴
山)。三月,燕京辽臣拥立燕王耶律淳为帝。四月,徽宗以童贯领兵十万
伐辽。五月十八日,应童贯之募,以阁门宣赞舍人自雄州过白沟,入燕京谕
降。舌战辽朝众臣,耶律淳欲称藩北宋。五月二十六日,耶律大石率辽军
发动"兰沟甸之战",宋军溃败。五月三十日,自燕京无功而回雄州。六月
二十四日,耶律淳死,其妃萧氏权主军国事。八月,刘延庆受命统兵再谋复
燕,拟邀金军克燕,然后以"岁币"赎之,马扩力辩其患,不为朝廷采用。九
月,与赵良嗣取路代州,奉使金营请兵。十月,宋军偷袭燕京功败垂成,第
二次伐辽再遭溃败。十一月,留金营,阿骨打遣使于宋,许割燕京、蓟、景、
檀、顺、涿、易六州二十四县。十二月七日,与金军一起入燕,次日,金军五
百骑护送归朝。

宣和五年(1123)

正月,至东京(河南开封),向宰执王黼条画徐制女真三策,不果。充计
议使,与赵良嗣、周武仲再使金营,许以银绢代燕地税赋。金人提出在原许
五十万两匹"岁币"之外,每年再添一百万贯。二月二日,自燕山回至雄州
(河北雄县)。二月六日,应徽宗之命,与赵良嗣、周武仲再使金营,许增一百
万贯,并索要西京(山西大同)山后之地。三月一日,与金使回东京,徽宗许
以二十万金帛犒赏攻占西京之金军。三月五日,朝见徽宗,直言因本朝兵不
立威,以至金人勒索不已。特除武翼大夫、忠州刺史,兼阁门宣赞舍人。往
见枢密郑居中,言守山后之道,郑皆然之。三月六日,充副使,与卢益、赵良
嗣携徽宗御笔《誓书》再使金营,协议交割燕京日期。三月十八日,抵燕京,
金人指责《誓书》笔画不恭,索要燕京南逃职官和户口,双方争执不休,而宋
人终究一一"从命"。四月十一日,向阿骨打辞行,金人许四月十四日交割燕
山。四月十三日,回雄州,宣抚司摘留。四月十七日,随宣抚司入燕。六月,
转武功大夫、和州防御使。原辽朝平州守臣张毂叛金投宋。金太祖阿骨打

病亡,其弟完颜晟(吴乞买)即位。十一月,张毂为金军所败,逃至燕京,宋人缢杀之,函首金人。

宣和六年(1124)

正月,金朝有关阿骨打"讣书"传至北宋。充副使,与正使张璪至蓟州,接见金使。至燕山,与王安中论燕中事,不为所用。五月,金使至东京,充送伴。至太原见童贯,言燕中事。七月,以保州、广信、安肃、顺安军廉访使之衔,与膳部员外郎王麟接伴金使。耶律大石率众西走。十一月,受童贯差遣,与邠州观察使辛兴宗出使云中(山西大同)金营,议交割云中事。十一月三十日,至云中,兀室不见而回。十二月上旬,还至太原,与童贯言此行所见,建议速营边备,不果。

宣和七年(1125)

正月,金人获天祚帝,辽亡。三月,童贯入燕犒军,自保州入莫州,迎贯于任丘县,语金人已擒天祚事,宜急备边,以防女真为患,贯用其言,奏请河北置四总管。六月,申宣抚使司,乞屯兵中山、真定,不报。七月,金人以获天祚发告庆使来,与李子奇充接伴使副。九月,以粘罕经营南寇,劝童贯以西兵十万出巡备边,贯不听。十一月十九日,受童贯差遣,与辛兴宗充使副,出使粘罕军前,议交蔚、应二州,及探金人有无南侵之意。到茹越寨,闻金人已有南下之举,遂条具利害,急递申宣抚司。十一月二十一日,斡离不率军袭取清州,金人大举侵宋之幕由此揭开。入云中金营"庭参"粘罕,金人决意侵宋,拒还山后之地。十二月一日,返回太原宣抚司,以金人败盟之状告童贯,贯大惊。十二月三日,粘罕所遣金使抵太原通牒"宣战",童贯气褫不能应,谋遁归。十二月七日,具一札子呈童贯,提出"移司真定"。十二月八日,应童贯差遣,马扩离太原东往真定、中山募兵,贯逃往东京。十二月二十三日,徽宗内禅,太子赵桓即位。是年,耶律大石称帝于虎思斡儿朵(在今哈萨克斯坦境内),建"西辽"。

宋钦宗赵桓靖康元年(1126)

正月,抵真定,安抚使刘韐委以提举四壁守御。具画一御敌奏札,密遣人送入东京。正月二十七日,刘韐和刘子羽父子诬马扩约金人献城,下狱。

三月,宋廷诛赵良嗣于郴州。七月,蔡京贬死于潭州。八月,诛童贯于南雄州。九月,粘罕陷太原。十月六日,斡离不陷真定,马扩自真定狱中脱身,易服走西山和尚洞山寨。结集两河义兵,被众人推为首领。十一月,金使如东京,索要马扩等"干戈人"及其家属。闰十一月二十五日,金人陷东京,北宋亡。

靖康二年(1127)

四月,金人虏徽、钦二帝北去。在河北与金人战,被执,囚于真定。斡离不抵真定,两劝其降。以终老母之寿为由,求田耕食,旋又为酒肆以自活,斡离不皆许之。五月一日,赵构即位于南京(河南商丘)。藉酒肆与五马山寨赵邦杰暗通音讯。

宋高宗赵构建炎二年(1128)

二月二十七日,因寒食日伪随大姓送丧,携亲友十三人逃离真定,奔五马山寨(在河北赞皇县境内)。得信王赵榛于民间,推奉为首,倡义举兵,两河义士闻风相应。三月,受信王所遣,赴扬州行在乞兵。至东京,见留守宗泽,与泽子宗颖同赴扬州。四月,入朝觐见高宗,特授拱卫大夫、利州观察使、枢密副都承旨、河外兵马都元帅府马步军都总管,节制应援军马使,俾将兵应援河北。具四事奏呈高宗,以请朝廷用人不疑,高宗皆从之。五月,以乌合之兵北行,未至黄河,诏旨令一人一骑不得渡河。旋以金人再次大举南下,遂受宗泽节制,屯兵大名,将由此进兵,直取洺州、赵州和真定。七月,宗泽忧愤去世。金人三路大军陷五马山寨,俘获扩之母妻,信王不知所终。八月,进兵馆陶。十月,率兵往攻清平,败绩,由济南还行在,上表待罪,褫三官,降授右武大夫、和州防御使。

建炎三年(1129)

二月三日,金人陷天长军,高宗弃扬州南渡镇江。金人接踵而至,扬州军民官吏死者数十万。二月八日,自泰州渡江而南。二月十三日,高宗至杭州。二月二十八日,高宗诏求直言。三月二日,应诏上书,痛陈时弊,倡建都"三策论",约三千余言,皆切事机。三月五日,苗傅、刘正彦兵变,迫高宗禅位,以隆祐太后垂帘听政。三月二十一日,复拱卫大夫、利州观察使,充枢密都承旨、兼知镇江府,俟条画防秋先事毕之任。四月一日,高宗复位。四月三日,苗、刘兵败,引兵夜遁。四月七日,马扩以"苗刘之变"时"往来其间"、"阴怀观望"而被停官,永州居住。十二月,金人陷临安,高宗奔定海,旋入海。作亭湘江之上,求名于胡寅,以"饮江亭"名之。

建炎四年(1130)

四月,韩世忠败金将兀术于黄天荡。七月,金人册刘豫为帝,国号齐。十月,秦桧携家室自金还。

绍兴元年(1131)

三月七日,降授右武大夫、和州防御使,许自便,旋居融州仙溪。宣抚处置使张浚以书币招之,以刘子羽在其幕府,不复往。八月,秦桧为右相。十月,为湖南二广宣抚使吴敏起用,任宣抚司都统制兼参议官。游寇曹成受荆湖东路安抚司向子諲招安,旋以子諲扼已复叛,败官军,执子諲,据道州。遣人持招抚札子谕曹成,成许受招。

绍兴二年(1132)

正月九日,曹成释向子諲。宣抚司参谋范直方欲促曹成赴行在。献书吴敏,请提军入曹成军中,抚以为用,敏不听,辞职归融州。曹成复为乱。八月,秦桧罢相。

绍兴三年(1133)

二月,都督江淮荆浙诸军事孟庾言于高宗,马扩通晓军务,请以为参议官,高宗从之。履任道中遇疾,请宫祠。九月,居全州。

绍兴四年(1134)

奉祠居信州。九月,金人和伪齐军联合攻略淮东地区。应赵鼎之召,赴川陕都督府,充详议官。十月十三日,赵鼎、孟庾、胡松年和沈与求等,共荐马扩有才,引见上殿,奏对称旨,乃复拱卫大夫、利州观察使原官,除枢密副都承旨。高宗幸平江府(江苏苏州),差马扩兼行宫留守司参议官,被旨发赴平江府,扈从车驾。十二月八日,以张浚举荐,为江西沿江制置使,驻军武昌。诏湖南制置大使席益拨崔邦弼、吴锡两军付马扩。十二月十三日,枢密院三十一次催札,席益未肯发军付马扩,高宗怒,落益职。

绍兴五年(1135)

正月,金太宗完颜晟卒。四月,马扩应召赴临安行在,供枢密副都承旨之职,为都督行府官。徽宗卒于金。八月,升为咨议军事兼行府都统制,驻守镇江措置军务。五马山车股寨忠义首领沙真遣其徒赵元来都督行府白事,是为与五马山寨之最后一次"握手"。

绍兴六年(1136)

正月,受都督府之命,率吴锡及其殿前司策选锋军赴临安行在。二月四日,诏马扩兼沿海制置副使。三月十四日,任沿海制置副使,驻军明州(浙江宁波)。五月十四日,受命阅习水军、战舰。七月十二日,枢密院奏,马扩丁母嘉国太夫人田氏忧,诏特起复,日下依旧治事。

绍兴七年(1137)

二月十一日,以马扩知鼎州。四月,过虔州。九月,张浚辞相,赵鼎复相。十一月,金人废刘豫。

绍兴八年(1138)

三月,秦桧复相,自是专主和议。五月二十三日,金使撒卢母等人来议和,初入宋境,数问马扩所在。五月二十九日,诏马扩赴临安行在。六月,至临安,见撒卢母,因叙海上相见之好,所举金人多故,撒卢母踧踖不安。时议欲以马扩奉使,撒卢母惧扩小己,乃谬言扩奉使必见留,宋廷信而不遣。八月七日,为沿海制置副使,军于镇江。八月十一日,赵鼎等奏,马扩上《奉使录》,记海上之盟、约金人夹攻事,高宗不纳。九月六日,以和议将成,大臣忌言兵事,马扩逡巡求退,罢为荆湖南路马步军副总管。十月,赵鼎罢相,秦桧独揽相权。

绍兴九年(1139)

正月,宋金达成和议。马扩在潭州向知州谢祖信举荐武臣张球,平武冈杨三天之叛。

绍兴十年(1140)

五月,金人败盟,兀尤兵分四路再次全面侵宋。是年夏秋,宋军诸将屡破劲敌,金人攻势受挫。九月,秦桧主和议,高宗诏诸将班师,河南等地复又陷于金。

绍兴十一年(1141)

五月五日,以累乞宫观,诏特依所乞。九月,兀尤致书高宗,谋议和。十一月,宋金订立"绍兴和议"。十二月,高宗和秦桧杀岳飞。

绍兴二十一年(1151)

三月,金人扩建燕京城,筹备迁都。八月,韩世忠卒。十二月二十三日(公元 1152 年 1 月 31 日),马扩卒,享年约七十岁。著有《茆斋自叙》。

编 后 语

　　历史并不意味着永远消失,从某种意义上说,它总会以独有的形式存在并作用于当前乃至未来。历史学"述往事"以"思来者","阐旧邦"以"辅新命",似乎也可作如是观。历史的意义通过历史学的研究被体现和放大,历史因此获得生命,并成为我们今天的财富。

　　宋朝立国三百二十年(960—1279),是中国封建社会里国祚最长的一个朝代,也是封建文化发展最为辉煌的时期,对后世影响极大。其中立国一百五十三年(1127—1279)的南宋,向来被认为是一个国力弱小、对外以妥协屈辱贯穿始终的偏安王朝,但就是这一"偏安"王朝,在经济、文化、科技等方面却取得了辉煌成就,对金及蒙元入侵也作出过顽强的抵抗。如果我们仍囿于历史的成见,轻视南宋在中国历史上的地位和作用,就不会对这段历史作出更为深刻的反思,其中所蕴涵的价值也不会被认识。退一步说,如果没有南宋的建立,整个中国完全为女真奴隶主贵族所统治,那么唐、(北)宋以来的先进文化如何在后世获得更好的继承和发展,这可能也是人们不得不考虑的一个问题。南宋王朝建立的历史意义,于此更加不容忽视。

　　杭州曾是南宋王朝的都城。作为当时全国的政治、经济和文化的中心,近一个半世纪的建都史给杭州的城市建设、宗教信仰、衣食住行、风俗习惯,乃至性格、语言等方面都打下了深刻的烙印。南宋历史既是全国人民的宝贵财富,更是杭州人民的宝贵财富。深入研究南宋史,是我们吸取历史经验和教训的需要,是批判地继承优秀文化遗产的需要,也是今天杭州大力建设文化名城的需要。还原一个真实的南宋,挖掘沉淀在这段历史之河中的丰富遗产,杭州人责无旁贷。

2005 年初,在杭州市委、市政府的大力支持和指导下,杭州市社会科学院将南宋史研究列为重大课题,并开始策划五十卷《南宋史研究丛书》的编纂工作,初步决定该丛书由五大部分组成,即《南宋史研究论丛》两卷、《南宋专门史》二十卷、《南宋人物》十一卷、《南宋与杭州》十卷、《南宋全史》八卷。同年 8 月,编纂工作正式启动。同时,杭州市社会科学院成立南宋史研究中心,聘请浙江大学何忠礼教授、方建新教授和浙江省社会科学院徐吉军研究员为中心主任和副主任,具体负责《南宋史研究丛书》的编纂工作。为保证圆满完成这项任务,杭州市社会科学院诚邀国内四十余位南宋史研究方面的一流学者担任中心的兼职研究员,负责《丛书》的撰写。同时,为了保证书稿质量,还成立了学术委员会,负责审稿工作,对于一些专业性较强的书稿,我们还邀请国内该方面的权威专家参与审稿,所有书稿皆实行"二审制"。2005 年 11 月,《南宋史研究丛书》被新闻出版总署列为国家"十一五"重点图书出版规划项目。2006 年 3 月,南宋史研究中心高票入选浙江省哲学社会科学首批重点研究基地,南宋史研究项目被列为省重大课题,获得省市两级政府的大力支持。

以一地之力整合全国学术力量,从事如此大规模的丛书编纂工作在全国为数不多,任务不仅重要,也十分艰巨。为了很好地完成编纂任务,2005、2006 两年,杭州市社会科学院邀请《丛书》各卷作者和学术委员召开了两次编纂工作会议,确定编纂体例,统一编纂认识。尔后,各位专家学者努力工作,对各自承担的课题进行了认真、刻苦的研究和撰写。南宋史研究中心的尹晓宁、魏峰、李辉等同志也为《丛书》的编纂付出了辛勤的劳动,大家通力合作,搞好组稿、审校、出版等各个环节的协调工作,使各卷陆续得以付梓。如今果挂枝头,来之不易,让人感慨良多。在此,我们向参与《丛书》编纂工作的各位专家学者表示由衷的感谢!

鉴于《丛书》比较庞大,参加撰写的专家众多,各专题的内容多互有联系,加之时间比较匆促,各部专著在体例上难免有些不同,内容上也不免有些重复或舛误之处,祈请读者予以指正。

　　《南宋史研究丛书》是"浙江文化研究工程成果文库"中的一项内容,为该文库作总序的是原中共浙江省委书记,现中共中央政治局常委、中央书记处书记习近平同志,为《南宋史研究丛书》作序的是中共浙江省委常委、杭州市委书记、杭州市人大常委会主任王国平同志和浙江大学终身教授、博士生导师徐规先生。在此谨深表谢意!

　　希望这部《丛书》能够作为一部学术精品,传诸后世,有鉴于来者。

杭州市社会科学院院长　史及伟

2007 年 12 月

图书在版编目 (CIP) 数据

马扩研究 / 姜青青 著.
-北京：人民出版社，2008 年 10 月
(《南宋史研究丛书》)
ISBN 978-7-01-007176-3
Ⅰ.马… Ⅱ.①杭… ②杭… ③姜…
Ⅲ.马扩（？~1151）—人物研究 Ⅳ.K827=442
中国版本图书馆 CIP 数据核字 (2008) 第 106253 号

马 扩 研 究
MAKUO YANJIU

作　　者：姜青青
责任编辑：张秀平　任文正
封面设计：祁睿一
装帧设计：山之韵

人民出版社 出版发行

地　　址：北京朝阳门内大街 166 号
邮政编码：100706　www.peolepress.net
经　　销：全国新华书店
印刷装订：北京昌平百善印刷厂
出版日期：2008 年 10 月第 1 版　2008 年 10 月第 1 次印刷
开　　本：787 毫米×1092 毫米　1/16
印　　张：25.25
字　　数：350 千字
书　　号：ISBN 978-7-01-007176-3
定　　价：55.00 元